coleção
Logos

Copyright © 2010 by Nadiejda Santos Nunes Galvão e Yolanda Lhullier dos Santos
Copyright da edição brasileira © 2022 É Realizações

Editor
Edson Manoel de Oliveira Filho

Coordenador da Coleção Logos
João Cezar de Castro Rocha

Produção editorial
É Realizações Editora

Diagramação, adaptação de capa e projeto gráfico
Nine Design Gráfico | Maurício Nisi Gonçalves

Preparação de texto
Mariana Cardoso

Ilustração da Capa
Cido Gonçalves

Reservados todos os direitos desta obra. Proibida toda e qualquer reprodução desta edição por qualquer meio ou forma, seja ela eletrônica ou mecânica, fotocópia, gravação ou qualquer outro meio de reprodução, sem permissão expressa do editor.

DADOS INTERNACIONAIS DE CATALOGAÇÃO NA PUBLICAÇÃO (CIP) DE ACORDO COM ISBD

S237c Santos, Mário Ferreira dos, 1907-1968

    Convite à Filosofia: e à História da Filosofia / Mário Ferreira dos Santos ; coordenado por João Cezar de Castro Rocha. - São Paulo : É Realizações, 2022.
    448 p. ; 16cm x 23cm. (Coleção Logos ; v.5)

    Inclui índice e bibliografia.
    ISBN: 978-65-86217-54-4

    1. Filosofia. I. Rocha, João Cezar de Castro. II. Título. III. Série.

2021-4393   CDD 100
                              CDU: 1

Elaborado por Odilio Hilario Moreira Junior - CRB-8/9949
Índice para catálogo sistemático:
1. Filosofia 100
2. Filosofia 1

É Realizações Editora, Livraria e Distribuidora Eireli.
Rua França Pinto, 498 · São Paulo SP · 04016-002
Caixa Postal: 45321 · 04010-970 · Telefone: (5511) 5572 5363
atendimento@erealizacoes.com.br · www.erealizacoes.com.br

Este livro foi impresso pela Gráfica Paym, em janeiro de 2022. Os tipos são das famílias Impact e Minion Pro. O papel do miolo é o Avena 80 g., e o da capa, cartão Duplex 250 g.

5

MÁRIO FERREIRA DOS SANTOS

CONVITE À FILOSOFIA

E À HISTÓRIA DA FILOSOFIA

É Realizações
Editora

SUMÁRIO

Camila Rauber
Apresentação...................9

PARTE I – CONVITE À FILOSOFIA

Introdução.................23

O fato.................27

Os juízos.................37

Do fato ao juízo.................41

Definição.................45

A ordem do pensamento e a ordem da natureza.................49

A Ideia para Hegel.................55

Saber filosófico.................59

A comparação.................61

Abstrato e concreto.................65

Os polos da realidade.................67

Análise e síntese.................71

Gnosiologia ou Teoria do Conhecimento.................73

O tema dos valores.................79

As três correntes axiológicas.................81

PARTE II – OS GRANDES TEMAS DA FILOSOFIA

A intensidade e a extensidade.................87

As grandes correntes da Filosofia.................95

Dualismo antinômico – razão e intuição.................105

A razão e o conceito.................109

Gênero e espécie.................111

Princípio de causalidade.................115

PARTE III – HISTÓRIA SUCINTA DO PENSAMENTO FILOSÓFICO

Origens da filosofia grega – os pré-socráticos.................125

Fase antropológica – os sofistas.................155

As escolas socráticas menores.................161

Os grandes sistemas.................163

Academia platônica.................175

O predomínio do problema ético.................177

O predomínio do problema religioso.................181

A filosofia do cristianismo.................187

Os árabes.................193

Período de fluxo da escolástica.................197

O Renascimento – exaltação do homem.................201

A filosofia moderna.................207

Algumas fontes da filosofia contemporânea.................237

A filosofia contemporânea.................243

Bibliografia.................253

TEXTOS CRÍTICOS

João Cezar de Castro Rocha
Por uma filosofia da emulação: o ato ferreiriano de leitura................259

André Gomes Quirino
O quando e o onde de Mário Ferreira dos Santos:
possíveis conexões em torno do *Convite à Filosofia*................271

Arquivo Mário Ferreira dos Santos / É Realizações Editora................401

Índice analítico................415
Índice onomástico................439

Apresentação

Camila Rauber[1]

Fazer um convite requer, antes de mais nada, que haja entre o anfitrião e o convidado um relacionamento, ainda que superficial, mas que dê fundamento a esse tipo de contato. Se pensarmos, por exemplo, em uma turma de jardim de infância e um garotinho aniversariante que decide, auxiliado pelos pais, fazer uma festa convidando toda a sua turma, cria-se assim um convite que, por diversas razões – digamos, o fato de a mentalidade da criança não ser complexa a ponto de ela pensar se é adequado ou não convidar alguém –, supõe um relacionamento mas não exige que este seja particularmente profundo.

Por falar em criança, há nela maneiras tão naturais e simples – e que, com o passar dos anos, tendemos a escavar para reconquistar –, que qualquer adulto que se deixe levar por elas pode se perceber embaraçado, ou simplesmente tomado de admiração por algo que, como todo ser humano, ele mesmo possui, mas que terminou soterrado sob as camadas do tempo. A curiosidade, com as perguntas nascidas a partir dela, é uma das características naturais – e, por que não arriscar dizer, inatas – que captam aquilo que de mais essencial há no ser humano e que de modo tão claro vemos nas atitudes das crianças.

Por outro lado, parece ser verdade que a época atual não permite que algumas pessoas, a maioria talvez, deem importância para momentos tão

---

[1] Mestre pelo Programa de Pós-Graduação em Lógica e Metafísica (PPGLM) da UFRJ. Atualmente desenvolve pesquisa de doutorado nas áreas de Filosofia da Linguagem, Semântica Filosófica e Epistemologia, também pelo PPGLM/UFRJ.

singulares como o de parar e tentar lidar com aquelas perguntas avançadas que constrangem qualquer adulto – menos devido às perguntas em si do que por ele(a) mesmo(a) se dar conta de que não conhece a resposta –, ou meramente investir na curiosidade investigativa da criança por coisas simples do dia a dia. Entretanto, Aristóteles vai dizer (*Metafísica* A 2, 982b12-17) que os homens sempre se admiraram com as coisas, ficando extasiados mesmo diante de fenômenos simples. Talvez Aristóteles não soubesse ou não tenha se preocupado em pensar que em algum momento essa perplexidade ou susto diante de coisas que parecem tão óbvias perderia o encanto, ao menos – via de regra – no mundo dos adultos. Quem ou o que teria o potencial de despertar novamente essa capacidade no homem?

Voltemos à história inicial. Digamos que um convite chegue à sua casa. Aquele mesmo tipo de convite aludido no início: similar ao de uma criança para uma festa, porém um tanto diferente. Pode ser que você não tenha relações profundas com quem escreveu o convite, mas algo nele parece te atrair de imediato. Por não se tratar de um convite comum, com hora e local marcados em relevo, a missiva recheada de páginas tem como proposta conduzir o convidado para algo mais que um banquete: este é o *Convite à Filosofia – E à História da Filosofia*.

O filósofo Mário Ferreira dos Santos, com clareza e inteligência, tem como propósito levar o convidado-leitor à contemplação de um grande espetáculo, através de uma jornada para o despertar da curiosidade. Este espetáculo é a própria Filosofia. O "saber dos saberes", como ela é definida pelo próprio autor, não se encontra sentado à mesa – por isso a singularidade do convite –, mas requer a disposição da curiosidade e da razão para uma caminhada. O convite, portanto, não é passivo, mas propõe uma busca.

Sendo um legítimo filósofo, Mário Ferreira cumpre seu papel de *theōrós* (gr. θεωρός), que nos tempos antigos desempenhava a função de uma testemunha ocular, alguém que saía de seu lugar comum, contemplava espetáculos e retornava para sua cidade com o objetivo de relatar tudo o que tinha visto. A diferença é que, aqui, Mário não faz um mero relato das coisas, mas surge como um guia para levar o convidado-leitor a ver por si mesmo, envolvendo-o em todo o percurso desta jornada filosófica, a qual certamente fará com que ele, após retornar aos hábitos do cotidiano, agora os veja e encare movido pela curiosidade que terá sido despertada.

De muitas coisas que se podem agora afirmar, uma é que você está com um livro nas mãos, possivelmente acomodado em uma cadeira, sofá, cama, ou em pé, no metrô, e que, por mais que as afirmações acima correspondam ou não à realidade atual, é certo que verificá-las não toma muito tempo da sua atenção – ou tempo nenhum –, afinal o que importa é a ação em si de estar lendo. A questão é que nem sempre o que não se percebe não existe. Na verdade, a todo momento nos fiamos em suposições não explicitadas. Por exemplo, só é possível afirmar que alguém, como você, está diante de um livro porque existem conceitos que permitem compor essa afirmação; por sua vez, tais conceitos apenas são verdadeiros por serem resultados de uma operação mental realizada sobre algo que independe da nossa existência: os fatos.

Perceber que sem os fatos não é possível afirmar ou negar nada acerca da realidade pode ser um processo doloroso para pessoas acostumadas a ignorá-los e inclinadas a criar afirmações ou negações que independem deles. Tais como um castelo de cartas que não serve para habitação, juízos independentes dos fatos dificilmente poderiam levar ao conhecimento da realidade das coisas.

A Filosofia vai surgindo como saber dos saberes diante dos olhos daqueles que se dispõem à reflexão, à contemplação dos fatos e, por um processo de abstração, à formação de conceitos – tijolos necessários para a construção de juízos que a mente forma com o intuito de ver o mais objetivamente possível a realidade que nos cerca e nos envolve.

Com mestria, o filósofo Mário Ferreira dos Santos conduz o convidado-leitor a dar-se conta, página a página, de que o mundo, por mais que pareça trivial, não é para ser pensado como algo óbvio no sentido de banal, mas sim como uma realidade que se impõe como algo a suscitar uma diversidade de perguntas. E, como efeito dessa diversidade de questões, a razão se vê compelida a impor ordem no mundo e a conectar uma série de fatos. Por exemplo, que agora, sentado ou em pé, você está com um livro nas mãos e, entre outras coisas, isso depende da anatomia humana, e da constituição física do mundo, e do universo que abriga este planeta... E, quando tudo parece entrar no eixo e fazer sentido, o filósofo questiona: é possível ter certeza de que você, de fato, conhece?

Alguns consideram que nada nos impede de alcançar o conhecimento das coisas tais como elas são; outros pensam que, devido à limitação humana, não se pode afirmar com certeza a possibilidade de saber a verdade tal como ela é. O fato é que vivemos no mundo como se conhecêssemos e, todavia, de modo muito frequente, esquecemo-nos de pôr à prova este possível saber. Se o conhecimento é, como sempre foi, algo tão importante para o ser humano, não parece adequado aceitar tudo de imediato, seja pelo meio que for – até mesmo por pensamentos resultantes de uma meditação solitária. Do mundo ao sujeito, e vice-versa, tudo incita a admiração e necessita passar pelo crivo filosófico. O que dizer, então, de tudo isso? Seria o mundo de hoje, com as pessoas de hoje, menos suscetíveis ao convite da Filosofia?

Há situações que se repetem na história da humanidade. Tucídides, ao escrever *História da Guerra do Peloponeso*, chegou ao seguinte pensamento: "quem quer que deseje ter uma ideia clara tanto dos eventos ocorridos quanto daqueles que algum dia voltarão a ocorrer em circunstâncias idênticas ou semelhantes em consequência de seu conteúdo humano, julgará a minha história útil [...]" (Livro I, cap. 22).[2] Por mais que o historiador tivesse em

---

[2] Tucídides, *História da Guerra do Peloponeso*. Trad. Mário da Gama Kury. 4. ed. Coleção Clássicos IPRI, vol. 2. Brasília / São Paulo, Editora da UnB / Imprensa Oficial, 2001, p. 14-15.

mente contextos de guerra, ao dizer estas coisas ele alude a uma verdade que se aplica diretamente à história do pensamento filosófico. Quero dizer que, por mais que a Filosofia pareça algo distante de certos cenários e da vida das pessoas, ela nunca se ausenta de todo, e sempre surgem momentos não só em que ela se faz lembrada como também em que ela se mostra visível. Do despertar para os fatos ao conhecimento, Mário nos leva a uma segunda etapa dessa incursão que, por mais histórica, não deixa de apontar para o que a Filosofia sempre foi: atemporal.

Quando é que a Filosofia se torna mais sensível aos homens? Quando eles são expostos a um convite, que pode surgir das mais variadas formas e devido a inúmeras circunstâncias. Pode ser que um livro como este chegue até alguém ou que determinado cenário mundial favoreça viagens e descobertas impensáveis. Em todo caso, exige-se do indivíduo que empreenda uma jornada que irá causar nele um espanto, um modo novo de olhar para os fatos e o iniciar do filosofar. É assim que, por exemplo, no berço da Filosofia, vemos os primeiros filósofos como aqueles que tiveram oportunidade de empreender viagens, descobrindo novas visões de mundo, novos fenômenos, novas indagações.

Partindo dos primeiros passos em que consistem o despertar para os fatos e o processo que leva à razão e à reflexão filosófica, Mário continua pondo em prática seu convite à Filosofia, guiando o leitor para onde tudo começou, de modo que este possa ver e entender por si mesmo os fatos que despertaram a atitude filosófica. As primeiras investigações filosóficas confrontam um ambiente habituado a explicar a realidade por meio de mitos. Incentivados a empreender viagens como as navegações, os filósofos jônicos se espantavam diante do que viam, sobretudo com os fatos da Física e do Universo. Conhecidos como filósofos da Natureza, eles se preocupavam acima de tudo em encontrar uma causa que explicasse os fenômenos físicos.

Da investigação física à puramente racional, Mário Ferreira conduz seu convidado pelas principais trilhas da Filosofia no mundo grego, base para todo o pensamento filosófico. Parmênides, outro ilustre e também considerado um dos primeiros a compor os conhecidos filósofos gregos, empreendeu uma viagem um tanto distinta: escrita no formato de poema, Parmênides descreve uma viagem empreendida pela razão. Usando a narrativa mítica – talvez para facilitar ao leitor o entendimento daquilo em que consistiu tal viagem –, Parmênides narra ter recebido um convite para conhecer a verdade das coisas através de deusas que o guiariam até uma porta guardada pela Justiça.

Em suma, Parmênides, através de um relato mítico, eleva a investigação filosófica a um novo patamar para pensar o conhecimento e a verdade das coisas. Nesse patamar é que se situam os pensamentos de Platão e Aristóteles, que, longe de terem suas investigações filosóficas esquecidas no tempo, fazem parte do presente de qualquer época e continuam a influenciar até mesmo aqueles que nem possuem consciência de sua existência.

Seguindo na rota conduzida pelo nosso filósofo, o convidado-leitor tem a oportunidade de admirar a Filosofia em suas numerosas facetas, a ocupar em todas as épocas o pensamento dos homens, e das mais variadas formas: vemos os frutos do período grego se desenvolvendo e retornando desde o estudo sobre Deus até a centralização do homem; do empirismo ao racionalismo; da exaltação dos sentimentos ao pragmatismo. Em cada momento, a Filosofia exerceu e exerce seu papel não se deixando encarcerar numa simples "concepção de mundo", mas traçando seu caminho e encontrando espaço na mente daqueles que se esforçam por alcançar uma visão curiosa e aguçada dos fatos.

Talvez empreender sozinho essa rota seja um desafio para muitos. Voltar atenção para os fatos exige olhar para além do cotidiano. Por isso, ter um guia a apontar o caminho e a direção para onde se deve voltar a razão se faz necessário. Mário Ferreira dos Santos é um desses raros filósofos que se outorgam o papel de demonstrar que a Filosofia nunca está ausente e alheia ao mundo. Somente quem já teve a chance de aceitar empreender uma jornada, para contemplá-la e abraçá-la ao longo de sua vida, pode de fato levar outros a querer empreender a mesma aventura.

Em algum momento desta jornada, o convidado-leitor perceberá chegar a um destino que, longe de ser um ponto final, se mostra mais como uma vírgula esperando uma continuidade. O retorno para casa – entenda-se, a seu lugar comum –, que o convidado-leitor fará, lhe permitirá perceber a si mesmo como alguém que volta não mais o mesmo, por não poder ficar indiferente a tudo que viu no caminho filosófico. E, quem sabe, um dia esse mesmo convidado-leitor poderá empreender sozinho e por si mesmo uma jornada filosófica, sendo capaz de, tal como nosso filósofo, enviar um igual convite a alguém. Afinal, a Filosofia sempre se fará anfitriã daquele que estiver disposto a empreender uma fascinante viagem de descobertas e buscas.

É necessário, porém, retomar a pergunta: aceita o convite?

MÁRIO FERREIRA DOS SANTOS

CONVITE À FILOSOFIA

E À HISTÓRIA DA FILOSOFIA

PARTE I
Convite à Filosofia

Em suas longas e demoradas especulações através dos séculos, o homem tem constantemente perguntado. E as respostas às magnas e mais importantes perguntas levaram-no a formular outras que, se algumas vezes satisfizeram a alguns, não satisfizeram a todos e, por sua vez, provocaram novas perguntas.

Indagou o homem sobre si mesmo: "Quem sou? De onde vim?". A *Antropologia* procura responder-lhe essa pergunta. E a *Cosmologia*, que estuda a ordem do cosmos, procura responder-lhe sobre a origem deste, de onde veio, qual o primeiro princípio. E vem a *Teologia*, a ciência das coisas divinas, para discutir as razões e os motivos a favor ou não da crença em Deus, o ser criador.

E se Deus existe, por que o bem e o mal? Por que o mundo não é diferente? E dessas perguntas, emerge outra disciplina, a *Teodiceia* (de *Theos*, Deus, e *dikê*, justiça, em grego), que busca responder se há ou não justiça no mundo.

Como sabemos? E vem a *Gnosiologia* para explicar-nos o conhecimento.

Como se dá o saber culto? Eis a *Epistemologia*, que estuda o saber das diversas ciências.

E como formou o homem a sua inteligência? E eis a *Psicogênese*, que lhe ensinará e discutirá os problemas referentes à formação do psiquismo humano. E como surgiu o espírito humano, criador? E sobre esse espírito criador surge outra disciplina, a *Noogênese*, que estuda a gênese do *nous*, o espírito, e, finalmente, a *Noologia*, a ciência do espírito.

Como funciona esse psiquismo? E eis a *Psicologia*, que se encarrega de propor respostas às perguntas formuladas aqui.

Mas, significam as coisas algo além do fenomênico? Eis a *Simbólica*, que examina as significações das coisas.

E há algo ainda mais oculto, em que possamos penetrar mais profundamente? E eis a *Mística*, que pretende responder a essas perguntas.

E as coisas são belas, apresentam em si mesmas algo que lhes dê outro valor? Eis a *Estética*, responsável por estudar esse ponto.

E o transcendente? Podemos alcançar o que está além de nós, da nossa experiência? Eis a *Metafísica Geral*, a *Ontologia*, para responder a tais perguntas.

E como se dão os fatos no Universo? Temos a *Ciência*, que procura explicar o nexo do acontecer dentro de si mesmo, em sua imanência, no que *mana em*, dentro de si, nas coisas experimentáveis.

E como medir os fatos e contá-los? E surge a *Matemática*.

E como compreender o homem em suas relações com os outros? E a *Ética*, a *Moral*, o *Direito*, a *História* e a *Sociologia* propõem-lhe respostas.

Como compreender o nexo dos pensamentos e usá-los da melhor maneira para atingir uma iluminação que nos mostre mais nitidamente os fatos? E eis a *Lógica* e a *Dialética*.

E como explicar tudo isso, dar o nexo a tudo, juntar todo o conhecimento humano, analisando-o num grande corpo, num grande saber, ou seja, o saber de tudo, isto é, o saber dos saberes, e

eis a *Filosofia*.

É para ela, Leitor, que este livro é um convite.

Introdução

Pode-se remontar a Filosofia, como a entendemos no Ocidente, aos pitagóricos, pois razões bastantes e justas têm estes em considerar Pitágoras como o seu fundador, e não apenas quem lhe deu o nome, ao chamar-se humildemente de *filósofo*, palavra proveniente do grego *phileô*, que significa amar, e *sophia*, que significa saber, intitulando-se um *amante do saber*.

Considerava Pitágoras haver uma ciência, um saber que independe do homem, independe do seu investigar e da sua especulação. Na ordem do ser universal, já está esse saber efetivo; trata-se de um dado de toda a eternidade. Eis a ciência suprema e positiva: essa positividade, *thesis*, do pensamento, *man* (radical indo-germânico para *medir, pesar, valorar, avaliar*), de onde vem o termo *Mathesis*, saber positivo, pensamento positivo. O homem é apenas um ser perplexo ante os acontecimentos do seu mundo, que não se satisfaz em construir conceitos empíricos da sua experiência sobre as coisas. Ele deseja conexionar e conexiona, isto é, busca as relações que ultrapassam os sentidos, os nexos que unem, portanto, os fatos do mundo. Ele é um eterno viandante pelos caminhos do mundo em busca dessa *Mathesis Suprema*, que deseja conhecer essa ciência superior e perfeita, que já está dada, e da qual a sua limitação e os meios imperfeitos de que dispõe não lhe permitem uma intuição direta e imediata como a que os seus sentidos oferecem.

Conhecer as coisas por meio dos sentidos é ter uma visão ainda desordenada e caótica do mundo que cerca o homem, no qual ele está imerso. Coordenar esses conhecimentos, conexioná-los, descobrir os nexos que os unem, conhecer as razões de seu existir e de seu não existir constitui, para o homem, um conhecimento que as intuições sensíveis não oferecem.

Resta-nos um recurso: investigá-los com o único instrumento que o homem possui para essa busca, o *pensamento*. O homem, que dispõe apenas do pensamento para investigar o que escapa aos sentidos, o que não se vê com os olhos nem se ouve com os ouvidos do corpo, é o investigador de um saber que ultrapassa a mera experiência sensível. Esse homem ávido de conhecer, que ordena o caótico dos acontecimentos díspares, que os classifica em ordens diversas, que busca o que os conexiona, que os teoriza, é, em suma, o filósofo. Essa palavra *teoria*, que vem do grego *theoria*, significa, em sua forma etimológica, *visão*. Mas os gregos também chamavam de *theoria* as longas filas dos fiéis que vinham de todos os quadrantes da Grécia ao templo de Delfos para prestar homenagens aos deuses. E como traziam festões de flores, que os ligavam entre si, os sábios se aproveitaram desse termo para com ele indicar tudo quanto conexiona uma série de fatos. Ora, o saber filosófico não é o saber comum, o saber empírico, mas um saber teórico. Desse modo, a Filosofia é um saber teórico, que conexiona, que busca as relações, que une as coisas e as razões, primeiras e últimas, que as explica e as justifica.

É evidente que esse enunciado não diz tudo quanto é a Filosofia, mas ajuda a compreendê-la em suas linhas gerais.

Vê-se, desde logo, que todos nós, sem que o saibamos, em muitos momentos de nossa vida, filosofamos, muitas vezes, sem nem sequer perceber que o fazemos.

Perplexos ante os acontecimentos que nos rodeiam, investigamos as razões, os porquês dos acontecimentos e o que os conexiona. Ora, a Filosofia é a atividade de conexionar e buscar os porquês de todas as coisas. E é por isso que ela se distingue da *ciência* no sentido atual, que se refere mais às ciências naturais e sociais. Estas procuram saber *como* se dão os fatos, medindo-os, comparando-os e classificando-os. Mas a Filosofia quer saber mais, quer saber *por que* são assim e não de outro modo, por que se dão ou não se dão, buscando as razões primeiras e últimas que os explicam.

Como naturalmente essas razões escapam ao campo da nossa experiência, a Ciência trabalha mais com conceitos empíricos, enquanto a Filosofia trabalha mais com conceitos abstratos. O cientista apenas comprova o que se dá; o filósofo quer saber *por que* assim se deu.

Quando o cientista penetra no *porquê* das coisas, penetra no âmbito da Filosofia, e esta é a razão pela qual é difícil estabelecer fronteiras nítidas entre uma e outra. Na verdade, há um ponto comum, um ponto de encontro em que ambas se confundem. Aqueles que pretendem separá-las, criando um abismo entre ambas, cometem um grave erro e não auxiliam o progresso do saber humano.

A Filosofia carece do auxílio da Ciência, como esta carece daquela. O sábio investigador dos fatos naturais que não tem base filosófica termina sendo apenas um colecionador de acontecimentos, como o filósofo que prescinde da Ciência está sujeito a cair em um pensamento abstrato vicioso.

Do emprego comedido e inteligente de ambos os saberes só pode surgir um benefício para o progresso humano. Esse ideal já se realizou nos homens de cérebro mais potente que a humanidade conheceu, portanto desejamos que ele prossiga e influa em muitos mais.

Mas, como será possível alcançar esse desiderato sem que se inicie o conhecimento da Filosofia? É mister conhecê-la e amá-la. Só depois de percorrer os seus caminhos está o estudioso apto a saber qual a essência da Filosofia. E quando alcançá-la, verificará que o divórcio pregado por muitos, entre ela e a ciência, provém mais da ignorância e da deficiência mental que da proficiência e do saber.

Sigamos, pois, primeiramente, palmilhando o terreno filosófico para que alcancemos, afinal, uma visão global e nítida da Filosofia, por meio do filosofar; porque é filosofando, é na ação do filosofar, que, aos poucos, se evidenciará o conceito nítido dessa disciplina, inegavelmente a mais alta a que atingiu o ser humano.[1]

---

[1] [Como tivemos oportunidade de dizer, esse conceito é ainda muito elementar e apenas fundamental, porque a Filosofia, sendo o caminho que leva à *Mathesis Suprema*, deve, necessariamente, ser fundada em juízos de máximo rigor e validez, ou seja, juízos apodíticos (isto é, necessariamente válidos para todos) como os da matemática. Enquanto o filósofo não é capaz de alcançar juízos apodíticos, ele está apenas a meio caminho, imerso na opinião. Se o homem pode atingir tais juízos ou não, é ainda tema da Filosofia, e sua prova é uma justificação. Assim como há os que julgam que apenas podemos permanecer no caminho sem alcançar aquele objetivo, há outros que buscam afanosamente alcançar os pontos mais próximos do termo da viagem. Em *Filosofia Concreta* e nas obras que seguem as normas desse filosofar, fazemos a justificação da nossa posição.] Seguindo a mais recente edição de *Filosofia Concreta* (Editora Filocalia, 2020), apresentamos entre colchetes as notas de rodapé do próprio Mário Ferreira dos Santos; todas as demais são dos organizadores.

O fato[1]

Que é um fato? Um fato não se define, intui-se. A palavra *fato* vem do latim *factum*, que significa feito, ato, coisa ou ação feita, acontecimento. É uma palavra para nós familiar.

Embora todos saibam identificar um fato, não é fácil dizer o que *é*, em que consiste realmente. *Fato* é o que se nos apresenta *aqui e agora*, num lugar, num momento determinado; quer dizer, condicionado pelas noções de espaço e tempo. Estar no tempo e no espaço é o que se chama existir. Nós não atribuímos, não emprestamos existência ao fato; ele possui existência. Quando os fatos existem no espaço, eles são chamados *corpos*. Há outros que existem no tempo e são, por exemplo, os fatos psíquicos, os estados de alma, etc. Os fatos atuais constituem a nossa própria existência e o âmbito no qual vivemos e atuamos. Os fatos transcorridos constituem os elementos da biografia ou da história.

Podemos dizer que, quando os fatos são corpos, nós os intuímos por intermédio dos sentidos. Quando são estados de alma, nós os percebemos imediatamente, isto é, diretamente. Denominamos *intuição* essa capacidade de darmos conta dos fatos espaciais e temporais. Intuímos o sensível. Também se usa o termo *intuição* em acepção figurada, que é aplicada à visão ideal. Assim se fala em intuições intelectuais, poéticas e místicas.

---

[1] Ao formular este tópico, Mário Ferreira dos Santos tomou por base a exposição, mais detalhada, que anteriormente fizera em *Filosofia e Cosmovisão*. São Paulo, É Realizações Editora, 2018, p. 35-46.

Ao examinarmos um fato, atribuímos *unidade* e *estabilidade* e o separamos do contorno. Mas a unidade é relativa, por exemplo: um *rebanho*, que é formado de numerosos indivíduos. Nós buscamos a unidade dos fatos, por exemplo: o átomo é a unidade para a matéria inorgânica; a célula, para a matéria orgânica; a sensação, como pensam alguns, para os atos psíquicos. A ciência hoje não atribui a essa unidade um total isolamento. A absoluta estabilidade dos fatos é uma ficção, porque eles surgem e desaparecem num constante "vir a ser" (devir), transformam-se, não havendo, portanto, imutabilidade. O isolamento e a delimitação totais são artificiosos, pois não há fatos absolutamente isolados, visto que há um entrosamento entre eles.

A unificação, a estabilização e a distinção são operações mentais que usamos para conhecer o mundo real. Por que procede desse modo a razão humana? A razão procura dar ordem ao que intuímos, por isso é que enumeramos, separamos e denominamos, damos nomes aos fatos particulares. Agora, perguntamos: como procede a razão para dominar esse caos de acontecimentos? Como atua a razão para ordenar esse caudal de fatos? Qual o instrumento que usa para alcançar esse domínio? O *conceito*, eis o instrumento. Uma série indefinida de fatos semelhantes que nos parecem idênticos – embora na realidade não existam fatos idênticos – e que são coexistentes, damo-lhes uma denominação comum: *é o conceito*.

Se observarmos bem as palavras, vemos que elas expressam conceitos: casa, cadeira, livro, estante, etc. Para distinguir os conceitos, são necessárias *notas* que os individualizem. Não devemos confundir o conceito com a palavra que o expressa. O conceito é uma operação mental; a palavra, apenas o seu enunciado. Por isso, devemos evitar cair no *verbalismo*, que consiste no emprego exagerado de palavras sem conteúdo preciso. Como não devemos confundir o conceito com o seu enunciado verbal, não devemos também confundi-lo com o *fato*. Não há dúvida de que os conceitos decorrem dos fatos, mas, no conceito, há uma *abstração do fato*.

No conceito, já despojamos alguns elementos do fato, fazemos uma abstração mental. O fato tem existência no tempo e no espaço; o conceito só existe *quando* pensamos. Intuímos o fato; pensamos o conceito. Na prática, poucos percebem isso. Não notam que, quando pronunciam a palavra *árvore*, por exemplo, tal objeto não existe aqui e agora. Trata-se de uma abstração. É o hábito que nos faz tomar os conceitos por fatos. O processo de abstração do conceito consiste em retirarmos atributos reais até ficarem apenas o mais amplo ou os mais amplos.

Dissemos que o homem, para dominar o caos dos acontecimentos, necessitava dar-lhe uma ordem, uma ordem que permitisse ver com clareza nesse caudal de fatos. E o instrumento que ele usou para alcançar essa ordenação foi precisamente o *conceito*. Analisemos a sua gênese: se a realidade do mundo que nos cerca fosse uniforme e homogênea, se tudo nos parecesse igual, sem qualquer nota de distinção, não poderíamos nunca chegar a conhecer os *fatos*, porque o acontecer seria apenas um grande fato. Mas sucede que a realidade aparece a nós heterogeneamente, diversa, diferente e diversificada. Se a cor dos fatos (corpóreos) fosse a mesma, impossível seria chegar a compreender que há cores ou dar um nome a uma cor que percebemos ser distinta de outra cor. Certas partes da realidade visível dão aos olhos uma impressão de outro gênero que a de outras partes da realidade. Por isso, percebem-se as cores diferentes.

Pelas razões expostas, podemos *comparar* a cor de um objeto com a cor de outro, e podemos verificar se são parecidos, ou perceber também se há diferenças, pois nunca se poderia chegar a perceber que alguma coisa se parece na cor, por exemplo, a outra coisa, se não existissem objetos de cores que se assemelham, ou diferem. Logo, a compreensão do semelhante, do parecido, é contemporânea à do diferente, e também não se pode compreender o diferente, o diverso, se não for possível, contemporaneamente, compará-lo com o semelhante, o parecido.

Uma pergunta é possível aqui: é a comparação anterior à diversidade? Para alguns filósofos, a percepção do semelhante é anterior no homem e nos animais

CONVITE À FILOSOFIA

à percepção das diferenças, como afirmam Maine de Biran e Henri Bergson, filósofos franceses. Nossa sensação é acompanhada da memória, e uma sensação evoca outra, passada, que se lhe assemelha. A comparação é uma associação. David Hume, filósofo britânico, salienta que as associações por semelhança são mais importantes e numerosas que as outras, além de serem mais fáceis e mais de acordo com a nossa natural preguiça mental. A criança, por exemplo, apreende antes as semelhanças que as diferenças. É, dessa forma, mais primitivo o sentimento das semelhanças que o das diferenças. Não há comparação onde não há semelhança. (O verbo comparar, do verbo latino *comparare*, vem do adjetivo *par*, que significa parelho, igual, semelhante, significando, portanto, pôr um ao lado do outro para captar a semelhança.) Além disso, para comparar não precisamos do diferente, o qual é dispensável, pois só podemos comparar duas partes da realidade que são semelhantes, não se permitindo nunca que comparemos partes da realidade absolutamente diferentes.

Por muito sólidos que nos pareçam os argumentos que acima alinhamos, permanecemos, contudo, firmes na nossa posição da simultaneidade da percepção do semelhante e do diverso, pelas razões a seguir. Em primeiro lugar, a percepção da parte de um ser vivo, de uma parte da realidade, já é um ato de diferenciação, pois o ato de perceber exige e implica uma diferença entre o que conhece e o conhecido. E como o campo que nos interessa é o da Filosofia e, portanto, o do homem, é preciso observar que este só percebe o mundo exterior porque ele é heterogêneo, logo, diferente. Não poderia o homem delinear a separação entre o fato corpóreo de uma parte da realidade e o resto da realidade se esta não apresentasse uma diferença, e essa diferença só poderia ser, por seu turno, patenteada, se se pudesse perceber que essa realidade em algo se assemelha à outra parte. Sem heterogeneidade nem o ato de comparação poder-se-ia dar, por exigir ele uma condição fundamental, que é a ocupação de lugares diferentes dos corpos comparados. É preciso subsistirem, coexistirem um ao lado do outro, tendo, necessariamente, de intermédio algo que os diferencie, pois, do contrário, seriam percebidos como uma unidade. Além disso, a ideia de comparação não implica a de identidade. Comparamos uma parte da realidade com outra, embora percebendo identidades diferentes.

Ao compararmos a folha de uma árvore a outra, nós já encontramos alguma coisa de semelhante, e vamos verificar essa semelhança. O próprio ato de desejar e pretender comparar exige uma diferença implícita, pois comparamos não só para ver se existem semelhanças, mas, também, para verificar se existem diferenças. Nunca poderia nascer no homem o interesse em comparar se não conhecesse já a diferença. Por que compararia o que não pudesse ser diferente ou, pelo contrário, só pudesse ser semelhante? Dessa forma, há contemporaneidade entre a noção do semelhante e a do diferente. E a elaboração do conceito nos provará esse aspecto dialético.

O diferente é a característica do individual. As coisas individuais são distinguidas porque diferem, pois, se tudo fosse homogeneamente igual, não haveria o conhecimento dos corpos. *Ora, o semelhante não é uma categoria do idêntico*. Dizemos que alguma coisa é idêntica quando é absolutamente igual a si mesma.

Analisemos esse ponto de magna importância e interesse para a compreensão de futuros temas a serem examinados. No início, dissemos: "em face de uma série definida de fatos semelhantes que nos parecem idênticos (pois, na realidade, não há fatos idênticos), damos-lhe uma denominação comum; eis o conceito". Não podemos prosseguir na análise desse ponto sem que estudemos o que é idêntico e o que é identidade.

Dizem alguns filósofos que dois fatos são idênticos quando não há entre eles diferença alguma. Alegam outros filósofos que não podemos compreender, que é impensável, a diferença pura. Há, assim, uma antinomia fundamental entre o diferente e o idêntico. (Antinomia, no sentido clássico, é a oposição entre dois termos que parecem verdadeiros.) Desprezamos, aqui, outras acepções dadas ao termo *idêntico*, preferindo, por ora, apenas a que demos acima.

Leibniz nega a identidade das substâncias fundando-se no *princípio dos indiscerníveis*, pois, segundo ele, dois objetos reais não podem ser indiscerníveis sem se confundirem rigorosamente. Assim, metafisicamente, só o Absoluto é idêntico a si mesmo. Tudo o mais, também metafisicamente considerado, não conhece a identidade, ou seja, não há seres idênticos uns aos outros. Desta forma, só podemos concluir rigorosamente que ou há identidade ou não há. O próprio conceito de identidade não pode admitir maior ou menor identidade, pois esse conceito não admite graus. Eis por que afirmamos que *o semelhante não é um grau do idêntico.*

Duas coisas, por serem semelhantes, não são *mais ou menos idênticas.* Poder-se-ia dizer que existe uma identidade quantitativa e uma identidade qualitativa? Não é uma gota d'água idêntica a outra gota d'água? Não é 1 kg disso ou daquilo idêntico a 1 kg disso ou daquilo? Antes de darmos nossa opinião, vejamos o que diz André Lalande, baseado em considerações de Victor Egger, Jules Lachelier, Édouard Clunet e Rudolf Eucken:

> As "duas gotas de água" da locução popular só são idênticas se se não lhes exigir nada mais do que serem gotas d'água. Todos os objetos da nossa experiência estão no mesmo caso, por vezes idênticos por uma experiência rápida e superficial, quer dizer, idênticos em aparência, idênticos porque podem receber a mesma denominação, mas apenas semelhantes se os considerarmos mais atentamente. A identidade qualitativa é, pois, uma concepção do espírito simplesmente sugerida pela experiência.[2]

Lalande define a identidade qualitativa com estas palavras: "Característica de dois objetos de pensamento, distintos no tempo e no espaço, mas que apresentariam as mesmas qualidades".[3] Assim, quando alguém diz que 1 kg de feijão é, *em peso*, idêntico a 1 kg de açúcar, como exemplo de identidade quantitativa, está usando o termo *identidade* no sentido da matemática, que

---

[2] André Lalande, *Vocabulário Técnico e Crítico da Filosofia*. Trad. Fátima Sá Correia et al. São Paulo, Martins Fontes, 1993, p. 506. No original francês: *Vocabulaire Technique et Critique de la Philosophie*, vol. 1 (A-M). 4. ed. Paris, Quadrige / PUF, 1997, p. 455.

[3] Lalande, *Vocabulário*, op. cit., p. 505; *Vocabulaire*, op. cit., p. 455.

considera como identidade uma igualdade entre quantidades conhecidas, por exemplo: 2/4 = ½. Quando alguém diz que as vitaminas de determinado alimento são idênticas às de outro alimento, está apenas julgando que há uma identidade qualitativa, quando, na realidade, se trata de uma igualdade como a anterior.

Só há identificação consigo mesmo quando se trata da mesma coisa. (Veremos em breve que essa identidade consiste no caráter de um indivíduo ou uma coisa ser *a mesma* nos diferentes momentos de sua existência, pois esta mesa ou este livro não permanecem *sempre* os mesmos, *estaticamente* os mesmos.)

Muito bem: qualquer parte da realidade só pode ser considerada idêntica a si mesma no sentido em que não é outra. Só nesse sentido; caso contrário, é diferente de outra coisa, como este livro é diferente de outro livro de mesmo título e edição igual. Singularmente considerados, ambos são diferentes. No entanto, há algo que os assemelha, pois tanto um como o outro, embora distintos no tempo e no espaço – pois um ocupa um lugar diferente do outro –, ambos apresentam as mesmas qualidades. Está resolvido o problema? Absolutamente não. Examinemos mais: o homem, em face da realidade, percebe que esta não é homogeneamente igual. Ela apresenta diferenças, como já estudamos. Mas essas diferenças são intensivamente maiores ou menores, pois uma pedra e outra pedra apresentam menores diferenças que uma pedra e um rio.

Estudam os psicólogos uma lei que eles chamam de "lei de semelhança" ou "lei da similaridade", nomes que dão à disposição geral do espírito que consiste em evocar um objeto percebido ou rememorado ante a ideia de um objeto semelhante. Analisemos: o que há na natureza, o que se apresenta ao homem, tem caracteres que se assemelham. Como poderia viver o homem se cada experiência fosse sempre uma nova experiência? Como poderia ele manter a sua existência se tivesse de experimentar cada fato como algo novo? Bergson exemplificava imaginando um homem que houvesse perdido totalmente a memória. Ao praticar um ato, esquecia-o totalmente logo após a prática, e o ato seguinte era-lhe inteiramente novo, sem qualquer ligação com os atos anteriores. Esse homem não poderia viver, se entregue a si mesmo, pois não lhe guiaria memória nenhuma de seus atos. Poder-se-ia queimar no fogo tantas vezes quantas dele se aproximasse; morreria de fome, pois não guardaria a memória dos alimentos para satisfazer aquela necessidade imperiosa.

Notamos que, na natureza, os corpos ocupam um lugar e têm uma dimensão, e que esses corpos são mais brandos ou mais duros, isto é, oferecem menor ou maior resistência ao tato. Uns, ao receberem a luz, emitem cores, ou seja, vibrações luminosas, mais ou menos intensas. Assim, as árvores emitem raios luminosos verdes, mais ou menos intensos. A memória tem graus diferentes, como veremos. Mas verificamos que existe, entre a cor verde de uma árvore e a cor verde de outra árvore, *menor* diferença que entre elas e a cor cinzenta de um animal. Assim, verificou logo o homem que entre a cor de uma árvore, ou melhor, entre a árvore-esta e a árvore-aquela, havia um quê se assemelhando, isto é, ambas participavam de uma semelhança maior que a da cor da árvore com a cor do animal. Os graus de diferença foram permitindo ao homem perceber as semelhanças. Ora, era um imperativo vital para o homem, como o é para os animais superiores, *simplificar* a experiência, classificar a experiência, isto é, reunir os semelhantes ou os menos diferentes entre si e excluir os mais diferentes. Vejamos como se processou esse trabalho de *diferenciação*. O homem comparou uma árvore com outra árvore. Elas não eram totalmente iguais, que dizer, uma não podia identificar-se com a outra. No entanto, nessa comparação, verificou-se que a cor de uma se assemelhava à cor de outra. Se as duas árvores eram diferentes, havia entre elas um ponto em que uma *parecia com a outra*. O que era dado pelo *parecido*, o homem retirou, separou de uma e de outra, ou seja, abstraiu, do verbo latino *abstrahere*, que significa separar.

Essa função de comparação, necessária para a vida do homem, criou no seu espírito o que poderíamos chamar de "órgão", aproveitando o termo da fisiologia para a filosofia, num sentido, porém, um tanto rude. Esse órgão, essa função de comparação do espírito, é que gera posteriormente, no homem, a razão. A razão é algo posterior no homem, como podemos observar nas crianças.

Em face da natureza, o homem primitivo *intuía* os fatos. Mas esses fatos mostravam conter algo que parecia idêntico. É a razão já desenvolvida que abstrai esse "idêntico" e lhe vai dar um *nome*, uma denominação comum, que é o *conceito*.

Em face do fato *verde* da árvore tal e do fato *verde* da árvore tal-outra e de muitas outras árvores, a razão abstrai o que há de semelhante entre as árvores, que é o *verde*. Essa denominação comum da cor de uma árvore forma o conceito. Na sua forma, essa árvore era semelhante àquela outra árvore e a mais outras. Abstraiu-se de uma árvore, de outra e de muitas outras um fato comum: ser um corpo enraizado na terra, com troncos, galhos, folhas, etc., e denominou-se tal conjunto de semelhanças *árvore*. E assim quanto aos galhos, quanto aos troncos, quanto às folhas.

Não é difícil verificarmos ainda hoje, entre nós, que a cada dia surgem novos conceitos de fatos específicos que antes não tinham um nome. Descobre-se um fato novo e logo sentimos a necessidade de dar-lhe um nome. É que, já tendo surgido o conceito, que é uma operação mental, precisamos de uma palavra que o enuncie, que é o termo correspondente. É fácil verificar que certos conceitos, que até então eram gerais, alargaram-se em novos conceitos especiais, pois a busca da semelhança é cada vez mais exigente. Por exemplo: no conceito de animal, encerramos todos os seres vivos que a zoologia considera animais, mas entre esses estão outros, como os vertebrados e os invertebrados. Esses dois conceitos já não são gerais como o de animal; são mais específicos.

A característica do nosso espírito de desdobrar-se em duas funções – a que procura o semelhante e a que recebe o diferente –, como dissemos, permite fundamentar o processo da *razão* e o da *intuição*. Enquanto a primeira função, a de comparar para apreender o semelhante, é a que melhor corresponde à natureza do homem, por simplificar e assegurar uma economia ao trabalho mental, a segunda, a de apreender o diferente, o individual, é muito mais cansativa. Por isso, a racionalidade do homem é constante. Mas, por essa racionalização, penetra o homem no terreno das abstrações, pois, como veremos, a razão trabalha com abstrações e tende para o parecido e daí para a identidade. A razão,

CONVITE À FILOSOFIA

por uma exigência cada vez maior do semelhante, chega à ideia da identidade. O movimento, a fluidez, a transformação constante das coisas, que nos revela a intuição, chocam-se com a tendência da razão a tornar estático, a parar, a homogeneizar. A razão funciona com o *parecido*; a intuição, com o *diferente*; por isso, cada uma forma, *a posteriori*, seus próprios conceitos.

Os juízos

Por que digo que este fato é um copo d'água?

Ao ter a intuição sensível deste objeto, capto certas notas que repetem as notas de um esquema já construído: o conceito de copo. Todos os fatos que tiverem tais notas imprescindíveis podem ser classificados na *série copo*, e se esse fato realmente corresponde a tal série, logo, é um copo.

Que sucedeu aqui?

Se digo: "este fato é um copo", a frase que pronunciei revela cinco palavras agrupadas num todo: *este, fato, é, um, copo*. Tais palavras ocupam um lugar, uma *ordem*, que permite dar um sentido, porque, se eu dissesse: "um este é copo fato", já o sentido não ficaria claro.

Que fiz, então? Verifiquei que tenho à minha frente um *fato*, um acontecimento. Mas, à minha frente, há outros fatos diversos. Mas quis me referir ao que aponto com o dedo: este. Ao dizer *este fato*, já delimitei, separei, distingui um fato dos outros.

Mas, dizendo apenas *fato*, em nada o distinguiria dos outros, que são, no entanto, diferentes. Mas sucede que *este* apresenta notas que o permitem incluir na série *copo*. Então disse: "este fato é um copo", quer dizer, juntei o conceito *copo* ao conceito *fato*, e fiz a ligação com o verbo *ser*, que realizou o papel de unir, de fazer a cópula entre ambos. Quando o verbo *ser* representa esse papel de ligador, diz-se que é *copulativo*, porque une, liga.

Mas, ao dizer que "este fato é um copo", não disse que era apenas *copo*, mas *um* entre muitos; determinei, restringi ainda mais, somente a este fato.

Pois bem, toda a atividade do meu espírito, que até aqui realizei, foi uma atividade afirmativa. Afirmei que este fato pode ser classificado como copo. Então, atribuí ao conceito *fato* o conceito *copo*, restringindo-o da série tão grande que é *fato* para uma série menor, *copo*, que está naturalmente incluída naquela. *Livro* também é fato. E tudo o que acontece é fato; logo, no conceito *fato*, incluo tudo o que acontece.

O livro é um fato que se dá aqui e agora. Posso localizá-lo neste lugar, seguro-o em minhas mãos. Este copo está aqui e agora. Eu estou aqui e agora. Mas eu penso sobre o livro e sobre o copo. O pensamento está em mim; não está, porém, aqui, mas se dá agora, em mim. Posso dizer que este livro tem tantos centímetros, foi realizado ano passado, tem, portanto, um ano de existência mais ou menos. Porém, o pensamento não tem tamanho, nem um tempo de existência, porque não posso dizer que algo pertencente ao conceito *pensamento* tem a idade de..., nem o tamanho de...

Assim, os filósofos distinguem os fatos.

Fatos
{
que se dão aqui e agora, isto é, no espaço e no tempo;

que se dão apenas no tempo, embora com referência a um ser espacial.
}

Os primeiros chamam-se *corpos*, têm corporeidade; os segundos são incorpóreos, como o pensamento, que não tem, enquanto tal, corporeidade, embora também seja um fato.

Quando eu disse que este fato é um copo, *disse* (do latim *dicere*) algo que ajuntei ao fato, prediquei algo do fato. Então temos o que os filósofos chamam *predicado*. E quem recebeu esse *predicado*, a quem se atirou, iectou (em latim, *iectare*, e daí *iectum*, "jeito"), estava sub, pois o "jeito" lhe foi aplicado, é o sub-iectum, o sujeito.

Então temos:

1. este fato = sujeito
2. é um copo = predicado

Prediquei o segundo do primeiro.

Do fato ao juízo

Procedi mais: ao dizer que "este fato é um copo", fiz um julgamento, pronunciei uma sentença sobre este fato, realizei um juízo, e este é um juízo afirmativo, porque ajunto ao sujeito o predicado como realmente pertencente ao sujeito. Mas, se relutasse, se dissesse: "este livro *não* é um copo", rejeitaria (*re-iecto*) o predicado ao sujeito e, neste caso, teria feito um *juízo negativo*. Então temos:

$$
\text{Juízos} \begin{cases} \text{afirmativos} \\ \\ \text{negativos} \end{cases}
$$

Contudo, se dissesse: "todos os corpos são fatos", não estaria universalizando, dando uma (*uni*) versão (*versum*) só a todos os corpos? Seria um juízo positivo, mas diferente do juízo que expressasse: "alguns homens são corajosos", porque aqui já não se dá uma só versão a *todos* os homens, mas somente a *alguns*. E o mesmo poderia proceder com os juízos negativos.

Então, temos juízos positivos ou afirmativos universais, ou, pelo contrário, que se referem a apenas parte de uma série, juízos particulares.

$$
\text{Juízos} \begin{cases} \text{negativos} \begin{cases} \text{universais} \\ \\ \text{particulares} \end{cases} \\ \\ \text{afirmativos} \begin{cases} \text{universais} \\ \\ \text{particulares} \end{cases} \end{cases}
$$

Já vimos que um conceito pode estar incluído em outro, como no caso dos fatos. Um é mais geral, e daí vem *gênero*; o outro é mais especial, daí vem *espécie*. Temos gêneros e espécies. As espécies estão incluídas no gênero, o gênero inclui as espécies.

Quando tomamos um pedaço de pano e o dobramos para coser, diz-se que se faz uma prega. Essa palavra vem do latim *plicare*, pregar. E, quando um conceito está *plicado* em outro, embrulhado em outro, temos um conceito *implicado* em outro. E surge, então, o termo *implicado* na filosofia.

Os conceitos estão implicados em outros, e essa característica de serem tais é a *implicância*. Mas, às vezes, mais de um conceito estão implicados em outro, estão assim *complicados*, temos a *complicância*.

Como sucede com os conceitos, sucede com os juízos. Um juízo pode estar implicado em outro. Assim, quando digo que "todos os homens são mortais", tenho implicados "alguns homens são mortais" assim como "este homem é mortal".

Então, de um juízo universal, que inclui *todos*, posso tirar *alguns*, que já estão implicados, como *um*, que também está implicado.

A dedução

Quando faço tal, eu *deduzo*, eu tiro (do latim, *ducere*, conduzir, daí *duce*, o guia, condutor).

Quando deduzo, tiro um juízo de outro; eu deduzi. E chama-se *dedução* essa atividade do espírito, que consiste em tirar de um juízo universal um juízo particular.

Mas posso proceder de maneira inversa (numa *versão in*, contrária). Posso partir de particularidades para chegar a uma generalidade. Vejamos como procede o espírito humano.

Se eu solto este livro aqui no ar, ele cai. É um corpo pesado e cai. E cai também este copo, este cinzeiro. E verifico, ainda mais, que todos os corpos pesados, soltos no espaço, caem. E assim o verificaram todos os homens. Posso, então, desses fatos particulares, formar o juízo universal de que todos os corpos pesados, soltos no espaço, caem.

Então, que fiz: eu deduzi? Não, eu *duzi in*, para (pois o termo *in*, em latim, também significa *para*); eu conduzi *para*, eu induzi, e temos a *indução*.

Os métodos

São eles, pois, dois métodos (*meth'odos* quer dizer caminho, caminho real, verdadeiro, bom, daí método, o bom caminho para chegar a alguma coisa):

Método
{
dedutivo — que parte do geral para o particular

indutivo — que parte do particular para o geral
}

A Filosofia é, em geral, dedutiva; a Ciência, por exemplo, é mais indutiva. A Ciência parte dos fatos particulares para estabelecer juízos universais, dos quais, depois, deduz outros particulares; é indutivo-dedutiva.

A Filosofia, em geral, deduz, e muitos julgam até que sua única atividade é dedutiva, enquanto outros defendem também o método indutivo-dedutivo e o dedutivo-indutivo.

Definição

Quando construímos um juízo (e já tivemos ocasião de ver como se processa), ele indica, aponta um conteúdo ao qual se refere. E quando esse juízo perfeitamente se ajusta, como esta gaveta se ajusta a esta escrivaninha, quando o conteúdo cabe ao juízo, como ao dizer que "este fato é um copo", e este juízo se adequa perfeitamente ao fato a que me refiro, estou em face de uma *verdade de fato* e de uma *verdade lógica*. A verdade *de fato* é que realmente há aqui um copo, e a *lógica* está na adequação do juízo por mim pronunciado com o fato ao qual se refere.

Dirão que essa verdade é relativa, pois este fato é um copo porque chamamos copo a tais fatos. Mas, se bem observarmos, veremos que há, aí, mais.

Despojemos primeiramente o termo *copo*, que aponta o conceito copo e, enquanto conceito, é um só que pode ser assinalado por palavras diferentes, segundo as línguas.

Abramos um dicionário e vejamos que diz ele sobre copo. Encontramos a definição: "Copo – vaso para beber, comumente sem asa, e de forma cilíndrica ou alargada para as bordas".

Copo, genericamente, é um vaso; não é, porém, qualquer vaso, porque há vasos que não servem para beber, e copo é para beber. Então, se vaso é mais genérico, *para beber* é o que diferencia copo de outros vasos.

Pois bem, temos aí a definição. A definição define, de-fine, dá fins, limita, contorna. E nós, para *de-finirmos* alguma coisa, temos de dizer primeiramente o que é ela, isto é, a que ordem pertence; mas precisamos depois ver, também, o que a diferencia. E o gênero mais próximo de copo é vaso, porque a outra categoria que o abarca, a do fato, também é um gênero, porém mais distante. Para darmos contornos mais definidos, procuramos o gênero mais próximo, *vaso*, e a diferença que o especifica: *para beber*. Os outros aspectos, como ter asa ou não, ser alongado ou não, variam de um copo para outro, mas ser vaso e servir para beber pertencem a todos os copos.

É verdade que também se pode usar a palavra, por semelhança com os copos, para se referir ao copo da flor, ao copo das esporas, etc., porém nesse caso ela não se refere à espécie *copo* que está aqui.

Já sabemos o que é uma definição, e cabe à Lógica estudá-la. Esse fato é copo porque tem tudo quanto é necessário ao conceito *copo*. Dessa forma, quando digo que é copo, o juízo que traduzo por palavras na minha língua é adequado perfeitamente ao fato e é logicamente verdadeiro.

Há outras verdades – como a metafísica, verdade absoluta –, das quais falamos em outras ocasiões.[1]

* * *

Até aqui, pensamos juntos: falamos em pensamentos, juízos; não dissemos, porém, o que sejam.

Ora, se ponho a olhar esta sala com tudo que está dentro dela, vejo que há paredes, quadros, mesas, poltronas, livros sobre a mesa, livros azuis, verdes, encadernados e em brochura, cinzeiro, caneta, lápis, etc. E vejo que uns objetos estão mais próximos ou mais distantes de outros, etc. Vejo que posso pensar sobre muitos aspectos. Mas os mesmos aspectos podem ser pensados por outra pessoa. Assim, quando digo que "este fato é um copo", também outra pessoa pode dizê-lo.

---

[1] Ver, especialmente, Mário Ferreira dos Santos, *Filosofias da Afirmação e da Negação*. São Paulo, É Realizações Editora, 2017, caps. 1, 8, 9.

Podemos eu e outra pessoa ter o *mesmo* pensamento, embora esse pensamento seja pensado em mim e na outra pessoa em dois atos diferentes: o meu e o dela. Os pensamentos podem ser iguais, mas o ato de pensar é diferente. E, se penso novamente sobre o mesmo copo, penso outro ato de pensar, embora o pensamento seja sempre o mesmo.

O que decorre daí?

Decorre que os pensamentos estão em tudo, mas o ato de pensar é que os capta. Então devemos distinguir *pensamento* como aspecto, relação, etc. dos fatos e pensamento como *ato de pensar*. Enquanto aquele pode ser o mesmo, este é sempre diferente.

E têm razão as pessoas quando dizem: "Você teve o mesmo pensamento que eu". O pensamento foi o mesmo, mas o ato de pensar é diferente.

Distinguir bem esses dois tipos de pensamento esclarece muitos aspectos, e muitas dificuldades desaparecem.

Tudo é pensamento; tudo pode ser pensado. Os nossos pensamentos captados, quando adequados com os pensamentos-fatos, realizam uma verdade.

Pode-se dizer que *mentamos* pensamentos. *Mente* vem de *man*, radical indo-germânico que indica medir, pesar, daí *homem*, *man* em inglês, *mann* em alemão, o ser que avalia, mede, valora. (*Mente, menção, mentar, comentar* são palavras derivadas.) A palavra *pensamento* vem daí, indicando o que é medido, pesado, valorado. Vale reiterar: tudo o que pode ser medido, pesado, valorado pela mente, órgão que mede, é pensamento (*pensare*, em latim, pensar, daí *compensar*).

A natureza está cheia de pensamentos que o homem pode mentar; por isso a Filosofia, sob o seu aspecto dinâmico, é esse invadir a natureza na cata dos pensamentos que estão nela, buscando-lhe os porquês, os nexos, as relações.

A ordem do pensamento e a ordem da natureza

Antes de tudo, precisamos saber o que é *ordem*.

Ordem é a relação entre as partes de um todo: deste com as partes e destas entre si. Este copo forma um *todo*, uma *totalidade*, em que há uma relação das partes entre si e com o todo, o que lhe dá uma coerência, uma coesão.

Mas há ordem e há ordem. Quer dizer, há ordem em que as partes se conexionam íntima e rigorosamente e há ordem cujas partes são acidentalmente componentes de um todo, sem um nexo rigoroso a ligá-las.

E, se observarmos a natureza, veremos que uma árvore forma uma totalidade com sua ordem, com o relacionamento de cada parte a servir o todo; porém, necessita a árvore ainda do ar, da terra, da água, que surja da semente e se torne o que é.

Dessa forma, além da ordem que tem e à qual pertence, necessita a árvore de outra ordem, que com ela se ordena, isto é, elas se *co-ordenam* – coordenadas que fatoram (de *fator*, fazedor), que permitem que a árvore aconteça como tal.

Além dessas coordenadas ambientais, a árvore está conexionada (como atadura, nexo, do latim *nexus*) com todas as coordenadas que formam o nosso planeta, como este está com o resto do sistema solar, e assim por diante.

Dessa forma, ao falar em árvore, é sempre possível, por conexões, falar de outras totalidades, porque, para que a árvore se dê aqui, se impõe a presença de coordenadas que permitam tornar em ato essa possibilidade.

Que queremos dizer com estas palavras?

A árvore vem de uma semente. Digamos que a semente era de pereira. Certamente, já sabemos, surgirá uma pereira. A semente não nos dará cachorrinhos, o que seria estranhamente maravilhoso, nem muito menos maravilhoso seria se ela nos desse maçãs. Há uma ordem que se desenvolve, uma conexão, em que um fato sucede a outro, mas sempre cumprindo a mesma ordem.

Sucede que a semente da árvore é de pereira, mas, enquanto semente, ainda não é a pereira, embora contenha virtualmente esta, que pode vir a ser.

Pode-se ver, então, que os fatos mostram possibilidades, isto é, um poder de vir a ser. Este fósforo tem o poder de vir a ser chama e acender o meu cachimbo.

Assim como este lápis tem o poder de riscar este papel, tenho eu o poder de beber este copo d'água, e esta água o de ser bebida por mim.

Vê-se que estamos aqui em face de dois tipos de poder: um poder sofrer e um poder fazer.

A potência

Chama-se, na Filosofia, *potência* essa possibilidade de vir a ser; *potência passiva*, a de sofrer, e *ativa*, a de fazer.

Potência $\begin{cases} \text{ativa} \\ \\ \text{passiva} \end{cases}$

Porém, o que tem possibilidade de vir a ser já é. Este copo pode ser quebrado, mas o copo já é, está aqui, atua aqui na minha frente. Ele é *ato*, mas também é *potência*, porque o ato copo me revela a potência copo. Todo ato tem potência, e esta, quando se realiza, se *atualiza*, se torna ato que, por sua vez, revela possibilidades que, ao se atualizarem, se tornam ato, e assim sucessivamente.

Esta passagem da potência para ato é o que os latinos chamam *fieri*; os alemães, *werden*; os ingleses, *becoming*; os franceses, *devenir*; os portugueses, *devir*; os italianos, *divenire*.

Neste caso, tudo está em *devir*; todos os fatos corpóreos, pelo menos, estão em devir; mesmo as pedras, que parecem eternas, também estão em devir.

Para os gregos, sobretudo em Aristóteles, havia a seguinte classificação:

dynamis = potência
enérgeia = ato

Uma questão surge logo à mente. Se tudo está em devir, tudo passa de um estado de possibilidade para um de ato. Mas, como não podemos conceber a possibilidade sem um ato que a contenha, há sempre um ato que antecede todos os outros; há sempre ato no universo, em tudo – e esse ato é primordial.

E para que o raciocínio fique claro, façamos previamente as seguintes reflexões:

O universo existe. Eis uma certeza que não pomos em dúvida, afinal, por mais que duvidássemos, chegaríamos a uma certeza: *algo existe*, pois algo duvida – a saber, eu, ou o leitor.

Prossigamos em nossos raciocínios: algo existe, algo está em ato. Se observamos que um ato vem de outro no qual estava em potência, o ato, pensado apenas como ato, é sempre ato, sempre ele mesmo.

Ora, esse ato não poderia ter vindo do *nada*. Que concebemos como *nada*? Concebemos a absoluta privação de qualquer ato, porque, se houvesse ato, ele deixaria de ser *nada* para ser *alguma coisa*. Do nada, nada poderia vir, porque, se o nada pudesse tornar-se alguma coisa, nesse caso o nada seria eficaz, poderia fazer alguma coisa e então deixaria de ser nada para ser algo que pode fazer alguma coisa.

Dessa forma, o que há é produto de um ato, e este ato, que o produziu e de onde vem tudo, é um ato que tinha, em si, a possibilidade de ser tudo quanto existe, existiu e existirá. Não, porém, como possibilidade não determinada em ato para nós, mas como possibilidade já dando-se no ato e que, para nós, se atualizaria depois, dentro das nossas coordenadas, que formam as relações do nosso universo de conhecimento. Quero dizer que esse ato, de onde vêm todos os fatos, tinha em si o poder de fazer tudo. De fato, não podemos deixar de reconhecer que o que se dá hoje, o que se deu ontem e o que se vai dar amanhã eram possibilidades que se atualizam; porque, se não fossem possíveis, não se teriam atualizado.

Neste caso, tudo quanto sucede, tudo quanto sucedeu e tudo quanto sucederá não podem negar a ordem já existente; com efeito, se a negassem, viriam do nada, e não do ato anterior a tudo – o que seria transformar o nada em ato, portanto em ser, anulando-se assim o nada. Em suma, seria admitir que se diz algo quando se diz nada, porque reconhecer eficacidade no nada é negá-lo totalmente.

Tudo quanto se atualiza, atualizou e atualizará já estava, portanto, contido no poder do que era antes de tudo, e estará contido no poder do que será antes de tudo. O ato primeiro, portanto – antecedente a todos os atos sucessivos –, é sempre o mesmo nos atos que sucedem e sucederão, pois, se os atos que ora sucedem e os que sucederão não fossem o mesmo ato, eles viriam do nada (o que já vimos não podermos admitir, pois nesse caso o nada, tendo poder, não seria nada, mas ato).

O ser que é, foi e será

Desta forma, o ato que é e foi será sempre o mesmo. E esse ser que é, foi e será sempre o mesmo, como já contém tudo e é sempre ele mesmo – pois ser outro seria ser o nada, o que não é –, é ele imutável, apesar das mutações que surgem. Pois, para mudar do que é, teria de ser o que não é, que seria, nesse caso, o nada – o que é absurdo: afinal, como poderia o ser deixar de ser? Se o ser pudesse deixar de ser, o ser seria fraco e não poderia ser, o que é absurdo, pois já admitimos que o ser é; portanto, se é, é agora, foi e será.

Assim, o ato primeiro de tudo, e que em tudo se manifesta, é um ato puro, ou seja, não misturado de outro, porque outro seria nada, e não ser.

E esse ato puro, que é, foi e será, chamavam os antigos hebreus, desde Moisés, *Yah-weh*, que, em hebraico, quer dizer *é, foi, será* – Iavé, o Deus dos judeus.

É esse ato puro que os cristãos chamam Deus, onipotente, criador de todas as coisas.

Já no ato do existir, do nosso existir, da nossa ordem, as possibilidades cujo poder de fazer está de uma vez abrigado no ato puro se manifestam sucessivamente aos nossos olhos.

Surgiram aqui, no leitor, muitas perguntas, como as seguintes: por que é assim e não de outra maneira? Por que não somos ato puro? Por que o ato puro nos criou e não nos deixou permanecer nele? Tais perguntas já revelam a necessidade do estudo da Filosofia, porque, sem conhecê-la, como respondê-las? No fundo, que nos adiantaria apenas ficar numa posição de indiferença e dizer: bem, que me importa tudo isso? E os que desejarem permanecer nessa atitude podem ficar naturalmente conscientes do que fazem, mas os outros, que querem enfrentar os problemas e que não se acovardam ante as interrogações, prosseguirão o seu caminho e saberão o que fazer, não por uma necessidade profunda do homem apenas, mas também por algo que significa muito para a dignidade humana: a coragem de enfrentar o mistério, o que está oculto.

No entanto, o universo revela à nossa intuição sensível a mutação constante das coisas. Há um nexo dos fenômenos (do grego *phaos*, luz, "fenômeno" denota o que aparece); uns estão ligados a outros, uns decorrem de outros, uns são fatorados por outros, e, para o serem, dependem ainda da coordenação de outros.

A lei da causalidade

Há, assim, uma *lei da causalidade*, que mostra uma relação de causa e efeito. A causa é o ato anterior que tinha uma possibilidade e, ao atualizar essa possibilidade, tornando-a ato, esta possibilidade é *feita daquela causa*, é e-feita (do latim *ex-factum*, feito *ex*, de; daí *exfectum*, que dá *efeito*, em português).

Não basta, porém, apenas o ato anterior para que se dê o efeito, é necessário, também, que as coordenadas não o impeçam.

Dessa forma, é preciso distinguir. E vamos fazê-lo, voltando à semente de pereira.

A semente tem a potência de ser pereira, isto é, poder-se-á atualizar em pereira.

Mas a semente de pereira, apesar de ter a potência de tornar-se pereira, para assim tornar-se precisa de terra, ar, calor, água (correspondentes aos quatro famosos elementos dos antigos). Sem eles, a pereira não surgirá.

Vemos, assim, a presença de duas ordens:

1. a ordem interna da semente, que se exteriorizará na pereira;
2. a ordem das coordenadas necessárias para que a semente se torne pereira.

A primeira causa vem da semente da pereira, vem à tona, sobe à margem, *emerge da semente*. Chama-se, por isso, causa *emergente*.

A segunda é dada pela disposição das coordenadas que *pre-param* o ambiente e os elementos necessários para que a semente se torne pereira, isto é, a *pre-dispõem*. Chamam-se *causas predisponentes*.

Assim, se observarmos bem, todos os fatos que sucedem precisam de causas predisponentes para que se atualizem.

Vê-se, por isso, que tudo está condicionado a tudo, isto é, ter conexão com o resto é condição para que algo suceda, o que mostra o condicionamento de tudo com tudo, o nexo de tudo com tudo, o relacionamento que nos revela a ordem do universo.

Os fatos estão, portanto, conexionados. E essa conexão dos fatos se chama *realidade*.

Mas, como vimos quando falamos do conceito, os fatos do mundo da realidade podem ser conceituados, e os conceitos também estão conexionados, encaixados uns nos outros.

Os conceitos e seu nexo são o objeto de estudo da Lógica.

A Ideia para Hegel

Hegel, um grande filósofo alemão, chamava ideia a síntese (do grego *syn*, que significa "com", e *thesis*, "posição": composição) do conceito com o fato que lhe serve de conteúdo. Tenho uma ideia do copo d'água, porque sei que este corpo aqui é um copo d'água; a ideia me é revelada na conjugação, na composição do fato corpóreo com o seu conceito. Dessa forma, Hegel distinguia:

1. a ideia como representação subjetiva (isto é, apresentação de novo de imagens mentadas pelo homem);
2. a ideia concreta, que é este copo, o qual, como fato corpóreo, é, ao mesmo tempo, concretamente, o conceito de copo. (Con-creto vem do latim *crescior*, ser crescido: concreto é o que "cresce junto".)

Para Hegel, só tem concreção o que é considerado dentro de suas coordenadas, que se conexionam com o fato. (É possível que o leitor leia, em muitos livros que falam sobre Hegel, coisa muito diferente, mas isso é culpa dos que não o leram e o citam de ouvido, o que é muito comum.)

Por que o homem construiu o conceito de árvore, como o de copo, etc.? Por que o homem pode dizer que este objeto aqui é livro e este também é livro? E, no entanto, este livro é diferente daquele; mas ambos têm em comum certo número de notas, que permite classificá-los no esquema abstrato *livro*.

As coisas vivas, não criadas pelo homem, revelam também um número de notas; mas revelam mais: uma ordem, que é a *mesma* em todas. Essa ordem é o que forma as coisas vivas desta e não daquela maneira. A semente de pereira tem uma ordem que não admitirá que ela se transforme numa macieira, mas apenas numa pereira.

Essa ordem lhe dá a *forma* de pereira e não macieira. E essa forma não é apenas a *forma externa*, que os olhos veem, porque as pereiras são diferentes umas das outras, mas uma *forma interna*, em que penetramos por intuição, através das diferenças exteriores; no entanto, essa intuição não nos é dada pelos sentidos, mas pela inteligência. Captamos, na pereira, *a pereira*, a forma da ordem pereira, e essa forma não a temos nos olhos do corpo, mas nos olhos da inteligência, como temos nos olhos da inteligência a forma *livro*, que não é a forma exterior, nem deste nem daquele outro livro.

A forma deste livro é uma forma do fato livro, é *fática*, é *figura*.

A forma do livro é uma forma ideal do livro, é uma forma *eidética* (do grego *eidos*, ideia).

Dispomos de uma intuição capaz de captar a forma eidética, através da intuição sensível. Chama-se essa intuição de *intuição eidética*.

Um outro exemplo tudo esclarecerá.

Se vamos a um jardim zoológico e nos mostram um animal, dizendo que é um camelo, toda vez que encontrarmos um animal semelhante já saberemos que é um camelo. Somos capazes de, apenas com um exemplar, captar aquilo que depois se generaliza em muitos outros animais, que se chamam *camelo*. Essa capacidade do homem já revela um estágio superior, avançado, porque a criança, por exemplo, nos primeiros anos, não dispõe dessa capacidade, nem deveria tê-la o hominídeo.

A realidade e a idealidade

As ideias formam também um nexo, umas com as outras, e esse nexo se chama *idealidade*.

Então temos dois *nexos*:

1. o da realidade – o dos fatos;
2. o da idealidade – o das ideias.

O nexo dos fatos e o das ideias não são totalmente separados; podemos dizer, portanto, que há:

1. uma realidade na idealidade;
2. uma idealidade na realidade.

E estamos agora entrando na *dialética*.

O que é dialética?

Dialética vem de *diá* e *logos*, palavras gregas. *Diá* quer dizer através de, por meio de; daí *diáfano*, que vem de *diá* e *phaos,* a luz através de. Dialética significa por meio das razões, *logoi*, plural de *logos*. *Dialegein*, verbo grego, significa afanar--se por esclarecer por meio das razões, dos raciocínios. *Diálogo* é uma palavra que indica o clareamento por meio de uma discussão entre aspectos diferentes.

A dialética quer esclarecer por meio do nexo não só da idealidade como também da realidade. Como a Lógica Formal apenas quer esclarecer por meio do nexo dos conceitos, a Dialética, modernamente, quer esclarecer por meio do nexo tanto da realidade como da idealidade, procurando a realidade na idealidade e a idealidade na realidade.

Esse nexo entre a idealidade e a realidade é um dos grandes temas da Filosofia.

Vê-se, desde logo, que a Filosofia não é apenas uma composição de palavras abstratas, como dizem muitos. Pelo contrário, a verdadeira e honesta filosofia é a busca daquele nexo.

Poderíamos, então, sem dar exatamente uma definição, mas propondo um enunciado esclarecedor, dizer que a Filosofia é a ciência que busca o nexo da idealidade e da realidade, bem como do valor de tudo quanto há.

Por isso é a Filosofia a suprema ciência, e inclui o estudo de todo o saber humano mais elevado.

Saber filosófico

De tudo o que estudamos até agora, já podemos fazer uma síntese esclarecedora, que sirva de ponto de partida para novas investigações.

O ser humano, em face da variedade heterogênea dos fatos do acontecer cósmico, para dar-lhe uma ordem, viu-se forçado a construir esquemas abstratos, por meio dos quais classifica esse mesmo acontecer. E, não satisfeito com isso, procurou descobrir o seu nexo.

E o que já examinamos permite ampliar o enunciado do que seja a Filosofia.

Para descobrir esse nexo, tendo como instrumentos o pensar, como ato de captação de pensamentos, e os conceitos, como esquemas abstratos, não podia o homem obter êxito em sua atividade se não procedesse pelo método da comparação. E não poderemos compreender a comparação sem que previamente estudemos as relações.

Todos usam o termo *relação*, e nunca se usou tanto como hoje, de onde já se forjaram palavras como *relativismo*, *relacionismo* e outras.

Etimologicamente, relação vem do verbo *fero*, cujo particípio passado dá *latum* (*fero, tuli, latum, ferre*, como têm de decorar os que estudam latim). A partícula *re*, em latim, tem o sentido de movimento, de volta, de retorno, de repetição. *Re-latus* indicaria o relato, fazer uma relação, narrar alguma coisa. *Relatus*, como adjetivo, indica o tornado a trazer, o referido, o proposto.

Relatio é a relação, o que se relata, a narrativa. Relação é o pôr-se ou estar de uma coisa levada a outra, ou que está em face de outra.

Dessa forma, todas as coisas estão em relação, porque todas estão em face de outras. Mas podemos, pela mente, relacionar as coisas com outras, as presentes com a imagem das ausentes; e, quando relacionamos conceitos com conceitos, quando refletimos (de *re-flectum*, que vem de *reflexio*, ação de voltar ou torcer, reflexão), voltamos os pensamentos e os pomos em relação uns com os outros. Temos aí o que, psicologicamente, se chama *reflexão*.

Ora, as relações mostram, no entanto, aspectos muito interessantes. É que há fatos que se relacionam acidentalmente com outros: como a relação que pode haver entre mim e a paisagem que se desdobra além da minha janela; mas revela-se que nessa relação eu nada influí na paisagem, embora ela em muito, durante sobretudo as manhãs claras, influa sobre mim. Vemos, então, que as coisas relacionadas umas às outras podem exercer influências que provocam modificações. Há relações meramente fortuitas, sem influência maior entre as partes relacionadas, e outras em que essas influências podem levar a profundas modificações.

Posta uma coisa em face de outra, ou um conceito em face de outro, ou um juízo em face de outro, verificamos, facilmente ou não, que entre eles há aspectos que se repetem, que ambos têm em comum, como o azul deste livro e o azul daquele livro, assim também entre mim e o leitor; porém, logo captamos aspectos que são diferentes, que estão em um e não no outro, como que este livro, sendo igual àquele, é também diferente, porque, se ambos são azuis, por outro lado este é mais grosso do que o outro.

A comparação

Como pomos um em *par* do outro, essa ação de pôr em *par* um *com* o outro, esse emparelhamento, nos permite fazer uma *com-par-ação*, comparação.

Ao comparar um fato com outro, ou um conceito e um juízo com outro conceito e com outro juízo, podemos ver o que se repete e o que não se repete, o que nos permite, portanto, notar as diferenças: o resultado principal da comparação.

Na verdade, todas as coisas estão em *par* das outras, mas a ação de realizar a *comparação* exige um ser inteligente, isto é, que capte entre as notas as semelhanças e as diferenças.

Ora, já vimos que as semelhanças e as diferenças, que são captadas pela nossa intuição intelectual, permitem classificar os fatos em conceitos, e nos conceitos consideramos apenas as notas que se repetem, aquilo que os fatos têm em comum.

Desse modo, nosso espírito, ao funcionar intelectualmente, se desdobra em duas atividades: a que capta intuicionalmente diferenças e semelhanças, e a que classifica as semelhanças em séries, para com elas poder socializar a experiência humana, transmiti-la aos outros, e dar ordem ao caos de acontecimentos. E essa função é a razão, que já trabalha com conceitos.

Como os conceitos são generalidades, a razão trabalha com generalidades; é ela uma função classificadora em ordens.

A razão dá uma ordem ao universo, permite que pensemos sobre generalidades, que racionalizemos o universo e raciocinemos sobre ele. E outra coisa não é o livro de contabilidade que se chama *razão*, no qual se universalizam e se generalizam os títulos, e, embora para muitos pareça estranho, foi desse conceito contabilista de *razão* que surgiu a palavra *ratio*, razão (pois a contabilidade, bem o sabemos hoje, já existia há mais de 6 mil anos).

Os conceitos são sempre generalizações que nós construímos, e todas as palavras se referem a conceitos, portanto, a generalizações.

Pela empiria, obtivera o homem um saber empírico, de experiência, obtido por meio da observação dos fatos. Contudo, outro saber do mundo obteve, pelos conceitos, pelas generalidades. Ao ver um fato, comparava-o ao conceito ao qual pertencia, e os conceitos, comparava-os entre si.

Como a vida e todo existir decorrem, seguindo os fatos a outros fatos, não se pode buscar o já acontecido para comparar a um fato presente, nem podemos trazer uma árvore que vimos lá para comparar com esta, para saber se, entre elas, há ou não igualdade. Mas podemos, graças à memória, saber que esta árvore tem semelhanças com aquela, e, pelo conceito, classificar ambas na série *árvore*. E quando se trata de comparar conceitos com conceitos, podemos correr daqui para ali, passar de um para outro, ir e voltar, ora comparar com este, ora com aquele; podemos dis-correr, e daí *discurso*, e daí saber discursivo, que é o saber que construímos por meio dessas corridas que fazemos de um conceito para outro, a fim de notar as diferenças entre um e outro, e de onde resulta um novo conceito, um novo saber. O mesmo podemos dizer que se dá com os juízos, etc.

Havia, assim, ao lado de um saber empírico, um saber discursivo, um saber culto, porque já se exigiam outros saberes, um saber que refletisse, reflexivo, e que também reproduzisse os conceitos como um espelho reproduz o rosto; e este refletir do espelho, em latim *speculum*, permitiu que se falasse num saber especulativo.

E eis que a Filosofia se apresenta, entre os gregos, sobretudo, como um saber especulativo, como um saber das *imagens* (as ideias) que refletem os fatos, um saber que se separa do saber empírico.

Esse saber especulativo tem outra característica importante: como era realizado por pessoas que não tinham propriamente necessidade de trabalhar para viver, pois os escravos trabalhavam para elas, foi construído não para ser aplicado, como se dá com um saber prático, tal qual o do agricultor, mas como um saber que se satisfazia apenas em si mesmo, tal que quem o procurasse não o buscava para dominar as coisas, mas apenas para satisfazer seu desejo de conhecer, de ilustrar-se. Daí chamarem-no de *desinteressado*.

Este saber, como descobriu o nexo dos conceitos, passou a ser chamado de *saber teórico*, em oposição ao saber prático do homem comum.

A "teoria"

Por que teórico? A palavra *theos*, de onde vem Deus, quer dizer o ser que vê, e deu a palavra *theoria*, visão. Em suas festas religiosas nos templos, os gregos faziam longas filas, que vinham do horizonte e podiam ser vistas à distância, isto é, tinha-se delas uma visão. Por isso, chamaram-nas *theoria*. Aqui, reiteramos o que já se disse: como essas filas tinham um nexo, porque todos que as formavam iam para o templo, significou também o que se vê com nexo, não pelos olhos do corpo, mas pelos olhos do espírito. A palavra, que era de uso corrente, serviu, metaforicamente, de termo para a Filosofia.

E não é a *teoria* um conjunto de raciocínios que dão o nexo, fundados em fatos ou suposições, revelando o nexo de um conjunto de fatos e servindo para explicá-los?

O saber especulativo, culto, é um saber teórico, pois procura o nexo que liga os fatos uns aos outros ou as ideias umas às outras. E assim surgem diversas teorias que, por sua vez, coordenadas por um nexo que as estruture, coordenam, numa só teoria, todas as teorias a ela subordinadas, tornando-se finalmente um sistema, palavra que vem de *systhema*, em grego, que significa reunião, ajuntar.

Cabe aos gregos a construção desse saber teórico, bem como o nome da Filosofia – que vem de *philos* e *sophia*, duas palavras que significam amante e sabedoria, ou seja, o filósofo é o amante da sabedoria –, palavra que se atribui a Pitágoras, embora os gregos já tivessem o verbo *philosophein*, que significa afanar-se por saber alguma coisa.

Realmente a Filosofia é um afanar-se por saber, porque é ativa e, se não o for, poderá cair em formas mortas e abstratas.

Outra vez surge a palavra *abstração*, que merece ser explicada à parte, para que possamos prosseguir nas investigações que mostram o que realmente significa ser convidado para a Filosofia.

Abstrato e concreto

Não seria agora difícil compreender a diferença entre *abstrato* e *concreto*, em face do que já tratamos. Vimos até que a palavra *concreto* significa *o que cresce junto*. Realmente, o mundo cresce junto, e nós crescemos, formamo--nos juntos de todas as outras coisas. Mas seria impossível ao homem, quando tivesse de pensar sobre uma coisa, pensar simultaneamente em tudo quanto cresce junto com ela.

Imaginemos que alguém deseja medir uma árvore. Precisa apenas medir a árvore, e, para tanto, tem que deixar de se interessar pela largura do campo onde a árvore cresceu, e também pela altura das árvores vizinhas, pela da montanha, etc. *Tem de separar a árvore, mentalmente, e medi-la separadamente.*

Essa ação de separar (de interessar-se à parte por) uma coisa se chamou, frequentemente, de *abstração*, palavra formada do latim *abs... trahere*, trazer *ab*, trazer para o lado, pôr de lado. Quando se abstrai uma coisa, ela é separada, mentalmente, para o lado.

É aqui que muitos fazem confusão; pois o ato de abstrair, que realizamos mentalmente, separa apenas mentalmente.

Ao medir a árvore, não a separamos da realidade à qual pertence, como não separamos a realidade à qual pertence o homem quando sobre ele pensamos. Separamo-los apenas mentalmente. E o perigo das abstrações e do abstracionismo filosófico, no qual muitos se perdem com lucubrações puramente verbais, está em que tais separações, que são apenas mentais, e que fazemos no intuito de analisá-las, não as devolvemos, depois, à realidade, à concreção à qual pertencem, e as consideramos como se tivessem uma existência *per se* e em si, o que nos leva a *hipostasiar* as abstrações (*hipo*, embaixo; *statis*, de estar), a dar-lhes uma base *real* em si, como se elas a tivessem de verdade. Assim alguns dão, muitas vezes, uma base real às abstrações que eles apenas separaram mentalmente da concreção, como se realmente tivessem elas uma realidade independente; eles as *hipostasiam*.

Em suma: *abstrair* é separar mentalmente o que na realidade não se separa. A separação de um fato de outro, como separar este copo do pires onde está, não é uma abstração, porque esta é meramente realizada pela mente.

Todo conhecimento meramente abstrato é, portanto, aquele que se funda no conhecimento de algo que se separou sem se reconhecer que faz parte de um todo concreto, com o qual nasce, e que a sua apreensão abstrata não encerra tudo o que tem ou oferece o conhecimento.

Entramos aqui num ponto importante e fundamental da Filosofia. É que esse conhecimento exige um cognoscente, e este se chama, na Filosofia, o *sujeito*, o que conhece; e o conhecido se chama *objeto*.

Os polos da realidade

A realidade é desdobrada em dois polos:

cognoscente *cognitum*
SUJEITO   OBJETO

O primeiro é o *sub* que recebe o *iecto*; o segundo é o que *iecta ob*, o que se jecta ante, diante, contra. Ainda usamos a palavra nesse sentido quando dizemos: "objetar as ideias de alguém", o que quer dizer opor razões às ideias de alguém.

O objeto *ob-põe-se* ao sujeito. Esse antagonismo entre ambos levou muitos filósofos a falarem em *dualismo antagônico*, expressão que afirma ângulos (*gonos*) opostos entre si, mas que, como todo antagonismo, é também solucionável.

Deixemos tais aspectos para depois e prossigamos em nossas análises:

O sujeito – e neste caso convém que se distinga – pode ser considerado como sujeito da gramática ou da lógica e como sujeito da psicologia. Simplificadamente, é o sujeito quem recebe o *iecto*, o que capta o *iecto*; assim sendo, é um conceito que recebe outro, de quem se predica outro, e aí temos ou o sujeito da Lógica ou um ser vivo que tem consciência, o sujeito da Psicologia.

O primeiro é estudado na Lógica, e o segundo, em todas as ciências do homem. É deste que nos vamos ocupar, porque o primeiro é apenas um recebedor de iectos, enquanto o outro é diferente porque também *conhece*.

Em que consiste esse conhecimento?

Consistiria na captação de notas do objeto por parte do sujeito.

Em síntese seria isso; mas como se dá, quais os limites dessa captação, etc., isso é o que nos levará agora a uma análise.

Consideremos o ser humano como cognoscente; neste caso, o homem conhece os fatos do mundo exterior e conhece a si mesmo como fato, tanto o seu corpo como os seus próprios pensamentos.

Então o sujeito, no homem, só pode ficar reduzido ao *eu* que conhece, e o restante é o que filósofos chamam de *não eu*. Daí:

$$Eu + Não \ eu$$

Eu é o sujeito, o que conhece; *não eu*, o objeto, o *cognitum*, o conhecido. E o ato de conhecer chama-se *conhecimento*.

Ante o mundo exterior, o *eu* (sujeito) dispõe de instrumentos, de órgãos de conhecimento que o ligam, que o põem em contato com este mundo.

São os órgãos dos sentidos: a visão, o tato, o olfato, o paladar e a audição. Os dois primeiros e o último são os mais importantes órgãos de que dispõe o homem, sobretudo o primeiro e o último.

Sabemos que os órgãos do conhecimento não nos *dão* o objeto, pois este continua onde está, apesar de conhecido. Não sofre nenhuma modificação por isso, em si mesmo.

Vejo este copo d'água, e, pelo simples fato de vê-lo, não deixa ele de permanecer onde está, e não sofre nenhuma modificação.

Ao conhecê-lo, não o incorporo ao meu corpo, mas apenas tenho dele, dentro de mim (*im*), uma imagem (*imago*, dentro, no fundo de nós), numa imagem luminosa que é dada pela forma exterior do copo. Com o conhecimento sensível, os objetos do mundo exterior permanecem no mundo exterior.

Sabemos que nossos sentidos não captam todas as notas do objeto, pois sabemos que nossos olhos apenas veem uma gama pequena das vibrações eletromagnéticas, como os nossos ouvidos captam apenas parte das vibrações das moléculas do ar. Há sons que não ouvimos, desde que ultrapassem um número de mais ou menos 30 mil vibrações por segundo, ou sejam inferiores a 16 vibrações.

O que nos aparece luminosamente, como forma exterior, o objeto conhecido, está limitado ao alcance dos nossos sentidos. O nosso conhecimento apenas separa parte do que pode conhecer, isto é, separa para si, sem separar da coisa, onde concretamente continua – o que nos leva a compreender que o nosso conhecimento é naturalmente *abstrator*.

Nossos órgãos de conhecimento são funcionalmente abstratores. Mas podemos conhecer mais dos objetos, mais do que nos oferecem à primeira vista. Não revelam os microscópios que podemos ver seres pequeníssimos, invisíveis a olho nu? O que faz o microscópio? Ele amplia o tamanho dos seres a dimensões que se encaixam dentro do campo da nossa visão e dos seus limites. Através dos microscópios conhecemos esses seres não como são no seu real tamanho, mas como são ampliados para nós. Dessa forma, estamos sempre limitados aos nossos sentidos, e só podemos conhecer quando reduzimos o conhecido aos limites dos nossos meios de conhecer.

Vejamos então o que seria o conhecimento (conhecer vem de *cognoscere*, em latim; isto, por sua vez, vem de *gnosis*, em grego, cujo *g* indica com, e *noesis*, de *nous*, espírito, inteligência, indica conhecer). Dessa forma, conhecimento é a captação, pelo nosso espírito, do objeto.

Tal captação se faz por meio de imagens quando se trata de objetos do mundo exterior, se faz de ideias quando se trata de pensamentos e se faz de afetos quando é afetiva.

Ora, em todo conhecimento são imprescindíveis, portanto, um sujeito e um objeto. Só há objeto onde há sujeito; só há sujeito onde há objeto. Um não se dá separado do outro.

CONVITE À FILOSOFIA

70

É preciso, portanto, distinguir: *mundo exterior* é o mundo como ele é, e *mundo objetivo*, o mundo como o homem o conhece.

É o mundo objetivo do homem o mesmo que o mundo exterior?

Se os nossos meios de conhecimento são abstratores, o mundo do objeto tem de ser, de algum modo, distinto do mundo exterior.

Análise e síntese

O homem conhece apenas parte do mundo exterior. Então, de qualquer forma, o conhecimento é sempre abstrato.

As perguntas surgem ao filósofo e exigem respostas, porque a Filosofia é uma disciplina que se criou não só para perguntar, mas também para responder, e é no intuito dessas respostas, satisfatórias ou não, que ela se afana em suas *análises* e *sínteses*.

Há uma distinção entre análise e síntese que convém, desde já, fazer.

Os nossos sentidos são, preponderantemente, analisadores. Em grego, análise (*analysis*) significa dissolver. O químico analisa um corpo ao dissolvê-lo, ao decompô-lo nas partes que o constituem. E síntese (*synthesis, com* e *posição*, em grego) é composição. O químico sintetiza quando compõe as partes separadas, formando outra vez o todo.

Nosso conhecimento também procede por análises e sínteses. Com o sentido, tomamos os fatos sobretudo analiticamente. Olho este copo e vejo que é transparente, que é largo na parte superior, estreito na inferior, capto as partes que o compõem. Mas capto-o também como um todo, quando o vejo. Então poderíamos dizer que os nossos sentidos são analisadores-sintetizadores.

Dessa forma, há sempre a presença das duas atividades do nosso espírito, que não se dão separadas, mas conjuntamente – porque a razão também analisa, como a intuição sintetiza.

Na intuição sensível, prepondera a análise sobre a síntese, ou seja:

Análise maior que a síntese.

Quando, porém, reduzo o analisado, pelas notas captadas, a uma série, a um todo que é expresso pelo conceito, o sintetizo num todo. Neste caso:

Síntese maior que a análise.

Isto é:

no ato intuitivo, análise > síntese
no ato racional, síntese > análise

Há, assim:

conhecimento

intuitivo – capta a individualidade deste fato, o copo aqui, por exemplo;

racional – capta, no copo, a generalidade a que ele pertence.

Uma modalidade de conhecimento é supinamente analítico-sintética; a outra, supinamente sintético-analítica.

Gnosiologia ou Teoria do Conhecimento[1]

Embora o homem muitas vezes tivesse posto em dúvida a validez do seu conhecimento, foi entre os gregos, no Ocidente, que propriamente se colocou o problema do saber humano, quando, no período de decadência daquele povo, os *sofistas* (palavra vinda de *sophos*, em grego, sábio) puseram-se a discutir acerca de tudo, tomando diversas posições, inclusive quanto à validez das nossas cognições, sobre as quais puseram dúvidas.

Chama-se, na Filosofia, "Teoria do Conhecimento" essa disciplina que estuda a parte gnosiológica, o alcance do conhecimento, as suas possibilidades, os seus limites e a sua validez. (*Gnosis*, em grego, denota conhecimento.)

É tal a importância dessa disciplina, que muitos filósofos afirmam que por ela se deve iniciar o estudo da Filosofia; enquanto outros julgam que se deve começar pelo estudo da história, ou seja, pelo desenvolvimento histórico da Filosofia. Ambas as posições pecam por um erro no ponto de partida. A primeira, por começar a discutir o conhecimento antes de se ter algum conhecimento, e a segunda, por querer estudar a evolução das ideias filosóficas sem se ter, antes, uma ideia dos temas filosóficos. Pecam, ainda, a primeira por colocar-se num ponto de vista meramente lógico, que exigirá, para conhecer,

---

[1] Nesta seção, Mário Ferreira dos Santos reelabora sua exposição primeiramente feita em: *Filosofia e Cosmovisão*. São Paulo, É Realizações Editora, 2018, p. 78-88.

saber conhecer, e a segunda por um ponto de vista meramente histórico, supondo que o conhecimento deve repetir a mesma cronologia da história.

É natural que não façamos aqui um estudo da Gnosiologia, incluindo todas as suas possibilidades, mas nos limitemos a dar, sintética e esquematicamente, os pontos principais para poder construir-se uma visão geral do que é mais importante.

Não tinham os gregos a Gnosiologia como disciplina estruturada. Foi um filósofo inglês, John Locke, em 1690, com sua obra *Ensaio sobre o Entendimento Humano*, que abordou o problema do conhecimento, o qual foi novamente posto sobre a mesa, e de tal forma que permitiu estruturar-se uma nova disciplina, a Teoria do Conhecimento.

Johannes Hessen, sintetizando os grandes temas da Gnosiologia, oferece a classificação dos cinco problemas fundamentais:[2]

1. *Possibilidade do conhecimento humano*, que se caracteriza pela pergunta: pode o sujeito realmente apreender o objeto?
2. *Origem do conhecimento*, que se pode sintetizar na pergunta: quais a fonte e a base do conhecimento?
3. *Essência do conhecimento humano*, que indaga: é o sujeito que determina o objeto ou este que determina o sujeito? Quem lhe dá as características?
4. *Formas do conhecimento*, que respondem à questão: há, além do conhecimento discursivo, racional, um conhecimento intuitivo?
5. *Critério do conhecimento*, cuja pergunta é: há um conhecimento verdadeiro, e, se há, como podemos conhecer e saber quanto vale essa verdade?

Vejamos a seguir como se procurou responder a essas perguntas.

---

[2] Johannes Hessen, *Teoria do Conhecimento*. Trad. João Vergílio Gallerani Cuter. São Paulo, Martins Fontes, 2000, Primeira Parte.

A possibilidade do conhecimento

Cinco posições podem ser tomadas:

1. *A resposta dogmática*: o dogmatismo é a posição mais antiga da Filosofia. Ele não põe em dúvida a possibilidade do conhecimento (*dogma*, em grego, quer dizer decreto, ordem). Os dogmáticos decretam que há a possibilidade do conhecimento. Quando surgem os sofistas, tal possibilidade é posta em dúvida.
2. *A resposta cética*: a palavra *cético* vem de *skepsis*, em grego, daí *skeptikós*, o que examina, o que duvida. Os céticos duvidam dessa possibilidade e argumentam que nossos meios de conhecimento são parciais e, portanto, o conhecimento tem de ser parcial, duvidoso.

   Os céticos se dividem em *sistemáticos*, que transformam a dúvida num sistema (fechado, portanto) e reconhecem a impossibilidade de conhecer; e *céticos metódicos*, que usam o ceticismo como método: estes são céticos, duvidam quando conhecem, até atingir um ponto em que não haja dúvida, e sobre essa certeza reconstrói-se o conhecimento.
3. *A resposta subjetivista e a relativista*: aqui, o conhecimento tem uma validez limitada. O subjetivismo limita-o ao sujeito, porque depende deste o conhecimento, e o relativismo considera-o apenas relativo, dependendo do meio, da cultura, das condições históricas, de classe, etc. que o modelam.
4. *A resposta pragmática* (*pragma*, em grego, significa negócio, atividade utilitária): a corrente pragmática, que tem esse nome dado por William James, psicólogo norte-americano, parte do ponto de vista de que o homem é um ser prático, um ser de vontade e de ação, e o valor do conhecimento está na sua conveniência ou não para a vida. Dessa forma, o conhecimento apenas corresponde a essa conveniência do homem.
5. *A resposta criticista*: é a posição de Kant. O filósofo alemão aceita a possibilidade do conhecimento, desde que modelado pelas nossas condições.

Trata-se de um conhecimento apenas parcial, não total, pois divide a coisa em dois aspectos: a coisa como nos aparece (*fenômeno*) e a coisa em si (*noumeno*). Conhecemos apenas o fenômeno, o que nos aparece e segundo as nossas condições, mas a coisa em si, isto é, tal como ela é, nos escapa ao conhecimento.

A origem do conhecimento

Quanto à origem, são estas as respostas:

1. *A resposta racionalista*: a *razão* é a fonte do conhecimento, só a razão dá garantia ao conhecimento. Só o captado pela razão é verdadeiramente conhecimento.
2. *A resposta empirista*: a razão não é a origem do conhecimento; a experiência, a empiria é que o é. A razão é uma construção posterior do homem, que não nasce com ela; portanto, a experiência é a origem do conhecimento.
3. *A resposta intelectualista*: afirma que as duas respostas anteriores são extremadas. Realmente, a experiência e a razão formam os extremos do conhecimento. É da experiência que surgem os conceitos, mas estes, depois de formados, exercem uma ação sobre as novas intuições sensíveis.

A essência do conhecimento

Há cinco respostas disponíveis:

1. *A resposta do objetivismo*: o objeto determina, dá término, dá limites, modela o sujeito. Este apenas copia o objeto por meio de imagens.

2. *A resposta do subjetivismo*: os objetos não se dão independentemente da consciência. Esta os modela e lhes dá uma existência real, determina-os, forma-os.
3. *A resposta realista*: há coisas reais, independentes da consciência, e elas se revelam como são, não modeladas pelo sujeito.
4. *A resposta idealista*: o mundo exterior é independente do conhecimento, mas o mundo objetivo é criação do sujeito. A realidade objetiva é criação do sujeito.
5. *A resposta fenomenalista*: para esta, não conhecemos as coisas como são, mas apenas como nos aparecem, como fenômenos. Afirma o realismo das coisas e aceita o idealismo ao limitar o conhecimento à consciência.

As espécies de conhecimento

Surgem aqui apenas duas respostas:

1. *Conhecimento discursivo* (*teórico, mediato*): quem conhece é apenas a razão. Das coisas apenas apreendemos a sua generalidade. Quanto à individualidade, só as apreendemos por redução ao geral.
2. *Conhecimento intuitivo* (*imediato*): na verdade, nós conhecemos a singularidade e depois a reduzimos a generalidades.

As duas posições podem ser conjuntamente afirmadas, como correspondendo o conhecimento do geral ao da razão, e o conhecimento do singular, ao da intuição. Mas os filósofos polemizam aqui de todas as maneiras, cada um para o seu lado. Os racionalistas afirmam apenas o valor do primeiro conhecimento; os irracionalistas e intuicionistas, apenas o valor do segundo.

Critério do conhecimento

Chama-se Criteriologia a disciplina que procura responder às perguntas: quando é verdadeiro ou falso um juízo? Como podemos saber se é verdadeiro ou falso? Qual a validez dos nossos conhecimentos? O que é verdade? Até onde alcançamos uma verdade? Ora, tais temas já penetram no setor da Metafísica e, pelas classificações que demos até agora, já se vê que muitas podem ser as posições quanto ao critério dos nossos conhecimentos.

Será uma das matérias nas quais os que penetrarem no terreno da Filosofia encontrarão maior soma de problemas e de argumentos, e onde as ideias humanas encontraram um verdadeiro campo de batalha, do qual muitas saíram completamente derrotadas, enquanto outras, ainda na liça, esgrimam com entusiasmo suas armas, à espera de sempre renovados combatentes que desejem derrotá-las.

O tema dos valores

Ao ver este copo que está sobre a mesa, noto que ele é redondo, de forma cilíndrica, de base menor do que a parte superior, que é de vidro transparente, que contém água, que tem, desenhadas em sua parte exterior, diversas linhas curvas e retas. Mas, quando o acho belo, cheio de graça na sua forma, o belo e a graça não estão no copo. Se lhe tirar a forma, ele deixa de ser o que é. Posso tirar todas as qualidades que nele noto, e, sem elas, este copo deixaria de ser o que é. Mas, se deixasse de considerá-lo belo, gracioso, o copo não deixaria de ser o que é.

Propriamente, esse modo de se apresentarem as coisas, como portadoras de certo *valor*, é um dos temas mais importantes da Filosofia, sobretudo em nossos dias.

Nunca o homem se interessou tanto por tal tema: para que se tenha uma ideia de quanto impressiona as consciências modernas, basta que se diga que, só no quadriênio de 1927-1930, houve quem catalogasse mais de 1.300 obras publicadas que tratavam do valor.

E, de tanto exame desse tema, surgiu uma nova disciplina filosófica, que se chama Axiologia (de *áxios*, em grego, valor). Nessa mesma disciplina, hoje se esboça a formação de outra, a qual, aos poucos, se autonomiza, que é a Timologia (de *timós*, valor em sentido extrínseco: valor, por exemplo, da economia, que encontramos em palavras como estima, estimar, etc.).

Em que consistem os valores? São eles seres, como o são a forma deste copo e a matéria da qual é feito? Ou são outros modos de ser? Essas perguntas, que a Axiologia procura responder, receberam diversas respostas. E, sobretudo, há uma pergunta importante: têm os valores uma existência em si, ou existem em nós? São algo que vale *per se*, ou só valem segundo as nossas apreciações?

As três correntes axiológicas[1]

As diversas respostas podem ser sintetizadas em três grandes correntes:

1. A *realista-platônica*, como a costumam classificar: os valores são entes ideais, que existem em si; por imitá-los, as coisas vêm a ter mais ou menos valor. Assim, há um valor do *Bem*, que é perfeito, e as coisas que o imitam mais são melhores, as que o imitam menos não o são.

2. A tendência *nominalista*: os valores não passam de nomes que damos às nossas apreciações, as quais são apenas subjetivas. Talvez demos valor a certa coisa a que outros não dão, enquanto àquilo a que estes, por sua vez, dão valor nós não venhamos a dar. Dessa forma, o valor parece ser apenas o resultado de uma apreciação subjetiva.

3. A posição *realista moderada*: tanto uma como outra das posições anteriores expressam algo de verdadeiro – pois não seria razoável, por exemplo, que considerássemos os valores apenas subjetivos, visto que, neste caso, não se poderia discutir sobre eles, e as opiniões seriam apenas pessoais. Ora, na verdade, encontramos nas coisas uma base material, que nos mostra por que elas têm valor. Se digo que este quadro tem valor, posso nele mostrar o que dá valor, o que há nele de esteticamente bom,

---

[1] Uma apresentação anterior das ideias que compõem esta seção foi feita por Mário Ferreira dos Santos em *Filosofia e Cosmovisão*. São Paulo, É Realizações Editora, 2018, p. 111-15.

CONVITE À FILOSOFIA

de belo. Dessa forma, há uma base material dos valores, embora o valor seja valorizado pela atividade subjetiva, que o pode reconhecer ou não. Tanto a corrente nominalista como a realista-platônica têm alguma razão, se bem que nenhuma tomada separadamente tem toda a razão.

Entre essas três posições, há divisões numerosíssimas, que são estudadas na Axiologia.[2]

Perguntaríamos agora: por que o homem moderno pôs sobre a mesa o tema do valor?

Talvez seja o caso que, sempre que o homem perde alguma coisa ou está às vésperas de perdê-la, tem dela maior consciência. Quando os homens sentiram que perdiam a crença em Deus, puseram-se a discutir, mais do que nunca, sobre ele. Quando todos sentem Deus naturalmente, não discutem sobre a sua existência. A vida moderna, os regimes sociais totalitários que temos conhecido, a falta de respeito à dignidade humana levaram o homem a pensar sobre a dignidade do homem e, natural e consequentemente, teve ele de pensar no que *valia* o valor, em que consistia o valor.

Os valores apresentam diversas características importantes:

1. *são polares*: a um valor corresponde outro valor contrário, que se opõe àquele: Bem x Mal;
2. *são gradativos*: um valor pode valer mais ou valer menos;
3. *apresentam hierarquia*: um valor de uma ordem pode valer mais do que um valor de outra ordem.

Sobre esses três pontos estão todos os filósofos de acordo, só não estão – e tampouco estão as culturas, as classes e até os indivíduos – quanto a qual deve

---

[2] [Elas são por nós estudadas em *Filosofia Concreta dos Valores* (3. ed. São Paulo, Logos, 1964).]

ser a escala hierárquica. Se uns dão maior valor aos valores religiosos, porque são pessoas religiosas, outros privilegiam valores utilitários (vantajoso ou desvantajoso), e outros, os valores vitais (saudável ou doentio). Um artista poderia dar maior valor aos valores estéticos (belo ou feio), e um lógico, aos lógicos (verdadeiro ou falso).

Cada pessoa oferece uma escala de valores e, como não se encontram dois indivíduos iguais, dificilmente se encontrariam dois indivíduos que apresentassem sempre a mesma escala de valores.

PARTE II
Os grandes temas da Filosofia

A intensidade e a extensidade[1]

Considerando os temas tratados até aqui, estamos habilitados a abordar uma sequência de alguns dos mais importantes tópicos, que por séculos têm despertado muito a atenção dos filósofos, e que provocaram grandes debates. Procuraremos apresentá-los esquematicamente, dentro da maior simplicidade possível.

* * *

Se observarmos este copo, veremos que ele ocupa um lugar no espaço e, visto que se dá agora, também no tempo. Mas este copo mostra o que podemos distinguir como *quantidade* e o que podemos distinguir como *qualidade*.

Posso medi-lo e dizer que tem 12 cm de altura, e posso também medir o diâmetro da base ou o diâmetro da sua boca. Mas posso ainda captar o que é qualitativo nele, que não posso medir por centímetros de diafaneidade, por exemplo. A quantidade e a qualidade distinguem-se uma da outra. Tal distinção tem aparecido aos filósofos como uma das maiores dificuldades da Filosofia.

---

[1] Nesta seção, o autor faz uma glosa do capítulo "Análise dialética das contradições – Antinomias – O dualismo das noções energéticas de extensidade e de intensidade – Noologia analítica – Os fatores de intensidade e de extensidade", que compõe a sua obra *Filosofia e Cosmovisão*. São Paulo, É Realizações Editora, 2018, p. 167-80, esp. 168-78.

CONVITE À FILOSOFIA

Graças à física moderna, podemos apresentar dois termos que encerram uma grande distinção em todos os seres: extensidade e intensidade.

Levo minha mão até o copo que está parado, inerte aqui. Posso dizer facilmente, sem que tal exija grande dificuldade, que eu, como ser vivo, apresento uma intensidade muito maior em meus movimentos e em meu ser do que este copo. Observamos nos seres vivos mais intensidade do que nos corpos meramente físicos. E os filósofos, em face da intensidade e da extensidade, que passaremos imediatamente a examinar, encontram grandes dificuldades, que decorrem do fato de nosso espírito oscilar constantemente entre a intensidade e a extensidade; há sempre um conflito entre ambas, que o nosso espírito procura solucionar, ora pela *redução* (alternativa) de uma à outra, ora pela *supressão* de uma ou de outra. Não se dá, porém, a ambas a mesma *realidade*, nem é concebido esse conflito como imanente à realidade.

Procurou sempre a Filosofia dar um desses termos como aparente, em benefício da realidade emprestada ao outro.

Extensidade {

É formada do verbo latino *extendere*, isto é, *ex* e *tendere*, tender para fora. Os prefixos *ex* e *in* indicam a direção da tensão, o trajeto cumprido pelo dinamismo da tensão: ou bem um percurso expansivo, ou bem o seu inverso. De *extensão*, temos extensivo, extensibilidade e extensidade.

Quando empregamos as expressões que decorrem de extensão, sempre queremos indicar o que se prolonga, o que parte para o exterior – é um dinamismo de afastamento, de desdobramento, de alongamento; é uma *direção tomada para o objeto*, para o que é heterogêneo, mutável, para abrangê-lo, incorporá-lo; é centrífuga.

Intensidade
{
Vem de *intensus*, que, por sua parte, vem de *tendere*, *in tendere*, tender para dentro.

E temos intenso, intensidade, intensivo, intensificar. Quando nos referimos às expressões decorrentes de *intenso*, *intensidade*, queremos nos referir a alguma coisa do interior, alguma coisa que vem da heterogeneidade, da sucessão, do movimento de mutações, do exterior, *para dentro*; é uma transformação em si mesmo, volvida para o interior; é centrípeta.
}

A *extensidade* leva ao "conceito-objeto"; a *intensidade*, ao "conceito-sujeito". Numa há mais objetividade; noutra, mais subjetividade.

Na extensidade, há um sentido de *afastamento*; na intensidade, de *concentração*. Enquanto a extensidade tende a assemelhar, a intensidade tende a diferenciar. É fundamental da extensidade o *caráter sintético*; da intensidade, o *analítico*.

Há, na extensidade, um dinamismo sintetizador, que implica sempre uma grandeza, uma operação, desenvolvendo-se em extensão na realidade. A intensidade se desenvolve em si, em separação, em distinção, em análise.

Sentimos mais a intensidade, mas *sabemos* mais da extensidade; por isso, esta é mais definível que aquela.

Em face do antagonismo entre *intensidade* e *extensidade*, existem pelo menos três posições:

1. a dos que reduzem a intensidade à extensidade;
2. a dos que reduzem a extensidade à intensidade;
3. a dos que reduzem ambas a uma terceira entidade, na qual esse antagonismo desaparece.

Existe ainda a posição dos que julgam que a *extensidade* e a *intensidade* formam duas ordens dinâmicas, antinômicas, da natureza. É uma posição dialética, que afirma a contemporaneidade de ambas, que podem ser admitidas concretamente como fazendo parte de toda existência e de todo existir finito.

* * *

Graças aos conceitos de intensidade e extensidade, pode a Ciência penetrar em campos inexplorados. A energia, por exemplo, é concebida como o produto de dois fatores, um de *extensidade* e outro de *intensidade*.

Mas esses dois fatores se apresentam apenas como força viva e força de tensão; *em certo sentido*, uma energia atual e uma energia potencial.

Façamos agora uma análise dos dois termos *ato* e *potência*.

Aristóteles foi quem melhor salientou que as coisas não são apenas o que são, mas também o que *podem ser*.

Dessa forma, toda mutação pode estar ou ser:

1. possível;
2. em processo de realização;
3. realizada.

A expressão *ato* se aplicaria ao momento *B* (em oposição ao momento *A*) e ao momento *C*. O momento *A* seria *em potência* (um poder-ser), e o momento *C*, o ser já realizado, que resulta da mutação. No vocabulário de Aristóteles:

1. *Dynamis*, o momento *A* (potência).
2. *Enérgeia*, o momento *B* (ato).
3. *Entelékheia*, o momento *C* (fim, enteléquia).

A palavra *ato* servia para expressar tanto o momento *B* como o momento *C*.

Para Aristóteles, a matéria era potência, isto é, tinha a possibilidade de tornar-se isto ou aquilo. E transformava-se em *algo* pela *forma*, o ato, que lhe era oposto, que a modelava.

Assim, predominantemente, em sua obra, a potência depende, está subordinada ao ato, e por ele toma existência e determinação, porque *o ato é o princípio do ser.*

É por meio do ato que uma *possibilidade* se transforma em *realidade*, pois o ato é a realidade de um ser que estava ainda indeterminado.

Assim, a potência é *passiva, é inerte.*

O *ato* (*enérgeia*, palavra grega que é formada de *ergon*, trabalho, e que significa eficacidade) impulsiona e dá forma à potência.

Leibniz atribui à palavra *potência* o sentido de força ativa, fonte original da ação, consolidada e eficaz.

Como se vê, para Leibniz, o sentido de força é completamente diferente do sentido clássico, e assim ele foi aceito, depois, também pela Física.

Cada um dos aspectos da energia pode ser, por seu turno, atual ou potencial. Uma intensidade pode ser *atual*, e uma extensidade, *potencial.*

Para Wilhelm Ostwald:

> A única maneira legítima de compreender as expressões *energia atual* e *energia potencial* é olhar como atual *uma energia presente no momento considerado*, e como potencial uma energia que, nas circunstâncias presentes, *pode formar-se por intermédio da energia presente*. [Assim sendo], a *força de tensão* ou *energia de distância* que se encontra numa massa elevada acima da terra é *atual*, e a *energia de movimento* que ela contém é *potencial*; é o inverso depois da queda.[2]

***

---

[2] Wilhelm Ostwald, *L'Énergie*. Trad. E. Philippi. Nouvelle Collection Scientifique, dir. Émile Borel. Paris, Félix Alcan, 1910, p. 135, grifos de Mário Ferreira dos Santos.

Sintetizando:

a intensidade e a extensidade podem ser { ou atual ou potencial

Quando a intensidade se atualiza, a extensidade se potencializa, e vice-versa. Elas não podem ser atuais ou potenciais no mesmo instante.

O *tempo* intervém na *intensidade*; a física moderna, quando trata de intensidades, necessita do tempo para os seus cálculos, enquanto para o processo *extensivo* é necessário o *espaço*.

Para distinguir a intensidade da extensidade, analisemos este quadro de Ostwald:[3]

Energias	Extensidades	Intensidades
Volume	Volume	Pressão
Forma (elasticidade)	Deslocamento vetorial	Força correspondente
Peso (ou gravitação)	Peso	Potencial de gravitação
Energia de movimento	Massa	Velocidade ao quadrado
Eletricidade	Carga elétrica	Potencial elétrico
Energia química	Massa	Afinidade
Energia térmica	Entropia	Temperatura

A existência real é, assim, constituída de dois fatores contrários. Quando um deles cresce, o outro diminui: é o que se dá, por exemplo, com a entropia e a temperatura, que correspondem à extensidade e à intensidade da energia térmica.

Nos fenômenos *macrofísicos*, há predomínio da extensidade sobre a intensidade; nos fenômenos *microfísicos* (física atômica), dá-se o inverso.

Nos fatos *psicológicos*, há também predominância da intensidade sobre a extensidade.

---

[3] Idem, "Studien zur Energetik". *Zeitschrift Für Physikalische Chemie*, vol. 10U, n. 1, 1892, p. 369.

Tratando da extensidade e da intensidade, encontramo-nos em face do *mesmo* (do semelhante, do parecido) e do *diverso* (do diferente). Há transformação na natureza porque há intensidade.

Estamos lidando com dois aspectos da realidade que a razão e a intuição vão apreender diversamente. A *extensidade* é o campo da *razão*; a *intensidade*, o da *intuição*.

Essas duas expressões se completam; uma necessita da outra; uma é incompreensível sem a outra. Não há extensidade sem intensidade, nem intensidade sem extensidade, no acontecer, nos fatos naturais. Nada é puramente homogêneo, nem puramente heterogêneo.

Stéphane Lupasco oferece um quadro dessas duas direções dinâmicas do existir:[4]

EXTENSIDADE	INTENSIDADE
Identidade – homogeneidade	Não-identidade – heterogeneidade
Materialidade – espacialidade	Temporalidade
Simultaneidade	Sucessão
Permanência e conservação	Desaparecimento e destruição
Invariabilidade, "invariante"	Variabilidade, "variante"
Entendimento objetivo, exteriorização	Desenvolvimento subjetivo, interiorização
Síntese	Análise
Causalidade e determinismo	Incausalidade e indeterminismo
Afirmação	Negação

---

[4] Cf. Stéphane Lupasco, *L'Expérience Microphysique et la Pensée Humaine*. Bibliothèque de Philosophie Contemporaine. Paris, PUF, 1941, p. 21, 63, 67, 84, 118, 246, 252, 287; ver também p. 40, 96, 109, 117, 147-49, 153, 198, 235-38, 257, 274. Nestas páginas, são expostos os conceitos mencionados na tabela.

As grandes correntes da Filosofia[1]

Ante o espetáculo do mundo, o homem observa que uma coisa consiste em ser feita de outra, e esta outra de outra, e assim sucessivamente, mas conclui que deve haver uma que não seja feita de outra, isto é, que componha ou realize as outras coisas, porém seja ela mesma e não outra, seja una e simples, sem que se possa decompor em partes: vale dizer, a primeira, aquela que é sempre idêntica a si mesma.

Esse algo é a *arquê* (*arkhê*, palavra grega que significa princípio, começo) que os filósofos buscam, isto é, o princípio idêntico de todas as coisas, uma razão suficiente de tudo quanto existe, um princípio de onde tudo decorre.

Há, na Filosofia, um interesse constante: o de *encontrar uma certeza*.

Entre os gregos, Homero considerava o Oceano o progenitor de todos os deuses; era ele a *arquê*. Esse mito se encontra também nas civilizações orientais (Babilônia, Egito, Fenícia, Índia, etc.).

Para Hesíodo, o ser primordial era o *Caos*; e *Eros*, a força motora e geradora.

Para os órficos, os primeiros seres foram a *Noite*, o *Caos*, o negro *Érebo* e o profundo *Tártaro*.

Para Jerônimo de Rodes e Helânico, as matérias primordiais eram *Cronos* (o tempo) e *Ananquê* (a necessidade).

Com os jônicos, inicia-se, na Grécia, a investigação científica e filosófica.

---

[1] Nesta e em todas as próximas seções da parte "Os grandes temas da Filosofia", Mário Ferreira dos Santos sintetiza o que ele mesmo expôs em *Filosofia e Cosmovisão*. São Paulo, É Realizações Editora, 2018, p. 128-35, 143-66.

Tales considerou a água o princípio; todas as coisas seriam dela derivadas. Reporta-se, assim, ao princípio úmido dos asiáticos.

Para Anaxímenes era o ar, um princípio aeriforme, o elemento primordial.

Com Empédocles, quatro elementos foram pensados como *arquê*:

1. a água (elemento úmido);
2. o ar (elemento aeriforme);
3. a terra (elemento sólido);
4. o fogo (elemento fluídico).

Para Anaximandro, esse princípio era indefinido, apesar de material; era uma protocoisa, que ele chamava de *ápeiron* (ilimitado). Não era água, nem ar, nem terra, nem fogo, mas tinha a possibilidade de se tornar qualquer dessas coisas. Era infinito, não tinha limites, nem contornos, nem forma.

Para Heráclito de Éfeso, as coisas não são nunca, em nenhum momento, o que são no momento anterior ou no momento posterior; estão constantemente mudando. Quando queremos fixar uma coisa e dizer em que consiste, já não é ela mais o que era no momento em que formulamos a pergunta. A realidade é para Heráclito um constante fluir, um constante vir a ser. O ser das coisas não é estático, porém dinâmico, e elas não são, mas *se tornam*. Assim, o existir é um perpétuo mudar, um constante estar sendo e não sendo, um *devir*.

A contradição lógica dessa teoria foi provada por Parmênides de Eleia.

Ora, para Heráclito o ser não é e o que é não é, pois o que é neste momento já não é neste outro momento, passando a ser outra coisa. Portanto, o que caracteriza os seres é o não-ser. Eis o absurdo: como pode alguém entender que o que é não é e o que não é é?

Tal ideia não é inteligível. Por isso Parmênides estabeleceu este princípio:

O ser é;
o não-ser não é.

Daí, Parmênides estabeleceu o princípio fundamental do pensamento lógico, que, posteriormente, será chamado de *princípio de identidade*.

Desse conceito decorre uma série de atributos do ser. Vejamos:

- O ser é *único* e *uno*;
- é *eterno* (se não fosse, teria princípio e teria fim);
- é *imutável* (toda mudança implicaria a admissão de um ser do não-ser);
- é *ilimitado*, *infinito*;
- é *imóvel*.

A teoria que estuda o ser é o que se chama em Filosofia:

Ontologia $\left\{ \begin{array}{l} \text{respode às perguntas:} \\ \text{o que é ser? quem é o ser?} \end{array} \right.$

A Ontologia é a *teoria do ser*.

A Gnosiologia $\left\{ \text{é a teoria do saber e do conhecer.} \right.$

***

A teoria da *arquê* leva os filósofos a se colocarem sob três pontos de vista:

1. que realmente existe esse princípio supremo – é a filosofia do *incondicionado*;
2. que esse absoluto é mera ficção – é a filosofia do *condicionado*; ou
3. que há uma relatividade entre as coisas – é a filosofia da *relatividade*.

Examinemos os termos acima usados:

O princípio supremo (a *arquê*) $\left\{ \begin{array}{l} \text{é apresentado como único e idêntico; tem o} \\ \text{atributo da } \textit{incondicionalidade}\text{; existe por si mesmo.} \end{array} \right.$

Esses são os caracteres do absoluto. Assim é Deus para os monoteístas. Auguste Comte, Émile Littré, William Hamilton, Hans Vaihinger e o Barão d'Holbach apresentaram a filosofia do condicionado, que nega o absoluto, classificado como mera ficção.

Protágoras iniciou a filosofia da relatividade, que também nega o absoluto, e afirma a relatividade entre as coisas, a relatividade do conhecimento, a relatividade da moral, etc. Conforme a sua conhecida afirmação, "o homem é a medida de todas as coisas".

Grandes polêmicas foram travadas entre incondicionalistas e condicionalistas. Vejamos, em resumo, os dois pontos de vista defendidos pelos *incondicionalistas*:

1. os que declaram que o princípio supremo é homogêneo. É a posição dos realistas, dos intelectualistas e dos racionalistas;
2. os que afirmam que aquele princípio é heterogêneo. É a posição dos nominalistas, dos anti-intelectualistas e dos irracionalistas.

Os partidários dessas duas posições acusam-se mutuamente de superficialidade.

***

Como atingir o fundo dessa realidade?

Para os realistas
$\begin{cases} \text{O melhor meio é a razão (} \textit{l'esprit de géométrie} \text{, de Pascal).} \\ \\ \text{O meio natural da razão é a identidade (Parmênides).} \end{cases}$

A identidade é o contrário do diferente, que lhe é antagônico.

A razão desindividualiza a realidade e procura a identidade na realidade.

A razão busca os homólogos, o homogêneo.

Uma coisa é inteligível na medida da sua identidade.

A razão procede pela comparação do semelhante ao semelhante.

Para os anti-intelectualistas

> A intuição é o melhor meio de conhecimento (*l'esprit de finesse*, de Pascal).
>
> A intuição é mais profunda; ela penetra *na* coisa, para *vivê-la*.

***

A posição teológica

Para a Teologia, o incondicionado só existe em Deus. É até ímpio buscá-lo em outro lugar. O Ser Absoluto é ontologicamente incondicionado. A Ciência não parte Dele, mas desejaria a Ele chegar. Deus não é um ponto de partida para a Ciência.

A filosofia da condicionalidade e os relativistas

Para o positivismo
(filosofia positiva, do francês
Auguste Comte, 1798-1857)

> O absoluto não existe nem objetiva nem subjetivamente. Para Comte, a humanidade atravessou três estados: o *teológico*, o *metafísico* e o *positivo* (que é o atual).
> Ele afirmava que o absoluto não é mais a meta de nossa era. Não se deve pensar que Comte considerasse essas três épocas nitidamente separadas, isto é, que uma desaparecesse quando ocorresse a outra.

A leitura da obra de Comte revela que ele compreendeu esses três estados como *constantes dominadoras*, isto é, houve época em que uma predominou sobre as outras, mas sem que as outras deixassem de existir, embora sendo sempre inferiores à predominante.

Em nossa época, ainda há os estados *teológico* e *metafísico*, e destes se está vivendo, agora, um surto inesperado.

***

Sob o empirismo
(de empiria, experiência)
{ Todo conhecimento é atribuído aos sentidos.
Ora, os sentidos não podem apreender o absoluto.

***

O *ceticismo*, que já estudamos, surgiu na Grécia, com Górgias; é uma atitude filosófica que consiste em negar validez ao conhecimento.

Vejamos como objetavam os céticos a filosofia da incondicionalidade.

Górgias apresentava três proposições
{
1ª) Não há nada absoluto, pois é possível demonstrar tanto que o ser começou a ser como que não começou a ser, tanto que há uma unidade como que há uma pluralidade.

2ª) Se existisse alguma coisa, ela não seria cognoscível, pois nem a experiência sensível nem o pensamento nos dão garantias de um conhecimento seguro.

3ª) Ainda que pudéssemos conhecer alguma coisa, não poderíamos comunicá-la a ninguém, pois cada um vive sua própria vida e não sabemos se o que dizemos a outrem desperta neste os mesmos pensamentos e representações que em nós.

A atitude de Górgias influiu em Pirro (filósofo grego, 350-270 a.C.), que foi o criador da chamada *dúvida pirrônica* (cética).

Pirro
{ Criou a *dúvida doutrinária*, um resultado da ciência e que tende a destruí-la. Pôs em dúvida sua própria doutrina.

A dúvida de Descartes é *metódica* e precede à ciência; ela é ascendente, vai da incerteza ao conhecimento. Já a dúvida de Pirro segue um caminho regressivo e decrescente: parte da ciência para negá-la, e procura justificar a sua negação.

Na verdade, o ceticismo quer destruir a razão com a própria razão. Pirro torna a dúvida sistemática. Vejamos, agora, quais são os seus fundamentos.

Partindo da impossibilidade de saber alguma coisa com certeza, verifica ele:

isostheneia (em grego, igualdade em força)
{ a igualdade em força na convicção, que reside em cada teoria contrária;

acatalepsia (impossibilidade de compreender)
{ e a incompreensibilidade das coisas, ou a impossibilidade em que se encontra o filósofo de compreender o que quer que seja.

Daí se chega à:

ataraxia (tranquilidade de espírito)
{ despreocupação perfeita, felicidade da alma.

CONVITE À FILOSOFIA

102

Pirro era antidogmático e a sua influência observa-se na Academia Platônica, com Arcesilau e Carnéades.

Arcesilau ⎰ era cético quanto ao dogmatismo que florescia em Atenas.

Carnéades ⎰ inventou uma teoria que aceitava três formas de probabilidade. Para ele, as representações podem ser:

1. prováveis em si mesmas;
2. prováveis e sem contradição com outras;
3. prováveis em si mesmas, sem contradição com outras e confirmadas universalmente.

No fundo, o probabilismo é cético. Contudo, este, por mais que duvide, alcança certezas inevitáveis, sem provar a sua doutrina, sem fazer afirmações, o que o põe em contradição consigo mesmo.

A posição relativista

No âmbito das posições teoréticas, o relativismo é outro polo do ceticismo absoluto. Quando este diz: "nada é verdade", o relativismo afirma: "tudo é verdade, mas uma verdade relativa".

Protágoras ⎰ Cinco séculos antes de Cristo, na Grécia, partindo de Leucipo e de Demócrito, ele concluiu que o mundo é como aparece a cada um. Todas as percepções estão igualmente justificadas. Todo o pensado é verdadeiro para o que pensa. "O homem é a medida de todas as coisas; das que são, enquanto são, e das que não são, enquanto não são."

Nossa era é predominantemente relativista. Para a maioria das pessoas, não há valores absolutos, nem lógicos, nem éticos, nem estéticos, nem religiosos, etc.

O relativismo nasce como uma concepção puramente gnosiológica, mas acaba tornando-se uma verdadeira concepção de mundo.

Para o relativismo, é impossível inteligir a incondicionalidade. Para ele, todas as doutrinas epistemológicas partem de dogmas fundamentais inconfessos, indemonstráveis, os quais influem sobre elas.

Propomos as seguintes perguntas:

1. É possível o princípio do incondicional?
2. Se possível, podemos atingi-lo?

Depois de respondermos *sim* ou *não* à primeira pergunta, só no primeiro caso mantém-se a segunda. Se a esta respondermos *sim*, poderemos ainda perguntar se é afirmável a *necessidade* do princípio do incondicional.

A posição crítica de Kant

Podemos aqui colocar o pensamento de Kant no meio-termo entre o intelectualismo de alguns incondicionalistas e o anti-intelectualismo de alguns condicionalistas e relativistas. Ele permanece fiel ao primeiro postulado do racionalismo, isto é, que toda experiência é um pensar. A isto ele acrescenta que todo pensar é um julgar, e todo julgar, o completar uma síntese por meio de categorias, isto é, uma síntese nas formas do intelecto.

Kant foi uma espécie de criticista.

Dualismo antinômico – razão e intuição

A *razão* é a *tensão* que *calcula*, mas que ascende do *concreto*, do *individual*, para funcionar sobre *universais*.

A *realidade* se nos parece *contínua* e *diversa*. A razão, como funcionamento do parecido, distingue, recolhe, nesse contínuo real e diverso, certos caracteres que ela nota *que se assemelham*.

Toda e qualquer comparação $\left\{\begin{array}{l}\text{exige, implica a aceitação de uma} \\ \text{semelhança. Comparar é um} \\ \textit{emparelhar.}\end{array}\right.$

As diferenciações tornam-se complexas e também nelas intervém o *racional* – o que é importante.

Não podemos comparar dois objetos sem que eles ocupem lugares diferentes. É exigível a simultaneidade.

Quando comparo um livro a outro que não está de fato presente (a um livro que vi numa livraria), existe ainda a simultaneidade, porque no meu espírito ele está presente; é a *presença ideal*.

A simultaneidade é a ordem no espaço. Sem ela e sem espaço, pelo menos ideal, não há comparação possível. É o espaço o meio natural no qual a razão se desenvolve; para desenvolver-se, a razão necessita do espaço.

A razão dos racionalistas, posteriormente, vai extrair desse espaço todos os aspectos concretos, para torná-lo cada vez mais puro, mais nítido, mais homogêneo, mais abstrato.

Podemos afirmar com Kant que o espaço é uma forma pura, mas já racional, da sensibilidade, enquanto o tempo pertence à intuição.

Para melhor compreensão do tema, analisemos ainda os cinco sentidos:

A visão: Oferece os meios de despertar em nós a ideia da simultaneidade. É uma faculdade de fixação, de estabilidade, de imobilidade do real. Tanto a mutação como o devir e a produção se passam no interior das coisas. Todo o procedimento da visão tende a *fixar*, a *parar*, a *estaticizar*. É a vista que oferece a comparação à razão, como também dá a continuidade do real. De todos os sentidos, é a vista que oferece melhor memória. O conhecimento tem na visão seu órgão principal, porque é ela o que oferece mais facilmente o *reconhecimento*, que é o verdadeiro conhecimento.

A audição: Dá-nos sensações múltiplas, mais confusas do que as da vista. Não localiza tão precisamente quanto a visão.

O olfato: Por permitir a percepção de sensações diversas, contribui para revelar-nos a existência do mundo exterior e, portanto, a ideia do espaço.

O paladar: É o menos espacial dos nossos sentidos.

O tato: Embora menos sutil do que a visão, dá-nos também elementos para a formação da ideia do espaço.

***

A comparação é o primeiro movimento do nosso espírito para formar a razão. O conhecimento racional é um reconhecimento. Conhecer racionalmente é comparar, pois o conhecimento racional é conceitual.

A razão, como uma das funções do espírito, distingue os elementos semelhantes dos diferentes e, destes, retira o que é semelhante, deixando apenas o incognoscível. Note-se bem: a razão extrai, do que é diferente, o que pode ser semelhante, e rejeita o que não é mais racionalmente cognoscível por não ser comparável.

A razão e o conceito

A razão *separa*, isola o semelhante que a interessa; essa é a única forma de torná-lo sempre recognoscível, comparável. E é isso que simplifica os processos de ilação. O semelhante é elevado à categoria de uma realidade independente, imutável e idêntica a si mesma, o que permite a comparação. É assim que obtemos a *abstração*.

Essa separação *não se dá concretamente* no *objeto*, mas no *espírito*.

O contrário do abstrato é o concreto:

concreto { *é o conjunto do semelhante e do diferente,*

enquanto o abstrato { *é apenas o semelhante ou o diferente racionalizados, separados, isolados do concreto.*

O semelhante, elevado à categoria de imutável, adquire uma existência independente, permanecendo sempre igual a si mesmo; torna-se, assim, *conceito*.

Desta forma, é possível a redução do desconhecido ao conhecido, e o conceito *precede, depois, à experiência.*

É o *conceito* que modela a intuição cujo resultado é a experiência, o que permite reduzir o esforço intelectual.

É o *conceito* a base de toda a linguagem, pois não haveria língua se déssemos um nome distinto a cada fato singular.

A língua funciona com conceitos, isto é, com o semelhante, o comum, o geral. É a capacidade de conceituação de uma língua o que prova a sua superioridade.

Gênero e espécie

A visão combina o contínuo e o descontínuo sem confundi-los. Automaticamente, ela procede a uma abstração instintiva.

Todos os nossos sentidos são abstrativos, apreendem apenas uma parte da realidade: a audição apreende os sons; o olfato, os odores, etc.

Os *sentidos* são a *base* da *abstração*.

A razão não só *elabora os conceitos*; ela os compara, encaixa-os uns nos outros, dá-lhes uma hierarquia quantitativa, reduzindo-os a conteúdo e continente. Em suma: *classifica-os*, isto é, ordena os objetos singulares nas espécies, estas nos gêneros mais vastos, até atingir o gênero supremo, o abstrato mais abstrato de todos os abstratos e, portanto, o mais vasto de todos, o conceito lógico de *Ser*.

Nessa classificação, a razão o faz com ordem, clareza, e portanto com simplicidade e unidade. Toda classificação é uma redução à unidade.

Os conceitos são como círculos concêntricos – o mais vasto inclui os outros. À proporção que subimos dos singulares às espécies, e destas aos gêneros, aumentamos a *compreensão*, mas diminuímos os *conteúdos*. A ideia do *Ser* só será adequadamente entendida nesse aumento, nessa dilatação da compreensão.[1]

---

[1] [O conceito lógico do *Ser* não deve ser confundido com o conceito ontológico. Se o primeiro é uma abstração, o segundo tem outra realidade, a máxima realidade, como o demonstraremos em nossas obras.]

Há semelhança entre a nossa razão e a visão. Quando queremos ver mais coisas, perdemos delas os pormenores; à proporção que a razão quer abranger mais conceitos, perde deles os pormenores que são o diferente, para progressivamente se aproximar do mais geral, do mais semelhante.

Estabelecida a hierarquia pela classificação, segue a razão um caminho inverso: do mais geral ao menos geral, e deste ao singular. Temos, então, a *definição*.

Dizem os lógicos que não podemos definir o ser individual, porque definir é limitar um conceito mais largo num menos largo. *Definem-se as espécies, descrevem-se os indivíduos*, dizem os lógicos.

Mas as espécies estão nos indivíduos, não são separáveis deles. O gênero humano está em cada ser humano individual. Apesar, então, de que *o definível* sejam a *espécie* e o *gênero*, define-se, *num indivíduo*, o gênero que faz parte dele.

Na realidade, toda definição é uma descrição.

Não há língua para expressar o individual, como não há ciência do indivíduo. Vale a pena, pois, assinalar a diferença entre *indivíduo* e *individual*:

Indivíduo
{ é um *todo concreto, dado pela realidade*. A ciência que se poderia criar do indivíduo seria a fundada sobre os caracteres que ele tem, e que pertencem ao grupo. Seria a ciência encarnada no indivíduo. O indivíduo tem um *quê próprio* (*quid proprium*).

Individual
{ é um elemento desse todo, separado do indivíduo por abstração, elemento que caracteriza o indivíduo e a individualidade. Daí o "princípio de individuação".
Não há ciência do individual, que é inexprimível e incomparável, porque o individual é o *diferente* absoluto – caráter do princípio de individuação.
Esse diferente absoluto é múltiplo, pois há muitos diferentes absolutos.

> *Ser* é o semelhante absoluto, porque nele se encontram todos os seres, que, observados individualmente, são *diferentes absolutos*. Estamos ante uma nova antinomia da razão. (Antinomia vem de *anti*, contra, e *nomos*, regra, e quer dizer estar ante duas afirmações contrárias e que parecem ter ambas o mesmo valor de verdade.)

O individual { antinomia da razão { entre o *Ser*, como semelhante absoluto, e o individual, como diferente absoluto.

Se admitíssemos que o diferente se reduz ao semelhante, que o heterogêneo se reduz ao homogêneo, como afirma o racionalismo moderno, haveria, então, possibilidade de um conhecimento racional exaustivo do individual.

Porém,

a razão { não capta o individual; capta o individualizado, o *que é comum* nos indivíduos.

Mais ainda:

todas as coisas reais { são individuais, discerníveis, distintas umas das outras.

Se há *indivíduos* na natureza, eles são indefiníveis, portanto incognoscíveis pela razão.

A definição

Analisemos ainda a definição: entendendo-a em seu sentido clássico, nela ocorre que o predicado está contido no sujeito. Dessa forma, a definição é um *juízo analítico*.

A Lógica ensina que só podemos definir as espécies. Mas sucede, logicamente falando, que as espécies são concepções da razão, neste sentido construídas por ela.

É impossível a definição dos seres singulares; todavia, há também *conceitos* indefiníveis, como o são os abstratos supremos (os gêneros supremos), por exemplo as categorias aristotélicas.

Nestes conceitos, não se distinguem diferenças. Nos individuais, as diferenças são absolutas; podemos ter uma intuição do individual, não podemos defini-lo. Pela intuição, podemos descrever, porém não definir.

Dizem alguns que a definição é anterior à classificação. Mas sabemos que a definição exige *gênero próximo* e *diferença específica*, que são criações da classificação. Logo, esta deve ser anterior à definição.

Princípio de causalidade

Não podemos passar ao Ser Supremo sem recorrer ao *princípio de causalidade* (princípio que afirma que a todo fato corresponde uma causa). Vejamos um exemplo:

Uma noção sumamente abstrata, como a de qualidade, é tal que não encontramos nenhum caráter que seja comum entre ela e outra coisa. Ela não pode, portanto, ser a espécie de nenhum outro gênero.

Por outro lado, a qualidade não é suficiente por si mesma, não se explica por si mesma, não tem em si mesma a sua *razão suficiente*. Ela não existe por si só, exige algo que a suporte, que seja sua explicação e sua razão de ser.

Esse algo é o *Ser*. O *Ser* é fundamento da qualidade.

É nisso que se funda o *princípio de causalidade*, e também o *princípio de razão suficiente* (princípio que afirma que há uma razão para os fatos serem assim e não de outro modo). O *Ser* é também razão suficiente da qualidade.

O que este exemplo mostra é que recorrer ao princípio de causalidade é necessário *já para completar o encadeamento* dos *conceitos*. Pois, ao mesmo tempo que *não se explica por si mesma*, a qualidade *não pode ser definida* (visto que não é espécie de nenhum gênero). O *Ser*, que a qualidade requer como suporte, paira acima dela; o *único modo de ligá-la a ele* é dado pelo princípio de causalidade. A relação que há entre o *Ser* e a qualidade é de causa e efeito. O *Ser* é a razão e a causa da qualidade.

CONVITE À FILOSOFIA

Ora, se mesmo os conceitos mais abstratos (indefiníveis, porque inclassificáveis) são causalmente explicáveis por meio do *Ser*, então a explicação *precede a classificação*. A classificação é uma retomada da explicação em termos simplificados e imediatamente recognoscíveis.

As explicações, contudo, não são definitivas; e suas modificações implicam mudanças de classificação. Novos conceitos exigem novos termos. O novo conceito exige outro mais amplo que o inclua, que seja o seu gênero. Quando não há, inventa-se um novo gênero para nele introduzir-se a nova espécie. Um exemplo: as descobertas do vapor e da eletricidade exigiram o conceito moderno e mais vasto de *força*, que não tem nenhum correspondente exato no vocabulário dos antigos.

Assim, um progresso na Ciência tem sua correspondência na Filosofia, embora de caráter diferente.

***

Fiquemos no âmbito das coisas definíveis. Quando dizemos por que um ser existe, por que um fenômeno sucede ou se reproduz, indicamos um antecedente, sua causa, sua razão de ser. E vemos que, em todas essas explicações, há uma hierarquia de conceitos que parte do gênero para a espécie.

Quando se diz que os corpos se atraem em virtude de uma força universal, o conceito de *força atrativa* é incluído no gênero *força*, que é mais vasto. Inversamente, vemos sair o conceito de força atrativa do conceito *força*: vemos tirar a espécie do gênero.

A razão funciona sobre esse encadeamento conceitual.

Dissemos que a explicação antecede a classificação: isto é assim porque só se classifica o que já se compreendeu. A classificação é a consagração da explicação.

O encadeamento conceitual, que é um dos processos do funcionamento da razão, realiza-se de duas maneiras:

1. *nos juízos*, sob a forma de *proposição*;
2. *no raciocínio*, sob a forma de *silogismo* (raciocínio dedutivo).

Juízos analíticos {
Digamos: "Todos os corpos são pesados". O predicado está contido no sujeito. Não há progresso nesses juízos, porque o pensamento não passa de um termo a outro diferente. Ele une dois termos equivalentes. A extensão do sujeito e a do predicado são a mesma, um pode substituir o outro. *Há igualdade de extensão*, do ponto de vista quantitativo, quando dizemos, inversamente: "Todas as coisas pesadas são corpos". Mas, qualitativamente, há diferença. Aqui, a palavra *corpos* é mais rica de caracteres que a palavra *pesadas* ou que a expressão *coisas pesadas*.

A razão interessa-se sobretudo pelo quantitativo, pela extensão, e não pelo conteúdo, que é qualitativo.

Juízos sintéticos {
Exemplos: "O homem é um animal" e "O homem é um animal racional". As relações entre os termos nessas duas proposições não são as mesmas.
Na primeira, temos uma identidade parcial, porque não poderíamos dizer que "todo animal é homem". Não há neste caso igual extensão.
Mas, no segundo caso, há uma identidade total: o predicado e o sujeito têm extensão igual, de modo que eu posso dizer tanto que "todos os animais racionais são homens" como que "todos os homens são animais".

No primeiro caso, há identidade parcial, porque é encaixado um conceito (homem) num conceito maior (animal), de modo a se dar uma identificação genérica apenas. Temos aí *uma mera classificação* – procedimento à luz do qual se esclarecerá como se distingue o segundo exemplo, e qual a natureza do outro tipo de produto do encadeamento conceitual, os silogismos.

A classificação

Enquanto o primeiro caso de juízo sintético se resume a uma classificação, no segundo temos uma definição, porque há uma relação de igualdade, estruturada do seguinte modo: a um termo, que denota a espécie, se segue outro, cujo conceito – o gênero – é maior do que o daquele, mas está restringido por uma palavra que expressa a diferença específica.

O homem	é um	animal	racional
(espécie)		(gênero)	(diferença específica)

Para Kant, só os juízos sintéticos trazem um conhecimento positivo. Toda proposição afirmativa ou negativa pode reduzir-se a um juízo, e, se esse juízo é sintético, temos um progresso. Nesse caso, temos uma classificação, e eventualmente uma definição.

Toda definição é uma espécie de classificação; portanto, toda proposição – seja ela definicional ou um juízo de outro tipo – é uma expressão parcial de classificação.

Um dos pontos mais difíceis de explicar na Lógica é o da *indução*.

A indução faz o espírito passar de um fato individual para uma totalidade. Por que meio o faz é uma das grandes interrogações da Filosofia.

A indução é ainda um encaixamento, uma classificação, como as outras processadas pela razão, embora mais complexa.

Quanto à *dedução*, estamos em face de outra classificação. Vejamos:

A dedução pode ser

- Mediata: O silogismo. Por exemplo: "Todos os homens são mortais; Sócrates é homem; logo, Sócrates é mortal".
- Imediata: A conversão ou oposição.

Se examinarmos toda e qualquer espécie de silogismo, verificaremos que todos consistem, em última instância, numa classificação.

Todo trabalho racional, filosófico ou científico, é predominantemente o de classificação.

Edmond Goblot chegou a declarar que a classificação exige a classificação da classificação. Toda ciência é uma classificação, mas a razão classifica as classificações, dando às ciências particulares um encaixamento na classificação da Ciência total.[1]

O conhecimento racional é um conhecimento panorâmico, é um conhecimento do exterior; mas o conhecimento intuitivo é o que penetra, o que invade o individual, é o conhecimento que pormenoriza.

Classificar é dominar, abrangendo, abarcando.

Intuir é penetrar, é viver, é ter vivência, é ir ao âmago das coisas por meio de nossa experiência.

***

Talvez estas últimas páginas contenham algumas dificuldades. Contudo, são necessárias para que não se tenham ilusões quanto à Filosofia. Se é uma matéria admirável, que oferece os momentos mais extraordinários do

---

[1] Cf. Edmond Goblot, *Essai sur la Classification des Sciences*. Bibliothèque de Philosophie Contemporaine. Paris, Félix Alcan, 1898, p. 1.

conhecer, nela, no entanto, se colocam todas as dúvidas que assaltam os estudiosos de todos os tempos.

Como edifício arquitetônico de todo o saber humano, a Filosofia não poderia deixar de apresentar também suas dificuldades, porém superáveis.

E, depois, de que valem as vitórias fáceis?

PARTE III
História sucinta do pensamento filosófico

Esta exposição da história da Filosofia tem apenas uma finalidade: a de dar um panorama geral do desenvolvimento do pensamento filosófico. O tratamento que merecem as grandes figuras da Filosofia cinge-se apenas aos aspectos gerais do seu pensamento; ademais, a extensão do tratamento não pretende corresponder ao valor do filósofo, pois veremos aí um São Boaventura, um Santo Tomás de Aquino, um Duns Scot serem tratados em menor extensão que um Maine de Biran, os ideólogos franceses, etc. Explica-se tal processo pelas razões seguintes.

Em nossas obras, temos procurado estudar, com maior soma de pormenores, os grandes autores, os de primeira plana, preocupando-nos menos com os filósofos menores – sem que signifique tal atitude negar-lhes valor, mas porque, propriamente, são estes os mais afastados do que estabelecemos em *Filosofia Concreta*, que é a nossa contribuição à Filosofia (apesar de sermos pensadores num país onde ainda predomina a mentalidade colonialista passiva). Tendo a nossa *Filosofia Concreta* consubstanciado num todo homogêneo, e apoditicamente demonstrado, os postulados fundamentais de um filosofar seguro, procuramos apenas as correspondências que pudemos encontrar em outros filósofos. E como as encontramos em maior cópia representando-nos a primeira plana da Filosofia, é desta, naturalmente, que ali temos de tratar com maior abundância de pormenores. Por essa razão, nesta obra, demos preferência a outros filósofos. Além disso, se aqui deixamos de tratar os escolásticos com maior soma de pormenores, é por já estarem suas principais ideias contidas no pensamento platônico e, sobretudo, no aristotélico.

Deste modo, esperamos que, ao seguir nossa exposição, terá o leitor deste livro uma visão mais ampla da Filosofia.

Origens da filosofia grega – os pré-socráticos

Análise preliminar

A filosofia especulativa, dominante no Ocidente, teve seu berço na Grécia.

A instalação de colônias gregas na costa da Ásia Menor permitiu um contato mais direto entre as populações vindas do Ocidente europeu e as provenientes do Oriente. Esse choque de dois mundos fomentou, naturalmente, problemas econômicos, políticos, sociais e filosóficos, que fecundaram vivamente a floração de uma série de filosofias, nos séculos VIII e VII a.C. Os acontecimentos dessa época mostram as agitações, lutas de classes, gerações de ideias, transformações econômicas, que muitas vezes se processam na história, quando se dá o entrechoque das ideologias condicionadas pelos interesses em luta.

Dedicar-nos-emos, aqui, às origens da filosofia grega, tema abundantemente abordado, mas cheio de controvérsias e obscuridades, nem sempre suficientemente alumiadas, apesar dos aprofundados estudos já realizados.

Em seus primórdios, a filosofia grega é, quanto ao passado, a obra coletiva de civilizações riquíssimas, reveladas pelas pesquisas feitas em Troia, Micenas, Chipre e Creta. Nessas épocas recuadas, a representação do universo estava implicada nas práticas rituais, com a unificação dos grupos sociais aos mistérios da natureza. Essas representações são expressas em *mitos*, relatos referentes à vida e à atividade de personagens históricos, cujas façanhas são divinizadas. Esses mitos, provavelmente antes pertencentes a cada comunidade, formavam um corpo geral de opiniões e de crenças, que recebiam e sofriam influência de crenças mais longínquas.

Podem considerar-se como verdadeiros precursores da filosofia grega os mitos homéricos, hesiódicos e órficos, formas já sintéticas e estratificadas das opiniões gerais e variadas acerca da origem dos mundos, que haviam sido admitidas pelos povos anteriores.

Esses mitos apresentam traços comuns e são também, como diz Aloys Fischer,

> os remotos testemunhos na lenda dos "sete sábios". Essas "teogonias" e "cosmogonias" não são o produto pessoal de seus autores, a quem coube a feitura literária, mas o eco de comuns representações religiosas; assim também sentenças morais e regras de prudência (apesar de que, em muitos casos, possam representar a quintessência da experiência vivida por determinadas pessoas) apresentam, em sua base, um velho fundo de sabedoria, que obteve uma formulação impessoal em provérbios anônimos, como referência às concepções éticas da comunidade popular.[1]

1. A fase teogônica

Com a chegada dos séculos VIII e VII a.C., quando se dá essa grande floração da economia grega, desenvolvem-se esses três tipos de mito – os homéricos, os hesiódicos e os órficos –, que são apresentados em forma mais sistemática. Impossibilitados de um estudo mais minucioso, vamos, a seguir, fixar os principais aspectos dessa *fase teogônica* da filosofia grega, que precede a *fase cosmológica*, iniciada depois pela *escola jônica*.

---

[1] Aloys Fischer, "La filosofía presocrática". In: Aloys Fischer e Raúl Richter, *La Filosofía Presocratica – Sócrates y los Sofistas*. Trad. Luis Recaséns Siches. Los Grandes Pensadores, vol. 1. Madrid, Revista de Occidente, 1925.

As civilizações pré-helênicas (egeu ou creto-minoicas) tiveram contatos diretos com as culturas sumérica, caldaica, assírio-babilônica, iraniana, egípcia, fenícia, etc. Foi com os caldeus que os gregos aprenderam o uso do quadrante solar, o *gnomon* (relógio do Sol) e as doze partes do dia; a Geometria foi-lhes ministrada pelos egípcios, etc. São estes os principais pontos adquiridos:

1. a ideia de unidade universal (egípcia, mesopotâmica) em vagas formas panteísticas: "o Um único, pai dos pais, mãe das mães", de onde tudo provém;
2. cosmogonicamente, a passagem do caos unitário primordial para a distinção dos seres (caos aquoso: *Tiamat*, em Babilônia; *Num*, no Egito), a transformação das trevas em luz;
3. transformação do caos para a distinção dos seres – ou por força intrínseca (por potência própria), ou pela intervenção de um espírito superior, que se move sobre as águas, ou pela luta entre as potências opostas das trevas e da luz, do caos e da ordem, da morte e da vida, do ódio e do amor;
4. visão de uma conexão e uma simpatia universais, que unem todos os seres da natureza;
5. noção da necessidade e da lei que dirige a todos, e concepção de um retorno cíclico universal, com o retorno de todas as coisas;
6. ideia do dualismo entre corpo mortal e alma imortal, preocupação com uma outra vida, com o problema da morte, com o juízo dos mortos, e desenvolvimento de exigências éticas de justiça e de pureza moral.

1.1 Homero e Hesíodo

Origens cósmicas segundo Homero: Oceano, gerador dos deuses, e Tétis, a mãe. É a derivação do mundo do caos aquoso, do princípio úmido, etc.

Origens cósmicas segundo Hesíodo: o ser primordial (Caos), a força motora e geradora (Eros) e as sucessões das gerações. O Caos gera a Terra (Gea).

No cimo (Olimpo), habitam os deuses; nas profundidades, o Tártaro tenebroso. Eros é o mais belo dos deuses. E do Caos nascem Érebo e a negra Nix (Noite). Da noite, nasceram o Éter e o Dia (Hemera), etc. O Caos hesiódico não desaparece com a formação do Cosmos. Continua como fonte e termo de todas as coisas. O Caos é uma ameaça à conservação do Cosmos. Vamos encontrar na obra dos jônicos a influência, em diversos matizes, da ideia hesiódica do Caos.

Origens cósmicas segundo os órficos: no princípio, existiam o Caos e a Noite, Érebo e o profundo Tártaro. Não havia ainda nem a Terra, nem o Ar, nem o Céu. Nos infinitos de Érebo, engendraram-se os Ovos de asas negras, e do primeiro deles nasceu Eros. Unido no Tártaro com o Caos, incubou e deu à luz a primeira geração de imortais. Eros, mesclando todas as coisas, deu nascimento a Urano (Céu), Oceano, Gea (Terra), etc. Eros é o turbilhão que, com suas asas, forma os turbilhões de vento.

Origens cósmicas segundo Jerônimo de Rodes e Helânico: Cronos e Anankê são os primordiais. Da água e da matéria limosa endurecida nasceu a Terra. Pela Terra foi engendrado Héracles. Cronos, o que não envelhece (o tempo), é um dragão. A ele juntou-se Anankê (a necessidade), idêntica a Adrástea (incorpórea), etc.

Essas cosmogonias primitivas estabelecem os fundamentos dos principais problemas do homem:

1. o mal provém de uma culpa;
2. o homem é dirigido por um destino inelutável, e salva-se apenas pela intervenção divina;
3. é estabelecida a responsabilidade da vontade humana;
4. há uma lei de justiça (*Dikê*), e imprescritibilidade da sanção, do castigo;
5. insondável é o mistério dos deuses, oculto aos homens, que vivem de ilusões e esperanças;

6. mas o homem, por seus esforços, pode conquistar os deuses, que premiarão seus atos nobres;
7. há um sentido pessimista, um desgosto de haver nascido. Esse pessimismo grego gera a admoestação da moderação, da resignação e da humildade, como resultado da consciência da inferioridade e de uma sujeição do homem a um poder transcendente;
8. os órficos aceitavam a imortalidade da alma e que dos mortos nasciam outros seres;
9. cria-se na transmigração das almas (metempsicose) – doutrina de origem egípcia, segundo Heródoto;
10. a vida corpórea é vista pelos órficos como expiação.

Mas a pergunta nasce: que é o ser? E os gregos passam da fase de explicação mitológica do mundo, dos *teólogos*, como os chama Aristóteles (isto é, os que se ocupam com o problema da origem do cosmos e, para edificar suas cosmogonias, recorrem aos seres divinos), para a fase dos *fisiólogos*, que partem dos fatos empíricos para ir além da experiência.

É o que veremos com a filosofia jônica.

2. O predomínio do problema cosmológico: os jônicos

Com os jônicos, inicia-se a investigação científica e filosófica. Como vimos, nas *origens* da filosofia grega predominava o sentido puramente religioso.

2.1 Os milésios

2.1.1 Tales de Mileto

Tales de Mileto (aprox. 625-545 a.C.), fundador da *escola milésia* ou *de Mileto*, introduziu o conhecimento de diversas filosofias orientais, como a caldaica, a egípcia, etc.

São duvidosas as origens de Tales, se de tronco fenício ou semítico. Não se conhece nenhuma de suas obras e as que lhe são atribuídas são falsificações.

Tales foi considerado um dos sete sábios da Grécia, e também o *pai da filosofia grega*, o "fundador", diz Aristóteles, "dessa classe de filosofia", a filosofia jônica, que se interessava pela *natureza da matéria*.

Entre seus temas está a postulação da água como o princípio de todas as coisas: não propriamente a água, mas o úmido. Há, inegavelmente, em Tales, a influência das doutrinas egípcias. A água (do Nilo) é a criadora da terra fértil do Delta. Além disso, havia, nessa época, convicção de que a Terra estava cercada de água. Tal doutrina deriva, também, de uma longa e primitiva tradição mitológica das teogonias e cosmogonias do Oriente antigo, sumério, caldeu, hebreu, fenício, egípcio, egeu, onde todos falam do *caos aquoso*. A causa motora de todas as coisas é a alma, a potência divina, que põe tudo em movimento e penetra no úmido elementar. A Terra navega sobre a água. O mundo *está cheio de deuses*. Chamou-se *hilozoísmo* (de *hyle*, matéria, e *zoe*, vida) a essa animação e vivificação da matéria. Com Tales, processa-se a separação da filosofia anterior, dominada pelas teogonias.

A Escola de Mileto é incluída na classificação geral de escola jônica, na qual também são incluídos Heráclito, Anaxágoras e Demócrito (os dois últimos, entretanto, aqui vindo a ser estudados à parte). Aristóteles faz uma distinção em sua *Metafísica* quanto aos que se preocupam com os problemas do homem e do cosmos: *teólogos*, escreve Léon Robin, são os que "tratam da ciência sob a forma do mito, e *filósofos* ou *fisiólogos* os que expõem suas razões 'numa *forma demonstrativa*', cuja sabedoria, mais humana, não afeta, como a daqueles, um ar de altiva solenidade, e se propõe menos a satisfazer-se a si mesma que a comunicar-se aos outros".[2]

---

[2] Léon Robin, *La Pensée Grecque et les Origines de l'Esprit Scientifique*. Bibliothèque de Synthèse Historique "L'Évolution de l'Humanité", dir. Henri Berr. Paris, La Renaissance du Livre, 1923, p. 41. Edição inglesa: *Greek Thought and the Origins of the Scientific*

No século VI a.C., os países jônicos conheceram um grande progresso econômico, sobressaindo-se entre as cidades marítimas a de Mileto, que, depois de submetida pelos persas, foi destruída em 494.

Ante a visão do mundo, nasceu nos jônicos a grande pergunta: de que está constituído o universo? Mas essa pergunta, para eles, era superada por um afã de encontrar soluções para os problemas de ordem científica, exigidas sobretudo pelo grande desenvolvimento mercantil de sua época. E esse mercantilismo imprimiu aos jônicos, em grande parte, o sentido *prático* de suas investigações. São estudiosos da natureza em suas manifestações meteorológicas. É com Anaxágoras que vamos ver, depois, o abandono ou a superação dessa fase, por outra que podemos chamar *antropológica*.

Assim, eram os ventos, as chuvas, os relâmpagos, os eclipses, os terremotos, os conhecimentos de Geografia, a forma da Terra, a sua origem, etc. o que preocupava os filósofos. Ora, esses temas eram abordados pelas culturas mesopotâmica, egípcia, caldaica, etc. Mas a influência *prática* do mercantilismo e da evolução econômica determinava a perspectiva com que os filósofos jônicos se aplicavam a essas investigações. Eles viam na atividade técnica do homem um motivo de superioridade.

Observamos na filosofia dos jônicos o abandono das imagens fantásticas da natureza (os mitos). Há observação direta, experiências, tanto que os filósofos jônicos se tornam inventores. Isso não impede, porém, que os mitos da época teogônica influam na formação de suas filosofias, embora sempre com um cunho mais positivo e científico.

Na atuação dos jônicos, há a tendência para relacionar os fenômenos mais transcendentes aos fatos familiares, afastando-se, assim, quanto possível, do aspecto misterioso que tinham as crenças anteriores. É por isso que os jônicos são considerados propriamente mais físicos do que filósofos. Os problemas

---

Spirit. Trad. M. R. Dobie. London / New York, Kegan Paul / Alfred A. Knopf, 1928, Livro II, cap. 1.

que mais afetavam os interesses econômicos dos povos jônicos absorviam mais detidamente a atenção dos seus filósofos, sobretudo os que se referiam à meteorologia, naturalmente por se tratar de um povo de navegadores. Observa-se, na obra dos jônicos, a preocupação maior com o mar, grande tema de suas investigações. Não só o mar, como o ar, as nuvens, as chuvas, as tempestades. A cosmologia jônica impregna-se do espetáculo das tormentas. A concepção do caos – em que, aliás, existem semelhanças entre o caos hesiódico e o *migma* de Anaxágoras – encontra uma repetição ou simbolização nas grandes tempestades. Poderíamos até acrescentar que a afirmação de Anaximandro, de que a vida provém do mar, está imbuída de uma admiração à *divindade* do oceano, um respeito à água, fonte de toda a riqueza dos jônicos, que igualmente constitui o sentido da filosofia de Tales, embora também impregnada das concepções egípcias e mesopotâmicas.

O infinito de Anaximandro (*ápeiron*) é o indeterminado, de onde provêm as coisas determinadas, água, ar, fogo, etc., ou a mescla delas (o *migma* de Anaxágoras). A infinitude do oceano – para os olhos jônicos, talvez sem fim – implicaria fatalmente a concepção do infinito. É daí que decorre o tema da pluralidade dos mundos de Anaximandro, tese depois retomada por Anaxímenes. No mundo que observavam, havia vida, morte, transformações. Tudo provinha do infinito. Deste provinham os mundos. Tudo vive e morre dentro da *eternidade do infinito*. A cúpula terrestre confirmava a limitação da Terra e a afirmativa do ilimitado dos céus. E quando Anaxímenes aceita o ar como infinito, nem por isso refuta a doutrina de Anaximandro sobre o *ápeiron*.

A filosofia dos jônicos é uma filosofia da natureza, de geógrafos e meteorólogos. Não lhe falta, porém, um sentido religioso, quando os jônicos emprestam à sucessão, ao retorno, à vida e à morte dos mundos e das coisas uma justiça (*dikê*), em que há expiação e castigo, o que lhes concede um caráter divino e imortal.

O sentido antinomista, que vamos surpreender na filosofia jônica (as coisas submetidas às oposições, a luta e a penetração dos contrários, etc.), nasce da observação cotidiana de um mundo onde se processam esses contrários. No *Nous* de Anaxágoras vamos perceber uma tentativa de equilíbrio. Tal equilíbrio, no entanto, poderia ser negado, porque Anaxágoras o estima ativo, dinâmico, em movimento, o que afirmaria a negação, o contrário, porque o movimento supõe a passagem de um estado para outro, o que implica contrariedade.

Eram os jônicos os filósofos da natureza sensível, que buscavam explicar as coisas do mundo por princípios naturais. Mas há no movimento jônico a preocupação com o conhecimento da *substância primeira* (*arquê*), primordial e eterna, fonte de todas as coisas. É o conceito do absoluto, a eterna busca de todas as filosofias.

O grego principiou a filosofar partindo de um ser, mas de um ser que ele encontra cambiante, mutável, contraditório. Que é esse ser?

A esta pergunta, os jônicos respondem com soluções mais ou menos materiais, *físicas*.

Propriamente, pelas respostas dadas a essa pergunta classificam-se as outras doutrinas. Vejamos quais foram as outras respostas.

2.1.2 Anaximandro

Anaximandro (natural de Mileto – 610-547 a.C.), filósofo grego da escola jônica. Discípulo de Tales de Mileto, a quem sucedeu na direção da escola milésia. Foi mestre de Anaxímenes, e este, por seu turno, de Anaxágoras. Pouco se sabe de sua vida e de suas obras.

Para ele, o princípio primeiro (*arquê*) de todas as coisas é imortal, eterno e fundamental: é o *ápeiron*, que possui os caracteres do ilimitado, do qualitativamente indeterminado, do indefinido, do absoluto, e é animado de um movimento eterno. Estimulado por uma força vital intrínseca e de geração incessante, desagregam-se os contrários desse infinito (*ápeiron*), assim formando-se, primeiramente, o ar; em segundo lugar, a água; depois, os demais elementos. Todas as coisas, afinal, retornam ao infinito (*ápeiron*). O *ápeiron* está em oposição ao mundo, que está contido nos limites do céu, apesar de esse infinito conter os mundos. Para Anaximandro, era possível que o infinito (*ápeiron*) gerasse um número infinito de mundos, que coexistiriam uns aos outros, mas separados por distâncias tão grandes que eles jamais tomariam conhecimento uns dos outros. Temos aqui em germe a tese da pluralidade dos mundos.

Na cosmogonia de Anaximandro, após a evolução vem a dissolução; os mundos volvem ao infinito e – nova compensação – o ciclo começa de novo. É possível que haja nisso o traço das especulações pessimistas e místicas do orfismo.

Os mundos nascem e morrem no seio do infinito. O retorno de todas as formas ao informe é o cumprimento de uma justiça contra a injustiça e significa que as coisas pretendem ser subsistentes por si mesmas, pois a justiça é, em última instância, a igualdade de tudo na substância única, a imersão, sem diferenças, no seio de indeterminada infinitude.

Não estranha que Nietzsche tenha visto em Anaximandro um dos caracteres do pessimismo grego, por ter ele aceitado o nascimento e a destruição da natureza, concebidos como falta e punição morais.

O seu hilozoísmo panteístico contém germes do evolucionismo, pois afirmou que os homens provêm de animais. Ele deduziu essa afirmativa da observação do longo período de lactância.

Anaximandro foi considerado o mais profundo e o maior dos jônios. Com maravilhosa intuição, ele traçou os lineamentos e a escala da filosofia natural, alargando assim os princípios estabelecidos por seu mestre, Tales de Mileto.

2.1.3 Anaxímenes

Anaxímenes de Mileto (natural de Mileto – 588-524 a.C.), segundo Diógenes Laércio, foi discípulo de Anaximandro. Escreveu em prosa jônica, havendo-se perdido sua obra. O que conhecemos de sua doutrina é o que podemos extrair da obra de seus comentadores e críticos e de um tratado especial de Teofrasto a ele consagrado, no qual se verifica uma coerência suficiente para permitir a explanação dos seus temas. Ei-los:

O ar é infinito e princípio de todas as coisas. Assim, o infinito, que em Anaximandro é *indeterminado*, em Anaxímenes é *determinado*. O ar é o que sustenta nossa alma e é o que sustém o mundo. Aristóteles pergunta: e o que sustém o ar? O ar é o gerador de todos os seres, e é perceptível pela diferenciação. É visível com o frio e o calor, e dotado de um movimento eterno de mutação. Se se negasse o movimento, não se poderia admitir a variabilidade das coisas.

Afirma também Anaxímenes a eternidade do movimento. O processo de transformação dá nascimento às diversas substâncias: por rarefação, ele converte-se em fogo; por condensação, transforma-se em vento; depois, em nuvens e, mais condensado, em água; a seguir, em terra e, por último, em pedra. Nota-se que, para Anaxímenes, o ar é o *estado gasoso*.

Ele também aceita o retorno de Anaximandro e nele fundamenta a sua ética.

Observe-se o caráter panteísta das doutrinas jônicas, em que a *arquê* (a substância primordial) é sempre o todo. Essa divindade é igual ao Cosmos.

2.2 Heráclito

Heráclito, natural de Éfeso (540?-480? a.C.). Dele conhecemos apenas fragmentos esparsos nas obras de seus comentadores. Eis os temas principais de sua filosofia:

1. recíproco condicionar-se dos opostos (*pólemos*) e harmonia dos contrários, limitando-se uns nos outros, de onde o nascimento e a conservação dos seres (conciliação das antíteses; permuta e identidade dos contrários);
2. identidade do *Um* eterno (fogo) e devir universal como exigências da razão – a ideia de fogo, unidade de substância de todas as coisas, e a comum envoltura dos contrários (Heráclito afirma a realidade do ser);
3. ideia do perpétuo escoamento das coisas e do sujeito cognoscente; tudo flui (*panta rei*); não se pode banhar duas vezes no mesmo rio, porque são sempre novas as águas que correm (antítese da experiência e da razão);

4. visão irônica dos contrastes, que permite que as coisas boas e más sejam interpretadas diferentemente: "O charco é, para os porcos, o paraíso", etc.;
5. fé como condição de verdadeiro conhecimento;
6. caminho da sabedoria: conhece-te a ti mesmo.

A filosofia de Heráclito encontra seus cultores apaixonados. Aristóteles, para muitos, desce para segunda plana, e Heráclito retoma um lugar de prestígio. Heráclito, entretanto, presta-se a várias interpretações. Seu sistema não é tão rígido que os seus exegetas se vejam privados de dar vazão à imaginação. Não se atribuam a isso falsificações, propriamente. A interpretação fundamentada da obra dele não é somente a que se cinge às normas estabelecidas por Léon Robin, Herman Diels, Eduard Zeller, John Burnet, Paul Tannery, Karl Joel, Albert Rivaud, Abel Rey. Existem, ainda, novos cultores que alargam as suas perspectivas. Sublinhemos alguns aspectos interessantes.

Segundo Heráclito, o devir e a passagem contínua do finito ao infinito, e inversamente, constitui o único processo infinito que se move em contrários: na unidade do ser e do não-ser estaria a essência do mundo. Heráclito viu nessa instabilidade de todas as coisas, na mutação contínua do ser, a lei mais geral do universo. Tudo flui, nada tem consistência, de maneira que não podemos "entrar duas vezes no mesmo rio". O universo é luta e paz, verão e inverno, fluxo e tempo, saciedade e fome, etc.

A contradição, princípio dominante do mundo, é inerente às coisas. Assim, tudo o que é não existe senão como unidade dos contrários. Segundo Aristóteles, o princípio de Heráclito, de que "ser e não-ser são idênticos", vai de encontro ao princípio da identidade. Diz Aristóteles que, segundo a filosofia de Heráclito, é antes o princípio "nada existe" o admitido, em vez de "tudo existe". Aristóteles quer dizer que, se algo é e não é ao mesmo tempo, numa junção de dois estados contrários, da qual se constituiria a unidade, não se pode produzir nenhum movimento de um estado contrário ao outro.

Compreendemos o caráter simbólico da palavra *fogo* em Heráclito. Substituindo-a por *energia*, temos a concepção que modernamente influi na Filosofia da Ciência. Os vitalistas e os animistas do século passado encontrarão aí muitas semelhanças. Hipócrates também considerava o fogo a fonte de vida. A ideia de alma unida ao fogo, como símbolo de vida, é comum na mentalidade primitiva e antiga, exatamente como a ideia de sopro, de ar, porque o sopro é quente, tem fogo. Podemos deduzir dessa ideia a formação de muitas palavras, como também de ideias primitivas. Não devemos tomar ao pé da letra essas expressões simbólicas.

O nome de Heráclito liga-se a modernas correntes da Filosofia. E não há exagero quando dizemos que se observa hoje um retorno aos pré-socráticos. Esse retorno é um traço de profunda "historicidade da atual filosofia", impregnada de indecisões, de dúvidas, de inquietações. A figura aristocrática de Heráclito impõe-se prodigiosamente. É um temperamento de um homem inspirado e solitário, de temperamento melancólico, como o chamou Teofrasto. Houve a lenda ridícula que fazia de Heráclito um homem que chorava continuamente. Alguns professores de Filosofia registraram-na como verdadeira e constroem a figura de Heráclito como a de um homem que traz sempre lágrimas nos olhos e palavras de desespero nos lábios. Deve-se isso a Luciano, cujo retrato caricatural do famoso efésio foi aproveitado pelos adversários das doutrinas heraclitianas.

O seu maior objetor foi Parmênides, cuja filosofia examinaremos em breve.

3. Pitágoras

Pitágoras (de Samos – 569?-470? a.C.). Segundo alguns, foi discípulo de Ferécides de Siros e de Anaxágoras. São contraditórias as informações que os historiadores oferecem. No entanto, tudo indica que formou sua cultura no Oriente, no Egito, na Babilônia, em Creta, por onde viajou. De retorno a Samos, tentou fundar aí uma escola, mas, tendo que abandonar a pátria, foi residir no sul da Itália, por volta de 530, na aristocrática Crotone, onde fundou uma comunidade ou ordem de caráter religioso-moral, que se estendeu a outras cidades, às quais foi por vezes chamado a atuar como legislador, influindo em seus costumes políticos e sociais. É difícil separar a obra de Pitágoras e a dos discípulos de sua escola, bem como o que há de lenda e o que é realidade nos relatos sobre sua vida e pensamento, razão pela qual preferimos examiná-lo dentro do entendimento usual sobre o pitagorismo – muito embora o verdadeiro pitagorismo, o de grau de *teleiotes* (grau de mestre), seja bem diferente.

O *pitagorismo* foi um movimento não só intelectual, mas religioso-moral e político. Era organizado em forma de comunidade, com ritos, iniciações e linguagem simbólica, cercado de mistérios e de segredos. Foi combatido severamente pelas organizações e pelos governos democráticos da época. Os pitagóricos foram dissolvidos por um movimento popular. Pitágoras conseguiu fugir para Metaponto, onde faleceu. A missão da Escola de Crotone era ensinar métodos de purificação, reservados aos iniciados. Atribui-se a Pitágoras a promessa de uma vida futura, após a morte, onde os homens seriam recompensados, desde que cumprissem as ordens da organização e os princípios morais estabelecidos. A escola era aberta tanto aos homens como às mulheres, independentemente de nacionalidade. Tratava-se de uma doutrina cheia de tabus e proibições, cujas significações têm servido para diversas interpretações. A transmigração das almas através dos corpos de homens e animais era uma das crenças dessa doutrina, não porém de Pitágoras, mas dos seus discípulos.

A concepção de Anaxímenes, de que o mundo estava submerso no infinito, era aceita por Pitágoras.

Para ele, todas as coisas são também números (*arithmós*). Interessava-o, assim, a relação entre os números e as formas geométricas. Ele atribuía aos números uma relação mística. Afirma-se que, quando esteve na Pérsia, conheceu Zaratustra ou Zoroastro. Cultivavam os pitagóricos – como Filolau de Tebas e Arquitas de Tarento – a matemática, a música e, sobretudo, a geometria. Consideravam a música como meio para excitar e acalmar os sentimentos, e aplicaram-se a ela, não só prática como também teoricamente. Os números não eram pensados como coisas abstratas, mas como *algo de real*. O *ponto* era o equivalente ao 1; a *linha*, ao 2; a *superfície*, ao 3; os *corpos*, ao 4. (Na verdade, esse não era o pensamento pitagórico do grau superior, mas o de primeiro grau, *paraskeiê*, grau de aprendiz.)

O número 10, a famosa *tetractys*, é o número principal, soma dos quatro primeiros (1 + 2 + 3 + 4 = 10). Diz Filolau que o número 10 "tem uma grande força, enche o todo, atua em tudo, e é começo e guia da vida divina, celestial e humana"[3] (tudo tem ponto, linha, superfície, volume). Com os pitagóricos, aparece o tema da *libertação* do homem ao se bastar a si mesmo. A preocupação com a alma conduz os pitagóricos posteriores à doutrina da transmigração ou metempsicose, relacionada com o problema da imortalidade.

Pitágoras foi um iniciado nas especulações da astronomia oriental. Descobrindo a relação fundamental da altura dos sons com a longitude das cordas que vibram, submeteu o fenômeno do som à invariabilidade de uma lei numérica. O assombroso dessas proporções inteligíveis, imóveis e imateriais, acessíveis ao matemático, que expressam a regularidade das aparências sensíveis e do fluxo dos fenômenos, tinha fatalmente que impressionar fundo a alma de Pitágoras, decorrendo daí a construção de sua simbólica, cuja influência, até os nossos dias, é observável em muitos espíritos de escol. Daí a atribuir um princípio de realidade ao *símbolo*, e de casualidade ao *signo*, não foi mais que um passo – não, porém, por parte de Pitágoras.

---

[3] Filolau, *Sobre a Natureza*, DK 44 B 11, recolhido em Estobeu, *Éclogas* I, proêmio 3 (1.16.20), linhas 3-5: Carl A. Huffman, *Philolaus of Croton, Pythagorean and Presocratic – A Commentary on the Fragments and Testimonia with Interpretive Essays*. New York, Cambridge University Press, 1993, p. 348. Em edição brasileira: "Sobre a Natureza", trad. Ísis L. Borges. In: José Cavalcante de Souza (ed.), *Os Pré-Socráticos*. Coleção Os Pensadores, vol. 1. São Paulo, Nova Cultural, 1973, p. 257.

Em todas as coisas, estão os números. Das contradições fundamentais nasce a simbolização em números: par e ímpar; direita e esquerda; repouso e movimento; macho e fêmea; reta e curva; bem e mal.

São os números que ordenam a constituição do universo. Essa aritmologia influiu no neopitagorismo, no platonismo pitagorizante, e foi desenvolvida por muitos pitagóricos, conjuntamente a investigações matemáticas e cosmológicas.

Entre os mais famosos discípulos de Pitágoras, podemos citar: Lysis, Filolau de Tebeas, Arquitas de Tarento, Alcmeon de Crotona, Epicarmo de Cos, Hipodamo de Mileto, Teano, etc.

Destaquemos os principais temas pitagóricos. As doutrinas deste movimento são uma mescla de ciência e crenças religiosas:

1. a imortalidade, a transmigração das almas (metempsicose), o parentesco dos vivos, o ciclo das coisas (eterno retorno de acontecimentos já ocorridos);
2. a alma como princípio do movimento;
3. o universo é vivo;
4. os números são as essências das coisas, porque sem o número não seria possível conhecê-las; mutabilidade dos números e imutabilidade do Um. (Há influência do pitagorismo na ciência moderna, em que a teoria atômica termina por ter uma noção apenas matemática da energia subatômica. Só é compreensível à razão o que é extensidade, portanto medível e numerável.)

***

Há muito de lenda na vida de Pitágoras. O livro *Versos Áureos*, que lhe é atribuído, é obra de composição de seus inúmeros discípulos, sobretudo de Lysis.

Atribui-se também a Pitágoras o primeiro emprego da palavra *filósofo*, termo que se tornou universal para significar os investigadores do absoluto e intérpretes do mundo, estudiosos da sabedoria superior, a *Mathesis*.[4]

4. Os eleatas

4.1 Xenófanes

Xenófanes de Colofon (570-475 a.C.) foi o precursor da escola eleática e o primeiro a afirmar a unidade do ser. Dizem que Parmênides foi seu discípulo. Este foi a maior figura do eleatismo e uma das maiores da Filosofia, porque com ele se inicia um novo ciclo, que perdura até hoje.

4.2 Parmênides

Parmênides (natural de Eleia – 540-485? a.C.) foi nomeado legislador de Eleia. Segundo Diógenes Laércio, foi discípulo de Xenófanes de Colofon, o que não está devidamente comprovado; e, segundo Teofrasto e também Anaxímenes, manteve relações com os pitagóricos Amínias e Dioquetas. Destas últimas influências há indícios mais seguros, dada a vida política de Parmênides. Quanto à cronologia, que indicamos nos parênteses acima, é também controvertida. E parece suspeito o próprio testemunho de Platão em seu *Parmênides*, pois neste diálogo há o intuito de demonstrar a influência eleática na transformação da doutrina de Sócrates, a quem, segundo Platão, Parmênides conhecera, quando aquele era jovem. A única obra de Parmênides é *Da Natureza* (*Peri Physeos*), em versos hexâmetros, da qual restam fragmentos.

---

[4] [Realizamos uma análise mais vasta dessa filosofia em *Pitágoras e o Tema do Número* (em edição recente: São Paulo, Ibrasa, 2000). A exposição que fizemos anteriormente se refere mais ao pitagorismo e ao neopitagorismo do que propriamente à filosofia do mestre de Samos, que é por nós estudada na obra que apontamos.]

CONVITE À FILOSOFIA

Anotemos seus temas dominantes:

1. afirmação do ser; repúdio à sensação, à contradição do ser e do não-ser; a razão como único critério da verdade. Foi, assim, o primeiro a compreender e a afirmar o *princípio de identidade* e o de *não-contradição*, postulados fundamentais da Filosofia. O ser e o não-ser formam uma antítese inconciliável;
2. conceptibilidade do real e inconceptibilidade do irreal; afirma-se a existência das coisas pensadas, porque o não-ser não pode ser pensado (inconceptibilidade do não-ser). "Pois tu não poderás conhecer o não-ser" (fragmento 2, linha 7). "É mister dizer e pensar que o ser é, *pois é possível que seja*, mas o nada não é possível: isto é o que rogo consideres" (frag. 6, ll. 1-2). E ainda: "A mesma coisa é o ser" (frag. 3),[5] donde o próximo ponto;
3. existência do ser em eternidade imutável, com atributos próprios: eterno e indestrutível, imóvel e sem fim. Assim, deduz-se a eternidade do ser:
   - da inconceptibilidade do não-ser;
   - da inconceptibilidade da gênese (que seria a aceitação da contradição "ser e não-ser");
   - da inexplicabilidade desta gênese;
4. nada existe fora do ser (unidade); nem é divisível, porque tudo é igual (indivisibilidade); e tudo está cheio do ser (homogeneidade);
5. tudo é imóvel, sem princípio nem fim, e sempre idêntico; uma rigorosa necessidade (*Moira*) mantém-no firme por todas as partes (frag.

---

[5] Cf. Parmênides, "Sobre a Natureza (DK 28 B 1-9)", trad. José Cavalcante de Souza. In: José Cavalcante de Souza (ed.), *Os Pré-Socráticos*. Coleção Os Pensadores, vol. 1. São Paulo, Nova Cultural, 1973, p. 148; David Gallop, *Parmenides of Elea – Fragments: A Text and Translation with na Introduction*. Phoenix Pre-Socratics, vol. 1. *Phoenix – Journal of the Classical Association of Canada*, volume suplementar n. 18. Buffalo, Univesity of Toronto Press, 1984, p. 55, 57, 61. Os testemunhos dos fragmentos citados são fornecidos por Proclo (*Comentário ao Timeu*, I, 345, 18), Simplício (*Comentário à Física*, 116-117), Clemente de Alexandria (*Tapeçarias*, VI.2, 23) e Plotino (*Enéadas*, V.1.8).

8, ll. 26-31);[6] é o ser uma esfera infinita, porque se propaga por toda parte. Esta consideração de Parmênides tem um significado simbólico. A esfera exprime melhor o sentido da propagação do ser, da extensão infinita, ilimitada;

6. com Parmênides, a Filosofia passa de *física* a *ontológica*, a uma ontologia do ente cósmico, físico. Há o mundo aparente, o mundo das coisas (*prágmata*), e o mundo de verdade, o mundo dos entes, que só o *Nous* conhece. O problema da Física (ciência da natureza, movimento das coisas naturais) permanece, em Parmênides. A negação do movimento nega a Física. Se existe o movimento, a ideia de Parmênides não serve. Aristóteles procurou dar uma solução a esse dilema; tarefa que os pré-socráticos, após Parmênides, também tentaram executar de várias maneiras.

4.3 Zenão de Eleia

Zenão de Eleia (490-430 a.C.) foi discípulo de Parmênides. Combateu os adversários da doutrina do mestre, desenvolvendo em primeiro lugar o aspecto crítico do pensamento parmenídico. Aristóteles considera-o fundador da dialética, como arte da demonstração que parte de princípios admitidos pelo interlocutor.

O *método de Zenão* consiste no princípio da não-contradição. É o método erístico (da *disputa*), oferecendo dois caminhos opostos ao adversário para que permaneça um só por onde possa seguir. Força-se, assim, o adversário a reconhecer a impossibilidade de admitir as contradições inclusas em cada uma das dificuldades expostas, somente dirimíveis caso se elimine o pressuposto que lhes havia dado origem.

---

[6] Cf. Cavalcante de Souza, *Os Pré-Socráticos*, op. cit., p. 149; Gallop, *Parmenides*, op. cit., p. 69. Recolhido em Simplício, *Comentário à Física*, 114,29.

CONVITE À FILOSOFIA
144

Vejamos agora os principais temas de Zenão:

1. é inconcebível o espaço como ente real (tese de Parmênides);
2. a divisibilidade infinita determina a impossibilidade do movimento (demonstrada por uma série de raciocínios habilidosos, entre eles o famoso "argumento de Aquiles");
3. ante a descontinuidade do mundo, sustentada por alguns pitagóricos em choque com a continuidade do mundo parmenídico, assim argumenta Zenão: a descontinuidade é absurda, pois implica compreender que cada múltiplo se compõe de unidades sem grandeza, portanto ou de nada ou de pontos. Afinal, emprestar uma grandeza a cada unidade constituinte significaria declarar que esta não é uma unidade descontínua às demais, visto que, consistindo numa magnitude, ela mesma seria decomponível – seria, propriamente, um composto. Por outro lado, dado que se chama ponto àquilo que, juntado a uma magnitude, não a torna maior, como poderia ele ser o componente de uma magnitude? Se se supusesse que a magnitude é feita de pontos, então haveria entre os pontos outra magnitude, que igualmente deveria ser feita de pontos, e assim até o infinito.

Entre os argumentos de Zenão para combater a ideia do movimento, estava o argumento de Aquiles, assim nomeado em referência àquele que era, entre os gregos, o símbolo do mais veloz. Se Aquiles fosse correr com uma tartaruga, e desse a esta um pouco de vantagem (de distância), jamais a alcançaria. Pois, quando Aquiles tivesse alcançado o lugar onde estava a tartaruga, esta já teria avançado um pouco mais. Quando chegasse ao novo local, esta já estaria mais adiante. Ora, sendo o espaço composto de infinitos pontos, a tartaruga jamais seria alcançada por Aquiles.

Este argumento é rebatido por Aristóteles da seguinte forma: Zenão parte da aceitação de uma infinita divisibilidade do espaço. Aliás, a concepção racionalista teve em Parmênides seu momento mais alto, mas, em Zenão, sua forma viciosa mais acabada. O racionalismo levado ao extremo tem sua consequência lógica no pensamento de Zenão. Concebendo-se o espaço como quantitativo, sua divisibilidade infinita é imposta pela razão, mas essa divisibilidade é o ponto fraco do racionalismo, porque oferece logo uma impossibilidade à razão.

Os escolásticos resolviam este problema ao afirmar que o espaço (como extensão) é *potencialmente* divisível em infinitude em vez de composto de pontos indivisíveis. Para a Matemática, também, a divisibilidade é potencialmente infinita, mas atualmente finita, isto é, pode-se conceber apenas como possível uma infinita divisibilidade.

5. Empédocles

Empédocles de Agrigento (aprox. 495-430 a.C.) foi para a Sicília o que Pitágoras foi para a grande Grécia. De família abastada, defendeu as ideias dos partidos populares. Foi inimigo dos tiranos, legislador, homem de Estado, sábio, hierofante. Proclamaram-no deus, combateu a peste em sua terra, e realizou milagres, suicidando-se afinal, segundo a tradição mais disseminada, atirando-se na cratera do Etna. Era um homem convicto de suas qualidades de taumaturgo, não se sabendo ao certo o tanto que havia nisso de charlatanismo ou de convicção. Escorraçando os tiranos de sua pátria, constituiu uma democracia, baseada no amor dos cidadãos, sendo para Agrigento o que Péricles foi para Atenas. Admirado, amado por seus contemporâneos, seu nome percorreu os séculos com a mesma auréola, merecendo de Lucrécio versos inflamados, além da admiração de Aristóteles e Platão, entre outros.

Vejamos os temas que determinam seu pensamento:

1. aceitava o limite e a dificuldade para os conhecimentos humanos. Afirmava a necessidade do intelecto para complementar a experiência sensível;

2. repudiava a representação da divindade em formas animais;

3. afirmava a eternidade do ser. Do nada não pode nascer coisa alguma. A morte não é o fim, mas a desagregação das formas;

4. segundo ele, não há vazio no todo. O universo é a mescla (vide o *migma* de Anaxágoras) dos quatro elementos – fogo, ar, terra e água – representados pelos nomes divinos de Zeus, Hera, Edoneu e Néstis;

5. aceitava o eterno retorno, a fatalidade do ciclo de sucessivos períodos cósmicos, exatamente como Heráclito e Anaxágoras;

6. dizia que as coisas semelhantes atraem-se e as dissemelhantes repelem--se. Há luta entre o amor e o ódio (influência, talvez, de Heráclito), com predomínio alternativo de um ou de outro;

7. aceitava a doutrina da metempsicose, isto é, da transmigração das almas, e uma lei universal de justiça;

8. a alma era, para ele, um agregado de átomos sutis, dispersos no sangue e condensados em torno do coração;

9. é um precursor de Goethe na morfologia comparada: "uma mesma coisa são os cabelos, a folhagem e a plumagem das aves", dizia.

6. Anaxágoras

Anaxágoras de Clazômenes (500-426 a.C.) foi um filósofo e matemático grego. Segundo os antigos, ele foi iniciado nas doutrinas jônicas por Anaxímenes de Mileto. Por amor ao estudo, abandonou sua pátria e seus bens. Durante trinta anos, ensinou Filosofia em Atenas e teve como discípulos Péricles, provavelmente Sócrates, Temístocles, Tucídides, Demócrito, Empédocles e Eurípides.

A originalidade de sua doutrina estava na aceitação de um *espírito ordenador do mundo* (o *Nous*, cuja ideia influiu na formação da ideia de razão em Sócrates), que ele não confundia com os deuses do politeísmo. Foi por isso acusado de impiedade, mas Péricles salvou-o da morte. Obrigado a fugir, terminou seus dias em Lapsaque. Anaxágoras foi um dos primeiros filósofos gregos que escreveram sua filosofia, mas suas obras se perderam. Existem fragmentos nas obras de Platão, Aristóteles, Cícero, Diógenes Laércio e Estobeu.

Eis os temas dominantes em sua obra:

Os sentidos, por débeis, não nos permitem discernir a verdade (frag. 21);[7] a experiência, a sabedoria, a memória e a arte auxiliam-nos no entendimento. "[...] não é possível saber a multidão das coisas distintas, nem por meio da razão, nem por meio da experiência" (frag. 7).[8] Esse aparente ceticismo de Anaxágoras se refere à verdade; é um "ceticismo" qualitativo, não quantitativo, pois ainda reconhece na razão (no *nous*) a capacidade de descobrir uma permanente identidade numérica entre as coisas.

Anaxágoras não aceita o perecimento nem a morte das coisas, e postula um desdobrar-se. Cada coisa se compõe e se decompõe de coisas já existentes (frag. 17),[9] concluindo-se daí a invariabilidade quantitativa do todo, ou seja, que o conjunto total das coisas nunca passa a se achar em maior ou menor quantidade, pois ele nunca pode contabilizar um número distinto da quantidade em que consiste o número total das coisas (frag. 5).[10] O ser é composto por partículas (*mere*) que são similares (*homia*), de onde Anaxágoras deriva o que chamou homeomérias, que seriam o princípio dos seres.

---

[7] Anaxágoras de Clazômenas, "Sobre a Natureza (DK 59 B 1-19, 21-22)", trad. Maria C. M. Cavalcante. In: José Cavalcante de Souza (ed.), *Os Pré-Socráticos*. Coleção Os Pensadores, vol. 1. São Paulo, Nova Cultural, 1973, p. 271; Patricia Curd, *Anaxagoras of Clazomenae – Fragments and Testimonia: A Text and Translation with Notes and Essays*. Phoenix Pre-Socratics, vol. 6. *Phoenix – Journal of the Classical Association of Canada*, volume suplementar n. 44. Toronto, Univesity of Toronto Press, 2007, p. 29. O testemunho do fragmento é fornecido por Sexto Empírico (*ad. math.*, VII, 90).

[8] Cf. Cavalcante de Souza, *Os Pré-Socráticos*, op. cit., p. 269; Curd, *Anaxagoras*, op. cit., p. 21. Recolhido em Simplício, *De Caelo*, 608, 23.

[9] Cavalcante de Souza, *Os Pré-Socráticos*, op. cit., p. 270; Curd, *Anaxagoras*, op. cit., p. 27. Testemunho: Simplício, *Comentário à Física*, 163,18.

[10] Cavalcante de Souza, *Os Pré-Socráticos*, op. cit., p. 269; Curd, *Anaxagoras*, op. cit., p. 19 (Simplício, *Comentário à Física*, 156,9).

Há em Anaxágoras um ponto a ressaltar: com ele se inicia a passagem da fase do interesse meteorológico, que era a espinha dorsal dos primeiros jônicos, para o interesse fisiológico. O problema cosmológico cede para o antropológico. Deduz-se esta interpretação da aplicação que Anaxágoras faz das homeomérias para explicar a nutrição.

As homeomérias são invisíveis. Elas compõem todas as coisas. Não se poderia compreender a nutrição dos corpos de outra maneira. No pão, na água, no ar estão as homeomérias, que se transformam em carne, cabelos, sangue. (Note-se a semelhança da teoria das homeomérias com a teoria atômica de Demócrito.) Assim, Anaxágoras conclui: em cada coisa, há partículas de cada coisa (frag. 11).[11] Ele afirmava a inseparabilidade dos seres e dos contrários: "[...] são inseparáveis o frio do calor, o calor do frio" (frag. 8).[12]

O conceito do infinito em Anaxágoras assume três aspectos; ele aceita: o infinitamente grande (a totalidade do universo), o infinitamente pequeno (as infinitesimais homeomérias, indiscerníveis) e o infinitamente múltiplo (a composição infinita).

Seu discípulo Eurípides afirmava que "o nosso *Nous* é, em cada um, um deus".[13] O *Nous*, para Anaxágoras, é o intelecto, a inteligência, a mente, o espírito. É o espírito ordenador de todas as coisas. "Já em cada um de nós a divindade." Segundo Aécio, Anaxágoras sustentou que "o *Nous*, ordenador do mundo, é a divindade".[14] O *Nous* é o infinito, autopotente, que em nada se

---

[11] Cavalcante de Souza, *Os Pré-Socráticos*, op. cit., p. 269; Curd, *Anaxagoras*, op. cit., p. 23. Testemunhado por Simplício (*Comentário à Física*, 164,22).

[12] Cavalcante de Souza, *Os Pré-Socráticos*, op. cit., p. 269; Curd, *Anaxagoras*, op. cit., p. 21. Recolhido de Simplício (*Comentário à Física*, 175,11).

[13] August Nauck e Bruno Snell, *Tragicorum Graecorum Fragmenta*. Hildesheim, Georg Olms, 1964, p. 684, frag. 1018. Curd, *Anaxagoras*, op. cit., p. 101, *testimonia* A48.

[14] Aécio, *Placita* (*Sobre as Doutrinas dos Filósofos*), Livro 1 (*Os Princípios da Natureza*), cap. 7. Na mais recente edição crítica: Jaap Mansfeld e David T. Runia (eds.), *Aëtiana V – An Edition of the Reconstructed Text of the Placita with a Commentary and a Collection of Related Texts*. Philosophia Antiqua – A Series of Studies on Ancient Philosophy, vol.

mistura com outras coisas, sendo o ordenador de todas as coisas. O *Nous* deu movimento ao todo e criou todas as coisas (frags. 12-14).[15]

Anaxágoras representa uma tentativa de conciliação entre os eleáticos e Heráclito. Enquanto aqueles negavam o devir como ilusão dos sentidos, Heráclito afirmava que o ser permanente era uma aparência. Anaxágoras busca harmonizá-los: reconhece no ser o quantitativamente invariável, o imperecedouro, de modo que o ser é o que não "devém", mas a diversidade das coisas não é uma ilusão. Demócrito, depois, vai tentar essa reconciliação de maneira mais perfeita que a de Anaxágoras e a de Empédocles.

Sua teoria cosmológica de que o Sol, a luz, os astros desprenderam-se pela força do movimento universal de rotação é uma antecipação da Hipótese Nebular de Kant e Laplace. Anaxágoras pressentiu também a lei da gravidade. E foi o primeiro a dar uma exata explicação das fases e dos eclipses da lua. Em muitos outros tópicos, porém, há passagens que hoje seriam julgadas profundamente pueris.

7. Leucipo e Demócrito

Demócrito (natural de Abdera – 460-370 a.C.) foi discípulo de Leucipo. Segundo Diógenes Laércio, manteve contato com sábios persas e caldeus. Permaneceu ignorado, embora vivesse em Atenas. É difícil distinguir a diferença existente entre a doutrina de Leucipo e a de Demócrito, razão pela qual os dois serão aqui estudados em conjunto. Quanto a Leucipo, houve quem negasse sua existência, mas sem razão. Ambos são contemporâneos de Empédocles e

---

153. Leiden, Brill, 2020, Parte 1, p. 373 (liber 1, caput 7, § 6). Traduzido ao inglês em ibidem, Parte 4, p. 2076.

[15] Cavalcante de Souza, *Os Pré-Socráticos*, op. cit., p. 269-70; Curd, *Anaxagoras*, op. cit., p. 23-25. Com testemunhos de Simplício (*Comentário à Física*, 156,13, 157,5, 164,24, 300,27).

Anaxágoras, bem como dos sofistas e de Sócrates, embora ainda classificados entre os *pré-socráticos*.

Demócrito é um sistematizador do materialismo e da concepção mecânica contra a teleológica. Embora ele tenha sido um grande escritor, muitas das obras que lhe são atribuídas devem pertencer aos discípulos, e outras, a Leucipo. Ambos são os fundadores da atomística.

Vale a pena sublinhar seus temas principais:

1. Demócrito assinala a incerteza das impressões sensíveis. A verdade é somente proveniente do inteligível;
2. a influência eleática e a de Heráclito manifestam-se em sua obra. Demócrito afirma:
   - nada do que é ente pode ser não-ente;
   - o ser é um *cheio* absoluto, quantitativa e qualitativamente invariável (eleatismo), mas esse ser, dessa maneira constituído, é composto de partículas ínfimas, infinitas em multiplicidade e invisíveis pela pequenez de sua massa: os átomos;
   - tais partículas movem-se no *vazio* (cuja existência é um postulado democrítico); unindo-se, elas produzem o nascimento, e desagregando-se, a destruição;
3. é impossível a conversão do Um em múltiplo e vice-versa; a multiplicidade é originária e indestrutível;
4. Demócrito aceita, como Anaxágoras, que "tudo está mesclado no todo";
5. no vazio, existem indivisíveis sólidos mas invisíveis, contíguos uns aos outros – os átomos –, e entre eles se encontram vazios;
6. o ser, para Demócrito, compõe-se de átomos, em número infinito, e diferentes entre si – não pelas qualidades sensíveis, como as homeomérias de Anaxágoras, mas por sua ordem, figura e posição, pois há uma única espécie de matéria ou substância fundamental. Daí algumas afirmações podem ser derivadas:

- os átomos são elementos, cujas determinações gerais são geométricas (quantitativas);
- os átomos se movimentam no vazio, onde se processam as mudanças. O vazio não é um simples nada, mas uma existência efetiva, embora de forma distinta da existência dos átomos;
- os átomos são eternos e incausados, sendo a partir deles que as coisas chegam à existência. Eles são possuidores de uma eternidade mecânica (um movimento), com encadeamento causal, sem acaso, pois que ocorre necessariamente, movida por uma razão. (Vê-se, aqui, que Demócrito não aceitava um puro mecanicismo, já que ele concebia o mundo como animado. Esta é uma restrição ao materialismo de sua doutrina);
- os átomos compõem "todas as coisas que são", inclusive as que parecem imateriais, como a alma. Eles diferem quanto à forma, mas são de uma única natureza. É esta a primeira fundamentação do materialismo.

7. a causa de todas as coisas é a diferença entre os átomos – em forma, em ordem e em posição;

8. consequentemente, há uma infinitude de formas e de combinações, porque são infinitos os átomos e as suas combinações;

9. os corpos compostos com mais vazios são mais brandos, os corpos compostos com menos vazios são mais duros; daí o peso maior de uns e de outros, sua menor ou maior consistência; daí também o frio ou o calor. Todas estas propriedades, no entanto, são realidades subjetivas (opiniões, *doxa*, segundo Demócrito), só os átomos e o vazio constituem propriamente a verdade;

10. quanto ao movimento, há duas espécies: o originário, que é eterno, e o espontâneo ou derivado, proveniente do choque, que é forçado. Os átomos movem-se chocando-se uns aos outros, repelindo-se, atraindo-se, e de suas combinações nascem as coisas compostas;

11. Demócrito aceita o universo infinito e a multiplicidade de sistemas cósmicos , uns em formação, outros em evolução, outros em vias de

se formar e outros prestes a se destruir. Opinião que se aproxima do conceito atual da cosmologia;

12. quanto ao conhecimento, as coisas emitem imagens sutis (*eidola*) compostas de átomos mais finos, que penetram nos órgãos dos sentidos. Ao contrário do que dizem muitos, a teoria de Demócrito não é propriamente sensualista, conforme vemos pela sua afirmação de que o conhecimento da verdade provém do inteligível;

13. eticamente, estabelece Demócrito a virtude no equilíbrio das paixões, pela dominação dos impulsos do coração e pelo triunfo sobre os próprios desejos. Este equilíbrio é obtido pelo saber e pela prudência, os quais ensinam como conquistar a felicidade – a paz interior, a alegria (*euthymia*) –, que não se fundamenta nos bens externos, mas sim na alma, "a mais nobre parte do homem". A prática do bem deve ser feita sem desejo de remuneração.

Entre os discípulos de Demócrito, estiveram Metrodoro de Quios, Anaxarco, Diógenes de Esmirna, Nausifane, etc. Seu atomismo coordena-se, posteriormente, com o ceticismo pirrônico, com o epicurismo e com as concepções do *atomismo* filosófico moderno.

Análise geral

Com os pré-socráticos, embora especulativa, a razão ainda não atinge o grau elevado que a veremos alcançar no racionalismo. Os jônicos, preocupados com os problemas cosmológicos, nem sequer punham em dúvida o testemunho dos sentidos, nem suas investigações iam além do que já estava incorporado às religiões orientais. Com Parmênides, a Filosofia atinge um novo grau. A razão especula consigo mesma, fixa a si mesma, objetiva a si mesma para analisar-se. Então emerge o princípio de identidade, conforme vimos. A afirmação do homogêneo absoluto, do espaço inteiramente uno, é um postulado que a razão impõe. Há aí uma verdadeira lua-de-mel da razão com os seus axiomas fundamentais.

Parmênides é uma reação a Heráclito. Quando os jônicos se preocupavam apenas com o meteorológico, Heráclito, por meio da razão (isto é, do *logos*), intui o diferente, afirma o mutável, o cambiante, o movimento de tudo, a transformação de todas as coisas, o devir eterno. Procura racionalizar, tornar inteligível o que os sentidos mostravam. Mas a especulação heraclitiana não poderia ter atingido todo o fundo das possibilidades racionais. Surge Parmênides para, aproveitando-se do caráter antinômico da própria razão, afirmar, por meio dela, o contrário do que postulava Heráclito.

O movimento, por si só, não é compreensível sem o imutável. Esta antinomia, que já estudamos, polarizou Heráclito do lado da mutabilidade e Parmênides do lado da imutabilidade. Ambos tomavam posições unívocas: para um, tudo era movimento; para outro, tudo era imutável. Embora dialético, Heráclito não compreendia que a continuação da mutabilidade e da imutabilidade era uma das antinomias próprias do nosso espírito e que, na natureza, não se pode dar a imutabilidade como a concebe a razão, nem a mutabilidade pura que a intuição oferece.

Sob a influência de Parmênides, a Filosofia começa a firmar-se em esquemas racionais.

Penetraremos agora na segunda fase da filosofia grega: o período em que predomina o problema antropológico. Não será mais o cosmos o grande objeto de estudo dos filósofos, mas *o homem*. Dessa análise do homem, em suas relações com o cosmos, vão surgir novas possibilidades para a Filosofia.

Fase antropológica – os sofistas

Protágoras e Górgias

A vitória dos gregos sobre os persas deu a Atenas a hegemonia sobre o Mar Egeu, enquanto a democracia vitoriosa obteve um grande desenvolvimento, com a crescente importância das assembleias, dos tribunais, das discussões sobre os temas da moral, da política, etc. Tais circunstâncias acarretaram uma maior preocupação quanto aos problemas humanos, pois as instituições e as crenças do passado eram agora insuficientes para fazer face às perguntas que surgiam. Desenvolveu-se, então, uma cultura de valor prático, que se preocupava com as coisas humanas. Essa cultura dialética, que não encontrava mais no âmbito das velhas concepções filosóficas uma resposta às suas perguntas, levou filósofos a penetrarem em novo terreno: o homem. A fase *cosmológica* da Filosofia é agora substituída pela fase *antropológica*. Foi quando surgiu um grande número de mestres, sábios errantes, hábeis oradores, expositores de doutrinas, os quais encontravam apoio da juventude que os acompanhava e que aumentava com eles os seus conhecimentos. São os *sofistas*. Admirados pelos que os pagavam para ensinar a arte de argumentar e de discutir, não formavam propriamente uma corrente, pois entre eles havia sábios de todas as tendências. O que os caracterizava, porém, era a exaltação que davam ao homem como indivíduo; por isso se deu o nome de Iluminismo grego a essa fase da história, nome que teve uma correspondência no Iluminismo ocidental, de que oportunamente trataremos.

Apesar disso, eram os sofistas desprezados pelos aristocratas do saber, pelos filósofos. Para darmos uma ideia do conceito de que gozavam junto aos filósofos, basta que citemos estas palavras de Aristóteles: "Realmente, a sofística é uma sabedoria aparente, não real, porém; e o sofista é um traficante de sabedoria aparente, não porém real".[1] Entre os sofistas aparecem, como duas figuras exponenciais, as personalidades de Protágoras e de Górgias, cujas doutrinas passaremos a expor.

Protágoras

Protágoras de Abdera (480-410 a.C.). Já tivemos ocasião de estudar temas da filosofia protagórica (também se encontra muitas vezes o termo *abderita* para qualificar alguma ideia tipicamente semelhante às de Protágoras). Partindo dos temas heraclitianos, Protágoras afirmou a relatividade do conhecimento: "O homem é a medida de todas as coisas, das que são, enquanto são, e das que não são, enquanto não são". A relatividade pitagórica leva a aceitar a verdade dos contrários. Como a tudo podemos qualificar como bom ou como mau e assim por diante, a mesma coisa é e não é ao mesmo tempo, reunindo em si os opostos. Entre os homens, dão-se opiniões contrárias; por isso, as coisas são verdadeiras e falsas, havendo assim identidade entre o verdadeiro e o falso. Os ensinamentos de Protágoras trouxeram como consequência a relatividade das valorações éticas, estéticas e cognoscitivas. O situar o homem no centro de toda consideração causou, portanto, que os estudos se ativessem ao estritamente humano.

Os sofistas, apesar de todos os defeitos de que os acusam, representam na história da Filosofia um grande papel. E esse papel consiste na atualização do

---

[1] Aristóteles, *Refutações Sofísticas* 1, 165a21-23 (em português: *Organon VI – Elencos Sofísticos*. Trad. Pinharanda Gomes. Colecção Filosofia e Ensaios. 2. ed. Lisboa, Guimarães Editores, 1986, p. 11; "Dos Argumentos Sofísticos", trad. Leonel Vallandro e Gerd Bornheim, in *Aristóteles*, vol. 1. Coleção Os Pensadores, vol. 4. São Paulo, Abril Cultural, 1973, p. 162). Ver também *Metafísica* IV (Γ) 2, 1004b18-19 (em português: *Metafísica – Livros IV e VI*. Trad. Lucas Angioni. Clássicos da Filosofia: Cadernos de Tradução n. 14. Campinas, IFCH/Unicamp, setembro de 2007, p. 16; Giovanni Reale, *Aristóteles – Metafísica*, vol. 2. Trad. Marcelo Perine. 5. ed. São Paulo, Loyola, 2015, p. 139).

que é humano, tantas vezes desprezado no desenvolvimento da história. É o que veremos surgir depois do Renascimento europeu, sobretudo no Iluminismo, e, após um período de refluxo no decorrer do século XIX, veremos no século XX surgir mais uma vez: é a mesma colocação do problema do homem enquanto indivíduo, e não do homem abstrato, de que tratam a Ciência, a Filosofia e a maioria das doutrinas políticas, que o reduzem à classe ou à raça ou à nação, como se vê no socialismo autoritário e nas correntes fascistizantes.

Górgias

Górgias de Leontinos (485-375 a.C.) foi um grande retórico e notável orador. Ele estabeleceu três princípios fundamentais em sua filosofia:

1. não existe nada;
2. ainda que algo exista, tudo é incognoscível ao homem;
3. ainda que algo seja cognoscível, tudo é inexplicável e incomunicável ao próximo.

Os argumentos de Górgias foram expostos de modo a explorar, habilmente, as possibilidades racionais.

Sócrates

Sócrates (470-389 a.C.) foi, para a maioria dos seus contemporâneos, um sofista. Outra não foi a imagem superficial que dele nos deu – em sua famosa comédia *As Nuvens* – Aristófanes, que o conheceu em sua primeira fase, como um sofista. De origem humilde, de início ele foi escultor, entregando-se depois à apaixonada campanha de educar seus concidadãos, mantendo longas disputas com os sofistas, então preponderantes em sua pátria. Em meio ao caos da Filosofia, que os sofistas ameaçavam, a figura de Sócrates, se não é a de revigorador das doutrinas do passado, é, no entanto, de um continuador do espírito filosófico, impondo inegavelmente um novo rumo à Filosofia. Aliás, rumo que, até os dias presentes, tem orientado, de maneira preponderante, os temas das grandes investigações do espírito. A própria vida de Sócrates, sua ação como militar, sua juventude, o processo que sofreu, sua condenação e morte prestam-se como temas para muitos livros. Trataremos aqui, porém, tanto quanto possível, do que representa, em conjunto, a sua filosofia, sobre a qual jamais escreveu e que se tornou conhecida pelas obras de Platão, Xenofonte e outros.

Vejamos os temas próprios de sua filosofia:

1. a Filosofia era uma missão sagrada, que deve ser cumprida com risco da própria vida. Sócrates mesmo foi um exemplo de sua devoção. Com essa atitude, opunha-se aos sofistas, para quem a educação era puramente uma arte, uma função utilitária;

2. o objeto de suas investigações tinha um caráter religioso e de purificação espiritual, tendente à procura da verdade e da virtude, que afirmava serem atingíveis pelos homens;

3. o verdadeiro valor da vida está na purificação de si mesmo, do espírito, pelo autoconhecimento, pela prática da virtude e pelo estudo acurado, fugindo às afirmações fáceis e à presunção do saber;

4. o conhecimento é a condição da sabedoria e da virtude. Não é sábio quem não tem conhecimento de si mesmo, e, para conhecer a si mesmo, Sócrates aconselha o método da introspecção;

5. conhecer a própria ignorância é um meio para permitir a purificação dos conhecimentos;

6. todas as relações da vida humana devem ser examinadas por meio de uma meditação profunda, não aceitando instintivamente os costumes e os acontecimentos, mas raciocinando sobre eles. O racionalismo de Sócrates fundamenta a conduta na reflexão, que se vale de conceitos claros e se apoia na própria evidência racional ou *ratio*.

Nesse ponto ele aproxima-se dos sofistas, porém se afasta deles ao buscar a verdade. Seu método é a "maiêutica": método obstétrico, como ele mesmo o chamava, que leva a partejar as ideias por meio da interrogação. Pelas perguntas que faz, os seus interlocutores acabarão filosofando, à procura de respostas, e encontrarão em si mesmos razões, conhecimentos insuspeitados. Afirmava Sócrates que já possuímos em nós os conhecimentos que, com seu método, vão ser atualizados pelas interrogações. Esse método foi aperfeiçoado posteriormente por Platão em sua dialética;

7. o objeto da investigação socrática é o universal (essência) imanente às coisas, verdadeiro objeto da ciência;

8. o fim do método socrático é a elaboração de *conceitos*, e o caminho que conduz a esse fim é a indução (não no sentido da ciência moderna, que se eleva dos casos particulares a um resultado geral); mas somente quando é definido, quando permanece esgotado numa forma verbal, é que o conceito está determinado universalmente. As etapas da investigação socrática compreendem a indução, a conceituação e a definição. Com este esforço, aplicado predominantemente a temas éticos, Sócrates desejava atingir o enobrecimento moral de seus amigos. Por isso, para Xenofonte, ele foi um *reformador moral*;

9. Sócrates afirma que o saber e o conhecimento conduzem à virtude, e que a virtude necessita de um elemento diretor, o saber. No limite, para ele, o saber e a virtude são idênticos. Este pressuposto eudaimonístico é consequência de outro, que diz: o bem é idêntico ao útil e ao favorável;

10. segundo os testemunhos de Xenofonte, podemos destacar ainda os seguintes pontos da doutrina de Sócrates:

- a alma participa da natureza divina e é dada por Deus ao homem;
- a vida não depende do corpo, depende da alma;
- pela união ao corpo, a alma macula-se, e só reconquista sua pureza pela libertação do corpo;

11. Deus é uma inteligência onipresente, onisciente, onipotente, absolutamente invisível ao homem, revelando-se pelas obras imensas que realiza;

12. Sócrates deriva a prova da existência de Deus da finalidade do mundo. A ordem cósmica (o caráter providencial) dos acontecimentos é obra de um espírito inteligente, e não do acaso.

A filosofia de Sócrates influiu decididamente nas obras de Platão e Aristóteles, e seu nome está ligado ao racionalismo como verdadeiro estimulador – embora ele não tenha sistematizado suas ideias, como o fez, posteriormente, Aristóteles. Observa-se que Sócrates muito se preocupou com o *Nous* de Anaxágoras, onde fundamentou sua compreensão da razão.

Nota crítica: Nas suas origens, a filosofia grega se preocupava com uma explicação religiosa do cosmos. Com os pré-socráticos, jônicos, eleatas, pitagóricos, o problema fundamental é o cosmológico, é o próprio cosmos. A Filosofia quer responder às interrogações que lhe oferece o diálogo entre o homem e o cosmos.

Com os sofistas, surge um novo instante: a fase antropológica. O homem torna-se o objeto atualizado das pesquisas filosóficas. O homem é examinado como indivíduo, como o homem A, B, C, D, etc. Os sofistas não têm uma visão homogênea do homem, mas heterogênea. O homem é heterogêneo, tal como observamos nos diversos indivíduos. Com Sócrates, o caminho da investigação filosófica moveu-se para outro aspecto do ser humano. Os homens são vários, diferentes uns dos outros, porém são homens por sua *humanidade*, que está em todos e em cada um. É essa *humanidade* que os distingue dos outros seres. Conhecer o homem, conhecer a si mesmo, é penetrar nessa essência (humanidade), que vale para todos, que *deve* valer para todos, que é portanto *universal*. Essa essência do homem é o dado racional. O homem é, agora, *conceito*, abstração, o homogêneo, o que se repete em cada um. Alcançado esse grau de universalidade, com Sócrates inicia-se o exame especulativo do problema ético, o *dever-ser*.

As escolas socráticas menores

As escolas socráticas menores são assim chamadas por oposição à maior, que é a de Platão, a qual estudaremos no próximo capítulo.

São três essas escolas:

1. a *escola megárica*, fundada por Euclides de Megara, que conjugava a doutrina de Sócrates com as do eleatismo e defendia um idealismo rígido;
2. a *escola cirenaica*, fundada por Aristipo de Cirene, o qual sofreu a influência de Protágoras, e que expõe o sensualismo fenomenista ou hedonista (de *hedonê*, prazer);
3. a *escola cínica*, fundada por Antístenes, que sofreu a influência de Górgias: trata-se de uma escola materialista, individualista e anti-hedonista.

Refutavam os *megários* os sentidos, exaltando o Bem inteligível, ao qual atribuíam os caracteres que os eleatas atribuíram ao Ser. Para eles, a verdade não é dada pelos sentidos, mas pela razão. Negavam o diverso, o diferente, o devir, para afirmar apenas o Ser com o qual se identifica o Bem. Por isso, as virtudes são tidas como uma só, embora se apresentem sob diversos nomes.

Diziam os *cirenaicos* que o único critério da verdade são as sensações, e que só elas são verazes. Apesar disso, não se podem apreender os objetos que as produzem; por isso, as sensações nunca estão livres de engano. Sustentavam que tudo é movimento, relatividade e fenômeno, reduzindo assim os objetos a grupos de sensações. São, em resumo, as teses que posteriormente veremos na doutrina dos sensualistas.

Aristipo dizia que a sensação agradável é o fim, nela consiste a felicidade e só ela é atual. Desde criança buscamos instintivamente o prazer, e quando o conseguimos não buscamos nada mais, enquanto de nada fugimos tanto quanto da dor, que é o contrário do prazer. Por isso, o prazer é um fim para todos os seres vivos, e os animais repelem a dor.

Não se pense que os cirenaicos, muitas vezes chamados de hedonistas, pregassem o prazer pelo prazer, a busca incontida dos prazeres fugazes. Tinha o prazer um sentido mais elevado, e pregavam, por isso, a virtude. Possuir e não ser possuído, dominar os prazeres e não se deixar dominar por eles, bem como não se abster deles, eram seus princípios éticos: "Domina o prazer não quem se abstém, mas quem, sem deixar-se arrastar por ele, sabe usá-lo" (Estobeu).

Os *cínicos* – cujo nome vem de *kynes*, que quer dizer *cão*, pois era no ginásio de *Kynosarges* que se reuniam os seguidores dessa escola – eram homens em geral pobres, modestos. Por isso foi chamado o cinismo de filosofia do proletariado grego. Eles pregavam uma austeridade ascética. Aceitavam o sensualismo e o materialismo, negavam as Ideias e afirmavam a individualidade do real ("Ó, Platão! O cavalo, sim, o vejo, mas a equidade não a vejo").

Rebelavam-se contra os artifícios e convenções sociais e defendiam um retorno à natureza. Pregavam o cosmopolitismo, repudiavam as leis positivas, negavam a família, o Estado e a diferença entre livres e escravos, bem como entre as nações. Um dia, Diógenes, perguntado sobre seu lugar de nascimento, declarou que era cidadão do mundo, e que o único verdadeiro Estado era o mundo inteiro.

Pregavam a fraternidade e a disposição a não desdenhar, mas buscar o contato com os repelidos pela sociedade.

Os grandes sistemas

Platão

Platão (428-347 a.C.) foi discípulo de Sócrates, o qual aparece como principal interlocutor em quase todos os seus Diálogos.

Após a morte de Sócrates, ele viajou por Cirene, Egito, a grande Grécia, entrando em contato com as filosofias egípcia, pitagórica e eleática. Em 387, fundou em Atenas, perto do ginásio de Academos, sua escola (a Academia), dedicando-se daí em diante ao ensino e à composição de suas obras.

Antes de Sócrates, teve por mestre Crátilo, que seguia a doutrina de Heráclito, exagerando-a. Heráclito disse que não nos podemos banhar duas vezes no mesmo rio, já Crátilo afirmou que, por ser tão rápido e contínuo o câmbio, não poderíamos fazê-lo nem uma só vez. Negava ainda Crátilo que as palavras, sempre estáveis, pudessem expressar as coisas em sua instabilidade, concluindo daí a impossibilidade de um conhecimento estável e válido quando os fenômenos são mutáveis, assim como as sensações.

Sócrates também julgava assim, e era esse um dos seus argumentos contra Protágoras. Contudo, Sócrates ia além de Crátilo, porque, embora aceitasse a incapacidade das sensações de nos dar algo mais que as opiniões mutáveis, privadas portanto de um critério de verdade, aceitava contudo a capacidade dos conceitos para dar uma ciência firme e segura das essências universais.

CONVITE À FILOSOFIA

Foi daí que Platão deduziu sua teoria do ser. É aparência ilusória o que corresponde à falaz opinião sensível (aos fenômenos), e é conhecimento verdadeiro o que se refere às essências ou aos tipos universais, às *Ideias*. Nisso consiste o idealismo platônico, que estabelece a antítese entre o mundo dos fenômenos, formado pelos dados da sensibilidade, e o mundo das substâncias, das essências, que atingimos por intermédio da indução e da definição, segundo o método socrático.

Transpareciam, porém, novos problemas. Como podemos reconhecer o que ignoramos? Platão estabelecia, então, a existência de um mundo-verdade, eterno, onde a alma humana viveu antes de penetrar no corpo humano, em contemplação das Ideias. O mundo dos fenômenos ofusca a existência desse outro, ideal, mas a *reminiscência* da contemplação originária permanece, de forma que aprender é um recordar, um recuperar o que fica oculto na alma. Assim, o método obstétrico de Sócrates (a maiêutica) passa para Platão como uma teoria do conhecimento. As coisas sensíveis despertam a recordação das Ideias. As coisas sensíveis são *sombras* das Ideias. E quem permanecer preso a elas não atingirá o mundo das Ideias, mantendo-se encerrado no corpo, como quem, em uma obscura caverna, de costas para a abertura, vê as sombras, enquanto o filósofo vê a realidade que é o mundo ideal (das Ideias).

As Ideias são os arquétipos (tipos primeiros) que servem de modelo para o criador (demiurgo) formar as coisas; estas últimas não passam de *imitações* daquelas.

Nascem aqui novas interrogações: todos os objetos ou fatos, de qualquer espécie, possuem seus arquétipos? Platão não respondeu categoricamente à pergunta. A multiplicidade das Ideias criava o problema das conexões e relações recíprocas, imprescindíveis para a constituição, com elas, de um sistema harmônico e orgânico, que se refletisse no interior de nosso pensamento, em conexão com nossos conceitos.

Platão afirmava que as Ideias são vivas – e não inertes e rígidas, como pensavam tantos. Haveria entre elas *comunhão* ou *união recíproca*. No entanto, há Ideias mutuamente incompatíveis (as opostas), enquanto a outras cabe o papel de enlace, de encadeamento: como à Ideia do ser, do um, do todo. Seria próprio à dialética, como ciência das Ideias, distinguir e classificar quais as que concordam e quais as que se excluem, bem como quais as que unem e quais as que dividem.

Há cinco entre as Ideias mais importantes para Platão: ser; repouso e movimento; idêntico e distinto. Mas é a Ideia do Bem a suprema entre todas, a que sobre todas esparge sua luz e seu calor, a que empresta verdade ao conhecido e capacidade intelectiva ao cognoscente. Segundo Platão, era o Bem o que constituía a natureza de Deus, criador e ordenador do cosmos – cosmos este: modelado segundo um arquétipo eterno; criado com harmonia e proporção; dotado de uma alma universal, que penetra em todas as coisas, princípio da vida, da razão e da harmonia; e criado segundo as regras dos números, de modo a conter em si todas as relações harmônicas.

Não pode o Bem ser causa do Mal. Mas existe o Mal. É que existe uma *concausa*, que se opõe ao Bem e a ele resiste, ou seja, a *matéria*, fonte dos defeitos, da mutabilidade, da multiplicidade. É a matéria o contrário das Ideias. Ela é o não-ser, a negatividade, a indeterminação; é informe, portanto plástica, destinada a receber as formas; é um receptáculo, como o vazio e o espaço.

Comparava Platão os quatro elementos – terra, água, ar e fogo – com os quatro sólidos geométricos regulares – cubo, icosaedro, octaedro e pirâmide –, que ele decompunha em triângulos. Era marcante a influência do pitagorismo nessas ideias de Platão. Mas a matéria oferece resistência às formas, sua ação é desordenada, e ela se opõe à ação ordenadora do demiurgo. A causa física (matéria) resiste à causa final (alma do mundo e Ideia), por isso as formas das coisas são imperfeitas, apenas sombras, comparadas às Ideias.

Quanto mais diretamente se relacionam com o criador, mais perfeitas são as obras: o caso máximo é o próprio cosmos. Já quanto ao homem, Platão o considerava uma união de corpo e alma. A alma é a essência do corpo, tem a natureza das Ideias (é simples, invisível, imutável) e, porque as contemplou, tem a capacidade de recordar-se delas, isto é, tem a capacidade de conhecimento. É a alma o princípio do movimento e da vida, e é imortal. Mas ela abarca três faculdades: a alma *racional* (alma-cabeça), à qual cabe dominar e dirigir o conhecimento e a ciência; a alma *passional* (alma-peito), que muitas vezes se afasta da razão para enganar-se pelas *opiniões*; e a alma *apetitiva* (alma-ventre), sensível e sujeita aos desejos sensíveis. Se a alma, depois de penetrar no corpo, não busca manter sua pureza, quando morre o corpo ela não retorna ao mundo das Ideias, mas está sujeita à *transmigração* para outro corpo, de homem ou animal, segundo as predileções que tenha manifestado (é ainda a influência do mito da transmigração ou da metempsicose).

O bem divino, idêntico ao belo e ao verdadeiro, é a espiritualidade. A alma, prisioneira do corpo, deseja libertar-se. E a libertação não se faz com o suicídio, mas com a purificação e a elevação contínua a uma espiritualidade divina. O amor é a aspiração à espiritualidade pura. O mundo sensível é o reflexo do esplendor das Ideias e o caminho para a contemplação dos estágios mais altos da beleza espiritual pura; é com o esforço constante da vontade que se conquista essa purificação das paixões, que é a virtude. Para cada parte da alma há uma virtude: a racional possui a *sabedoria*; a passional, a *coragem* ou *fortaleza*; e a apetitiva, a *temperança*.

Mas essas três virtudes precisam ser harmônicas, subordinadas portanto a uma mais elevada – e esta é a *justiça*: a virtude por excelência, harmonia espiritual, também felicidade, enquanto a injustiça gera a turbação e a infelicidade. Quem pratica uma injustiça deve ser punido, e a pena, a expiação, é purificação (*catarsis*), liberação do mal interior.

Cabe ao Estado a função punitiva, de caráter ético e de elevação moral. Cabe ao Estado fornecer o maior bem aos cidadãos, aos homens, não propriamente comodidades e gozos, porque estes estimulam a avidez, a intemperança e a injustiça, mas, em primeiro plano, bens espirituais. Para isso, o Estado deve ter a mesma ordem hierárquica que existe na alma individual. Em sua famosa *República*, Platão estabeleceu o regime que para ele seria o ideal para alcançar esse objetivo.

A educação deveria ser dada não à classe oprimida, mas à classe dos superiores. Seriam eliminados todos os interesses e vínculos particulares (propriedade privada, família, etc.), para que não se pudesse entrar em conflito com as exigências do bem comum. Homens, mulheres, crianças e bens deveriam pertencer ao Estado. A educação seria dirigida pelo Estado. A educação seria comum aos dois sexos, com música e ginástica, para formar indivíduos fortes, capazes de defender a pátria, libertos de toda passividade ou pieguice que se poderia adquirir com o exercício da poesia ou de qualquer outra arte. Os indivíduos deveriam ser selecionados, e, por meio da Matemática e da Filosofia, escolhidos os que são dignos de dirigir o Estado. Assim, teríamos a constituição ideal para Platão: a aristocracia, o governo dos melhores. Mas a realidade mostra violações da ordem justa. Pela ambição, a alma passional supera a racional; o desejo das honrarias substitui o amor da sabedoria, e a avidez das riquezas gera as oligarquias. Desencadeados os apetites, desenfreiam-se os da multidão, e a democracia turbulenta triunfa; a desordem das paixões transforma as multidões em presa fácil dos astutos, que se utilizam delas para estabelecer a tirania, em que o Estado se torna o servo dos interesses egoístas do tirano.

É a tirania o extremo da desordem e da degradação do Estado, porque o tirano suspeita da fidelidade de seus sequazes. É injusto porque teme. Ele representa o cúmulo da injustiça e, consequentemente, o cúmulo da infelicidade.

Por isso, no seu livro *As Leis*, Platão fez concessões, buscando aproximar o ideal à realidade. Ali, por exemplo, o filósofo reconhece a necessidade da família e da propriedade privada, além do domínio da lei em substituição ao absolutismo dos sábios.

Aristóteles

Aristóteles (natural de Estagira, aprox. 384-322 a.C.) foi discípulo de Platão, em Atenas, e chamado depois para a corte macedônica, como mestre de

Alexandre, o Grande. Fundou em Atenas, perto do templo de Apolo Lício, sua *escola peripatética* ou *Liceu*.

Separou-se cedo da filosofia dos platônicos, embora não propriamente de Platão. Consistiu esse afastamento numa exigência de unidade entre as Ideias e as coisas, que os platônicos distanciavam.

A Filosofia, que para Platão era uma preparação mística para a morte, converteu-se, em Aristóteles, na compreensão da vida universal. Aristóteles voltava para Sócrates, de quem Platão se havia afastado.

Nas essências (universais), ele buscava a razão das coisas e dos fatos, devendo supô-la no interior, e não fora, destes.

O problema da Ciência consistia, para ele, em explicar os fenômenos e a realidade natural. Quanto à Filosofia, cabia indagar os princípios e as causas dos seres enquanto seres, acima das investigações localizadas das ciências particulares. Para tal empreendimento, a doutrina platônica, com as Ideias imóveis, colocadas acima e fora das coisas, nada podia oferecer, nem facilitar a explicação do ser ou do devir das coisas. É nas coisas, e em seu interior mesmo, não fora delas, que é preciso buscar a explicação. Platão colocava as substâncias (as Ideias ou formas) fora das coisas e, nestas, a resistência, a negatividade (a matéria). Para Aristóteles, o ser por excelência é a substância, mas entendida como aquilo que existe e pode ser pensado em si e por si, que é sujeito de todas as qualidades – as quais se encontram inerentes a ele, como é o caso aliás de todos os seus atributos.

É, em suma, o indivíduo que se nos apresenta como plenitude e síntese viva de todas as determinações (isto é, das determinações essenciais da realidade, que, capitaneadas pela substância, formam as dez categorias de Aristóteles).

Um indivíduo natural ou artificial, homem ou coisa, nasce ou é produzido porque existe quem o procrie ou realize; é constituído de uma matéria, orgânica ou não, e recebe uma *forma*, humana ou não, que é precisamente o *fim* a que se dirige o seu desenvolvimento natural ou artificial. São quatro as condições ou causas da existência de um indivíduo:

1. causa eficiente ou motora;
2. causa material;
3. causa formal;
4. causa final.

As duas últimas podem ser identificadas, bem como as duas primeiras. Por isso, Aristóteles distingue as condições constitutivas do indivíduo natural ou artificial em duas: *matéria* e *forma*.

A substância, sob certo aspecto, é matéria e, sob outro, é forma. Mas, em sua plenitude concreta, ela é o resultado, a unidade de ambas (um *synolon*).

Essa unidade só é possível enquanto matéria e forma não estão separadas de lugar e não são incompatíveis por natureza. Matéria significa também *potência*, quando há falta de determinações ou formas e há aspiração ou esforço para o *ato* ou a forma, em que se realiza essa potência. A união entre a matéria e a forma é a passagem da potência para o ato; é o desenvolvimento, que se diferencia do conceito platônico de degradação das Ideias nas coisas, e deriva do fato de que, para Aristóteles, a forma não é algo extrínseco, porém imanente à coisa. A matéria não é, como Platão considerava, resistência à forma, mas espontaneidade de realização dela, de atingimento dessa enteléquia.

Nos polos do processo universal do desenvolvimento, Aristóteles coloca, de um lado, uma originária *matéria primeira* – com absoluta privação de qualquer forma – e, do outro, uma absoluta *forma pura* ou *Ato Puro* – em que não existe nenhuma espécie de matéria ou potência passiva, e que se coloca absolutamente fora do mundo, das coisas e do devir –, que é Deus.

Toda realidade natural é, para Aristóteles, desenvolvimento, mutação, movimento. Todo movimento supõe uma causa motora que o engendra. Um motor pode imprimir movimento a outro corpo, mas esse motor precisa estar em movimento, requerendo, por seu turno, outro motor que o ponha em movimento, e assim sucessivamente, até o infinito; o que impediria uma solução para o problema do movimento.

Aristóteles percorre outro caminho. Considera o movimento sob o ponto de vista do fim ao qual tende o próprio movimento. Todo devir tem uma explicação verdadeira na causa final, na tendência do desenvolvimento, na realização de uma forma, em sua perfeição superior. Aqui se encontra o limite, o último termo para nosso pensamento – *causa primeira* em si mesma, quer dizer, perfeição suprema absoluta, que é forma pura ou ato puro, no qual não há matéria nem potência, e falta qualquer possibilidade do devir e do movimento. Aqui está Deus, motor imóvel, que move o mundo enquanto é causa final dele, mas que não tem um fim para o qual tender, porque é realização perfeita e acabada.

Contudo, para estar subtraído ao movimento, Deus tem de estar absolutamente alheio ao mundo, e até desconhecer o mundo, porque conhecimento do mundo já seria movimento de pensamento.

Deus, portanto, como perfeição suprema, é pensamento puro, não pensamento de outro, mas de si mesmo, identidade de pensante e pensado, pensamento do pensamento, imutável, imperturbável e bem-aventurada contemplação de si mesmo. Deus, assim, é absolutamente transcendente.

A concepção de Aristóteles é dominada pela teleologia (isto é, por um princípio de finalidade), instituindo um fim para o qual tende todo ser, que o tem como tipo modelo. Há um só limite, o qual reside na resistência oferecida pela matéria (como já o conceituara Platão), e que explica a contingência e os desvios em relação à ordem dos fins e das formas normais. Porém, Aristóteles não aclara como conciliar esta noção com o conceito da matéria como potência que, por si mesma, tende para a realização de um fim.

A concepção do finalismo é muito mais afeita à perspectiva de Aristóteles do que à de Platão.

Para Aristóteles, o movimento compreende todo câmbio do devir: crescimento e diminuição (ou movimento de quantidade); variação (ou movimento de qualidade); transladação (ou movimento espacial). As duas primeiras espécies implicam a terceira e a ela se reduzem.

O espaço, condição do movimento, não é matéria nem forma, mas o continente das coisas, o limite interno imóvel do corpo contido. Não há, por isso, espaço vazio infinito: o espaço coincide com o universo, que, sendo tudo, não pode abarcar um conteúdo fora de si. Há, no espaço, infinitude pela divisibilidade; infinitude em potência, não em ato. O tempo também é uma infinitude em potência, porque é sempre possível pensá-lo maior.

No universo aristotélico, existem duas mesclas de movimento: um descendente, da perfeição celeste para a imperfeição terrena, um afastamento de Deus; e outro ascendente, desde o tipo mais inferior da Terra até o tipo superior. Para Aristóteles, a vida e a alma abrangem três graus de desenvolvimento: alma vegetativa (nutritiva e reprodutiva), que já se encontra nas plantas; alma sensitiva, que, nos animais, se ajunta à anterior; e alma intelectiva, que, no homem, se ajunta às duas anteriores. Essas três almas se separam, no entendimento platônico, pois em Platão possuíam acentos diferentes, correspondiam a partes diferentes. No entanto, em Aristóteles elas representam três estados de desenvolvimento, de progresso a um estado superior, que contém em si o anterior. Cada estado é, assim, uma aspiração a um fim de perfeição.

As virtudes mais altas são as do intelecto (*dianoéticas* ou contemplativas: prudência e sabedoria), mas o domínio da razão na vida prática dá lugar às virtudes éticas. A virtude não se encontra nos atos isolados, mas na orientação constante das ações, ou seja, no hábito de "eleição", que, segundo a exigência racional, evita tanto o excesso como a carência e escolhe permanecer num justo meio entre os extremos.

Embora admirasse Platão, Aristóteles polemizou muitas vezes contra a doutrina platônica e atacou a duplicidade do mundo das Ideias. O propósito de Aristóteles era fundir as Ideias transcendentes de Platão com as coisas reais de nossa experiência sensível.

Aristóteles não admite a existência das ideias inatas, como as postula Platão. E não explica o conhecimento como uma reminiscência. Ele assenta o princípio de que todo o nosso conhecimento provém das sensações. Nada há no entendimento que antes não tenha estado nos sentidos (*nihil est in intellectu quod prius non fuerit in sensu*). A alma, para Aristóteles, é uma *tabula rasa* em que nada está escrito (*sicut tabula rasa in qua nihil est scriptum*).

Não se deve daí concluir que Aristóteles fosse um sensualista no estilo de Condillac e Locke, porque cabe, posteriormente, ao entendimento e à razão ordenarem os conhecimentos, expurgá-los, apreciá-los; pois, enquanto os sentidos percebem o individual, é próprio ao entendimento identificar o universal.

Aristóteles parte da coisa tal como a vemos, sentimos, e distingue três elementos: substância; essência; acidente.

Analisemos: quando examinamos uma coisa e vamos abstraindo um a um os seus caracteres (dimensões, cor, etc.), restará um *quid*, a *quidditas* (quididade): este é o *substante* (*hypokeímenon*), *substância*.

Essência é a soma dos predicados não-acidentais que atribuímos à substância. Os predicados dividem-se em dois conjuntos: predicados que, faltando à substância, esta não seria mais o que é; e predicados que, embora faltassem à substância, esta prosseguiria sendo o que é. Os primeiros formam a substância propriamente dita, e os segundos são os acidentes.

Seguidamente Aristóteles usa também o termo substância no sentido de totalidade da coisa, com seus caracteres essenciais e acidentais. É neste sentido que ele considera a substância individual. O que existe para Aristóteles é a substância individual, e não o conceito genérico como o concebia Platão.

Era ele um filósofo prático, positivo, comedido, culto. Toda a sua obra é um trabalho de sistematização, em que estão ausentes os impulsos poéticos, tão característicos de Platão e de outros filósofos gregos. A própria vida de Aristóteles, sua influência na corte de Alexandre, seu papel na história de uma época de realizações práticas, deu azo ao desenvolvimento de suas qualidades.

Aristóteles sistematizou toda a ciência de sua época. Sua obra variada atingiu todos os ângulos do conhecimento, pois ele era desses espíritos universalistas, que são cada vez mais raros na história, em virtude do aumento do conhecimento humano e das especializações. Influiu com sua doutrina na Filosofia por muitos séculos, e sua presença ainda perdurará.

Preocupado com as leis do entendimento, atingiu Aristóteles o que até então não se havia alcançado: interessou-se pela Lógica, transformando-a no órgão principal para todas as ciências. Estudou o raciocínio, analisando-o, dividindo-o em suas partes e suas formas, sobretudo o silogismo.

Segundo Aristóteles, há em nós duas espécies de conhecimento: o imediato e o mediato. O primeiro refere-se aos princípios ou axiomas, verdades indemonstráveis, que o entendimento aceita sem precisar de prova; o segundo, que é uma decorrência do primeiro, é obtido por meio do raciocínio.

A Lógica Formal, como a conhecemos ainda hoje, é uma das grandes obras de Aristóteles.

Academia platônica

Nos jardins consagrados a Academos, herói ateniense, fundou Platão a sua escola.

Só graças à sua base religiosa pôde a Academia de Platão conservar-se durante cerca de um milênio, até a época de Justiniano. A mesma forma adotaram a escola de Aristóteles, o *Peripatos*, ramo desprendido da Academia, e, mais tarde, as escolas dos estoicos e dos epicuristas. Platão consagrou, pois, às musas um templo, [...] próximo do santuário de Academos, e conferiu, assim, à fundação a necessária base jurídica. No dito templo, colocaram mais tarde a efígie do próprio fundador, ao qual se venerava como herói, juntamente às musas. Celebravam o dia 7 do mês de *Thargelion*, dia do *orto* ou epifania de Apolo, como o do nascimento do filósofo.

A Academia, à semelhança de todas as escolas filosóficas dos antigos, era considerada não só como *escola*, mas como associação dedicada à investigação e ao ensino da Ciência, realizadas coletivamente, dentro de uma estreita comunidade de vida. Não era só o chefe que, em cada ocasião, exercia o magistério. Está provado que, já em vida de Platão, ensinaram na Academia seus discípulos mais graduados. Tal sucedeu, principalmente, com Aristóteles, que pertenceu à Academia desde os 17 até os 37 anos, e nela não só estabeleceu as bases de suas grandiosas investigações como, ao que parece, atuou também como mestre.[1]

---

[1] Paul Natorp, "Platón". In: Paul Natorp e Franz Brentano, *Platón – Aristóteles. Los Grandes Pensadores*, vol. 2. Madrid, Revista de Occidente, 1925, p. 13.

Entre os outros discípulos, merecem distinção: Espeusipo (408-339 a.C.), que sucedeu a Platão na liderança da Academia e acentuou a tendência pitagorizante do mestre; Xenócrates (396-314 a.C.), que sucedeu a Espeusipo, prosseguindo com sua fase pitagorizante, mas renunciando à independência dos números matemáticos, antes considerando-os idênticos aos números ideais; Polemo (?-270 a.C.), sucessor de Xenócrates, voltou-se particularmente aos problemas éticos. Depois deste, chegou a vez de Crates (de Atenas – século III a.C.), o último escolarca da *antiga* Academia. Com Arcesilau, inicia-se a *nova* Academia, que seguiu o caminho dos céticos.

O predomínio do problema ético

Vimos que, com Sócrates, o problema ético inicia seu domínio no terreno da filosofia grega, e os temas de que vamos tratar agora comprovarão essa afirmativa.

O fim supremo é o Bem, que, em Sócrates e Aristóteles, tem valor metafísico. Platão colocou-o no cimo da sua pirâmide de Ideias. Como a colocação do Bem supremo está fora da vida, a Filosofia converte-se numa meditação sobre a morte. Sendo o Bem o fim, Aristóteles reconhecia que ele era compreensível pelo intelecto agente, o qual poderia alcançá-lo. Essas virtudes cujo fim era intelectualmente apreendido, Aristóteles as chamava *dianoéticas* (de *dia*, através, e *noesis*, conhecimento).

Após Aristóteles, a filosofia tomou outro caminho. Passou-se a procurar o supremo bem para o homem, virtualizando as grandes interrogações e os problemas que haviam inspirado as obras de Platão e de Aristóteles.

Quatro são as escolas desse extenso período:

1. o *epicurismo*, ligado ao atomismo de Demócrito;
2. o *estoicismo*, ligado ao dinamismo de Heráclito;
3. o *ceticismo*, ligado à crítica do conhecimento iniciada pelos sofistas;
4. o *ecletismo*, que assume uma tendência conciliadora.

Examinemos, em suas linhas gerais, essas quatro escolas.

O epicurismo

Epicuro (341-270 a.C.) afirmava que "a Filosofia deve servir somente para alcançar a verdadeira liberdade", ou seja, a serenidade em que o espírito tem consciência de que o domínio sobre si lhe pertence totalmente. "O essencial para a nossa felicidade é a nossa condição íntima, da qual somos donos." Para a conquista dessa felicidade, é necessário um conhecimento verdadeiro e seguro da realidade universal. Dessa forma, a Física e a Teoria do Conhecimento (ou *Canônica*, como a chama Epicuro) são os meios para atingir o fim que é dado pela Ética. A Canônica é a teoria do *canon*, da regulação do conhecimento. Ela estabelece a experiência sensível como fonte única de todo saber, e como critério de verdade, a evidência. Epicuro fundava sua doutrina no atomismo de Demócrito, que já estudamos.

A aceitação do naturalismo permite que nos libertemos do temor dos deuses e do medo da morte. Pregava Epicuro a busca de um prazer estável, ao invés do prazer em movimento dos cirenaicos. Esse prazer em repouso consiste na *ataraxia*, a ausência de perturbação, e na *aponia*, a ausência de dor. O prazer espiritual, que sempre está à nossa disposição, pode compensar qualquer sofrimento físico, sobretudo à proporção que a contemplação da verdade for elevada e pura, permitindo-nos penetrar mais fundo no infinito e no eterno.

É a prudência a mãe da felicidade, e também da virtude.

O estoicismo

Em antagonismo à escola epicurista, surge a estoica, que toma dos cínicos o conceito da Filosofia como exercício e estudo da virtude.

Zenão de Cítio, Cleantes de Assos, Crisipo de Solos, Sêneca, Marco Aurélio, Epíteto são nomes dos mais famosos estoicos.

Essa corrente aceitava um materialismo dinâmico, mas o princípio ativo era identificado com o fogo de Heráclito – ou com o éter de Aristóteles, que invade todas as coisas com sua tensão e seu calor, o qual é, segundo Heráclito, o *Logos*, a razão universal, a razão de todas as coisas. Por isso, os estoicos são também panteístas. Eles postulavam uma inexorável necessidade (a fatalidade) e, consequentemente, uma lei de finalidade (a Providência), porque tudo é orientado racionalmente. Deus é a ordem universal, fatal e providencial. O mal é necessário para que exista o bem; a injustiça, necessária para que exista justiça. Não há verdade sem falsidade. A liberdade individual é um momento da fatalidade universal. O fim ideal do indivíduo é a criação e a conservação de uma harmonia de vida, que consiste na conformidade com a natureza interior enquanto se está em conformidade com a natureza universal. O domínio da razão, que é o *Logos* universal, deve impedir as perturbações dos impulsos irracionais, as paixões. É a virtude o ideal do sábio, e ela consiste na extirpação das paixões (*apatia*) e na imperturbabilidade (*ataraxia*).

Todas as paixões são vícios, porque são erros e enfermidades da alma. Os estoicos repelem tanto os impulsos comumente condenados – por exemplo, a ira, o temor, a avidez, a cupidez – como os que são julgados louváveis – por exemplo, a piedade, a compaixão, a aflição pelas calamidades públicas.

Não se pode dizer que os estoicos fossem egoístas no mau sentido, por se desinteressarem pelas calamidades públicas. Mas a sua visão de mundo os levou a compreender que um mal particular pode ser um bem no conjunto universal. Além disso, eles pregavam a indiferença para com o próprio sofrimento, numa atitude tão peculiar que o termo *estoicismo* alcançou, no vocabulário popular, um sentido de serena superioridade ante o sofrimento. O cristianismo, que sobrevém depois, não é estoico, pois a caridade passa a ser a grande virtude. No entanto, com Zenão de Cítio, em seu cosmopolitismo, que prega um vínculo universal entre os homens, encontramos um ponto de aproximação ao cristianismo.

O ceticismo

São três as fases de desenvolvimento do ceticismo:

1. a escola de Pirro;
2. a Nova Academia, com Arcesilau e Carnéades;
3. os céticos posteriores, ou neopirrônicos, de Enesidemo até Agripa e Sexto Empírico (séculos II e III d.C.).

Já examinamos os aspectos temáticos do ceticismo, ao tratarmos dos temas do conhecimento, razão pela qual não os reproduziremos aqui.

O ecletismo

Os ecléticos surgem de todas as escolas, no afã de encontrar um ponto comum em que se possa estabelecer um amplo acordo entre as partes, num desejo prático de união, de conformidade de pontos de vista.

Assim, Panécio e Possidônio, estoicos, Fílon de Larissa e Antíoco, acadêmicos, e alguns peripatéticos inclinam-se para o ecletismo.

A universalidade dos conceitos passa a ser o critério prático de plausibilidade das teorias. Os ecléticos procuravam conciliar todas as doutrinas – seguindo, naturalmente, a tendência da época, de encontrar uma unidade para todo o Império Romano. Não é debalde que uma figura como Cícero fosse um dos representantes mais lídimos desse movimento.

O predomínio do problema religioso

A crítica e a análise feitas ao conhecimento humano, as imperfeições salientadas em todo o saber, só podiam dar lugar à aceitação da fé como única fonte de certeza.

Eis as correntes religiosas que surgem na filosofia antiga: os judeus alexandrinos, do século II a.C. ao século I d.C.; os neopitagóricos e os platônicos pitagorizantes, entre os séculos I a.C. e III d.C.; e os neoplatônicos, politeístas, do século II ao IV d.C., que sustentam uma luta feroz com o cristianismo.

Vamos examinar essas escolas em suas linhas gerais, enfatizando as figuras mais importantes.

Fílon de Alexandria

É com Fílon (25 a.C. a 50 d.C.), de origem hebraica, que o judaísmo alcança seu ponto mais elevado na especulação filosófica. Os judeus de Alexandria faziam uma interpretação alegórica do Antigo Testamento. Eram influídos pela filosofia grega, sobretudo por Platão e, em parte, pelos estoicos. As investigações de Fílon centram-se no exame da transcendência de Deus em relação ao mundo.

As Ideias são intermediárias ao homem e a Deus, que é infinito, eterno e indivisível, e essas Ideias constituem o *Logos*. À proporção que o homem penetra no mundo sensível, desce à matéria, aproxima-se do nada. Há, assim, uma hierarquia de seres: anjos, demônios, mensageiros, que são modelos e essências, subordinados por sua vez ao modelo perfeito, ao *Logos*. O homem se aproxima de Deus à proporção que se afasta da matéria. Essa verdadeira missão do homem, que é uma ascendência até o reino das Ideias, é o único caminho que permite chegar à contemplação extática de Deus.

Os neopitagóricos e os platônicos pitagorizantes

No período que vai do século I a.C. ao II d.C., mesclam-se as doutrinas platônicas com as doutrinas do círculo pitagórico.

Entre as figuras mais importantes desse período, salientamos Nigidius Figulus, Apolônio de Tiana e Moderato de Gades.

Há, ainda, Nicômaco de Gerasa, para o qual os números pitagóricos são Ideias divinas. O simbolismo da mística pitagórica chega à maturidade e à culminação em todos esses representantes do neopitagorismo platonizante, que desdobram o Um em diversos conceitos de unidade e explicam o mundo pela emancipação da Unidade suprema e a contemplação desta Unidade sobre si mesma.

Os neoplatônicos

Plotino

Plotino (204-270 d.C., natural de Licópolis, Egito) fundou em Roma sua escola, na qual lecionou até o fim da vida.

Teve como discípulos, além de Porfírio, que recompilou sua filosofia em seis *Enéadas*, divididas em nove tratados cada uma: Amélio de Etrúria; o médico alexandrino Eustóquio; o poeta Zótico; e alguns senadores e pessoas influentes na casa imperial romana.

Estudemos os temas principais da doutrina plotiniana:

1. Com Plotino, e também com Proclo, o neoplatonismo empreende uma grande especulação religiosa final. Tudo vem de Deus, por graus, e tudo retorna, por graus, a Ele. A unidade universal estabelece-se na continuidade do círculo que une o término com o princípio.

2. O princípio é Deus. Plotino aceita sua transcendência (Deus é incognoscível e inefável para os homens), e coloca-o acima de todas as determinações que possamos conceber do ser, da essência, do pensamento, da vontade, etc. Podemos, de Deus, dizer o que não é; nunca o que é. Para falarmos de Deus, temos de usar nossos termos, que lhe são inferiores, e portanto compará-lo ao que lhe é inferior, chamando-o Um, Bem, Ato Puro, etc. Com isso, não expressamos a Deus, mas a necessidade e a aspiração das coisas inferiores, que só podem subsistir pelo apoio da Unidade, do Bem, do Ato Puro. Deus coloca-se, assim, além de qualquer determinação.

3. É Deus a fonte de todos os seres. Embora ele não tenha necessidade de movimento ou mudança, dele emana o descender de uma série de outros seres, numa procissão descendente. A emanação deriva desde a essência de Deus, enquanto Ele permanece em si no ato de sua essência. Assim o fogo, que permanece em si fogo, emana o calor, e o sol, que em si permanece sol, emana sua luz em todas as direções. Todas as coisas procedem de Deus e sem Ele não se manteriam, mas Deus transcende a todas as coisas. É progressiva a descida dos seres. Como a luz vai debilitando-se e obscurecendo quanto mais se afasta de sua fonte, assim também, afastando-se da fonte da unidade e da perfeição, os seres vão aumentando em multiplicidade.

4. Três graus tem esse descer do Um:
   - Intelecto;
   - Alma Universal;
   - mundo corpóreo.

Os dois primeiros formam com o Um a Trindade divina das substâncias ou hipóstases; o terceiro é o último dos entes, fora do mundo inteligível e em contato com a matéria, que não é corporeidade, mas absoluto não-ser e, por isso, mal absoluto.

5. O Intelecto é Filho e Verbo do Um (Pai). O Filho é a imagem do Pai porque este é inteligível puro, e o Filho é, ao mesmo tempo, inteligível e intelecto, ser e pensamento, objeto e sujeito. Todos os inteligíveis estão reduzidos à unidade e compenetrados nela.

   Como unidade, o Intelecto é imagem do Pai; como totalidade, é exemplar da terceira hipóstase divina, a Alma do Mundo: é no mundo que a totalidade, embora sem dividir-se em si, se distribui na multiplicidade.

6. O mundo corpóreo, último degrau da descida do ser, está possuído pela Alma; ele não a possui como coisa sua. Todas as coisas de que se compõe o mundo derivam da unidade da Alma, unidade vivente. Da matéria provém a divisão, a discórdia, porque a matéria é o absoluto mal e não-ser, degrau último de todas as coisas, limite final da descida. Mas é na matéria que se inicia o retorno, porque o mundo corpóreo é vivente, e o verdadeiro ser do vivente é a alma. Se a alma perde a consciência da unidade universal nos seres individuais, cai no pecado do orgulho da individualidade, convertendo-se em prisioneira da matéria, que é a negação da unidade, condenando-se assim à série das transmigrações dos corpos. Mas, na expiação do pecado, a alma é purificada. Reconhecendo a vaidade da vida terrena, a alma volta a penetrar em si mesma e sente a exigência íntima da natureza divina. A passagem do pecado à virtude é a purificação, enquanto liberação da espiritualidade de qualquer sujeição ao corpo. Com essa purificação, a alma inicia sua conversão a Deus, que se realiza por três caminhos ascendentes – a saber, pela contemplação: da harmonia (música); da beleza espiritual (amor); e da virtude inteligível (filosofia).

Mas, acima desses três caminhos, há ainda outro superior, qual seja, a suprema conversão, a união com Deus: a imanência da alma em Deus, que se processa pelo êxtase. Com este retorno, é fechado o círculo.

Proclo

Proclo (410-485), natural de Constantinopla, foi discípulo de Olimpiodoro, em Alexandria, e, em Atenas, de Siriano. Seguiu em parte os predecessores da escola ateniense do neoplatonismo, mas foi influído, principalmente, pelas doutrinas de Plotino e Jâmblico. Proclo deu à sua doutrina tal precisão lógica e tal sutileza que ele foi consagrado o maior escolástico do neoplatonismo. Mencionemos alguns de seus temas:

1. A doutrina do círculo de descida e retorno de Plotino foi sistematizada por Proclo, que delineia a dialética de todo o processo de desenvolvimento em sua doutrina da *tríada*:

   - permanência do ser em si;
   - saída do ser de si mesmo;
   - retorno a si mesmo pela conversão.

   Pela perfeição e superabundância de poder, o ser, permanecendo em si imutável, gera um produto que lhe é semelhante (quer dizer, idêntico e diverso ao mesmo tempo), o qual permanece e procede ao mesmo tempo, mas aspira ao Bem, e pelo Bem retorna à sua causa. Cada retorno se realiza por meio das mesmas causas pelas quais cumpriu a procissão. Os caminhos correspondem-se exatamente, em perfeito círculo, que reúne o término com o princípio.

2. O Um contém, potencialmente, todos os seres inferiores e todos os seres superiores. Os inferiores são emanações dos superiores, chegando até a singularidade. A estrutura do universo, assim concebida, é imutável. Em todo o platonismo, apesar de sua complexa hierarquia dos seres, há unidade sem temporalidade e sem criação.

A filosofia do cristianismo

A patrística

Dá-se o nome de patrística à fase da fundamentação e da fixação dos dogmas cristãos. Essa grande obra foi realizada pelos primeiros Pais da Igreja, nos primeiros séculos da Era Cristã. Entre os representantes da patrística, temos os apologistas, como São Justino, Taciano, Santo Hipólito, Santo Irineu, etc., cuja obra consistiu na defesa do cristianismo dos ataques vindos dos filósofos gregos. Entretanto, eles não foram indemnes às influências das outras escolas, incorporando muitos dos princípios que eram dispostos nas doutrinas dos próprios gregos, sempre, naturalmente, coerentes aos princípios cristãos. Na realidade, os primeiros Pais fizeram uma obra de ecletismo, aproveitando da filosofia clássica tudo que não desmentisse os princípios do cristianismo e que viesse em seu auxílio para corroborar as ideias que dominavam a nova doutrina, a qual surgia para consumar o afã de salvação, agora sob um ângulo totalmente novo. O homem era salvo por Deus, que se encarnava em homem (Jesus Cristo) para, pela sua morte e, posteriormente, pela sua ressurreição, abrir-lhe o caminho do céu. Surgem, depois, os primeiros teólogos sistemáticos, como São Clemente de Alexandria, Orígenes, São Basílio Magno, São Gregório, etc., os quais estabeleceram os dogmas de um modo definitivo, ante os desvios heréticos que acometeram o cristianismo nas primeiras épocas.

A patrística compreende toda a fase da atividade teológico-filosófica e religioso-política dos primeiros pensadores cristãos (que também se chama patrologia). É difícil estabelecer onde termina a patrística e onde começa a escolástica, que a sucede, e que iremos examinar em breve.

Santo Agostinho

Santo Agostinho (354-430) nasceu em Tagaste de Numídia (África). Por influência de Santo Ambrósio, adotou o cristianismo. É extraordinária a significação de Santo Agostinho como filósofo e como religioso, pois ele é a figura que sente, antes de todos, o grande drama das contradições humanas, agudizadas no homem moderno. Por isso é que se encontra em sua obra e na sua vida bases do romantismo e do existencialismo.

Santo Agostinho busca uma ideia de Deus como incorruptível e imutável. Dessa forma, como explicar o mal? Ele responde assim: o mal é criação do homem e não de Deus, pois este é incorruptível. Concedendo-se liberdade ao homem, pode este escolher entre aproximar-se de Deus ou Dele afastar-se. O mal é o afastamento de Deus.

Origens da escolástica

Entre a fase da filosofia patrística e a escolástica, dão-se a definitiva queda do Império Romano e as invasões bárbaras.

Se a patrística esteve em geral preocupada em definir o dogma, a escolástica preocupa-se em explicá-lo, em torná-lo racional.

É comum confundir-se a escolástica com a filosofia medieval. Procede o termo *escolástica* dos mestres que ensinavam as artes liberais nas escolas monacais e eclesiásticas. O nome *escolástico* foi aplicado, depois, aos teólogos e filósofos que se ocupavam com a fundamentação dos dogmas e que procuravam construir sistemas que estivessem de acordo com os princípios fundamentais da ortodoxia cristã.

Em suma, a escolástica procurava aproveitar da obra dos autores gregos tudo quanto podia conciliar-se *racionalmente* com a fé cristã – especialmente das obras de Aristóteles, de Platão e dos grandes filósofos árabes.

João Escoto Erígena

João Escoto Erígena (810-877, irlandês) desejava construir uma filosofia que fosse a expressão de uma religião verdadeira.

Deus é a natureza criadora e incriada. Dele procede, como segunda hipóstase, a natureza criadora e criada: as Ideias, o inteligível. A isto se segue a natureza criada e incapaz de criar, representada pelo mundo sensível. Posteriormente, vem a natureza que não foi criada, tampouco é criadora; esta natureza é novamente Deus.

O homem, no início, antes do pecado original, tinha um conhecimento puro de Deus. Sua queda no pecado é uma maior aproximação à matéria, mas sua redenção, efetuada pelo Filho de Deus, permite-o retornar a Deus. Esse é o grande drama da existência, cujo princípio e fim são idênticos.

Santo Anselmo

Santo Anselmo (1033-1109) era natural de Aosta, Itália. É considerado o fundador da escolástica. Há em sua filosofia uma tradição patrística, com grande ascendência agostiniana, platônica e neoplatônica. A orientação característica de sua obra é a prova da existência de Deus. Parte da fé: *Credo ut intelligam* [Creio para compreender] é o seu princípio. Mas a fé deve *ser viva*, isto é, com *dilectio*, com amor de Deus, com o querer contemplar a Deus.

O ponto de partida do argumento ontológico é a singela constatação de que a ideia do infinito exige a existência do infinito: "Toda ideia tem seu objeto.

Sendo no universo tudo finito, o que imprimiria no homem a concepção do infinito? Logo, se o cérebro humano concebe o infinito, é porque o infinito existe". Com maior precisão, pode-se assim representar o argumento de Santo Anselmo: "Se o homem pode conceber Deus no intelecto, pode concebê-lo também *in re*, como realidade. Esta última concepção de Deus é uma ideia superior à primeira; ela será maior do que Deus, se Ele for concebido apenas intelectualmente, isto é, sem existir na realidade. Haveria aí contradição, porque nada se pode pensar maior do que Deus. Logo, existindo no entendimento, tem Deus de existir também na realidade".

Pedro Abelardo

Pedro Abelardo (1079-1142) foi homem de vida trepidante, cujo amor por Heloísa o imortalizou. Manteve agitadas controvérsias: foi acusado de heresia por São Bernardo de Claraval e, condenado, viu-se forçado a retratar-se. Negava-se Abelardo a aplicar a dialética às coisas religiosas, dando preferência sempre ao racionalismo, razão pela qual foi por alguns considerado o fundador da escolástica.

Abelardo tornou-se famoso por sua posição adotada na famosa polêmica dos universais, que teve um efeito extraordinário durante a Idade Média. Opunha-se ao realismo de Guilherme de Champeaux e ao nominalismo extremo de Roscelino, propondo antes o conceitualismo, que já tivermos ocasião de estudar, e que é desenvolvido, depois, por Alberto Magno e Tomás de Aquino. Ele sustentava que o universal não é um objeto (como supõe o realismo), tampouco mera enunciação ou ruído vocal (como supõe o nominalismo), mas o discurso, a palavra, desde que significativa e capaz de abranger uma pluralidade de seres singulares.

Em síntese: os realistas afirmavam que os universais têm existência real; os nominalistas, que são apenas voz, palavra falada; por fim, os conceitualistas, com Abelardo como seu criador, propunham que a realidade universal é a palavra com significação.

Os místicos

O que caracteriza a mística é a *união* da alma humana – com a divindade, no caso religioso, ou com o cosmos, em outros casos, como ainda veremos –, alcançada por meios que se acham acima ou além de toda racionalidade e de toda especulação.

Esse contato da alma individual com a divindade produz uma iluminação da alma, em virtude de seu desprendimento de tudo quanto é obscuro e sensível. Na *unio mystica*, há a participação da alma em Deus, com eliminação tanto do sensível como do racional; afinal, a razão é impotente para atingir o inefável, o inominável. Vamos ver que essas ideias místicas vêm do neoplatonismo da obra de Pseudo-Dionísio, e as reencontraremos em parte do romantismo filosófico.

A figura máxima do misticismo no período em que a escolástica se desenvolvia foi Meister Eckhart (1260-1327), seguido depois por Johannes Tauler, Henrique de Suso, Jan van Ruysbroeck, etc.

Os árabes

O momento mais alto da filosofia árabe teve origem na Síria, onde ela se mesclou com elementos filosóficos gregos, neoplatônicos e aristotélicos, o que permitiu o nascimento do que veio a se chamar escolástica árabe. Foram os árabes os tradutores de Aristóteles. Entre eles se destacam Al-Kindi, Al-Farabi, Al-Ghazali e, sobretudo, Averróis e Avicena, cujo pensamento tanto influiu na filosofia ocidental.

Averróis

Averróis (1126-1198), natural de Córdoba, foi discípulo de Avempace (Ibn Bâjja). Foi juiz em Sevilha e Córdoba, e o maior dos pensadores árabes ocidentais. Acusado de heresia, foi deportado, falecendo em Marrocos. Não pretendeu fundar nenhum sistema filosófico. Quis apenas ser um comentador de Aristóteles, a quem professava um culto verdadeiro, e de quem afirmava nada se poder somar à sua doutrina que fosse digno de atenção. Pensou-se, então, que Averróis não quis formular um novo sistema, e que seu desejo foi o de nada acrescentar nem retirar ao que Aristóteles já havia estabelecido. Contudo, o que o caracteriza é precisamente, à semelhança dos outros comentadores neoplatônicos, ver as doutrinas de Aristóteles por um prisma distinto. Como na doutrina de Aristóteles existem muitos pontos obscuros, Averróis quis esclarecê-los e, neste procedimento, criou novas doutrinas, que lhe pertencem de pleno direito e que possuem certa originalidade. É difícil sintetizar a vasta obra de Averróis, mas tentaremos fixar aqui os principais temas, interessando-nos em desfazer muitas dúvidas frequentes em tratados de Filosofia e dicionários:

1. o caráter geral da doutrina de Averróis é o mesmo que podemos assinalar nas demais filosofias árabes. Em Averróis, a doutrina de Aristóteles está modificada por certas teorias neoplatônicas, como a inclusão da *inteligência das esferas*, colocada entre o Primeiro Motor e o mundo, e a admissão de uma emanação universal, pela qual o movimento se comunica de um ponto a outro, por todas as partes do universo. Era intuito dos filósofos árabes fazer desaparecer o dualismo de Aristóteles e encher o abismo que separa a energia pura, Deus, da matéria primária;

2. a matéria, para Averróis, é eterna e criada desde sempre, não tendo princípio. Não meramente é o substrato de todo devir, imposto por uma forma que advém do exterior, mas a forma está virtualmente na matéria. Se esta fosse produzida pela causa primeira, seria criada do nada, o que Averróis não admite;

3. o laço que liga o homem a Deus permite àquele participar, até certo ponto, da ciência superior. Assim, para Averróis, é pela ciência, e não pela contemplação, que nos aproximamos do ser superior. Nesse ponto, ele ultrapassa a doutrina de seu mestre, Avempace, pois dá um valor secundário às obras piedosas e à própria moral;

4. quanto à alma, Averróis recorda a divisão das faculdades e das suas relações mútuas. Argumenta que deve existir um laço entre o intelecto separado e o intelecto humano, como entre a forma e o sujeito, e sustenta que o intelecto ativo deve perceber o intelecto ativo universal. O intelecto ativo humano é individual e mortal, integrando-se, no fim, ao intelecto universal, pela perfeição;

OS ÁRABES
195

5. a faculdade de atingir esse último grau de perfeição, isto é, de identificar-se o intelecto individual com o intelecto ativo universal, não é idêntica em todos os homens. Depende de três coisas:
   - da força primitiva do intelecto material, que, por seu turno, dependerá da força da imaginação;
   - da perfeição do intelecto adquirido, que exige esforços especulativos;
   - da infusão mais ou menos pronta da forma destinada a transformar o intelecto adquirido.

   É pelo caminho da especulação e do estudo, bem como pela renúncia aos desejos, que se aperfeiçoa o intelecto. Aquele que não procurar, nesta vida, seguir o caminho indicado, após a morte recairá no nada ou nos tormentos eternos;

6. o intelecto individual morre com o homem; eterno é somente o intelecto universal. Este não é Deus, mas uma emanação de Deus.

A doutrina de Averróis influiu vivamente na formação da escolástica aristotélica do século XII, apesar de fortemente combatida quando foi condenada, em 1240, pela Universidade de Paris. Teve uma sequência no chamado averroísmo latino, representado por Siger de Brabante e João de Jandun, que defendiam a interpretação averroísta de Aristóteles contra Tomás de Aquino. A corrente averroísta prosseguiu pelos séculos XIV, XV, XVI, inclusive XVII, especialmente em Pádua. Roger Bacon, Duns Scot, John Baconthorpe e muitos outros foram influídos por sua doutrina.

Além de Averróis, outras grandes figuras da filosofia árabe foram Moses Ben Maimon (Maimônides), Avicebron e Avicena.

Período de fluxo da escolástica

São Boaventura

São Boaventura (1218-1274) foi da Ordem dos Franciscanos, e justamente na época em que mais acesa estava a luta entre franciscanos e dominicanos, expressa de um modo geral na preferência dos primeiros pela vida mística e dos segundos pela vida especulativa. São Boaventura, chamado *Doctor Seraphicus*, tentou uma conciliação entre os contendores. Sustentava que a Filosofia e a razão não se encontram na base da Teologia nem na culminação do conhecimento da divindade, porém no caminho que conduz a alma a Deus. É aí somente que a especulação filosófica tem sentido como uma das *etapas* que se intercalam entre o conhecimento asseverativo de Deus e o saber obtido pela contemplação mística.

Da fé passa-se à razão, mas desta se passa à contemplação.

Dessa forma, conhecer a Deus não é, como pensava Santo Tomás de Aquino, chegar ao limite da razão e do mistério, mas, sim, chegar à divindade por um ato extático, que parte do sensível mas o transcende e ultrapassa, pois o sensível é apenas um sinal, e não o lugar de Deus.

Alberto Magno

Alberto Magno (c. 1206-1280), *Doctor Universalis*, também conhecido como Alberto, o Grande, admitia uma limitação da razão, mas que não seria, para esta, uma negação, antes um simples meio de lhe prestar maior confiança. Ao se delimitar a razão, se estabelece todo o seu poder, dentro desse limite.

Santo Alberto dedicou-se a estudos científicos e produziu uma obra grandiosa. Foi mestre de Tomás de Aquino.

Tomás de Aquino

Tomás de Aquino (1225-1274) consumou o trabalho de aristotelização do cristianismo; sua obra é o ponto culminante desse processo. Para tanto, ele procedeu ao escólio e à sistematização dos materiais até então conhecidos e estudados por Alberto Magno, seu mestre, e pelos comentaristas árabes e judeus da obra aristotélica. Por meio de uma série de comentários e de sumas, ele levou adiante sua obra ingente, que é um dos momentos mais elevados da Filosofia. A preocupação máxima de Tomás de Aquino são as relações entre a fé e a razão. Ele compreendeu que o terreno da Filosofia e o da Teologia são distintos, e que uma não poderia ser absorvida pela outra. Se a razão se move dentro do terreno da Filosofia, a unidade da verdade exige que nada do que a razão pretende saber seja contrário ao dogma estabelecido. Salvo quando a razão é usada de modo incorreto, ela não pode afastar-se do dogma. Daí que Tomás estabeleça os limites da razão, e afirme ser ela apenas uma *criada* da fé.

Para Tomás de Aquino, a questão de Deus representa o ponto mais alto da Filosofia e da fé. Ademais, ele acredita que por raciocínios pode-se demonstrar a existência de Deus: tarefa a que se dedica com afinco.

Deus é Ato Puro. Todos os outros seres são imperfeitos, porque não são atos puros.

Ramon Llull e Roger Bacon

Outras grandes figuras desse período foram Ramon Llull (c. 1235-1315), catalão que procurou, também pela razão, fundamentar a fé cristã, em seu afã de converter os infiéis, e Roger Bacon (1214-1294). A obra deste, que não se deve confundir com a de Francis Bacon, representa, dentro da escolástica, um novo caminho, que coincide com a exigência moderna da experiência no tratamento da natureza. A experiência não nega a fé; ao contrário, afirma-a. Daí sobrevém a explicação matemática dos fenômenos da natureza, o único caminho capaz de explicá-la. Com Bacon, em linhas gerais, liberta-se a Ciência do campo do racionalismo aristotélico. Bacon julgava que, por meios exclusivamente racionais, poder-se-ia tratar dos magnos problemas da natureza.

Duns Scot

Duns Scot (c. 1270-1308) foi chamado de *Doctor Subtilis*, por sua acuidade em estabelecer distinções. Foi influído pela obra de Roger Bacon. Considerava que os argumentos sobre a existência de Deus até então apresentados eram apenas prováveis e não davam uma certeza cabal, razão pela qual apresentou outros argumentos, de um valor, sem dúvida, notável, sobretudo pela sutileza que apresentam.

Deus pode ser inteligível como infinito, mas não pode ser racionalizado. Ele está situado acima da verdade e do bem, porque é infinito, e é toda a verdade e todo o bem. Deus não se subordina à inteligibilidade; pelo contrário, esta se subordina a Deus.

Guilherme de Ockham

Para Guilherme de Ockham (1285-1347), chamado *Doctor Invencibilis*, a Ciência converte-se de ciência do geral para ciência do particular, pois o particular é o único capaz de ser objeto de um saber intuitivo imediato.

Ele é um dos construtores dos métodos genuinamente científicos, e pode ser considerado, ao lado de Roger Bacon e Santo Alberto, um precursor da ciência moderna.

O Renascimento –
exaltação do homem

A filosofia medieval mantinha sobretudo uma preocupação teológica em suas investigações. Deus era o objeto de todas as suas buscas. O mundo era apenas a linguagem com que Deus falava aos homens.

Em fins do século XIV, atravessa a Europa uma fase de ressurreição da Antiguidade Clássica. Embora na realidade não se desse um Renascimento como muitos julgam, o simples fato de os artistas, sábios, estudiosos dessa época terem procurado na arte e na filosofia gregas a luz, a clareza que julgavam faltar ao ambiente obscuro das ideias dominantes na Idade Média permitiu que o homem atingisse uma nova fase da sua cultura, cujos frutos nos relata a História.

No Renascimento, e aqui nos interessa o seu aspecto filosófico, há uma acentuação exaltada da fé religiosa, que na mística atinge um grau bastante elevado. Ao lado dessa exaltação da fé, vemos um expressivo aumento do ceticismo, uma crença segura no conhecimento e no domínio das forças da natureza, ao lado de um desenvolvimento da magia.

A pressão exercida acentuadamente pelos governos autocratas desperta então um desejo de liberdade, que se exalta ao mesmo tempo que a intolerância aumenta suas exigências. O Renascimento é geralmente considerado um movimento de descobrimento do homem, ao lado das grandes descobertas da Terra, que se desenvolvem nessa época. O homem enquanto homem é o grande tema. E sempre que o homem enquanto homem é colocado como tema principal, o tema da liberdade assume as mais altas proporções.

CONVITE À FILOSOFIA

202

De todas essas tendências e opiniões que surgiram no Renascimento, era natural que a Filosofia sofresse o seu influxo. O Renascimento é uma época de transição entre a Era Medieval e a Moderna, e, como época de transição, tinha naturalmente, como a nossa, de padecer de tantas contradições, de tantas ideias diversas, em que as filosofias que surgem encontram profundos pontos de contato, que se torna difícil precisar os elementos de diferenciação entre elas.

Muitas são as tendências que se manifestam nessa época; por isso mesmo, iremos estudar apenas as mais importantes, por meio de seus tipos representativos.

É muito comum falar-se do *humanismo*, pois este foi o nome que se deu à tendência dominante no Renascimento, que produziu o amor e o culto da Antiguidade Clássica, a qual tanto valorizou o espírito humano. Durante o Renascimento, chamavam-se *humanistas* aqueles sábios e estudiosos que, embora não voltados para a Antiguidade Clássica, se preocupavam com uma ampla reforma do homem e com a instalação de uma nova escala de valores, que desse ao homem toda a dignidade que ele merecia. Vemos hoje, depois de duas terríveis Guerras Mundiais, que novamente o tema humanista ressurge sob diversas formas, como o humanismo cristão, o humanismo libertário, o humanismo socialista e o neo-humanismo liberal. Devem destacar-se, porém, as diferenças que os separam do humanismo da Idade Média. Enquanto este era um humanismo que procurava valorizar o homem como abstração, como humanidade, como generalidade, o novo humanismo quer valorizar o homem como pessoa, como personalidade, como portador de um espírito.

Pico della Mirandola

Uma figura significativa dessa época – porque propriamente sente, antes de qualquer outro, essa especial valoração do homem – é Pico della Mirandola (1463-1494), uma estranha figura de grande talento, que viveu apenas 31 anos, uma vida tempestuosa e cheia de lampejos geniais, mas que é vítima de um silêncio quase criminoso por parte da maioria dos autores de Filosofia. Pico della Mirandola via a criatura humana como divina, por participar da divindade, e como natural, por participar da natureza. Ela ama a natureza e é amada por Deus. Enquanto todos os outros seres são determinados, vivem e desenvolvem-se dentro de rígidas leis naturais, o homem goza da liberdade que lhe permite criar, evoluir, transformar-se, avançar até os pontos mais elevados e cair, também, aos degraus mais vis. Essa criatura é digna de respeito e de adoração. O que, na sua exaltação juvenil, viveu Pico della Mirandola – que procurou unir todas as crenças, encontrar a verdade que havia em cada uma, porque elas disputavam mais palavras do que doutrinas – é bem o sentido do humanismo que vai prevalecer no Renascimento e que, hoje, retorna a ter uma posição de relevo, apesar de todas as doutrinas, crenças e teorias sociais que desejam reduzir o homem a um ser apenas utilizável, a um mero instrumento de trabalho.

Nicolau de Cusa

Nicolau de Cusa (1401-1464) foi bispo de Brixen e outra figura gigantesca que surgiu no Renascimento. Entre as tendências tradicionais – o platonismo, o neoplatonismo, as influências escolásticas e as novas ideias renascentistas –, Nicolau de Cusa participou de todas, e atravessou esse momento de transição, penetrando no pensamento moderno. É, de fato, um espírito moderno.

Deus é, para ele, a *coincidentia oppositorum*, a unidade dos contrários, na qual está a verdade, a superação de toda contradição. Deus é a possibilidade de todas as coisas e também a sua realidade. É o poder-ser (*possest*) que chegou a ser de um modo real e absoluto. Para a alma atingir o saber supremo, que é o saber da unidade suprema, é preciso ausentar do espírito toda determinação positiva, renunciar a toda afirmação. Esse estado de espírito, em que a alma se desprende do conhecimento dos contrários, é a verdadeira *docta ignorantia*:

a verdadeira sabedoria, a ignorância que se faz consciente da importância de todo saber racional.

Período da Reforma e da Contrarreforma

Na mesma época em que Erasmo de Rotterdam afirmava a liberdade da vontade, Martinho Lutero escrevia páginas violentas contra a liberdade. "O homem não é nada e Deus é tudo." Nem a vontade nem a razão humana valem ante a divina – inatingível em sua realidade.

A Reforma ocorre na Europa através do movimento chamado, posteriormente, protestante. Em reação, a Igreja inicia a sua Reforma Católica, a Contrarreforma, que, no Concílio de Trento (1545-1563), termina por aceitar muitas das reformas renovadoras, mas todas dentro do espírito católico.

Nessa época, o misticismo conhece um dos seus momentos mais elevados, com as figuras de Jacob Boehme (1575-1624), São João da Cruz (1542-1591) e Santa Teresa d'Ávila (1515-1582).

Cresce, nessa época, a preocupação com as coisas da natureza, com a Ciência e com a técnica. São figuras de destaque Leonardo da Vinci, Luca Pacioli e Bernardino Telesio (de Cosenza). Telesio preocupa-se mais com o naturalismo, não só para o conhecimento, mas também para o domínio das forças da natureza, defendendo o empirismo na Física. Ele desenvolve uma visão dualística da natureza, baseada nas oposições entre o calor e o frio, a expansão e a contração, o movimento e o repouso.

Giordano Bruno

Giordano Bruno (1548-1600), outra grande figura dessa época, sofreu imensa influência de Nicolau de Cusa. Defendeu a doutrina da infinitude do universo, mas um universo que se transforma continuamente, que passa do inferior ao superior e deste para aquele, porque a vida é inesgotável. Para Bruno, Deus está no mundo e fora do mundo; é Ele causa imanente do mundo, e também transcendente. Essa contradição, como no caso de Nicolau de Cusa, é aparente, dada apenas para a razão, porque Deus é a coincidência dos opostos.

O universo está penetrado de vida e é ele mesmo vida. O que rege essa vida é a própria vida que lhe é imanente, Deus.

Deus está presente em todas as coisas. Deus é infinita potência e infinito ato. A potência infinita coincide com o ato infinito.

Tommaso Campanella

Para Tommaso Campanella (1568-1639), pelo conhecimento sensível, o homem, como sujeito, identifica-se com o mundo externo. A alma conhece a si mesma e, fundada nesse saber, pode atingir a Deus, porque as categorias da sabedoria, do amor e do poder de Deus projetam-se em todas as coisas.

Galileu Galilei

Galileu Galilei (1564-1642), cuja vida acidentada tornou-se lendária, preocupou-se com as investigações naturais. São dele estas palavras: "O livro da natureza está escrito em linguagem matemática e suas letras são triângulos, círculos e outras figuras geométricas, de modo que, sem elas, não se pode entender uma única palavra".[1]

---

[1] Na edição moderna de referência: Antonio Favaro (org.), *Edizione Nazionale delle Opere di Galileo Galilei*, vol. 6. Firenze, G. Barbèra, 1933, p. 232. Em edição brasileira: "O ensaiador", trad. Helda Barraco. In: *Bruno, Galileu, Campanella*. Coleção Os Pensadores, vol. 12. São Paulo, Abril Cultural, 1973, p. 119.

Desse modo, a relação numérica seria a quantidade abstrata, a base de todos os fenômenos. É importante o pensamento de Galileu, porque aí se estabeleceu a imagem filosófica de que se servirão Descartes e, em geral, também o racionalismo e o idealismo modernos.

Reduzindo os fenômenos ao dado quantitativo, Galileu aceita, como base deles, o mensurável e o numerável. Esta é a orientação que predominará até nossos dias, na Física, com influência na própria Filosofia.

Francisco Suárez

Francisco Suárez (1548-1617), *Doctor Eximius et Pius*, é o representante mais importante da escolástica no Renascimento. Suárez desenvolveu ideias próprias:

Deus não é inteligível pela investigação metafísica, que Dele não nos pode dar um conhecimento. O que nos conduz a Deus são os efeitos que demonstram a existência Dele. O que é interessante notar em Suárez é a sua concepção do individual. Não há na natureza o absolutamente universal sem o individual. Por isso, não se pode falar do universal univocamente, mas devemos referir-nos a ele como algo que está *potencialmente* nas coisas, e *em ato* no intelecto. Dessa forma, a verdadeira realidade da coisa é o *composto*. Suárez reconhece uma complementaridade entre o universal e o individual.

Assimilando as doutrinas de Tomás de Aquino e de Duns Scot, Suárez realizou uma obra de vulto, ocupando a primeira plana da escolástica ao lado daqueles, e influiu na obra dos comentadores de Coimbra e de Salamanca, onde floresceram gigantes como Pedro Fonseca, Manuel e Damião de Góis, Afonso Furtado de Mendonça, Benedito Pereira, Domingos de Soto, Gabriel Vásquez, Domingos Bañez, Francisco de Toledo, etc.

A filosofia moderna

1. O Iluminismo (ou Ilustração)

1.1 Fundações do Iluminismo

Iluminismo, Ilustração e *Época das Luzes* (*Aufklärung*) são os nomes que geralmente se dão ao período compreendido entre a parte final do século XVII e o século XVIII, e que exerce uma grande influência na Filosofia. Antes de, penetrando num rápido estudo do Iluminismo, chegarmos à sua culminação em Kant e nos ideólogos franceses, e aos seus desdobramentos no utilitarismo inglês e no idealismo e no romantismo alemães, precisamos estudar seus antecedentes, e em particular os movimentos empirista e racionalista, que serviram de origem às grandes mutações por que a Filosofia viria a passar.

Influída pelo racionalismo e pelo desenvolvimento da Ciência no século XVII, a Ilustração é uma marcha em direção à natureza, a fim de robustecer o domínio que o homem exerce sobre ela; domínio esse que, desde então, aumentará constantemente. Por isso, iniciemos com o estudo de uma das personalidades mais elevadas da Filosofia, cujas doutrinas serviram de fundamento à Ilustração.

1.1.1 Francis Bacon

Francis Bacon (1561-1626) era natural de Londres e obteve o título de Lorde de Verulam, tornando-se chanceler do Parlamento inglês. Acusado de suborno, foi condenado à prisão, sendo agraciado, depois, por seu renome de valor. Em Filosofia, é por vezes chamado Bacon de Verulam.

Além de sua obra jurídica, política, econômica e social, deve-se ressaltar sua obra filosófica, que teve influência ponderável no desenvolvimento da Filosofia. Bacon procurou mostrar o erro dos métodos racionalistas antigos e a necessidade de interrogar a experiência, o que, diga-se de passagem, era aconselhado pelos escolásticos maiores. Ele combateu o método abstrato dos aristotélicos (que desvirtuavam o pensamento de seu mestre). Pelo contrário, historicamente, a filosofia de Bacon correspondia à necessidade da Europa de então, já em plena marcha para o experimental e o científico que caracterizaram os últimos séculos. Contudo, ele não foi propriamente um sistemático. Bacon deu ao conhecimento humano um método em seu livro *Novum Organum*, uma das maiores obras da humanidade. Contemporâneo de Descartes, Galileu e Pascal, ele contribuiu para o desenvolvimento da ciência prática. Sua intenção era edificar um monumento à ciência prática, uma *Instauratio Magna*, e, no fundo, as obras que deixou não passam de capítulos desse grande empreendimento que a morte interrompeu.

Lutou por dissipar a confusão, então existente, entre Ciência e Filosofia, por meio de seu tratado *Progresso das Ciências*. Nessa obra, estabeleceu um novo princípio, de substituição da hipótese pela observação, cujo método é exposto em *Novum Organum* e em *De Dignitate et Augmentis Scientiarum*. A defesa de um procedimento observacional estava em consonância à finalidade que Bacon emprestava à Ciência, a saber, uma utilidade prática, o domínio do homem sobre o universo. Ele expôs seu método, que abrangia primeiramente a observação e, depois, a indução; e estabeleceu as regras do método experimental e indutivo por meio das categorias de *presença*, *ausência* e *grau*.

É sua doutrina um método positivista de conhecer, o qual se opõe à predominância dos *idola* (erros do espírito) em nosso entendimento. Essa doutrina influiu no empirismo inglês, tendo sido Bacon decisivo para o método experimental moderno.

Para realizar o método experimental de modo a obter bom êxito, é necessário libertar-se dos *idola*, que são de quatro espécies: *idola tribus*, inerentes ao gênero humano, que consistem em procurar ver nas coisas uma ordem, humanizando-as, acomodando-as ao que nos é favorável; *idola specus* (ídolos da caverna), que procedem das disposições individuais, consistindo nos preconceitos adquiridos pela educação, pelos costumes e pela leitura; *idola fori*, erros proporcionados pelas confusões da linguagem, das palavras equívocas ou confusas, que não correspondem aos objetos reais; por fim, *idola theatri*, os equívocos provenientes do prestígio de ídolos de renome, entre os quais Bacon cita o prestígio de Platão e Aristóteles como o mais perigoso.

1.1.2 Hobbes

Thomas Hobbes (1588-1679) teve oportunidade de manter contato, por meio de suas viagens, com Galileu, Descartes e Gassendi.

A doutrina de Hobbes é classificada como empirista, nominalista, racionalista e materialista. Fundava-se na sensação como base do conhecimento; sem ela, o conhecimento seria impossível: só a sensação permite a percepção. A verdadeira ciência funda-se no método matemático. A linguagem deve ater-se rigorosamente ao pensamento, e pensar é *calcular* com palavras, assim como a aritmética calcula com números. O materialismo de Hobbes revela-se na sua noção da corporalidade, que é regida por leis rigorosamente causais, às quais também está submetido o espírito.

As ideias de Hobbes sobre o Estado deram-lhe um grande renome. Ele assevera que o homem é dominado pelo instinto de conservação. Por isso, no *estado natural*, "o homem é um lobo para o homem" (*homo homini lupus*). Esse instinto de conservação determina uma "luta de todos contra todos" (*bellum omnium contra omnes*), que se dirige à destruição de tudo e de cada um. Por isso, impõe-se uma limitação ao instinto de conservação, isto é, aos seus direitos, para que se institua uma paz social. Daí nasce o contrato de paz. Mas, para que esse contrato esteja garantido, para que não o violem, é necessário o soberano que, ao concentrar em suas mãos o poder e a razão, permite que se realize o ideal desejado. A democracia, julga Hobbes, não assegura essa paz, porque as assembleias são movidas por instintos e interesses particulares. Dessa forma, propõe a monarquia absoluta.

O Estado não é um inimigo dos indivíduos, mas, ao contrário, seu defensor, pois assegura a possibilidade da convivência de impulsos contrários. Em *Leviatã*, sua famosa obra, Hobbes defendeu a ideia desse Estado. Como propunha a submissão da Igreja ao Estado, suas ideias foram tenazmente combatidas pelo clero, que classificou sua doutrina de ateia. No entanto, as ideias de Hobbes influíram muito nas concepções estatistas dos séculos XVIII e XIX, e até os nossos dias.

Toda a argumentação de Hobbes parte da premissa de que o homem, em *estado natural*, é um inimigo do homem. No entanto, Piotr Kropotkin, que desenvolveu um pensamento totalmente oposto ao de Hobbes, mostrou em seu livro *Apoio Mútuo* que o homem, como os animais superiores, apoia-se mutuamente, vale dizer, haveria uma ordem social natural. É essa ordem social natural que Kropotkin pretende estabelecer na sociedade, retirando dela todos os fatores que impedem que tal sociedade desabroche. Esses elementos são, precisamente, os interesses não-naturais.

1.2 Os racionalistas

Para esclarecimento do que é o racionalismo, convém dizer que se deve distingui-lo do simples uso da razão. Tanto o racionalismo como o empirismo *usam* a razão. Mas, enquanto o primeiro, ao exaltá-la, admite que ela seja um meio de conhecimento da coisa em si, o empirismo, que dela usa e até abusa, limita-a exclusivamente ao conhecimento empírico. Estabelecida essa distinção, podemos então examinar o movimento.

1.2.1 Descartes

A filosofia de René Descartes (1596-1650) é um ponto de maturidade da filosofia moderna. De fato, Descartes é o maior representante do racionalismo moderno.

Ele desejava encontrar um método que não fosse o aristotélico, e que lhe permitisse um caminho para novos descobrimentos.

A matemática influiu decisivamente no método cartesiano. Descartes desejava partir de um princípio incondicionado, que lhe desse o ponto de apoio. A *dúvida metódica*, iniciada por ele, leva-o à afirmação do "Penso, logo existo".

Descartes estabeleceu quatro regras para o seu método:

1. não admitir como verdadeira coisa alguma que não se saiba com evidência que o é;
2. dividir cada dificuldade em quantas partes seja possível e em quantas requeira sua melhor solução;
3. conduzir ordenadamente os pensamentos, começando pelos objetos mais simples e fáceis de conhecer, para ascender, gradualmente, aos mais complexos;
4. fazer uma recontagem tão integral, e revisões tão gerais, que se chegue a estar certo de não ter omitido nada.

Essas quatro regras são o resumo do método cartesiano.

Por meio da dúvida metódica, Descartes chegou ao *"cogito, ergo sum"*. No entanto, o *cogito*, ao evidenciar a existência de quem pensa, permite estabelecer o seguinte raciocínio: "Se eu existo, sei que sou imperfeito. Mas a ideia de imperfeito implica a de perfeito. Logo, deve existir um ser perfeito, e esse ser é Deus".

Porém, assinala Descartes que, ao conhecer-se intuitivamente como ser, ele também reconhece que seu corpo é distinto do pensamento. Surge, então, a distinção entre a substância pensante e a extensa.

A alma, como pensamento, pode ser pensada sem extensão, porque a extensão não lhe é essencial. Pelo contrário, a essência do corpo é a extensão. O dualismo cartesiano fundou as grandes controvérsias da Filosofia desde então. Dessa forma, conclui-se que a substância extensa é geométrica. Reduz-se, assim, a Física à Geometria, matematiza-se a existência, reduzindo-a ao espaço. Dessa forma, os modos da extensão são a posição, a figura e o movimento. Reduz-se toda qualidade à quantidade, e o próprio movimento fica reduzido a uma sucessão de imobilidades, uma sucessão de pontos.

Os modos da substância pensante são a sensação, a paixão e a vontade.

1.2.2 Malebranche

Nicolau Malebranche (1638-1715) foi influído pela obra de Descartes, embora tenha discordado deste quanto à possibilidade do conhecimento certo da substancialidade do eu pensante. O conhecimento apenas pode ater-se à substância extensa, e por meio das suas modalidades podem-se conhecer parcialmente as modalidades que se referem à alma. Dessa forma, toda atividade da alma se acha relacionada com os fenômenos corporais e sensíveis.

O corpo, como extensão, não tem capacidade de modificar-se por si mesmo. Deus é a única causa eficiente das modificações do corpo, dos movimentos deste, como das modificações que se processam na alma. Deus contém, em sua essência, todas as finitudes, e também todas as infinitudes particulares.

1.2.3 Pascal

Blaise Pascal (1623-1662) prosseguiu usando, em sua obra filosófica, o espírito de clareza de Descartes, o "espírito geométrico". Pascal reconheceu que as verdades matemáticas não podem ser averiguadas e conhecidas pelos mesmos meios que as verdades morais e religiosas. Por isso, ele propôs distinguir "l'esprit de finesse" de "l'esprit de géométrie", distinção que é a base de toda a sua doutrina.

A Ciência é impotente para alcançar a religião, na qual a razão é substituída pelo amor. A Ciência é impotente ante o inexplicável. A existência humana é contradição. O homem é "depositário do verdadeiro e cloaca da incerteza e do erro, glória e desperdício do universo".[1] Aceitando o princípio agostiniano da graça, Pascal sustenta que a verdade da religião é dada pela graça divina, sendo a razão impotente para alcançá-la.

Para crer em Deus, é preciso já aceitá-Lo, amá-Lo. Ante a verdade da religião e a dúvida, propõe Pascal a *aposta* (*pari*) pela crença.

Eis o sentido da aposta pascaliana: acreditar na verdade da religião, se houver o céu, significará ganhá-lo, ganhar o infinito. Porém, se não houver, perderemos apenas o finito. Qual o jogador que não arriscaria o pouco que tem pelo infinito? Poder-se-ia perguntar a Pascal, como o fazem alguns existencialistas, se realmente podemos arriscar perder o que temos, embora sendo pouco... Ademais, como saber se realmente queremos apostar em algo?

Pascal separou desse modo a fé e a Ciência. Esta pode ser atingida pela investigação e pelo conhecimento geometricamente organizado; mas o terreno da fé, só *l'esprit de finesse*, a intuição, poderia penetrar.

1.2.4 Spinoza

Baruch Spinoza (1632-1677) procurou por meio da Filosofia o bem supremo, que é Deus. Para isso, usou o método matemático de Descartes, e pretendeu raciocinar segundo um *"more geométrico"*. Deus é substância infinita, entendendo-se por substância "aquilo que existe em si mesmo e que por si mesmo é concebido, isto é, aquilo cujo conceito não exige o conceito de outra coisa do qual deva ser formado".[2] Deus é a causa de si mesmo, e sua essência implica a sua existência. Não há, para Spinoza, duas substâncias, a pensante e a extensa, mas tanto o ser-pensante como o ser-extenso são atributos de

---

[1] Em edições brasileiras: *Pascal*. Trad. Sérgio Milliet. Coleção Os Pensadores, vol. 16. São Paulo, Abril Cultural, 1973, p. 148; Blaise Pascal, *Pensamentos*. Trad. Mário Laranjeira. 2. ed. São Paulo, Martins Fontes, 2005, p. 46.

[2] Baruch Spinoza, *Ética*. Trad. Tomaz Tadeu. Belo Horizonte, Autêntica, 2010, p. 13, definição 3.

Deus. São esses dois atributos, o pensamento e a extensão, os únicos que são compreendidos pelo homem de um modo claro e distinto. Deus é a natureza (*Deus sive Natura*). Por isso, chamou-se a doutrina de Spinoza de *panteísmo* (*pan*, em grego: *tudo*), o que significa doutrina que afirma que Deus é tudo ou tudo é Deus.

1.2.5 Leibniz

Muitos aspectos da filosofia de Gottfried Wilhelm Leibniz (1648-1716) já foram estudados por nós, ao expormos os princípios de identidade, de razão suficiente e dos indiscerníveis e as modificações sofridas pela ideia de potência. Ele acreditava que a natureza não dá saltos. Um estado passa a outro subsequente por meio de uma série infinita de intermediários. Há, assim, uma perfeita continuidade na natureza. E essa continuidade só poderia ser expressa por meio de uma análise do infinito.

Opõe-se Leibniz à física cartesiana, sobretudo à concepção de que o corpo seja apenas extensão. O mecanicismo de Descartes é por ele substituído por um dinamismo, que o seu conceito novo de força irá oferecer.

Na concepção de Leibniz, o universo é harmônico e foi de antemão estabelecido, tal como é, por Deus: é esta a tese da *harmonia preestabelecida*. Tudo quanto sucede acontece por uma disposição já previamente determinada pelo Criador.

1.3 Os empiristas

1.3.1 Locke

John Locke (1632-1704), no prefácio de sua obra *Um Ensaio sobre o Entendimento Humano*, declarou que pretendia examinar a natureza e os limites do entendimento humano. Locke opõe-se à aceitação das *ideias inatas*. Ele repele o *inatismo* e afirma que todas as ideias do homem são adquiridas por meio de um processo psicológico. Para Locke, a alma é uma *tabula rasa*, uma folha não escrita na qual a experiência grava as suas impressões. Dessas impressões é que nascem as ideias, que seriam apenas representações gerais forjadas pela consciência.

A experiência pode ser externa ou interna. No primeiro caso, a aquisição da ideia é feita por meio da sensação; no segundo, pelo reflexo do espírito, que exige atenção. As representações não são imagens fiéis do objeto percebido. Nas representações, ocorrem as qualidades chamadas primárias, que são as correspondentes às relações de extensão, figura, movimento, número, etc., as quais são adequadas ao objeto externo e, por isso, podem ser classificadas como verdadeiras. As qualidades secundárias, tais como a cor, o sabor, o som, etc., são meros produtos da representação interna. São as qualidades primárias, como elemento objetivo, a base de todas as leis físicas e mecânicas.

1.3.2 Berkeley

George Berkeley (1685-1753, natural da Irlanda) foi continuador da filosofia de Locke, com maior preocupação quanto às questões metafísicas. Berkeley foi influído pelo platonismo tradicional da Grã-Bretanha. Foi bispo protestante e lutou acerbamente na defesa dos ideais religiosos, contra os céticos materialistas e ateus.

Vejamos os principais aspectos de seu pensamento:

1. Berkeley atingiu uma das fórmulas mais extremadas do idealismo. Como nominalista, não aceitava a existência das *ideias gerais*. Não existe a ideia geral de triângulo, o qual, forçosamente, quando imaginado, será ou isósceles ou equilátero ou escaleno. Este é o conhecido *argumento de Berkeley*. Na verdade, ele queria referir-se à *intuição* do triângulo, e não ao *conceito* ou pensamento do triângulo, pois este é verdadeiramente universal.

2. Espiritualista e idealista extremado, Berkeley negou a existência da matéria. Todas as qualidades, quer primárias, quer secundárias, são

subjetivas. Todos os conteúdos da percepção – a extensão, a cor, etc. – são *ideias*. Nada de material existe atrás delas. Na percepção, isto é, no fato de serem percebidas, está todo o ser: *esse est percipi*. Este é o fundamento do idealismo berkeleyano.

3. Daí Berkeley afirmar o *eu espiritual* como única certeza intuitiva. As nossas ideias procedem de Deus, que as pôs em nosso espírito. A regularidade dessas ideias (expressa em leis, etc.) é fundada na vontade de Deus e nos dá a convicção da existência do mundo corpóreo.

Observa-se a semelhança da doutrina berkeleyana com a opinião de Malebranche e Leibniz. O conhecimento e a visão das coisas, só os podemos encontrar em Deus ou por Ele. Em Berkeley, Deus e os espíritos são as únicas realidades. É Deus quem cria um mundo *material*. Nós só vemos as coisas em Deus, como somente nele "vivemos, nos movemos e somos". Podemos caracterizar a doutrina de Berkeley como um idealismo subjetivo, que identifica o mundo real ao mundo representado e, por dispensar a matéria, a substância física, restringe-se ao *eu exclusivo*.

4. Devemos salientar ainda: em Psicologia, Berkeley exerceu grande influência por ter empregado o método introspectivo (auto-observação) nos problemas psicológicos, e também pelo nominalismo a que chegou por consequência de negar que haja ideias *abstratas* gerais.

5. A doutrina de Berkeley é, inegavelmente, uma construção inteiriça, coerente e lógica, embora sejam objetáveis seus pontos de partida, cujas premissas são falsas.

6. Berkeley é um cético, apesar de combater o ceticismo. E age como cético por afirmação e negação; historicamente, podemos compreendê-lo dentro do aspecto geral do espírito britânico, e situado numa época de grande desordem intelectual.

7. A doutrina de Berkeley é também conhecida por *imaterialismo*, e mais tarde encontramos sua influência no espiritualismo alemão.

1.3.3 *Hume*

David Hume (1711-1776) levou adiante as análises de Locke e Berkeley. É considerado empirista, mas um empirista que se dedica à análise racional dos dados obtidos pela experiência. A sensação, ou impressão, é apenas a percepção dos sentidos; já a reflexão é uma imagem pálida, uma mera recordação das sensações originárias, uma cópia delas. À Filosofia cabe estudar com atenção essas cópias, porque, segundo Hume, a impressão é que constitui o dado primitivo. As ideias simples entrelaçam-se para a formação das ideias complexas, sempre seguindo as leis da associação psicológica, isto é, as leis de semelhança, de contiguidade e de relação causal.

Uma das partes mais importantes da obra de Hume é o seu estudo sobre o tema da causalidade. Para ele, as conexões dos fatos sucessivos dão-nos a impressão de uma causalidade radicada nas coisas, mas não é a sensação que nos proporciona a ideia de causa. A noção de causa depende, originariamente, de uma impressão sensível e vem a ser aplicada, erroneamente, como se fosse uma propriedade das coisas. Hume, ao combater a ideia de causa, quer fundá-la exclusivamente na própria experiência.

Quanto à religião, ele declara que a reflexão racional é impotente para demonstrar as suas verdades. Considera por isso as provas da existência de Deus defeituosas.

Hume reconhecia os limites da razão. Sua obra influi decisivamente sobre Kant, o qual declara que a leitura dos seus livros o levou a despertar de um sono dogmático e a refletir sobre temas que, até então, não suspeitara serem tão complexos. Como veremos, contudo, Kant superou o ceticismo de Hume.

1.4 Análise preliminar do Iluminismo

O ponto fundamental do Iluminismo consiste em tornar a Filosofia um meio para chegar ao domínio efetivo da natureza e à reorganização da sociedade. O interesse pelas ciências naturais é uma tendência marcante, bem como o interesse despertado pelo homem e pelas grandes questões de ordem cosmológica. O Iluminismo é considerado mais como uma concepção de mundo do que como propriamente uma filosofia.

Entre as maiores figuras do Iluminismo, podemos citar Jean-Jacques Rousseau (1712-1778), cujo pensamento exerceu marcante influência sobre a história.

Em sua famosa obra *Discurso sobre a Origem e os Fundamentos da Desigualdade entre os Homens*, ele defendeu a tese de que o homem, em sua natureza, é bom, mas a sociedade o desvirtua. Não prega Rousseau, como muitos pensam, o retorno à vida natural, no sentido arcaico, mas sim a naturalidade do homem, transformado pelos interesses não-naturais em inimigo até de si mesmo. Para isso, ele julgava que a única maneira de suprimir a maldade humana e a desigualdade seria por meio do desenvolvimento das forças naturalmente boas do homem, expressas em seus sentimentos, edificando sobre elas um novo estado social.

Um novo contrato social deveria ser estabelecido, no qual o homem renunciasse à sua liberdade no sentido egoístico, em benefício do bem geral. O Estado democrático puro era o sonho de Rousseau, e as suas doutrinas influíram sobre a Revolução Francesa, que adotou o seu lema "Liberté, Egalité, Fraternité".

Outras figuras importantes do Iluminismo foram Voltaire (1694-1778) – que manteve longas polêmicas com Rousseau –, Montesquieu (1689-1755), Condorcet (1743-1794), Condillac (1714-1780) e Diderot (1713-1784). Podemos ainda mencionar os enciclopedistas Holbach (1723-1789), La Mettrie (1709-1751), Friedrich Melchior von Grimm (1723-1807) e Helvétius (1715-1771).

1.5 Kant

Immanuel Kant (natural de Königsberg, 1724-1804) permaneceu durante toda a vida em sua cidade natal. De família modesta, foi educado no Colégio

Fridericianum, de ambiente pietista. Seguiu daí para a universidade, onde Martin Knutzen lhe ensinou a filosofia de Christian Wolff. Austero, tenaz, em sua vida primou sempre pela regularidade e pela ordem. Foi aceito como preceptor em muitas famílias nobres. Viveu solteiro, mantendo uma vida de hábitos metódicos. Pelas suas contribuições filosóficas, seu nome permanece entre os maiores do mundo. Em toda a filosofia kantiana, revela-se a tendência egotista pessoal, tendência aliás característica da filosofia alemã.

Chaim Zhitlowsky estabelece estas fases da filosofia kantiana:

1. período até 1760: Kant é racionalista e dogmático. Desenvolve sua filosofia dentro do âmbito do sistema Leibniz-Wolff, com atração evidente pelas ciências naturais, em sobreposição à metafísica pura;
2. período empírico-cético (1760-1769): a obra de Hume desperta-o do "sono dogmático" (palavras dele). Ocupa-se, então, da crítica do racionalismo. Analisa o valor da Lógica e chega à conclusão de que são excessivas as esperanças nela depositadas. A Metafísica é, nessa época, para ele, nada mais que "a ciência dos limites da razão humana";
3. período de transição para a crítica (1770-1780). Elaboração e aprofundamento do pensamento crítico a que chegara no segundo período;
4. período criticista (1781-1804).

Destaquemos, de igual modo, os pontos centrais da obra kantiana:

1. A filosofia de Kant tem um ponto de partida semelhante ao de Descartes e de Leibniz, isto é, Kant inicia sua filosofia por uma teoria do conhecimento, mais acentuadamente que os seus antecessores, e no percurso diferencia-se muito deles. Enquanto aqueles falam do conhecimento que terão, da teoria que vão construir, Kant parte do conhecimento já existente, da ciência físico-matemática de seu tempo, já consolidada por Newton. Em Kant, influíram as três grandes correntes filosóficas do século XVIII: o racionalismo de Leibniz,

CONVITE À FILOSOFIA
220

o empirismo de Hume e a ciência positiva de Newton. Assim, para Kant, a realidade da ciência de Newton é uma evidência palpável. Sua teoria do conhecimento, portanto, não será a teoria de um conhecimento possível, como em Descartes, ou de um conhecimento em formação, como em Leibniz; seu fato é a física-matemática de Newton, que fornece o postulado no qual ele fundamentou sua teoria do conhecimento. Kant remontou aos princípios do conhecimento para discutir, criticar sua origem, seu valor, seu alcance, e então descobrir, pôr à tona o vício tanto do empirismo como do dogmatismo.

Toda a experiência e todo o conhecimento filosófico provêm, segundo Kant, de três fontes: os sentidos que criam intuições, o entendimento que cria conceitos e a razão que cria ideias.

A sensibilidade e o entendimento fluem conjuntamente e criam a experiência. A razão encontra já a experiência feita, cujos limites ultrapassa com suas ideias, para além do mundo empírico. Nessas três fontes se encontram produtos "puros" do conhecimento humano. Deve investigar-se que papel desempenham na experiência a sensibilidade e o entendimento puros, para logo averiguar se a razão "pura" tem direito a ultrapassar com suas ideias os limites do mundo da experiência, por que o faz e em que medida são exatos os resultados a que chega.[3]

2. Para Kant, a ciência físico-matemática da natureza compõe-se de juízos, estruturados em teses, afirmações e proposições. São esses juízos enunciações de fatos observados, que compõem a estrutura geral do saber científico-matemático e podem ser divididos em dois grandes grupos: *analíticos* e *sintéticos*. *Analíticos* são aqueles em que o predicado já está contido no sujeito, por exemplo: "o quadrado tem quatro lados"; *sintéticos* são aqueles cujo predicado não

---

[3] Chaim Zhitlowsky, *Kant*. Trad. Leon Dujovne. Breviarios del Pensamiento Filosófico. Buenos Aires, Editorial Sudamericana, 1941, p. 14-15.

está contido no sujeito, por exemplo: "a lua é um planeta". Os juízos analíticos são verdadeiros para Kant, porque se estribam no princípio de identidade. Os juízos sintéticos não são verdadeiros por si mesmos, mas a sua legitimidade está na experiência. Os juízos analíticos são universais, por serem verdadeiros em qualquer ponto do espaço e do tempo, enquanto os juízos sintéticos são contingentes e particulares, válidos pela experiência sensível e tais que a sua validez não será invariavelmente aceita no espaço e no tempo.

O conhecimento científico fundamenta-se nos juízos sintéticos, porque os analíticos são pura tautologia e nada acrescentam ao conhecimento. Leibniz queria que a Ciência se fundamentasse em juízos analíticos. Se a Ciência estivesse, como queria Hume, constituída apenas pelos juízos sintéticos, os quais dependem das associações de ideias, dos fatos e das repetições da experiência, ela seria apenas um costume, sem validade universal. Ora, pensava Kant, a lei de Newton não é apenas um juízo analítico, tampouco um juízo sintético. Observou Kant que alguns desses juízos provêm dos sentidos, e outros, da razão. Existem, portanto, princípios *a priori* do conhecimento: de uma ou várias experiências, pode-se formular *a priori* uma lei universal. Os juízos *a priori* deverão possuir a característica de necessários e universais, mas, para que não sejam simples tautologias como os juízos analíticos, deverão também conter os atributos do juízo sintético. Inferiu daí Kant os juízos *sintéticos a priori*.

3. A crítica dos juízos *a priori* é a matéria da *Crítica da Razão Pura*. Mas, se o conhecimento não pode dispensar os juízos *a priori*, tampouco pode valer-se exclusivamente deles, porque, para que o conhecimento alcance toda a sua extensão, eles não são meios suficientes. Em outras palavras: há um limite para o conhecimento? Não – responderia Kant –, e isto porque, de um lado, o conhecimento científico permanece possível e, de outro lado, a moral nos permite ir além da experiência. A lei moral impõe-se a todos os indivíduos, possuindo por isso uma objetividade certa. É essa a consequência tirada na *Crítica da*

Razão Prática, em que, apoiando-se nas ideias morais, o espírito pode afirmar algo além da experiência.

4. Os sentidos fornecem apenas dados contingentes. Se existem conhecimentos universais e necessários, eles só podem provir da razão.

Detenhamo-nos agora nas três fontes do conhecimento, já anteriormente citadas:

I) *Sensibilidade* (os sentidos). Em sua crítica, Kant fundamentou uma *estética transcendental*, eliminando todos os elementos particulares que a sensibilidade oferece, os quais correspondem ao *objeto* do conhecimento. Feito isso, permanecemos em face de duas ideias universais e necessárias: tempo e espaço. São eles a *forma* sempre presente do conhecimento. Em si nada são, mas pertencem ao sujeito pensante. São as duas formas *a priori* da sensibilidade.

II) *Entendimento*, segunda faculdade do conhecimento. A crítica kantiana aqui se chama *lógica transcendental*. Às quatro formas do juízo correspondem quatro *categorias* ou conceitos puros do entendimento: quantidade, qualidade, relação, modalidade. São as condições *a priori* do conhecimento sensível, como o espaço e o tempo são as condições *a priori* da intuição. São elas inerentes ao nosso espírito, e não coisas em si. Daí conclui Kant que nunca conhecemos a coisa em si (*noumenon*), mas apenas com a mediação do nosso conhecimento (portanto, apenas o fenômeno).

III) Segue-se a *razão pura*, terceiro elemento, à qual pertence o mundo das *ideias*. A crítica aqui se chama *dialética transcendental*. Fundamenta-se em três ideias: o *eu*, o *mundo* e *Deus* (psicologia racional, cosmologia racional e teologia racional). São ideias puramente *a priori*, portanto frágeis e incompletas para o conhecimento. São, portanto, cientificamente falsas.

5. A crítica da razão pura, concluiu Kant, é insuficiente para ultrapassar os limites da experiência. Resta o caminho da razão prática: assim como existem elementos *a priori* do conhecimento, há dados *a priori* para guiar nossa vontade e nossa ação. Pela crítica da razão prática Kant ultrapassou o conhecimento, e nela fundamentou a imortalidade da alma e a essência de Deus.

Os princípios morais *a priori* geram a noção do dever. Só são morais os atos que se fundamentam na vontade de fazer o bem, na *boa vontade*, independentemente de qualquer finalidade útil ou desejável. O respeito ao dever é essencial a toda moralidade. É uma lei moral, que equivale aos princípios evidentes da ciência natural. A lei moral é uma lei férrea e incondicional: *um imperativo categórico*. Admitindo a autonomia da vontade, o homem obedece à sua vontade, que é livre. A afirmação da existência da alma é o postulado necessário para assegurar ao sujeito moral conformidade de sua vontade à lei moral, por não ser realizável a moralidade no mero campo da experiência. É necessária a existência de Deus para que seja possível o soberano bem e para que o homem possa vencer suas inclinações, que o poderiam afastar do cumprimento da lei moral.

A faculdade da consciência que cria moralidade é chamada por Kant a "capacidade de querer", e também ela encerra uma parte sensível e uma parte "pura". A parte sensível compreende as tendências e os desejos que provêm dos sentidos, que estão sempre dirigidos pelos sentimentos momentâneos de prazer e de dor. "A parte mais elevada chama-se 'razão prática', e coloca-se além dos sentimentos momentâneos de prazer e de dor, valoriza-os, aprecia-os e formula leis para a vontade, para a sua consciente e racional atividade prática."[4] Para muitos, é a parte da moral o ponto realmente frágil da filosofia kantiana, e muitas críticas lhe foram feitas. Nietzsche, por exemplo, viu aí o funcionário prussiano, ansioso de servir à ordem política de sua época, e, no imperativo categórico, um reflexo do militarismo da Prússia.

---

[4] Zhitlowsky, *Kant*, op. cit., p. 78.

CONVITE À FILOSOFIA

6. A palavra *crítica*, tal como usada por Kant, não é tomada na acepção comum de censura, mas sim no sentido clássico de estudo, investigação. Assim, "crítica da razão pura" significa estudo, investigação da razão, independentemente da experiência, pois a palavra *puro* significa "independente da experiência", "*a priori*".

A filosofia de Kant é também conhecida por "idealismo crítico" ou "idealismo transcendental".

7. Por fim, quanto à teoria do conhecimento, os sentidos nos fazem conhecer o mundo exterior real, e nos fornecem os materiais da experiência. A imagem que temos das coisas é o resultado de dois fatores:

I) as propriedades dos objetos, que atuam em nossos sentidos e provocam em nós certas impressões e representações;

II) o caráter particular do *sujeito* que recebe essas impressões, isto é, da consciência.

Daí, Kant deduziu que as representações que temos das coisas, tais como nos *aparecem*, distinguem-se irremediavelmente da *coisa em si*, isto é, da coisa tal como existe em si e por si, em seu ser "verdadeiro", independentemente da consciência subjetiva. É a coisa em si, enquanto tal, incognoscível. Podemos conhecer apenas os fenômenos.

Fora do espaço e do tempo, nada podemos conhecer nem imaginar.

As leis naturais desenvolvem-se, estendem-se, unicamente no mundo dos fenômenos que existe em nossa consciência. Os *noumena* (as coisas em si) não estão submetidos às leis da necessidade e da universalidade absolutas (lei da causalidade, que Kant afirmava que não podemos rigorosamente concluir pelo mero fato de observarmos que o fenômeno B se segue naturalmente do fenômeno A).

A teoria do conhecimento de Kant comporta, assim, uma contradição, entre:

I) um elemento *idealista subjetivo*: as formas de nossa experiência (*Anschauung*): espaço, tempo, categoria; e

II) um elemento *realista*, que são os materiais indeterminados que nos são fornecidos pelas coisas em si (pelo mundo exterior, que existe independentemente de nós).

Nossa concepção da necessidade da natureza não é aplicável ao mundo dos *noumena*, no qual portanto pode reinar a liberdade absoluta. É nesse império que Kant colocou as ideias de Deus, da imortalidade da alma e do livre arbítrio, que não são compatíveis com a ideia de lei. Esta sua última atitude é tomada na *Crítica da Razão Prática*.

1.6 Os ideólogos

Era este o nome que se dava a um grupo de pensadores e cientistas que, partindo das análises de Condillac (1714-1780), embora deste se afastando, formaram um movimento, em fins do século XVIII, chamado de *ideologia*. Entre eles, destacaram-se: Volney (Constantin-François Chassebœuf de La Giraudais, 1757-1820), Charles Bonnet (1720-1793), Dominique Joseph Garat (1749-1833), Emmanuel-Joseph Sieyès (1748-1836), Pierre-Louis Ginguené (1748-1816), Pierre Jean Georges Cabanis (1757-1808), Pierre Laromiguière (1756-1837), Antoine Destutt de Tracy (1754-1836) e Joseph-Marie de Gérando (1772-1842). Apoiando Napoleão Bonaparte (1769-1821) quando do 18 de Brumário, separaram-se dele ao perceber sua tendência autocrática, sofrendo por isso a perseguição do imperador. Os ideólogos examinavam problemas psicológicos, fisiológicos e lógico-gramaticais, penetrando no terreno da Filosofia e estabelecendo, assim, uma concepção de mundo, uma moral e até um partido político, de tendências liberais.

O pensamento fundamental dos ideólogos provém de Condillac. A sensação é a fonte única de todos os nossos conhecimentos, e o princípio único de todas as nossas faculdades, tanto das afetivas como das intelectuais. Por uma simples

CONVITE À FILOSOFIA
226

transformação, a sensação torna-se, pouco a pouco, atenção, comparação, julgamento, raciocínio e, por fim, desejo e vontade. A alma é, assim, o conjunto das sensações atualmente experimentadas e daquelas que a memória recorda.

Destutt de Tracy seguiu os princípios fundamentais da ideologia, porém os considerava insuficientes. Em sua obra, privilegiou quatro faculdades não suscetíveis de decomposição: querer, julgar, sentir, recordar.

Pierre Cabanis, embora filiado ao movimento dos ideólogos, tem sido apresentado, discutido e comentado de forma muito parcial, em grande parte distante de sua verdadeira doutrina. Façamos, por isso mesmo, uma síntese de suas opiniões.

Cabanis tem sido apresentado como um materialista que quis submeter toda a análise psicológica à Fisiologia, desejando resolver os problemas das faculdades e dos atos com exclusão de qualquer pressuposto metafísico. Para Cabanis, seria o pensamento *apenas* o produto da atividade cerebral. Contudo, a leitura de sua obra oferece outras conclusões:

1. Cabanis admirava a obra dos sensualistas Hobbes, Locke, Helvétius e Condillac, mas deplorava que este último não tivesse suficientes conhecimentos fisiológicos.
2. O físico e o moral confundem-se em suas fontes, isto é, o moral nada mais é que o físico considerado sob determinados pontos de vista particulares.
3. Influenciado pelos ideólogos, Cabanis afirmou: as impressões recebidas pelos órgãos são igualmente a fonte de todas as ideias e de todos os movimentos. Ele não podia conceber um fato de atividade sem um fato prévio de sensibilidade.
4. Há, para ele, grande número de determinações absolutamente fora da experiência e da razão, determinações que prescindem de educação e

que atingem um alto grau de aperfeiçoamento simplesmente porque emanam de uma fonte distinta, isto é, do *instinto*.

5. *Não* há apenas fenômenos físicos no homem. Cabanis espiritualiza o homem, sustentando que, aos elementos materiais da economia animal, junta-se um princípio desconhecido qualquer.[5]

6. Há três escolas entre os fisiologistas durante o século de Cabanis:
   - a dos estritamente materialistas;
   - a dos que aceitam que, além dos fenômenos físicos, há outra espécie de fenômenos vitais (vitalistas);
   - a dos que aceitam que, aos fenômenos materiais, junta-se um princípio desconhecido qualquer, que eles chamam alma, *arquê*, princípio vital. Entre estes, está Cabanis.

7. Graças ao contato com Claude Fauriel (1772-1844), Cabanis empreendeu estudos mais aprofundados em torno dos fenômenos psíquicos. Nessa época, ele afirmou que a razão possui, como traço inato, uma natureza não material, princípio que, por isso, não pode partilhar da dissolução da matéria orgânica. Esse princípio mental não é o resultado das ações das partes, uma propriedade ligada a uma combinação animal, mas uma *substância*, um *ser* à parte e distinto. Acreditando na

---

[5] Cf. Frédéric Elionor Dubois d'Amiens, "Cabanis". In: Adolphe Franck (org.), *Dictionnaire des Sciences Philosophiques par une Société de Professeurs et de Savants*, vol. 1 (A-CYT). Paris, Hachette, 1844, p. 414. Ver, do próprio Cabanis, *Rapports du Physique et du Moral de l'Homme*. 2. ed., vol. 1. Paris, Crapart, Caille & Ravier, 1805, Quatriéme Mémoire, § 1, p. 245-46: "Qualquer que seja a ideia que adotemos sobre a natureza da causa que determina a organização dos vegetais e dos animais, ou sobre as condições necessárias à sua produção e ao seu desenvolvimento, não poderemos nos abster de admitir um princípio, ou uma faculdade vivificante, que a natureza fixa nos germes ou espalha nos licores seminais. Como se trata aqui da operação mais surpreendente de todas aquelas que o estudo do universo oferece, as circunstâncias são extremamente delicadas e complexas: elas permanecem cobertas por um véu misterioso; e até agora não fomos capazes de entender senão as aparências mais grosseiras. Mas sabemos que em muitas plantas, e na maior parte dos animais, a matéria de seus primeiros rudimentos, ou seus primeiros rudimentos já totalmente formados, existem separados da causa que deve dar-lhes vida, ou seja, da matéria prolífica que contém o seu princípio".

CONVITE À FILOSOFIA
228

imaterialidade e no inatismo do princípio da vida, posteriormente, Cabanis propôs a imaterialidade e o inatismo do princípio da inteligência, baseado no fato de que o todo é *um*, e, consequentemente, defendeu a existência desse mesmo princípio após a morte. Essas proposições não são, porém, artigos de fé. Por meio de sua obra, Cabanis examinou os prós e os contras dessas posições. Escutemos suas palavras: "Tais são os motivos que podem fazer pender a crença de um homem razoável em favor da persistência do princípio vital e do *eu*, após a cessação dos movimentos vitais nos órgãos".[6] "Porém", ele acrescentou, "não nos esqueçamos de que permanecemos aqui no terreno das meras probabilidades".[7] Observe-se que Cabanis, por haver atribuído à natureza *inteligência* e *vontade*, foi classificado como *panteísta*. Vemos, seja como for, que ele está muito longe de ser o materialista vulgar tão frequentemente apresentado nos compêndios de Filosofia.

Maine de Biran (1766-1824), natural de Bergerac, exerceu na vida política diversos cargos importantes. Estudou com afinco as sensações e as impressões, e desses estudos surgiu sua doutrina filosófica.

As oposições entre o sentimento e a reflexão e entre a passividade e a atividade são os temas principais de Maine de Biran. Embora ele tenha partido da filosofia sensualista dos ideólogos, logo depois seguiu um caminho próprio. O hábito, afirmou, embota a sensação e facilita o pensamento. Isto se dá porque pensamento e sensação são de naturezas diferentes. O primeiro é atividade; o segundo, passividade.

Maine de Biran partiu do *eu* como fato primitivo, "condição da humanidade". Este se manifesta unicamente na ação, pelo *esforço* – dado simples da

---

[6] Frédéric Joseph Bérard (ed.), *Lettre (Posthume et Inédite) de Cabanis a M. F. sur les Causes Premières*. Paris, Gabon, 1824, p. 74.

[7] Ibidem, p. 74-75.

observação, liberto da existência da vontade. Há no homem uma vida animal, puramente passiva, e uma vida humana, que se manifesta pela atividade do eu (a qual excede ao corpo, embora este lhe resista) e que é o germe de toda vida, inclusive a intelectual e moral.

O homem é formado de dois elementos distintos, e quatro são os *sistemas* (ou *modos*) que formam a existência:

1. *sistema afetivo*, que corresponde à vida animal e comporta prazer e dor, conjunto de fantasmas e imagens;
2. *sistema sensitivo*, resultado do grau inferior do esforço (pensamento), que determina a localização das afeições nos órgãos, a ideia de causa e a reminiscência;
3. *sistema perceptivo*, que corresponde à atenção, às ideias, às criações artísticas, em que a atividade do eu é orientada para o exterior;
4. *sistema reflexivo*, em que o eu discerne a si mesmo e se eleva à concepção das noções que formam a sua origem.

Ao reconhecer que a primazia da vontade na vida interna, como origem e raiz do conhecer, era insuficiente para a vida psíquica, Maine de Biran chegou à afirmação da existência de uma vida espiritual superior, em que as resistências físicas e corporais se evaporassem ante a força do espírito, tal como se revela na experiência mística. A vida psíquica, libertada do orgânico, é livre, e representa um estágio superior, mais elevado, o que é possível pela intervenção de Deus.

2. O utilitarismo inglês

Em suas linhas gerais, o utilitarismo é a doutrina que reserva, na hierarquia dos valores, o ponto mais alto para os valores utilitários. Embora se notem diversas manifestações utilitaristas no decorrer da história da Filosofia, o utilitarismo encontrou sua expressão mais eloquente no século XVIII, na Inglaterra, representado por homens como Jeremy Bentham, James Mill, John Stuart Mill, etc.

Jeremy Bentham (1748-1832) foi a maior figura do utilitarismo, ao qual deu um sentido radical. Bentham acreditava que o homem se rege pelo interesse, como o revelam seus atos e a História. O interesse do homem é a sua felicidade, e ela não consiste no gozo egoísta do bem, mas no maior número de bens para o maior número de pessoas. O homem é guiado pelo prazer e pela dor, que o ensinam a viver. O homem tende a aumentar o prazer e a eliminar a dor. No entanto, não se deve pensar que Bentham defendesse o prazer sem limites. Sua vida foi até puritana, e ele estabelecia restrições a todo excesso.

James Mill (1773-1836) manteve-se dentro das ideias utilitaristas de Bentham, completando-as com a teoria associacionista. Quanto a John Stuart Mill, seu filho, examinaremos sua obra brevemente adiante.

3. O idealismo alemão

3.1 Fichte

Johann Gottlieb Fichte (1762-1814) ocupou-se com os estudos da obra de Kant e, depois de haver discordado de muitos dos seus pontos de vista doutrinários, interessou-se pelo fundamento da relação gnosiológica entre o sujeito e o objeto. Entre o dogmatismo e o idealismo, Fichte propôs que o ato de libertação do sujeito exige a opção pelo idealismo. O ponto de partida é a atividade consciente, o Eu como autoconsciência. O Eu não é algo estático, porém dinâmico. O pensamento afirma-se como ato de pensar. Esse Eu se descobre por meio de uma intuição intelectual. O Eu se oferece a si mesmo num ato de liberdade absoluta. Contudo, a consciência é bipolar. Ao Eu se opõe o não-Eu. Ao sujeito, o objeto. A cisão da realidade em Eu e não-Eu demanda uma síntese que a anule, mas sem destruí-los. Essa síntese se dá pela limitação do Eu pelo não-Eu. Para Fichte, em suma, o Eu se forma pelo pensar. O Eu não é propriamente um eu individual, mas um Eu que é um ponto onde a atividade criadora do Absoluto emerge na consciência individual.

3.2 O romantismo

Logo após a Revolução Francesa, processa-se o movimento ao qual foi dado o nome de romântico, o *romantismo*, cuja tendência geral consiste em fazer prevalecer o sentimento sobre o pensamento, a intuição sobre o conceito, o dinâmico sobre o estático, o orgânico sobre o mecânico, o expressivo sobre o plástico. Surgem então, na Filosofia, nomes como Schlegel, Tieck, Novalis, Hölderlin, etc.

3.3 Schelling

Friedrich Wilhelm Joseph Schelling (1775-1854) foi o fundador da filosofia da identidade, para a qual o sujeito e o objeto coincidem no Absoluto, que é um estado que pode ser alcançado pela intuição intelectual. A filosofia de Schelling culmina num idealismo transcendental, em que a natureza e o espírito se fundem na identidade – daí se afirmar que a natureza é o espírito dinâmico visível, e o espírito, a natureza invisível. A liberdade e a necessidade são maneiras diferentes de manifestação duma mesma realidade. Schelling é, assim, monista.

3.4 Hegel

Georg Wilhelm Friedrich Hegel (1770-1831) principiou sua reflexão sob a influência dos românticos e de Schelling; no entanto, posteriormente se distanciou de suas ideias, fundando um sistema próprio, que obteve grande influência posterior na Filosofia: o hegelianismo. Para Hegel, o Absoluto do idealismo transcendental "é a ingenuidade do vazio no conhecimento"[8] e não favorece a explicação da heterogeneidade. Embora considerado idealista, o pensamento hegeliano é, na verdade, real-idealista, pois revela uma preocupação constante pelo concreto, do qual parte para alcançar um saber absoluto.

O saber, enquanto permanece no empírico, no transeunte, no contingente, é um saber imperfeito, insuficiente e até mesmo deficiente. O pensamento sobre o objeto supera o próprio objeto; é um saber mais alto. É o conceito que sintetiza a oposição que há entre o sujeito e o objeto. É mister superar as oposições, e o espírito consegue realizá-lo pela penetração decidida na religião, na qual ele conhece o seu triunfo. Só aí o espírito pode alcançar a Ideia Absoluta, e o procedimento para alcançá-la é dialético, por meio de afirmações e negações (teses e antíteses), até se atingir a síntese superior. Em sua famosa *Lógica*, Hegel expôs seu método, que seria impossível sintetizar aqui. O Ser Absoluto é o tema principal da *Filosofia da Natureza*. A Ideia Absoluta em si e para si é o tema da *Filosofia do Espírito*. A tese, a antítese e a síntese são os momentos distintos da Ideia Absoluta, os quais são afirmados, negados e superados pela dialética. A superação é, ao mesmo tempo, conservação e superação (*Aufhebung*) do afirmado, porque abarca este e, ainda, a negação da sua negação. A dialética é expressão da própria realidade, e não apenas um modo de pensar.

Teorizando a ideia de Ser, Hegel afirmou, na *Ciência da Lógica*, que ela é a mais universal e também a mais indeterminada das ideias. Negado todo conteúdo ao Ser, tornado ele abstração, ele se converte em nada. Esquece, porém, Hegel que há uma diferença importante: o nada, enquanto tal, é nada, e o ser

---

[8] Hegel, *Prefácios*. Trad. Manuel C. Ferreira. Lisboa, Imprensa Nacional / Casa da Moeda, 1990, p. 44; "A Fenomenologia do Espírito", trad. Henrique Cláudio de Lima Vaz. In: *Hegel*. Coleção Os Pensadores, vol. 30. São Paulo, Abril Cultural, 1974, p. 18. Na tradução de Paulo Meneses: "É ingenuidade de quem está vazio de conhecimento" (*Fenomenologia do Espírito*. 2. ed. Coleção Pensamento Humano. Petrópolis / Bragança Paulista, Vozes / Universidade São Francisco, 2003, p. 34).

é alguma coisa, o que impede a total identificação entre ambos. A negação do ser é superada, porém, pela negação dela própria, que é o devir (o vir-a-ser). O devir é negado, por sua vez, pela qualidade; a negação da qualidade consiste na quantidade, e a superação de ambas se dá pela medida, que é a antítese.

A filosofia de Hegel desempenhou grande papel na história do pensamento. A atualização da sua parte realista favoreceu a formação das doutrinas hegelianas de esquerda, nas quais o marxismo vai buscar seus fundamentos, e da atualização do aspecto ideal surgiram as tendências direitistas. Entre os hegelianos mais famosos, podemos salientar, na esquerda, Ludwig Feuerbach, Max Stirner, Karl Marx e, na direita, Johann Philipp Gabler, Leopold von Henning, etc. Outros hegelianos famosos incluem Karl Rosenkranz, Alois Emanuel Biedermann, Eduard Zeller, Kuno Fischer, Johann Eduard Erdmann, Victor Cousin, Bertrando Spaventa e Carl Prantl.

3.5 Goethe

Johann Wolfgang von Goethe (1749-1832) em geral não é incluído entre os filósofos. No entanto, sua obra influiu e segue influindo no pensamento moderno. Como Goethe não organizou nenhum sistema, não tem sido considerado como é merecedor; todavia, trata-se de um legítimo representante do romantismo alemão. Ele viu no homem e na natureza uma união indissolúvel, e compreendeu que a intuição e o pensamento formam um todo. Além disso, repelia todo mecanicismo.

3.6 Schopenhauer

Arthur Schopenhauer (1788-1860), cuja obra máxima é *O Mundo como Vontade e Representação*, defendeu a inseparabilidade do sujeito e do objeto, com a qual quis refutar as teses do materialismo e do subjetivismo. Para ele, a vontade é um princípio universal, manifesto no esforço com que todo ser, instintivamente, realiza aquilo que é próprio à sua espécie e se engaja, a fim de assegurar o seu modo de vida, numa luta contrária a todos os demais seres. Schopenhauer foi um filósofo romântico, pessimista e sombrio.

4. O pós-idealismo

4.1 Kierkegaard

Søren Kierkegaard (1813-1855) desfruta hoje de certa notoriedade, dada a sua marcante influência na filosofia chamada existencialista. Suas teses e opiniões têm uma atualidade que não foi reconhecida quando de sua breve vida, durante a qual ele permaneceu obscuro e incompreendido por seus contemporâneos. Em sua filosofia, a eternidade é mais importante do que o tempo. Já o homem seria um egoísta, que precisa experimentar o desespero. Deus está atrás da razão e do homem. Kierkegaard opôs-se à religião ortodoxa dominante em sua época.

4.2 Proudhon

Pierre-Joseph Proudhon (1809-1865) foi um dos maiores pensadores da França, cuja obra – quase desconhecida, salvo a sua parte social – não tem merecido, senão em nossos dias, uma análise mais completa. Proudhon compreendeu as profundas oposições na natureza, e a doutrina das antinomias é a base das suas ideias. Afastado do individualismo atomista e do socialismo estatal, pregou ideias libertárias, que lhe valeram o nome de pai do anarquismo, cuja doutrina muito lhe deve.

4.3 Stirner

Max Stirner (1806-1856), cujo nome real era Johann Kaspar Schmidt, foi um hegeliano de esquerda. Ele defendeu um individualismo extremado, que encontra no Eu enquanto "único" o fundamento de toda relação.

O *único* é uma resistência ante toda exterioridade, quer formada pelas criações do espírito, quer pelos *eus* alheios. O *único* não se submete a nenhuma categoria. O *único* é independente de toda categoria, de toda submissão. Por essa razão, Stirner combateu toda espécie de coação, não só do Estado, como até das próprias ideias. O *único* pode unir-se independentemente, num ato de liberdade, aos outros únicos. Se não houver independência do *único*, não haverá liberdade. Só pelo *único* pode a sociedade conhecer a liberdade, e, em vez de uma união forçada dos indivíduos, dar-se a união livre, com a universalidade da ideia em universalidade da unicidade.

É muito comum julgar-se que Stirner seja um defensor do egoísmo utilitarista. No entanto, não é o caso. O único, o eu de cada um, é livre em função da liberdade dos outros únicos. A liberdade é indivisível e não conhece limites. Nenhuma liberdade limita outra liberdade. O que limita a liberdade é a opressão, não a própria liberdade. Uma sociedade de eus livres é uma sociedade livre. Considerar, porém, a sociedade como uma entidade que pode ser livre sem eus livres é cair nas velhas idolatrias.

Em muitos aspectos, o existencialismo conserva determinadas teses de Stirner, sem que os existencialistas o saibam. Stirner é dos filósofos menos conhecidos, mas nem por isso deixa de ser uma das personalidades mais fortes e originais que surgiram na Filosofia. É a grande figura do anarquismo individualista.

Algumas fontes da filosofia contemporânea

Positivismo – Transformismo e evolucionismo socialistas – Pragmatismo

Positivismo

Em sentido específico, considera-se positivismo a doutrina ou escola fundada por Auguste Comte (1798-1857), a qual, além de compreender uma teoria da Ciência, é sobretudo uma reforma da sociedade e uma religião. Ela nasceu como reação à filosofia romântica especulativa do século XIX e inclui correntes as mais diversas, tais como o utilitarismo, o biologismo, o pragmatismo, o sensualismo, o materialismo, etc., que lhe são afins, o que torna difícil clarificar o sentido preciso do positivismo.

Se atentarmos aos seus elementos mais importantes, o positivismo constitui uma teoria do saber, que se nega a admitir outra realidade que não seja a dos fatos e a investigar outra coisa que não sejam as relações entre eles. Manifesta o positivismo uma aversão sem limites à Metafísica. Ele repele o saber metafísico, o conhecimento *a priori*, a intuição direta do inteligível e a crítica gnosiológica. O positivismo hostiliza todo sistema, toda construção ou dedução, reduzindo a Filosofia à Ciência.

Embora distinto desse positivismo, mas vinculado a ele em algumas teses essenciais, temos o chamado neopositivismo, que se manifestou sobretudo entre os cientistas do século passado, destacando-se entre eles o Círculo de Viena, e em particular Hans Reichenbach, Moritz Schlick, etc., que, embora já quase esquecidos na Europa, conheceram no Brasil um surto inesperado na década de 1950, como sucedeu também com o positivismo, que pontificava entre nós quando já se extinguia na Europa. Outras manifestações neopositivistas se apresentaram no pensamento ocidental, que negam também a Metafísica e ampliam o empirismo, e tendem para a construção de uma filosofia da ciência.

Stuart Mill

John Stuart Mill (1806-1873) era filho de James Mill. Rebelou-se contra a estreiteza do utilitarismo. Combateu, como Comte, a Metafísica, mas discordou deste ao reconhecer a Psicologia como ciência afetiva. As ideias psicológicas de Stuart Mill foram desenvolvidas no corpo da psicologia teórica. Stuart Mill foi também um grande economista, e são valiosas suas ideias neste setor.

Darwinismo

Charles Darwin (1809-1882) foi um estudioso da doutrina da seleção natural, que antes dele já havia sido examinada e investigada, embora sem os recursos de que ele dispunha. Em Empédocles e em Anaximandro encontramos afirmações que evidenciavam a aceitação do transformismo e da evolução nas espécies animais. No século XVIII, surgiram várias teorias evolucionistas. Tanto na obra de Schelling como na de Hegel, há antecipações filosóficas à teoria evolucionista.

Entre os mais famosos que estudaram esses temas, salientamos a figura de Lamarck (1744-1829), o qual, em sua *Filosofia Zoológica*, explicou a origem das espécies e as variações condicionadas pelo meio, o qual impõe ao animal a necessidade de adaptações sucessivas e, por consequência, a correspondente modificação dos seus órgãos. Tais modificações são fixadas pelo costume e transmitidas pela herança, constituindo-se desta forma uma gradação de espécies, cujas anormalidades se tornam, por sua vez, condições da futura normalidade.

Darwin partiu da opinião de Malthus, de que há uma desproporção entre a multiplicação dos seres vivos e os meios de subsistência, o que produz a luta pela vida (*struggle for life*), e essa luta desemboca na sobrevivência dos mais aptos (note-se: dos mais *aptos*, e não dos mais fortes). Os mais aptos são aqueles cujas funções se adaptaram melhor às exigências do meio. Essas variações, quando fixadas, dão origem a novas espécies, que surgem com o tempo, articuladas numa hierarquia de funções, progressivamente mais diferenciadas e perfeitas.

O darwinismo influiu no mundo moral e histórico do século XIX. Herbert Spencer (1820-1903) aplicou os princípios da evolução a todos os domínios da natureza e da cultura. As comprovações científicas vieram dar à filosofia de Spencer uma justificação extraordinária, o que lhe valeu, durante certo tempo, um grande prestígio. Foi assim que o darwinismo penetrou na Filosofia, filiando-se, naturalmente, ao positivismo e ao evolucionismo naturalista. Considerou-se assim a evolução não só como um *processo*, mas como um *progresso*, atribuindo-se valor à noção mecânica de evolução, o que se tornou um dos grandes mitos do século XIX, e também do século XX. Entre os mais famosos seguidores dessas teorias, temos Thomas Huxley (1825-1895) e Ernst Haeckel (1834-1919). Atualmente, porém, o darwinismo, em face das grandes conquistas da Biologia, perdeu muito de sua validez, deixando de ser um princípio geral de explicação. Haeckel repele a Metafísica e segue em suas linhas gerais os princípios de Darwin, dos evolucionistas e dos positivistas. Contudo, no terreno filosófico, aceita um hilozoísmo, que se assemelha ao hilozoísmo jônico, concedendo à matéria um atributo vital. Para ele, o movimento é a energia do universo, e Deus é a consciência dessa natureza. Haeckel é um monista naturalista. Considera totalmente falso o dualismo entre matéria e espírito. A matéria e a energia são meros atributos de uma substância única, que é Deus – doutrina que se assemelha, neste ponto, ao espinozismo.

Vejamos, agora, o movimento socialista do século XIX e sua significação na Filosofia.

Feuerbach

Ludwig Feuerbach (1804-1872) foi discípulo de Hegel e filiou-se à esquerda hegeliana. Ele sustentava que o espírito é nada mais que uma manifestação da natureza. Todas as entidades tidas por transcendentes são apenas hipóstases dos conceitos humanos.

O homem cria os deuses à sua imagem e semelhança. Cria-os de acordo com suas necessidades, desejos e angústias. A ideia de Deus, em todas as culturas, revela o âmago autêntico do homem dessas eras. Por isso, deve-se compreender o sentimento das religiões. O ateísmo, para Feuerbach, é uma consequência da razão, uma consequência do desenvolvimento cultural. Naturalmente, o homem é religioso. O ateísmo é alcançado pelo homem quando chega à consciência da sua limitação e também do seu poder. Esse poder é adquirido pela sua libertação da transcendência.

Marx

Karl Marx (1818-1883), na juventude, ligou-se à esquerda hegeliana, então representada por Feuerbach, de quem foi um entusiasta admirador, até dele separar-se posteriormente. Marx estudou a economia liberal inglesa do século XVIII, representada por Adam Smith e David Ricardo, assim como o socialismo francês de Saint-Simon, Fourier e, sobretudo, Proudhon, a quem muito admirou e exaltou até seu rompimento, quando passou a atacá-lo e a negar-lhe tudo quanto antes havia afirmado.

Marx procurou inverter o método dialético de Hegel. Combateu ferozmente o idealismo em todas as suas afirmações, tornando-o sinônimo de metafísica, pois, como se observa nas obras dos marxistas, *idealista* e *metafísico* são sempre tomados como sinônimos. Não é o espírito que determina o processo histórico e, com ele, as relações econômicas, mas estas são os fatores determinantes do espírito. Elas formam a estrutura de que o espírito, por meio de suas múltiplas manifestações, é apenas a superestrutura. Esta ideia fundamental deu origem ao materialismo dialético e ao materialismo histórico, fundamentando, posteriormente, a doutrina socialista, que é conhecida geralmente por marxismo. Marx combateu não só o idealismo como também o materialismo mecanicista, defendendo o materialismo dialético, o qual, em outra obra, tivemos oportunidade de estudar.[1]

Pragmatismo

Embora tenha sido usada a palavra pragmatismo várias vezes na Filosofia, só com o pragmatismo contemporâneo, desenvolvido nos Estados Unidos, o conceito tomou um sentido nítido e doutrinário. Encontram-se formas de pensar pragmatistas nos sofistas gregos e em diversos pensadores do Renascimento. Porém, só com o surgimento do positivismo e dos movimentos anti-intelectuais é que o pragmatismo tomou uma direção francamente filosófica.

Ao fazer depender a verdade da utilidade, Nietzsche pode ser considerado um pragmatista. Alguns aspectos das filosofias de Oswald Spengler e de Georg Simmel e das doutrinas relativistas assumem traços pragmatistas. Entretanto, quando se fala em pragmatismo, quer-se referir a William James, C. S. Peirce, John Dewey, F. C. S. Schiller, Giovanni Papini, Günther Jacoby, etc.

---

[1] Em edição contemporânea: Mário Ferreira dos Santos, *Análise Dialética do Marxismo*. São Paulo, É Realizações Editora, 2018.

A filosofia contemporânea

Metafísicos – Espiritualistas modernos – Idealistas – Realistas – Vitalistas – Existencialistas – Fenomenólogos

Hartmann

Karl Robert Eduard von Hartmann (1842-1906) julgava que a explicação dos fenômenos da natureza, e especialmente dos fenômenos orgânicos, se deve a um princípio criador do mundo – princípio ativo e cego, análogo à Ideia Absoluta de Hegel e à vontade absoluta de Schopenhauer, mas anterior a ambas, que são seus atributos –, ao qual ele chama de *inconsciente*. É este o incondicionado de Hartmann, a *arquê* de todas as coisas, que, como incondicionado, não pode explicar-se por meio de qualquer relação. É assim o Absoluto.

Guyau

Jean-Marie Guyau (1854-1888) iniciou uma crítica da moral tradicional, considerando como fatores importantes nos atos morais a vida espontânea e a motivação inconsciente. A vida espontânea não é incompatível com a vida moral, desde que seja realmente espontânea, em vez de produto de uma libertação das cadeias. Guyau defende uma moral sem obrigações nem sanções, a qual é atingível desde que o homem se liberte dos preconceitos, de todos os

CONVITE À FILOSOFIA

244

proibidos que geram, por isso mesmo, o desejo do proibido e, daí, as formas viciosas. Em linhas gerais, as opiniões de Guyau substituem o velho princípio clássico de "devo, portanto posso" pelo "posso, portanto devo".

Nietzsche

Friedrich Nietzsche (1844-1900) nasceu em Röcken, na Prússia, filho de um pastor protestante e de remota origem polaca. Desde moço, aprofundou seus estudos em Filosofia, estudando entusiasticamente a literatura grega. Por sua grande cultura, foi aprovado sem exames na Universidade de Leipzig, por voto unânime da congregação. Aos 24 anos, foi nomeado lente de Filosofia na Universidade de Basileia (Suíça), onde, por seu precário estado de saúde, teve de aposentar-se, vivendo, a partir daí, em solidão. A leitura da obra de Schopenhauer (*O Mundo como Vontade e Representação*) levou-o ao pessimismo, ao qual logo reagiu com uma concepção "otimista trágica" e com um "dionisismo", diríamos, existencial, que colimou em seu lema do *Amor fati*, o qual consiste no amor à vida com todas as suas alegrias e tristezas. Influenciado pelas filosofias dos pré-socráticos, dos vedantas e de outros mais modernos, entre eles Lichtenberg, Pascal, Spinoza e Hegel, formulou um ataque extremado a todos os valores religiosos, filosóficos e científicos tradicionais, como também aos postulados do cientificismo do século XIX.

Acusou os metafísicos e defendeu o sentimento artístico contra a frieza da razão, considerando a arte uma justificação suficiente da existência, concebendo o Universo como a obra de um demiurgo artista. Afirmou a existência de um instinto poderoso no homem, que o impulsiona à procura da verdade e o impele à arte, à vitória sobre si mesmo; energia essa, a *Vontade de Potência*, que é essência da vida, essência que constitui até os átomos, que não são mais do que partículas de *vontade de potência*, o Todo e Deus, que ele mesmo define como Vontade de Potência.

O homem, assim como superou o *homo faber*, tem de superar o *homo sapiens*. O homem é uma ponte para uma super-humanidade de homens, que vencem suas fraquezas e se libertam da tirania de seus instintos e da razão, para a conquista de uma plena liberdade. É esse o ideal do *super-homem*, acessível somente aos que desejam ir além de si mesmos. Esse ideal não é um fim. Nietzsche é dinamista, dialético-trágico. O próprio super-homem conhecerá superações.

As contribuições de Nietzsche à Sociologia e à Psicologia são avultadas, havendo influído decisivamente em toda a concepção existencialista moderna da Filosofia, na obra dos psicologistas profundos, que decorrem de Freud, Adler e Jung, bem como nas obras de Spengler, Scheler, etc.

Sua doutrina, em virtude do choque das contradições, oferece campo para interpretações díspares. Há inúmeras exegeses da sua obra e quase todas as correntes ideológicas da atualidade disputam a sua doutrina.

Nietzsche faleceu nos albores do século XX, havendo, porém, em 1888, perdido inteiramente a razão, em consequência de seus grandes padecimentos.

Bergson

Henri Bergson (1859-1941): vale recordar que os aspectos mais importantes das suas teses, tanto na Psicologia como na Filosofia, foram mencionados na seção "O fato"; por meio deles, pode-se ter uma visão geral da sua obra. O estudo, entretanto, dos aspectos mais específicos pode ser realizado por meio da leitura de seus livros, dos quais há edições, além das francesas, em castelhano, português e muitos outros idiomas.

O que se deve salientar na filosofia de Bergson é o sentido do seu temporalismo, os seus conceitos de duração e de intuição. A duração é um fenômeno revelado ao indivíduo através da experiência imediata. Todas as coisas – consciência, matéria, evolução, tempo, movimento, etc. – são formas tencionais especializadas da duração.

O *élan vital*, o impulso vital, mostra-nos o aspecto vitalista da doutrina de Bergson. Esse *élan* é a força original que, a partir da sua unidade, se desdobra, se multiplica, se ramifica e se diversifica. É a grande fonte da vida. Esse *élan vital* só pode ser revelado pela intuição, e a Metafísica é a busca para compreendê-lo.

Outro aspecto importante da filosofia de Bergson é o tema da intuição, que teve nele um dos mais interessados estudiosos, que lhe deu uma base científica. A intuição não rejeita a razão, mas apenas a completa. Esse sentido é importante, porque abriu caminho para uma nova compreensão do imediato, o que já tivemos oportunidade de examinar tantas vezes, com a explanação das bases gerais que estabelecemos na Noologia.[1]

Blondel

Maurice Blondel (1861-1949), seguindo os estudos de Léon Ollé-Laprune (1839-1898), chegou à conclusão de que, por meios intelectualistas, não se pode atingir a plena evidência. É sobre a *ação* que Blondel fundamenta seu trabalho filosófico. É ela o princípio sobre o qual deve formar-se a Filosofia, se não se quiser cair nas contradições já clássicas: o unilateralismo intelectualista ou o unilateralismo vitalista. A ideia permanece no próprio interior da ação, a qual supera e unifica a teoria e a prática, a contemplação e a agitação. Dessa forma, a filosofia de Blondel torna-se uma dialética do devir, culminando na afirmação da primazia do devir sobre o ser, o que se manifesta não só no aspecto metafísico, mas também nas esferas da ciência da vida, da moral e da religião. O *devido* é compreensível pelo devir.

Assim, a ação é o Absoluto, o princípio da multiplicidade.

---

[1] Ver Mário Ferreira dos Santos, *Noologia Geral – A Ciência do Espírito*. 3. ed. São Paulo, Logos, 1961.

Royce

Josiah Royce (1855-1916) defendeu um monismo personalista e julgava que a personalidade está vinculada a uma totalidade suprema, na qual se identificam a realidade e o pensamento dela. Essa totalidade é Deus ou o Absoluto. Por meio da prática é que a personalidade divina se dispersa nas consciências particulares finitas.

Royce afirma a liberdade humana na liberdade divina, e vice-versa.

Por isso, o mundo é perfectível, e há progresso à proporção que a consciência do bem moral suprime e aniquila o mal existente.

A Escola de Marburgo e a Escola de Baden

Hermann Cohen (1842-1918) foi o fundador da Escola de Marburgo, na Alemanha. Propunha-se desenvolver, até suas últimas consequências, o método transcendental kantiano. Sua obra foi continuada por Paul Natorp e Ernst Cassirer, que desenvolveram as ideias do mestre, mas num sentido livre, pessoal. Opõe-se a Escola de Marburgo à Escola de Baden.

Os seguidores da Escola de Baden criticam os de Marburgo por se deixarem arrastar pelo naturalismo, por seu racionalismo exagerado e pela interpretação unilateral do pensamento kantiano. Foi a Escola de Marburgo um centro de onde se difundiram não só as ideias de Kant como também as de Cohen. A Escola de Baden, como a de Marburgo, predominou desde fins do século XIX até 1914 no pensamento alemão.

A Escola de Baden afastou-se do idealismo em sentido gnosiológico, para aproximar-se consideravelmente ao realismo, especialmente ao chamado realismo crítico. Wilhelm Windelband, Heinrich Rickert, Emil Lask e Max Weber são os principais seguidores dessa escola.

A fenomenologia

Husserl

Edmund Husserl (1859-1938, natural de Prossnitz) foi discípulo de Franz Brentano. A confrontação às premissas estabelecidas, que caracterizou o fim do século XIX, influiu sobre ele decididamente. A tradição idealista estava golpeada pelo positivismo; a corrente contrária à Metafísica e a psicologia associacionista preponderavam no ambiente filosófico; em suma: prevalecia o *psicologismo*, dominante nas mais vastas camadas e tão influente, então e agora, na literatura de ficção. Por esse psicologismo, a Filosofia foi reduzida a um capítulo da Psicologia. A Lógica tornou-se uma simples disciplina *normativa*. Tudo isso Husserl combateu. Em 1900, aparecem suas *Investigações Lógicas*.

Destaquemos seus pontos mais importantes:

1. O princípio de contradição, A é A e não pode ser não-A, não se refere à possibilidade de pensar, mas à verdade do pensado, ao comportamento dos objetos. Husserl rebate as críticas da dialética trágica e do materialismo dialético, afirmando a lógica pura dos *objetos ideais*.

2. A fenomenologia é a ciência dos objetos ideais. É, portanto, uma ciência *a priori*, e ademais *universal*, ciência das *essências* das *vivências*. (Vivência é todo ato psíquico, para Husserl.) Husserl abstrai o tempo quando afirma que o princípio de contradição independe do tempo. Assim, o ser ideal é *intemporal*.

3. Mas somente ao ser real Husserl admite a sujeição ao tempo, *hic et nunc*, aqui e agora. Dessa forma, os objetos ideais são *espécies*, não se submetem realmente ao princípio de individuação. Os objetos ideais são, pois, espécies, ou melhor, *essências*.

4. A fenomenologia trata das *significações*. É a significação que faz uma palavra ser palavra; do contrário, ela é puramente um sinal. Mas a significação

não está na palavra. Esta simplesmente chama a atenção para a significação; tampouco a significação está no *objeto* da palavra, porque este pode não existir (por exemplo: círculo quadrado). As significações são, assim, *objetos ideais*. É a significação que chama a atenção sobre o objeto.

5. Em suma, a fenomenologia é a *ciência descritiva das essências da consciência pura*. Para Husserl:
    - a unidade da consciência consiste no *conjunto* das *vivências*;
    - o *ter consciência* de uma coisa expressa o sentido da consciência. Não basta *ver*, é preciso *dar-se conta* de que *se vê*;
    - a consciência é uma *vivência intencional*.

6. O momento fundamental da fenomenologia é a *epokhé* (abstração) fenomenológica, que consiste em tomar uma vivência e pô-la "entre parênteses". Este instante pertence à fase do idealismo husserliano.

7. O "eu puro" de Husserl é o feixe de vivências, e não o "sujeito histórico". Isso forma a *consciência pura*. Das vivências, o fenomenólogo eleva-se para as *essências*. É o que Husserl chama de *redução eidética*. O que se busca, portanto, é "o conjunto de todas as características unidas entre si por fundação", que "constitui a essência da vivência".[2]

8. A fenomenologia é, assim, uma doutrina e um método, além de uma tese idealista.

9. É uma ciência que trata e descreve as essências das vivências da consciência pura. É, portanto, uma ciência *a priori* e *universal*. *A priori* porque descreve *essências* (isto é, objetos ideais e não empíricos); universal porque se refere a todas as vivências. Como método, a fenomenologia nos leva ao conhecimento das essências. Conhecimento *evidente*, fundado na intuição – a qual não é *sensível*, mas *eidética*.

10. Por meio da redução fenomenológica, chegamos à intuição da essência.

---

[2] Julián Marías, *História da Filosofia*. Trad. Claudia Berliner. São Paulo, Martins Fontes, 2004, p. 457.

CONVITE À FILOSOFIA
250

Embora este *Convite à Filosofia* seja uma introdução, não é inoportuno anotar uma crítica à fenomenologia, sem deixar de reconhecer sua importância. Reiteramos: Husserl é idealista. E, como idealista, atingiu o pináculo da concepção refinada do idealismo, muito além de Berkeley, etc. Por mais que Husserl quisesse evitar que a fenomenologia se transformasse em metafísica, ela é metafísica. Por outro lado, os fenomenólogos só consideram o objeto como objeto ideal (de modo essencialista em Husserl e ontológico em Heidegger), não lhe concedendo o estrito valor *ôntico*, como se a consciência estivesse impossibilitada de proferir um juízo essencial e existencialmente. Husserl, numa série de conferências realizadas na França, afirmou que a fenomenologia deve sua incitação a Descartes, e que se poderia denominar quase um neocartesianismo, muito embora se visse forçado a rechaçar o conteúdo doutrinal do cartesianismo. Podemos afirmar, no entanto, que a fenomenologia tem laivos de idealismo kantiano e, às vezes, de um empirismo anti-intelectualista.

Os temas husserlianos são numerosos; por isso mesmo, aqui somente destacamos os mais relevantes.

Scheler

Max Scheler (1874-1928) foi discípulo de Rudolf Eucken, mas encontrou na fenomenologia de Husserl seu campo de ação, que ele desenvolveu com observações e contribuições próprias. As contribuições mais importantes de Scheler dão-se no terreno da axiologia (a ciência dos valores). Influído pelos pensamentos de Santo Agostinho, Pascal e Nietzsche, Scheler (esse "Nietzsche cristão", como o chamaram) construiu uma relevante teoria dos valores, que examinamos em nosso *Filosofia Concreta dos Valores*.[3]

***

---

[3] Mário Ferreira dos Santos, *Filosofia Concreta dos Valores*. 3. ed. São Paulo, Logos, 1964.

Concluímos este *Convite à Filosofia*. Agora, a tarefa não pode ser senão buscar ler diretamente os autores aqui mencionados e filosofar diligentemente sobre os temas aqui aludidos. Desse modo, Leitor, o convite se completa, e a Filosofia principia a fazer parte de sua Vida.

Bibliografia

ANAXÁGORAS. "Sobre a Natureza". Tradução de Maria C. M. Cavalcante. In: José Cavalcante de Souza (ed.), *Os Pré-Socráticos*. Coleção Os Pensadores, vol. 1. São Paulo: Nova Cultural, 1973.

ARISTÓTELES. "Dos Argumentos Sofísticos". Tradução de Leonel Vallandro e Gerd Bornheim. In: *Aristóteles*, vol. 1. Coleção Os Pensadores, vol. 4. São Paulo: Abril Cultural, 1973.

_____. "Ética a Nicômaco". Tradução de Leonel Vallandro e Gerd Bornheim. In: *Aristóteles*, vol. 1. Coleção Os Pensadores, vol. 4. São Paulo: Abril Cultural, 1973.

_____. *Organon VI – Elencos Sofísticos*. Tradução de Pinharanda Gomes. Colecção Filosofia e Ensaios. 2. ed. Lisboa: Guimarães Editores, 1986.

_____. *Metafísica – Livros IV e VI*. Tradução de Lucas Angioni. Clássicos da Filosofia: Cadernos de Tradução n. 14. Campinas, IFCH/Unicamp, setembro de 2007.

BÉRARD, F. (ed.). *Lettre (Posthume et Inédite) de Cabanis a M. F. sur les Causes Premières*. Paris: Gabon, 1824.

CABANIS. *Rapports du Physique et du Moral de l'Homme*. 2. ed., vol. 1. Paris: Crapart, Caille & Ravier, 1805.

CURD, Patricia. *Anaxagoras of Clazomenae – Fragments and Testimonia: A Text and Translation with Notes and Essays*. Phoenix Pre-Socratics, vol. 6. *Phoenix – Journal of the Classical Association of Canada*, volume suplementar n. 44. Toronto: Univesity of Toronto Press, 2007.

FAVARO, Antonio (org.). *Edizione Nazionale delle Opere di Galileo Galilei*, vol. 6. Firenze: G. Barbèra, 1933.

FILOLAU. "Sobre a Natureza". Tradução de Ísis L. Borges. In: José Cavalcante de Souza (ed.), *Os Pré-Socráticos*. Coleção Os Pensadores, vol. 1. São Paulo: Nova Cultural, 1973.

FISCHER, Aloys. "La filosofía presocrática". In: Aloys Fischer e Raúl Richter,

La Filosofía Presocratica – Sócrates y los Sofistas. Tradução de Luis Recaséns Siches. Los Grandes Pensadores, vol. 1. Madrid: Revista de Occidente, 1925.

FRANCK, Adolphe (org.). *Dictionnaire des Sciences Philosophiques par une Société de Professeurs et de Savants*, vol. 1 (A-CYT). Paris: Hachette, 1844.

GALILEU. "O ensaiador". Tradução de Helda Barraco. In: *Bruno, Galileu, Campanella*. Coleção Os Pensadores, vol. 12. São Paulo: Abril Cultural, 1973.

GALLOP, David. *Parmenides of Elea – Fragments: A Text and Translation with na Introduction*. Phoenix Pre-Socratics, vol. 1. *Phoenix – Journal of the Classical Association of Canada*, volume suplementar n. 18. Buffalo: Univesity of Toronto Press, 1984.

GOBLOT, Edmond. *Essai sur la Classification des Sciences*. Bibliothèque de Philosophie Contemporaine. Paris: Félix Alcan, 1898.

HEGEL. "A Fenomenologia do Espírito". Tradução de Henrique Cláudio de Lima Vaz. In: *Hegel*. Coleção Os Pensadores, vol. 30. São Paulo: Abril Cultural, 1974.

_____. *Prefácios*. Tradução de Manuel C. Ferreira. Lisboa: Imprensa Nacional / Casa da Moeda, 1990.

_____. *Fenomenologia do Espírito*. Tradução de Paulo Meneses. 2. ed. Coleção Pensamento Humano. Petrópolis / Bragança Paulista: Vozes / Universidade São Francisco, 2003.

HESSEN, Johannes. *Teoria do Conhecimento*. Tradução de João Vergílio Gallerani Cuter. São Paulo: Martins Fontes, 2000.

HUFFMAN, Carl A. *Philolaus of Croton, Pythagorean and Presocratic – A Commentary on the Fragments and Testimonia with Interpretive Essays*. New York: Cambridge University Press, 1993.

LALANDE, André. *Vocabulário Técnico e Crítico da Filosofia*. Tradução de Fátima Sá Correia et al. São Paulo: Martins Fontes, 1993.

_____. *Vocabulaire Technique et Critique de la Philosophie*, vol. 1 (A-M). 4. ed. Paris: Quadrige / PUF, 1997.

LUPASCO, Stéphane. *L'Expérience Microphysique et la Pensée Humaine*. Bibliothèque de Philosophie Contemporaine. Paris: PUF, 1941.

MANSFELD, Jaap e RUNIA, David T. (eds.). *Aëtiana V – An Edition of the Reconstructed Text of the Placita with a Commentary and a Collection of Related Texts*. Philosophia Antiqua – A Series of Studies on Ancient Philosophy, vol. 153. Leiden: Brill, 2020.

MARÍAS, Julián. *História da Filosofia*. Tradução de Claudia Berliner. São Paulo: Martins Fontes, 2004.

NATORP, Paul. "Platón". In: Paul Natorp e Franz Brentano, *Platón – Aristóteles*. Los Grandes Pensadores, vol. 2. Madrid: Revista de Occidente, 1925.

NAUCK, August e SNELL, Bruno. *Tragicorum Graecorum Fragmenta*. Hildesheim: Georg Olms, 1964.

OSTWALD, Wilhelm. "Studien zur Energetik". *Zeitschrift Für Physikalische Chemie*, vol. 10U, n. 1, 1892.

_____. *L'Énergie*. Tradução de E. Philippi. Nouvelle Collection Scientifique, dir. Émile Borel. Paris: Félix Alcan, 1910.

PARMÊNIDES. "Sobre a Natureza". Tradução de José Cavalcante de Souza. In: José Cavalcante de Souza (ed.), *Os Pré-Socráticos*. Coleção Os Pensadores, vol. 1. São Paulo: Nova Cultural, 1973.

PASCAL, Blaise. "Pensamentos". Tradução de Sérgio Milliet. In: *Pascal*. Coleção Os Pensadores, vol. 16. São Paulo: Abril Cultural, 1973.

_____. *Pensamentos*. Tradução de Mário Laranjeira. 2. ed. São Paulo: Martins Fontes, 2005.

REALE, Giovanni. *Aristóteles – Metafísica*, vol. 2 (texto grego com tradução ao lado). Tradução de Marcelo Perine. 5. ed. São Paulo: Loyola, 2015.

ROBIN, Léon. *La Pensée Grecque et les Origines de l'Esprit Scientifique*. Bibliothèque de Synthèse Historique "L'Évolution de l'Humanité", dir. Henri Berr. Paris: La Renaissance du Livre, 1923.

_____. *Greek Thought and the Origins of the Scientific Spirit*. Tradução de M. R. Dobie. London / New York: Kegan Paul / Alfred A. Knopf, 1928.

SANTOS, Mário Ferreira dos. *Noologia Geral – A Ciência do Espírito*. 3. ed. São Paulo: Logos, 1961.

_____. *Filosofia Concreta dos Valores*. 3. ed. São Paulo: Logos, 1964.

_____. *Pitágoras e o Tema do Número*. São Paulo: Ibrasa, 2000.

_____. *Filosofias da Afirmação e da Negação*. São Paulo: É Realizações Editora, 2017.

_____. *Análise Dialética do Marxismo*. São Paulo: É Realizações Editora, 2018.

_____. *Filosofia e Cosmovisão*. São Paulo: É Realizações Editora, 2018.

_____. *Filosofia Concreta*. São Paulo: Editora Filocalia, 2020.

SPINOZA, Baruch. *Ética*. Tradução de Tomaz Tadeu. Belo Horizonte: Autêntica, 2010.

ZHITLOWSKY, Chaim. *Kant*. Tradução de Leon Dujovne. Breviarios del Pensamiento Filosofico. Buenos Aires: Editorial Sudamericana, 1941.

Textos críticos

Por uma filosofia da emulação: o ato ferreiriano de leitura

João Cezar de Castro Rocha[1]

Convite como um anti-manifesto

No "Manifesto Dadá 1918", Tristan Tzara imaginou uma receita infalível para a escrita de um manifesto bem-sucedido. Para não tornar o resultado indigesto, o dadaísta caprichou na escolha dos ingredientes:

> Para lançar um manifesto é preciso querer: A. B. C., fulminar 1, 2, 3, enervar e agitar as asas para conquistar e espalhar pequenos e grandes a, b, c, assinar, gritar, blasfemar, arrumar a prosa de uma forma de evidência absoluta, irrefutável, provar seu *non plus ultra* [...].[2]

A abertura do texto é sempre citada e entende-se o motivo. Tzara valorizou ao máximo o ânimo bélico do gênero: autêntica lógica algorítmica antes mesmo do advento do universo digital! Ora, ainda mais importante do que esclarecer o que se propõe é explicitar o que não se deseja. Para tanto, romper com o passado é passo indispensável, levado adiante pelos grupos de vanguarda com esmero. Nesse sentido, o manifesto, como gênero próprio, era parte da

---

[1] Professor Titular de Literatura Comparada da Universidade do Estado do Rio de Janeiro (UERJ).

[2] Tristan Tzara, "Manifesto Dadá 1918". In: Gilberto Mendonça Teles (org.), *Vanguarda Europeia e Modernismo Brasileiro*. Petrópolis, Vozes, 1994, p. 137.

CONVITE À FILOSOFIA
260

performance modernista, e, fiel à etimologia,[3] deveria tanto aproximar os poucos arautos do futuro quanto afastar os inúmeros representantes da tradição. Levado ao paroxismo, o gesto se converte numa paradoxal *tradición de la ruptura*, na perfeita expressão de Octavio Paz. A ironia somente se tornou mais aguda com a criação de uma instituição-oxímoro, o *Museu* de Arte *Moderna*; ironia metamorfoseada em faca só-lâmina com a invenção posterior do *Museu* de Arte *Contemporânea*.

Mário Ferreira dos Santos abraçou uma concepção diametralmente oposta de tempo; sobretudo, do tempo da cultura. Em lugar de investir na ideia de superação do passado, solidária à pretensão de originalidade absoluta, o método ferreiriano supõe uma relação muito mais complexa com a história da Filosofia, seu tema neste livro. Aqui, a simples ideia de "superação" pouco pode prosperar, já que, em alguma medida, o fazer filosófico implica a retomada de um número razoavelmente limitado de preocupações, consideradas sob ângulos diversos e mesmo contraditórios. Se permanecermos num campo semântico que não seria alheio ao projeto do filósofo brasileiro, trata-se de uma autêntica *ars combinatoria* filosófica, cujos elementos são perguntas-chave e conceitos-matrizes, além de um olhar determinado – *concreto*, claro está. Nesse registro, elementos não são "eliminados", mas, se for o caso, obliterados temporariamente, se a nota dominante favorecer outros fatores, mas, a qualquer momento, pode-se retomar este ou aquele elemento em novos arranjos e combinações.

(E assim caminham os filósofos de vocação ferreiriana.)

---

[3] "Literalmente um panfleto, o manifesto tem poder de comunicação. A *manus* no manifesto tanto atrai quanto afasta (*fendo*). É uma mão que foi tirada de trás da toga ou do bolso. [...] Pouco importa se o meio escolhido é a voz ou a página impressa: o contexto será imediatamente festivo e solene." Jeffrey Schnapp, "Morder a mão que alimenta (Sobre o *Manifesto Antropófago*)". In: João Cezar de Castro Rocha e Jorge Ruffinelli (orgs.), *Antropofagia Hoje? – Oswald de Andrade em Cena*. São Paulo, É Realizações Editora, 2011, p. 399.

Na apresentação deste livro, que também se intitula "Convite à Filosofia", a riqueza da percepção ferreiriana do conjunto da tradição se esclarece (e é notável que num texto introdutório Mário Ferreira mantenha a tensão caraterística de seu *filosofar concreto*):

> E como explicar tudo isso, *dar o nexo a tudo*, juntar todo o conhecimento humano, analisando-o num grande corpo, num grande saber, ou seja, o saber de tudo, isto é, o saber dos saberes, e
>
> eis a *Filosofia*.
>
> É para ela, Leitor, que este livro é um convite.[4]

O convite é especial – especialíssimo, diria aquele personagem machadiano se fosse leitor de Filosofia –, pois a ambição de *dar o nexo a tudo* é uma síntese radical da filosofia concreta, tal como desenvolvida pelo brasileiro. *Conexionar* as *positividades* de *toda a tradição filosófica* é o gesto definidor da singularidade do método ferreiriano; método esse que talvez possa ser descrito como uma forma de apropriação do alheio que constitui uma verdadeira *filosofia da emulação*.

A fim esboçar essa intuição, duas palavras sobre o conceito de emulação.[5]

A técnica clássica da *aemulatio* era parte de um sistema retórico determinado, cujos fundamentos foram progressivamente solapados pelo advento do romantismo. Na poética clássica partia-se obrigatoriamente da *imitatio* de um modelo, considerado *auctoritas* num gênero determinado. Somente ao reconhecer a *auctoritas* um escritor pode tornar-se um *auctor*; caso contrário,

---

[4] Ver, neste livro, p. 22.

[5] Em dois livros, *Machado de Assis – Por uma Poética da Emulação* (Rio de Janeiro, Civilização Brasileira, 2013) e *Culturas Shakespearianas – Teoria Mimética e os Desafios da Mímesis em Circunstâncias Não Hegemônicas* (São Paulo, É Realizações Editora, 2017), tratei do tema. Aproveitarei e modificarei neste posfácio algumas formulações empregadas nesses dois livros.

seria considerado inepto, incapaz de dominar o ofício. Imitar e emular são imprescindíveis ou se trata de cópia servil. Aqui, *crescer* é palavra-chave, pois pertence ao mesmo campo semântico de *augeo*; em latim, "aumentar". *Auctor* também é derivado de *augeo*. Portanto, em latim, a dimensão da emulação é contemplada na própria palavra que nomeia quem compõe, quem escreve, já que o autor é, no limite, um "aumentador", pois, ao emular, contribui com a tradição aumentando-a, ensejando a possibilidade de outras emulações.

(Guarde bem essa informação: *crescer* é palavra-chave.)

Por isso, principiando pela *imitatio*, em seguida, se passa à *aemulatio* do modelo imitado. Os ideais de originalidade e influência não importavam tanto nesse horizonte, pois não se questionava a *traditio*, mas se buscava ampliá-la por meio de atos de emulação, isto é, atos de apropriação inventiva. A técnica foi fundamental para que a cultura latina encontrasse um meio de lidar com a herança grega, vista como modelo necessário, incontornável. Sem essa estratégia, o complexo de inferioridade cultural teria sido invencível. Por isso, de modo a não ser obrigado a meramente *repetir* a regra clássica, investiu-se no caráter dinâmico do par *imitatio / aemulatio*: partindo-se daquela, almejava-se chegar a esta. Se não vejo mal, Mário Ferreira dos Santos foi um mestre da emulação, entendida como aguda técnica de leitura da tradição filosófica.

(Aliás, as realizações intelectuais e artísticas mais ambiciosas, que tiveram lugar no âmbito de culturas não hegemônicas, recorreram sempre à emulação como potência de apropriação.)

Contudo, para que se avalie o alcance da afirmação é preciso recordar que, nesse horizonte, *imitatio* pouco tem a ver com o sentido pós-romântico de imitação; sentido indisfarçavelmente pejorativo. *Imitar*, pelo contrário, demanda o estudo minucioso da *técnica* do modelo a ser adotado como *autoridade*. Vale dizer, *copiar*, por exemplo, uma tela de Tiziano, exigia que o aprendiz recriasse uma paleta a mais próxima possível do universo cromático do líder da escola veneziana. Tarefa nada óbvia, pois até hoje não se conseguiu reproduzir o azul de suas telas. De igual modo, o aprendiz deveria experimentar inúmeras vezes até *apreender* sua pincelada característica, consagradora da centralidade do colorido em detrimento da ênfase no desenho, traço definidor de Raffaello e da escola romana. Ao fim e ao cabo, e para recordar a definição de Heinrich Wölfflin, Tiziano foi um dos criadores do "estilo pictórico", em oposição ao "estilo linear", aprimorado por Raffaello.

Imitar, portanto, constituía passo indispensável na conquista da mestria *técnica* em qualquer ofício; por isso, não há paradoxo algum em afirmar que, somente *copiando*, um artista encontra a *própria voz*. No plano filosófico, emular bem pode ser a mais completa tradução do gesto ferreiriano de beneficiar-se das *positividades* de todos os sistemas que antecederam a elaboração da filosofia concreta. No vocabulário do brasileiro, *positividade* diz respeito a todo aspecto da obra de um filósofo que tocou num ponto exato, ajudando a resolver um problema qualquer. Eis a razão profunda de o filosofar ferreiriano ser um *filosofar concreto*. Como Mário Ferreira esclareceu:

> (Con-creto vem do latim *crescior*, ser crescido: concreto é o que "cresce junto".)[6]

A leitura que *cresce junto* com a tradição é aquela que reconhece as *positividades*, todas, da história da Filosofia, em sua totalidade. Assim, o pensar *concreto* é por extensão *autoral*, pois também participa da ordem do *augeo*. A ambição ferreiriana é vertiginosa, quase desmedida; implica nada menos do que uma apreensão panorâmica porém profunda – para não dizer aguda – de milênios de história cultural.

---

[6] Ver, neste livro, p. 55.

Há mais: o projeto da filosofia concreta demanda ainda uma síntese personalíssima desse repertório.

Iniciativa somente realizável para um *filósofo da emulação*.

Filosofia da emulação?

Lanço mão de um modelo para testar a hipótese. Recorro à forma da análise do romanista alemão Erich Auerbach, tal como ele a aprimorou em sua obra-prima, *Mímesis* (1946). Auerbach iniciou os capítulos de seu livro destacando uma longa passagem de um texto canônico, a fim de tomar tal trecho como uma chave de leitura para melhor entender o princípio estruturador da obra como um todo. Em geral, após esse instante, Auerbach surpreendia mediações complexas e fascinantes entre a fatura literária e o contexto histórico.

Façamos esse exercício, porém limitado à dimensão textual?

Seleciono um trecho do início da "Introdução":

> Considerava Pitágoras haver uma ciência, um saber que independe do homem, independe do seu investigar e da sua especulação. Na ordem do ser universal, já está esse saber efetivo; trata-se de um dado de toda a eternidade. Eis a ciência suprema e positiva: essa positividade, *thesis*, do pensamento, *man* (radical indo-germânico para *medir, pesar, valorar, avaliar*), de onde vem o termo *Mathesis*, saber positivo, pensamento positivo. O homem é apenas um ser perplexo ante os acontecimentos do seu mundo, que não se satisfaz em construir conceitos empíricos da sua experiência sobre as coisas. Ele deseja conexionar e conexiona, isto é, busca as relações que ultrapassam os sentidos, os nexos que unem, portanto, os fatos do mundo. Ele é um eterno viandante pelos caminhos do mundo em busca dessa *Mathesis Suprema*, que deseja conhecer essa ciência superior e perfeita, que já está dada, e da qual a sua limitação e os meios

imperfeitos de que dispõe não lhe permitem uma intuição direta e imediata como a que os seus sentidos oferecem.[7]

Passo a passo.

As duas primeiras frases reúnem, num arco temporal que abraça milênios, legado pitagórico e filosofar concreto. O ponto principal, plenamente expandido na obra-prima ferreiriana, *Filosofia Concreta*, refere-se à máxima: há uma ciência, um modo próprio de o universo ser em sua totalidade, que, para dizê-lo diretamente, existe por si mesmo. Em outras palavras, embora somente o ser humano possa traduzir conceitual e teoricamente essa ciência, independentemente dessa tradução, ela continuaria a ser em sua plenitude. Eis a *positividade* que Mário Ferreira encontra em Pitágoras – nome central na concepção filosófica do brasileiro. De fato, verifica-se com facilidade a virtual onipresença da inspiração pitagórica em sua obra, com destaque naturalmente para *Pitágoras e o Tema do Número*.[8] A frase seguinte esclarece a fonte original e a razão última da "*Mathesis*, saber positivo, pensamento positivo", ou seja, aquela ciência que independe do ser humano. Trata-se de um conhecimento *positivo* por excelência, já que intrínseco à estrutura do universo. E se é assim, então, Mário Ferreira dos Santos resgatou a Metafísica num sentido renovado, pois, e a redundância se impõe, nesse sentido especial, a Metafísica é independente do ser humano.

Explico: em termos pitagóricos, dizer que o universo possui uma razão significa dizer que tudo que é somente pode sê-lo em virtude de uma proporcionalidade intrínseca que define todas as coisas (em si). Em consequência, o ser humano não pode se satisfazer "em construir conceitos empíricos da sua experiência sobre as coisas", já que necessariamente a proporcionalidade intrínseca escapa aos sentidos, pois, mesmo não sendo por eles apreendida, mantém incólume sua existência. Como resultado lógico da premissa, o ser

---

[7] Ver, neste livro, p. 23.
[8] Mário Ferreira dos Santos, *Pitágoras e o Tema do Número*. São Paulo, Ibrasa, 2000.

humano "deseja conexionar e conexiona, isto é, busca as relações que ultrapassam os sentidos", e que compõem "a ciência suprema e positiva". Destaque-se a ambição do projeto, que descobre um elo inesperado, mais uma vez, entre legado pitagórico e filosofar concreto – o alfa e o ômega da vocação de Mário Ferreira dos Santos.

Vejamos: conexionar é o método próprio do esforço ferreiriano. Num sentido restrito, mas nem por isso pouco relevante, relativo a um ato particular de leitura, trata-se de coligir as *positividades* da tradição, *conexionado-as* num novo tecido: a própria obra. Num sentido amplo, é o propósito mesmo do filosofar concreto, pois, "em busca dessa *Mathesis Suprema*", é preciso ultrapassar os sentidos, mas, claro, sempre deles partindo. Eis o método para aceder à "ciência superior e perfeita", porém, sem nunca esquecer "que já está dada", e que, no limite, "independe do homem, independe do seu investigar e da sua especulação".

Num texto introdutório, como se percebe, Mário Ferreira dos Santos ofereceu nada menos do que uma miniatura de seu ambicioso projeto. Portanto, não se engane: neste *Convite conexiona-se* o alfa e ômega também do conjunto da investigação do filósofo.

Esta reedição

Fiel ao projeto que anima a Coleção Logos, esta reedição se destaca por três aspectos.

De um lado, a revisão cuidadosa do texto, em cotejo com edições anteriores e, sempre que possível, por meio da consulta a manuscritos ou a notas disponíveis no Arquivo Mário Ferreira dos Santos / É Realizações Editora. Desse modo, oferecemos pela primeira vez os textos do filósofo em edições críticas, com um aparato que permite ao público leitor aquilatar a importância de sua obra. Documentos atinentes à obra são reunidos na seção "Arquivo", possibilitando ao público leitor um entendimento aprofundado da gênese da obra e, em alguns casos, de sua recepção.

De outro lado, e graças ao trabalho excepcional de André Gomes Quirino, localizamos todas as citações feitas neste *Convite à Filosofia – E à História da Filosofia*. Como ainda era comum naquela época no Brasil, Mário Ferreira dos Santos quase sempre citava autores sem indicar a referência bibliográfica completa. Por vezes, embora em muito menor incidência, encontramos até passagens sem identificação clara. Nas atuais reedições, temos o cuidado, inédito e não apenas no caso da obra de Mário Ferreira dos Santos, de identificar *todas as citações*, que, assim, são apresentadas para o leitor inclusive em edições posteriores à própria escrita do texto. Trata-se de um esforço beneditino, mas recompensador; por exemplo, podemos finalmente apresentar a bibliografia completa das obras mencionadas pelo filósofo neste livro.

Destacamos ainda os índices analítico e onomástico, especialmente preparados para esta reedição. Sua confecção favorece o estudo da obra de Mário Ferreira dos Santos, por meio de um aparato crítico inédito nos livros do filósofo e que pretende estimular futuros estudos de sua relevante contribuição.

Justamente nesse sentido dois jovens pesquisadores colaboram com textos críticos, especialmente escritos para esta ocasião.

Camila Rauber, doutoranda em Filosofia na Universidade Federal do Rio de Janeiro, escreveu uma apresentação aguda e esclarecedora do livro, destacando o projeto mais amplo de formação do público leitor: "O filósofo Mário Ferreira dos Santos, com clareza e inteligência, tem como propósito levar o convidado-leitor à contemplação de um grande espetáculo, através de uma jornada para o despertar da curiosidade. Este espetáculo é a própria Filosofia".[9] A jovem pesquisadora também assinala o mais importante: o convite a percorrer a história da Filosofia é, sobretudo, uma convocação para que se inicie um exercício constante: filosofar como uma decisão existencial incontornável.

---

[9] Ver, neste livro, p. 10.

André Gomes Quirino, mestrando em Filosofia pela Universidade de São Paulo, pesquisador do Arquivo Mário Ferreira dos Santos / É Realizações Editora e colaborador da Coleção Logos, produziu o que desde agora deverá ser considerado como um dos ensaios de referência obrigatória para a compreensão dos temas dominantes da obra ferreiriana.

Vale a pena assinalar duas ou três intuições notáveis do jovem pesquisador.

Em primeiro lugar, Quirino relê o *Convite* ferreiriano como um elo numa longa cadeia de um autêntico gênero filosófico: *convites, introduções, panoramas*: modos de oferecer ao público leitor não somente uma síntese de um percurso histórico, mas também de apresentar uma aproximação a formas específicas de pensamento.

Ademais, e esse ponto é particularmente relevante, em sua reconstrução, Quirino resgata diálogos de Mário Ferreira dos Santos tanto com livros de autores estrangeiros quanto com o esforço de filósofos brasileiros na época de escrita deste *Convite à Filosofia*. Destaque-se, de um lado, a localização de Sócrates entre os sofistas, voga que então principiava no plano da discussão internacional, e, de outro lado, uma interlocução oblíqua, nunca explicitada, com Miguel Reale.

Não é tudo: nas últimas seções de seu ensaio, Quirino flagra nesta introdução à história da Filosofia os eixos da reflexão ferreiriana, reiterando o princípio que move nosso projeto, qual seja, evidenciar o caráter arquitetônico da obra do filósofo. Nas suas palavras: "Mário Ferreira dos Santos conclui 'Os grandes temas da Filosofia' reiterando a dimensão por assim dizer heroica do fazer filosófico – o fato de que este tanto proporciona prazer como impõe desafios. Trata-se, como já dito, de uma observação recorrente em sua obra, sempre em associação com o enfrentamento, de que se incumbe o filósofo, à causa mesma do niilismo (contradito por Gusdorf), às trevas (retratadas por Antero) do não-ser".[10] O projeto enciclopédico afirma sua razão de ser, pois, e vale a

---

[10] Ver, neste livro, p. 396-97.

reiteração, o alfa e o ômega se encontram na pesquisa da tradição filosófica e da modernidade científica na procura de uma dicção singular, de um método próprio de pensamento.

As colaborações de Camila Rauber e André Gomes Quirino dão *concretude* ao ânimo subjacente ao esforço de reedição de títulos e da publicação de inéditos de Mário Ferreira dos Santos: tornar sua obra uma voz atuante no universo cultural – e não só brasileiro.

O quando e o onde de Mário Ferreira dos Santos: possíveis conexões em torno do *Convite à Filosofia*

André Gomes Quirino[1]

A primeira cortesia devida a um convite que se recebe é lê-lo. Uma segunda, quando disto o remetente nos incumbe, é estendê-lo. Pois muito bem, este ensaio será uma leitura compartilhada do *Convite à Filosofia*.

Mas, justamente: quem é esse missivista a oferecê-lo? Ele autoriza-se porta-voz por procuração de *qual* filosofia? Mário Ferreira dos Santos foi o primeiro a, no Brasil, intitular assim um livro. Hoje, na França, é esse o nome que traduz nada menos que o *Protréptico* aristotélico.[2] É mesmo uma tendência associar o título aos grandes – ele nomeia a edição italiana da póstuma *Einleitung in Die Philosophie*, de Schelling.[3] E, no entanto, a nobreza do gênero não intimida a todos; no mesmo ano da tradução de Schelling, Enrico Berti, italiano e aristotélico, publicou o seu próprio *Invito alla Filosofia*.[4] A tradição dos convites é plural, e, se ela supõe algo, é apenas que cada autor tenha consciência de que, veiculando ou não um sistema próprio, isto para o que ele chama é irremediavelmente complexo, exigente.

---

[1] Graduado e mestrando em Filosofia pela Universidade de São Paulo (USP), graduando em Teologia pela Universidade Presbiteriana Mackenzie e pesquisador, na É Realizações Editora, do Arquivo Mário Ferreira dos Santos e do Arquivo José Guilherme Merquior.

[2] Aristote, *Invitation à la Philosophie*. Trad. Jacques Follon. Coleção Antiquité. Paris, Folioplus Philosophie / Gallimard, 2006.

[3] F. W. J. Schelling, *Invito alla Filosofia*. Trad. Andrea Dezi. Coleção Initia Philosophiae. Torino, Accademia University Press, 2011.

[4] Enrico Berti, *Invito alla Filosofia*. Coleção Orso Blu, vol. 2. Milano, Editrice La Scuola, 2011.

Esta suposição atravessa, com efeito, os panoramas filosóficos, concebidos em ambientes os mais diversos. O inglês P. F. Strawson, em uma obra introdutória, esclarece: "Não existe filosofia elementar. Não há fundos rasos nas águas da Filosofia".[5] E semelhantemente o alemão Karl Jaspers, embora tenha formulado sua iniciação como uma série de programas de rádio, tenta evitar mal-entendidos dizendo:

> Iniciação – isso não significava que eu fosse falar acerca de trivialidades filosóficas, nem que fosse fornecer informações simples, a fim de preparar o ouvinte para atividade no campo filosófico. Não existem aquelas trivialidades ou estas informações simples. Tão logo se filosofa, entra-se em contato com os grandes temas da Filosofia. E se isso não acontece é porque da Filosofia se está longe. A palavra iniciação alude apenas à brevidade do texto: a atenção girará em torno de ideias verdadeiramente filosóficas.[6]

Particularmente se integrada a um projeto enciclopédico, isto é, de alargamento e sistematização dos saberes, uma apresentação da Filosofia pode, por sinal, reservar "as intenções mais filosóficas e as críticas mais acerbas" para os temas "de aparência mais anódina", segundo caracterizou Roger Chartier.[7] De fato, em detalhes como os termos, o percurso e as ênfases por meio dos quais um autor convida seu público à Filosofia, se revelam traços de como esta é entendida por ele; no mínimo se indica o que, para ele, há nela de especialmente atrativo.

Na produção de Mário Ferreira dos Santos, este *Convite* ocupa um lugar propício ao cumprimento de tais papéis. Primeiro porque é este seu único livro

---

[5] Peter F. Strawson, *Análise e Metafísica – Uma Introdução à Filosofia*. Trad. Armando Mora de Oliveira. São Paulo, Discurso Editorial, 2002, p. 9.

[6] Karl Jaspers, *Introdução ao Pensamento Filosófico*. Trad. Leonidas Hegenberg e Octanny Silveira da Mota. 3. ed. São Paulo, Cultrix, 1976, p. 11.

[7] Roger Chartier, "A *Enciclopédia* tornou a ruptura pensável". Trad. Carlos Nougué. In: Mário Ferreira dos Santos, *Filosofia da Crise*. Coleção Logos, vol. 1. São Paulo, É Realizações Editora, 2017, p. 248.

a oferecer uma visão panorâmica e concentrada sobre a Filosofia e sua história. Depois, porque ele veio a público no mesmo ano em que a obra-prima do autor, *Filosofia Concreta*, alcançou a versão definitiva: 1961. É verdade que quase dez anos antes (em 1952) publicara-se *Filosofia e Cosmovisão*, que igualmente traça um panorama filosófico e que serve de partida para a formulação de vários capítulos deste volume. Mas, além dos acréscimos e da reorganização feitos aqui, há agora, reitere-se, uma síntese histórica, paralela à teórica. A novidade pode não ser banal, visto que se trata de mais uma exigência frequentemente suposta. Conforme uma famosa introdução contemporânea:

> Qualquer estudo sério da Filosofia terá de envolver uma mistura de estudos históricos e temáticos,[8] uma vez que se não conhecermos os argumentos e os erros dos filósofos anteriores não podemos ter a esperança de contribuir substancialmente para o avanço da Filosofia. Sem algum conhecimento da História, os filósofos nunca progrediriam: continuariam a fazer os mesmos erros, sem saber que já tinham sido feitos. E muitos filósofos desenvolvem as suas próprias teorias ao verem o que está errado no trabalho dos filósofos anteriores.[9]

Mário está tão consciente disto que dedica ao tópico um livro à parte.[10] É verdade: temos seguido uma etiqueta demasiado vitoriana, tentando harmonizar este *Convite* aos demais. É preciso firmar um método para sua leitura compartilhada, e na verdade ele já se impôs. Assumamos a indelicadeza de acessar este volume *comparando-o* a outros convites – aos sistemas,

---

[8] Para ter exemplos concretos dessa mistura, levada ao limite e com ótimos resultados, ver, de Mendo Henriques e Nazaré Barros, *Olá, Consciência! – Uma Viagem pela Filosofia* (São Paulo, É Realizações Editora, 2013), além do título adotado como referência, em 2018, pelo Programa Nacional do Livro Didático (PNLD): Vinicius de Figueiredo (org.), *Filosofia – Temas e Percursos*. Volume único, Ensino Médio. 2. ed. São Paulo, Berlendis & Vertecchia, 2016.

[9] Nigel Warburton, *Elementos Básicos de Filosofia*. Trad. Desidério Murcho e Aires Almeida. 2. ed. Lisboa, Gradiva, 2007, p. 18.

[10] Mário Ferreira dos Santos, *Origem dos Grandes Erros Filosóficos*. São Paulo, Matese, 1964.

introduções e situações com os quais ele suscita o contraste. Não se trata, quero crer, de uma grosseria gratuita. Se o autor não chega a filosofar com o martelo como o alemão que admirava, não se furta porém a *medir* a tradição e a sua própria época. Num nível superficial, isto é aqui feito pela retificação de outros compêndios. Quem leu se recorda: este livro intenta "desfazer muitas dúvidas frequentes em tratados de Filosofia e dicionários" sobre o pensamento de Averróis;[11] ainda censura o "silêncio quase criminoso" que a "maioria dos autores de Filosofia" mantém sobre Pico della Mirandola;[12] e reputa a descrição comum da psicologia de Cabanis como "muito parcial, em grande parte distante de sua verdadeira doutrina", sendo preciso esquecer o "materialista vulgar tão frequentemente apresentado nos compêndios de Filosofia".[13] Mais: voltando-se à recepção das teorias acadêmicas por seus pares, Mário Ferreira dos Santos lamenta que o positivismo tenha alcançado prestígio no Brasil quando se aproximava da extinção na Europa, e que o neopositivismo agora se disseminasse aqui estando já quase esquecido no Velho Mundo.[14]

A correção mais significativa, contudo – que tanto esclarece o acréscimo da perspectiva histórica como ilustra o procedimento descrito por Warburton –, pode se ver intensificada, exatamente, na passagem de *Filosofia e Cosmovisão* ao *Convite à Filosofia*. Sobre as noções de extensidade e intensidade (formuladas com maior clareza pela moderna físico-química), já o livro de 1952 destaca serem elas ignoradas ou insuficientemente tratadas pelos dicionários filosóficos, e arremata: "em toda a história da Filosofia, sempre se tentou o triunfo da extensidade sobre a intensidade, ou desta sobre aquela, no intuito de fugir ao conflito, ao diálogo das antinomias, à dialética da existência".[15] Seu ponto,

---

[11] Ver, neste livro, p. 194.

[12] Ver, neste livro, p. 203.

[13] Ver, neste livro, p. 226, 228.

[14] Ver, neste livro, p. 238.

[15] Mário Ferreira dos Santos, *Filosofia e Cosmovisão*. Coleção Logos, vol. 3. São Paulo, É Realizações Editora, 2018, p. 179; ver também p. 168-69.

o qual implica uma tarefa, é que, apesar da nossa oscilação entre os polos, o ser não se limita nem à expansão que a tudo iguala nem à introversão que particulariza. Na obra de 1961, mais de uma época filosófica tem sua dinâmica explicada pelos pares derivados dessa oposição, notadamente o par homogêneo-heterogêneo: todo o drama do período pré-socrático é condensado no choque entre a homogeneidade, a imutabilidade e a racionalidade, defendidas por Parmênides, e a heterogeneidade, a mutabilidade e o intuicionismo, defendidos por Heráclito;[16] na observação crítica sobre os sofistas, estes e Sócrates são contrastados como afeitos, respectivamente, ao ser humano individual ou heterogêneo e ao ser humano universal ou homogêneo;[17] e uma distinção equivalente, embora não remetida ao par heterogeneidade-homogeneidade, é traçada adiante entre "o novo humanismo", que "quer valorizar o homem como pessoa, como personalidade, como portador de um espírito", e o humanismo medieval, "que procurava valorizar o homem como abstração, como humanidade, como generalidade".[18]

Convite à Filosofia concretiza, portanto, o expediente que *Filosofia e Cosmovisão* percebe possível e necessário: introduzir à Filosofia *mediada por tal problemática*, que Mário Ferreira dos Santos audazmente sugere ser central.[19] Há pelo menos dois sinais de que será produtivo lermos o presente livro levando essa abordagem a sério – ambos surgidos já da *comparação* desta obra a outras. Um é que certo leitor declarado de Mário, o poeta Bruno Tolentino, ecoa, em volume que recolhe poemas escritos a partir de 1959, a constatação de que tanto o real que se dá (ou é intuído) quanto o real que se conjura (ou é elaborado) são, isoladamente, recursos do pensamento para alhear o real ao ser: "O

---

[16] Ver, neste livro, p. 153.

[17] Ver, neste livro, p. 160.

[18] Ver, neste livro, p. 202.

[19] A originalidade da ênfase no par extensidade-intensidade é registrada de passagem por Rodrigo Petronio, "Filosofia como cosmovisão". In: *Filosofia e Cosmovisão*, op. cit., p. 291.

real, fragmento separado / do ser (pela noção de fragmento, / entre outras), foi sendo imaginado / desde o início, talvez, do pensamento, // como conjuração ou como dado, mas sempre como alheio. [...]".[20] Outro é que uma relevante introdução filosófica recente dedica um capítulo a descrever os desafios postos à Filosofia pela física contemporânea, e à luz deles testifica a insinuação de um *revival* daquele pensamento em que nosso autor buscou a matriz do seu não--reducionismo: o pitagórico.[21]

Que os sinais nos sirvam, por ora, somente para estimular a insistência no método comparativo. Entendo que comparar o *Convite* a outros livros é devolver-lhe, aliás, a ambiência original. Notícias que esta obra dá sobre as disputas filosóficas – por exemplo, que intelectualistas e anti-intelectualistas "acusam-se mutuamente de superficialidade",[22] ou que algumas teorias criteriológicas, "ainda na liça, esgrimam com entusiasmo suas armas, à espera de sempre renovados combatentes que desejem derrotá-las"[23] – têm como cenário não a universidade, mas a biblioteca. É no desbravamento do vertiginoso mundo bibliográfico que Mário se propõe a auxiliar o seu leitor imediato. Vez ou outra a intenção sobe ao primeiro plano, como quando o autor recomenda ler as obras de Bergson para apreender os detalhes de seu pensamento e então indica os idiomas em que elas estão disponíveis.[24] Mas a leitura não substitui a discussão filosófica. Se Mário Ferreira dos Santos procede ao cotejo de tantos sistemas, doutrinas e autores, incitando quem o lê a continuar a tarefa, é

---

[20] Bruno Tolentino, *O Mundo como Ideia – 1959-1999*. São Paulo, Globo, 2002, Livro Último, p. 389, § 6. A admiração do poeta por Mário Ferreira dos Santos foi declarada nas páginas amarelas da revista *Veja* de 20 de março de 1996; ele o cita entre os pensadores graças aos quais é possível falar numa filosofia brasileira nativa.

[21] Juan Manuel Navarro Cordón e Tomás Calvo Martínez, *História da Filosofia – Dos Pré-Socráticos à Filosofia Contemporânea*. Trad. Alberto Gomes et al. Lisboa, Edições 70, 2014, cap. 20, esp. § 1.4.2.

[22] Ver, neste livro, p. 98.

[23] Ver, neste livro, p. 78.

[24] Ver, neste livro, p. 245.

porque *conforme seu próprio entendimento da Filosofia* – e aí está um primeiro elemento para o caracterizarmos – a comparação constitui a base do conhecimento racional.[25]

Sem dúvida vale para esta obra o que foi dito em *Filosofia e Cosmovisão*: "este livro é um convite, uma incitação a filosofar, porque não se aprende Filosofia sem filosofar".[26] Ao lê-la, portanto, busquemos pensar com ela. Ao compará-la, tentemos discernir, e examinar, seu modo filosofante específico. O que repõe a questão: *qual* é este? É hora de reler o livro supondo uma hipótese que a responda – e nunca deixando de *comparar*. Por exemplo: para o crepúsculo dos deuses que, com seu crepúsculo dos ídolos, o filósofo do martelo parodiou, um nietzschiano contemporâneo propôs como atual correlato filosófico: "Pensamento preciso funda nova realidade".[27] De saída, a quem toma a comparação por princípio, pensar com precisão difere; é pensar com elasticidade. Neste *Convite*-aguilhão que não martela mas mede, o crepúsculo – por razões até mesmo, mas não apenas, geográficas – só pode cair em outro lugar. Ou testemos a ideia.

A hipótese

Este *Convite* não é o único, e no entanto é o principal, de que nosso autor foi porta-voz. A obra, quando veio a público, integrava uma Enciclopédia de Conhecimentos Fundamentais, que contava ainda com outros quatro títulos – um de que Mário é autor, como deste livro; outro de que ele é coautor; um

---

[25] Ver, neste livro, p. 61.

[26] Mário Ferreira dos Santos, *Filosofia e Cosmovisão*, op. cit., p. 20. De fato, assim termina a introdução da primeira parte deste volume: "é filosofando, é na ação do filosofar, que, aos poucos, se evidenciará o conceito nítido dessa disciplina [...]" (ver, neste livro, p. 25-26).

[27] Peter Sloterdijk, "Crepúsculo dos deuses". In: *Pós-Deus*. Trad. Markus A. Hediger. Petrópolis, Vozes, 2019, p. 20.

CONVITE À FILOSOFIA
278

terceiro que inclui textos seus; e um último de que ele tão-só participa como *publisher* da Editora Logos. Trata-se, respectivamente, do *Convite à Psicologia Prática* (que, já no primeiro capítulo, explica concentrar-se em algo distinto da Psicologia desencadeadora de consequências teóricas para a Filosofia e a Teologia),[28] do *Convite à Estética* (expandido internamente em um "Convite à dança", esta parte sendo assinada por uma das filhas do filósofo, Nádia Santos Nunes Galvão),[29] do *Convite à História* (organizado em dois volumes pela outra filha de Mário, Yolanda Lhullier dos Santos, que colige, além de artigos dele, excertos do historiador católico Johann Baptist Weiss e do sociólogo nietzschiano Hans Freyer)[30] e do *Convite à Ciência* (dividido em quatro volumes, o primeiro ocupado de Medicina, Astronomia e Eletrônica e assinado por Nunes Galvão, o segundo atribuído a Lhullier Burguete e dedicado à Antropologia e dois escritos pelo divulgador científico Júlio Minhan).[31] Seja como autor, seja como editor, Mário deixa ver um projeto coerentemente concebido, e em que a Filosofia tem garantida a posição central.

Sim, pois esta série integrou seu plano editorial desde cedo. Já em 1947 a quarta capa da tradução do livro *Além do Bem e do Mal*, de Nietzsche, lançada sob o selo Sagitário (ver adiante, na seção "Arquivo Mário Ferreira dos Santos

---

[28] Mário Ferreira dos Santos, *Convite à Psicologia Prática*. São Paulo, Logos, 1961.

[29] Mário Ferreira dos Santos e Nádia Santos Nunes Galvão, *Convite à Estética*. São Paulo, Logos, 1961. Na 5ª edição, o livro passa a ser chamado *Convite à Arte*.

[30] Yolanda Lhullier dos Santos (org.), *Convite à História*. 2 vols. São Paulo, Logos, 1961.

[31] Idem (org.), *Convite à Ciência*. 4 vols. São Paulo, Logos, 1961. Minhan, que se apresentava como astrônomo amador, alcançou relativo sucesso com as publicações de *As Maravilhas da Ciência e a Alta Crítica* (Rio de Janeiro, Filadélfia, 1952), *Mistérios e Surpresas do Átomo ou A Bomba Atômica e Suas Consequências* (Rio de Janeiro, Filadélfia, 1956), *Harmonias da Natureza* (São Paulo, Atheneu, 1957), *Mistérios da Biologia* (São Paulo, Atheneu, 1957), *As Maravilhas da Ciência* (São Paulo, Atheneu, 1957), *Nosso Misterioso Universo – As Conquistas Humanas* (São Paulo, Atheneu, 1957), *Nosso Misterioso Universo* (Rio de Janeiro, Minerva, 1959) e Coleção A Conquista do Espaço (São Paulo, Logos, 1961, 6 vols.: *A Conquista do Espaço, Conquistas Científicas do Ano Geofísico Internacional, Nosso Sistema Solar, Enigmas Cósmicos, As Estrelas Diferem em Glória* e *Constelações e Nebulosas*).

/ É Realizações Editora"), anuncia uma Coleção Estímulo, que se comporia de *Convite ao Socialismo*, por Gustavo Landauer, *Convite à Psicanálise*, por Nelson Werner, *Convite à Liberdade*, por Lázaro Brentano, e *Convite à Filosofia*, por Charles Duclos. O primeiro volume seria a tradução de um pequeno clássico: *Aufruf zum Sozialismus* (literalmente, *Chamada ao Socialismo*), do alemão Gustav Landauer, célebre pensador judeu, teórico anarquista e militante pacifista. Todos os demais são atribuídos ao que hoje sabemos serem pseudônimos de Mário Ferreira dos Santos. Do projeto, somente este *Convite* filosófico veio a ser publicado – preservando, como se vê, o título provavelmente inspirado em Landauer. Com efeito, pode-se sustentar que a Coleção Estímulo não foi a rigor abandonada, mas *desdobrada* na Enciclopédia de Conhecimentos Fundamentais, esta mantendo o presente livro como seu pivô. Afinal, Mário faz questão, conforme veremos, de aludir aos temas da liberdade, do socialismo libertário e da psicologia profunda neste volume (e, no caso do terceiro tópico, com maior vagar no *Convite à Psicologia Prática*), como que incorporando a ele os títulos não realizados. Além disso, não só o *Convite à Filosofia* é, das obras anunciadas, a única que veio a ser escrita, mas ainda, e por mais de um caminho, seu autor fictício representa o espírito prevalecente na coleção que se executou.

Como "Charles Duclos", Mário Ferreira dos Santos chegou a assinar um de seus textos publicados – *Teses da Existência e da Inexistência de Deus* (que, curiosamente, partilha com *Análise Dialética do Marxismo* a honra de ter sido censurado pelo salazarismo em Portugal). O leitor deste *Convite* há de lembrar que o posicionamento quanto à realidade e à inteligibilidade de um fundamento absoluto para o mundo, fundamento que o próprio Mário associa à ideia do divino, é tomado por ele como critério classificador de todos os sistemas, deste modo divisíveis em filosofias do incondicionado, do condicionado e da relatividade. A isto se soma algo especialmente significativo. É que o pseudônimo a que se atribuem o *Convite à Filosofia* da Coleção Estímulo e as *Teses da Existência e da Inexistência de Deus* conta com um homônimo ilustre. Com ele se homenageia Charles Pinot Duclos (1704-1772), um dos colaboradores da *Encyclopédie*, obra-símbolo do Iluminismo editada por Diderot e d'Alembert; um tributo, por certo, não acidental. De fato, o esforço de Mário Ferreira dos Santos se assemelha ao dos Enciclopedistas nesta ambição basilar, que consiste em, *no mesmo ato*, popularizar a Filosofia e estendê-la a campos inexplorados, tomando para si a tarefa de perscrutar os achados imprevisíveis dessas incursões.[32] Ao que o leitor ferreiriano indagará: por acaso essa intenção se realiza na Enciclopédia de Conhecimentos Fundamentais de modo mais intenso do que na Enciclopédia de Ciências Filosóficas e Sociais, em que aliás o autor inclui a esmagadora maioria dos seus escritos? Por que deveríamos supor haver um vínculo mais estreito com a tradição enciclopedista no Mário dos *Convites*, vínculo que sustentasse uma continuidade entre os *Convites* que vieram a público e o pseudônimo associado ao único título sobrevivente da Coleção Estímulo?[33]

---

[32] O parentesco de Mário Ferreira dos Santos com o movimento dos *philosophes* foi investigado na seção "Textos críticos" do primeiro volume da Coleção Logos, com que a É Realizações inaugurou a reedição definitiva das obras do filósofo brasileiro. Sobre o ânimo duplo a mover essa tradição, cf. João Cezar de Castro Rocha, "A crise e sua hora: o lugar de Mário Ferreira dos Santos". In: *Filosofia da Crise*, op. cit., p. 219; Chartier, "A *Enciclopédia* tornou a ruptura pensável", op. cit., p. 248.

[33] Se inicio a presente hipótese destacando dados opacamente materiais, colhidos da mera história editorial deste livro, faço-o em observância à descrição que Chartier oferece do esforço enciclopédico, esse a que Mário se dedicou. Expandindo ligeiramente a formulação do historiador francês, o caso é que uma enciclopédia se define, entre outros traços, por assumir o desafio de combinar a arbitrariedade da ordem alfabética, determinada pela matéria bruta da língua, com a meticulosidade da ordem sistemática, esculpida pelo engenho do autor (cf. idem, "A árvore e o oceano". In: *Filosofia da Crise*, op. cit., p. 240-41, 246). Para atender a esta e a outras demandas, as enciclopédias se subordinam à "materialidade de seu suporte" e à "modalidade de sua inscrição", em virtude do quê a sua história se confunde com a história da escrita e com a história do livro (ibidem, p. 241). Mesmo não se cingindo à organização alfabética (a não ser no *Dicionário de Filosofia e Ciências Culturais*, espécie de enciclopédia interna à Enciclopédia), a obra ferreiriana se submete, para a tentar exaurir, à setorização dos saberes (para o autor, talvez, não menos contingente). Leremos, pois, o *Convite à*

Perguntas justas, e que só serão apropriadamente enfrentadas reconstruindo-se, ainda que com fragmentos, o ambiente intelectual em que esta obra pretendeu intervir. Uma primeira dica pode ser extraída de um texto que incidentalmente registra a impressão causada, em época imediatamente anterior à de Mário, por um dos polos da nomenclatura em questão. Sabemos que *Enciclopédia das Ciências Filosóficas* é o título de uma das obras de Hegel, nomeadamente a que sintetiza seu sistema, somando ao que fora exposto na *Ciência da Lógica* uma Filosofia da Natureza e uma Filosofia do Espírito. Publicada no início do século XIX, ela e o conjunto do pensamento hegeliano seriam apropriados de maneiras diversas no curso das décadas seguintes. Uma das apropriações foi feita pelo dito espiritualismo, caracterizado por postular a autonomia do psíquico ante o material, do intelectual em relação ao fisiológico, portanto da Filosofia e da contemplação face às demais modalidades de saber. O poeta Antero de Quental – anarquista proudhoniano como Landauer e o nosso autor – opina, enquanto mapeia as inclinações do mundo filosófico na passagem do século XIX para o XX, que "ciências filosóficas" é uma expressão vaga e ambiciosa, a qual trai a presunção dos espiritualistas de que nem todas as ciências chegam a alcançar esse estatuto elevado.[34]

A Enciclopédia maior de Mário Ferreira dos Santos não é, por óbvio, um empreendimento hegeliano – em que pese a simpatia, externada amiúde, pelo autor da *Fenomenologia do Espírito*, como acontece também no escrito anteriano. Já pelo adendo em "Enciclopédia de Ciências Filosóficas *e Sociais*" revela-se o intuito de concrecionar âmbitos distintos do conhecimento, a que

---

Filosofia, pedra de toque da Enciclopédia de Conhecimentos Fundamentais, a partir das pistas fornecidas por sua redação e por sua concepção editorial, no percurso confrontando-o a outros panoramas filosóficos, sejam os citados por Mário Ferreira dos Santos, sejam os que contemplam problemáticas suscitadas por ele.

[34] Antero de Quental, "Tendências gerais da Filosofia na segunda metade do século XIX". *Revista de Portugal*, vol. 2, n. 1, janeiro de 1890 (republicado em: Joel Serrão [org.], *Antero de Quental – Obras Completas, vol. III: Filosofia*. Lisboa, Universidade dos Açores / Editorial Comunicação, 1991), parte II, p. 138, linhas 5-8.

corresponde uma postura filosófica não dogmática e não confinada ao método especulativo. Há, é claro, uma expressão doutrinária desta atitude, de que o inteiro *corpus* ferreiriano está permeado; mas os livros de pretensão panorâmica ou introdutória parecem refleti-la já no nível do texto. É este o caso, além de em *Filosofia e Cosmovisão* (de que a presente obra, como dito, aproveita longos trechos), no diálogo *Filosofias da Afirmação e da Negação* (nascido, recordemos, dum romance, apenas recentemente publicado),[35] que mimetiza tanto o gênero antigo do qual Platão é o maior cultor como a reinvenção moderna da ficção filosófica.

Esta reinvenção descende do Renascimento, notadamente de escritos de São Thomas More; depois atravessa obras de Francis Bacon e Galileu Galilei; e alcança o ápice com Leibniz, Berkeley, Montesquieu, Hume, Rousseau, Sade e, sobretudo, Voltaire e Diderot. Num dos posfácios ao diálogo escrito por Mário, assinalam-se afinidades explícitas (no vocabulário, na estrutura da obra, na dicção do narrador) com um destes autores: o Hume dos *Diálogos sobre a Religião Natural*.[36] E é precisamente o tema deste opúsculo – a saber, as razões favoráveis e contrárias à existência de Deus – o objeto do único livro publicado sob o pseudônimo a que se cogitou atribuir este *Convite*. Que se associe a tal projeto um colaborador da *Enciclopédia* de Diderot não significa um lapso;[37] o que enuncia Hume (que, ademais, conheceu e influenciou os Enciclopedistas), na argumentação que conduz, é um preceito que ditaria o teor da metafísica moderna.

---

[35] Mário Ferreira dos Santos, *Homens da Tarde*. Coleção Ficções Filosóficas. São Paulo, É Realizações Editora, 2019; idem, *Filosofias da Afirmação e da Negação*. Coleção Logos, vol. 2. São Paulo, É Realizações Editora, 2017. Vale lembrar que *Filosofia e Cosmovisão* é o primeiro volume da Enciclopédia de Ciências Filosóficas e Sociais.

[36] Refiro-me ao texto assinado por Ian Rebelo Chaves e por mim: "Impressões sobre *Filosofias da Afirmação e da Negação*". In: Mário Ferreira dos Santos, *Filosofias da Afirmação e da Negação*, op. cit., p. 271, n. 4.

[37] No mesmo volume inaugural da Coleção Logos, o texto de Hans Ulrich Gumbrecht lembra que, a certa altura, enciclopedismo chegou a ser suposto sinônimo a materialismo ou fisicalismo: "Quem eram os *philosophes*?". In: *Filosofia da Crise*, op. cit., p. 262-63, 265-66.

Sugere ele, pela voz de Filo, que no universo, por um lado, todas as partes estão relacionadas entre si de algum modo e, por outro lado, nenhuma delas se restringe à atuação que é própria à sua utilidade; o que nos dá o esboço, é o que se conclui, de uma natureza "cega" (quer dizer, cuja fonte é indiferente aos princípios que parecem conformar a realidade), porém "embebida de um enorme princípio vivificador".[38] A imagem de mundo a emergir daqui é de um organismo autonomamente gerido, que não se guia por finalidades predefinidas, mas, à medida que exerce um dinamismo irrefreável, integra a si todas as coisas. Não é outra a síntese que Antero de Quental oferece do que há de peculiar à modernidade filosófica. Segundo ele,

> o pensamento antigo fazia do universo uma máquina, cuja estrutura obedecia a um plano preconcebido: o pensamento moderno faz do universo um ser vivo, cuja forma de atividade não obedece senão às tendências espontâneas do seu próprio desenvolvimento.[39]

Ao repudiar a pretensão e a obscuridade do epíteto "ciências filosóficas", Antero fez lembrar que, sob as pressuposições modernas, é já em sua materialidade que os fenômenos físicos se revelam portadores de vida. Se ao estudo da natureza a Filosofia acrescenta algo, não é isto a postulação de um nível de realidade externo ao do próprio universo, alegadamente requerido para que ele seja mais do que matéria bruta. O mundo se expande por um impulso inerente a si, que se não submete a nenhum ordenamento superior.

Correlativamente, é já em sua materialidade que este livro se revela herdeiro e participante de tal debate. Primeiro ao assiná-lo como Charles Duclos, depois ao situá-lo numa Enciclopédia que não a de Ciências Filosóficas – mas, sim, de Conhecimentos Fundamentais –, Mário Ferreira dos Santos introduz os leitores à Filosofia ao mesmo tempo que propõe reavaliá-la à luz

---

[38] David Hume, *Diálogos sobre a Religião Natural*. Trad. José Oscar de Almeida Marques. São Paulo, Martins Fontes, 1992, p. 156, 159.

[39] Antero, "Tendências gerais", op. cit., pt. I, p. 122, ll. 37-40.

das relações que pode segundo ela haver entre o mundo e seu fundamento último. Isto é feito, e já ambos os procedimentos foram destacados, tanto pela distinção entre filosofias do incondicionado,[40] do condicionado e da relatividade como pelo empréstimo criativo das noções, originadas da Física, de intensidade e extensidade.

Nesta dualidade, que é central à exposição do autor, se projeta uma capacidade explicativa de amplíssimo alcance. Em termos dela se esclarece e se ressalta uma miríade de outras oposições, destacadamente as de tempo e espaço e de qualidade e quantidade. Não surpreende que este agregado de tensões, que a Filosofia seria capaz de (e estaria conclamada a) sustentar (em vez de fazer colapsar), transborde para os outros Conhecimentos Fundamentais manejados pela Enciclopédia. No *Convite à Estética*, descontado o "Convite à dança" que Nádia Santos Nunes Galvão assina, reproduzem-se a estrutura e a tônica deste *Convite à Filosofia*, descontado seu excurso histórico. Também ali, após apresentarem-se alguns ramos principais de investigação, conclui-se com os *grandes temas*, neste caso agrupados sob dois nomes: precisamente, "espaço e tempo" e "quantidade e qualidade". Mesmo internamente ao *Convite* que você tem em mãos, a eficácia dessa chave interpretativa jamais deixa de ser reiterada, e associada ao tema básico da existência e da cognoscibilidade do incondicionado – até o fim do livro e de sua última parte, a "História sucinta do pensamento filosófico".

Mário Ferreira dos Santos dedica não poucas páginas da unidade final da obra a discutir um movimento que, inaugurado por dois colaboradores da *Encyclopédie* (Condillac e Condorcet), se caracterizou por conceder aos mecanismos fisiológicos absoluta primazia explicativa: os *idéologues*.[41] Na esteira

---

[40] No uso ferreiriano, portanto, "incondicionado" não se reduz ao sentido epistemológico (de um qualquer objeto considerado como ele é independentemente da nossa percepção) com que o termo foi dotado destacadamente a partir de Kant.

[41] Para mais sobre a significação histórica e filosófica dos ideólogos franceses, ver novamente Gumbrecht, "Quem eram os *philosophes*?", op. cit., p. 270-72.

da identificação, preconizada por Hume e diagnosticada por Antero, da vida à matéria, tratava-se então de contradizer a necessidade de explicar os atos associados ao espírito apelando-se a causas externas às impressões empíricas que nossas faculdades perceptivas recebem. Conforme o autor resume o entendimento de Condillac, a sensação, ela própria, é que gradualmente se transforma em atenção, comparação, juízo, raciocínio, desejo.[42] Sintomaticamente, o capítulo se conclui com um destaque à reação catalisada por Maine de Biran – filósofo que, partindo do sensualismo, retornou às teses da dualidade pensamento-sensação; da superioridade do espírito (como um ente diretamente sustentado por Deus), que a experiência mística demonstraria; e da basicalidade do Eu como sede de uma atividade que não é meramente corporal, e que funda a moralidade e o intelecto.[43] Está aí a semente, habitualmente admite-se, do moderno espiritualismo filosófico.

Ainda antes – e para atermo-nos à materialidade do livro –, a exposição dos postulados de um dos ideólogos, Cabanis, se apoia numa fonte reveladora. Mário repetidamente cita o *Dictionnaire des Sciences Philosophiques* (de novo a expressão controvertida), dirigido pelo filósofo e místico Adolphe Franck. É fiando-se nele que o brasileiro confronta, como já mencionado, o estereótipo do pensador francês. O que se resgata são, entre outros elementos, a menção que Cabanis faz, quanto à constituição não exclusivamente material do ser humano, a "um princípio desconhecido qualquer", em certa fase identificado probabilisticamente a uma substância eterna e inata que opera como princípio mental; e o lugar que ele reserva ao instinto como fonte de determinações relevante, e diversa tanto da razão como da experiência.[44] Tenhamos, porém,

---

[42] Ver, neste livro, p. 226.

[43] Ver, neste livro, p. 229. Desconsiderando-se a menção a Pitágoras na "Introdução", Biran é, ao lado de Henri Bergson – também classificável como espiritualista – e de David Hume, o primeiro filósofo a ser citado neste volume (como defensor da anterioridade do semelhante ao diferente, na ordem de nossa atividade perceptiva: ver, neste livro, p. 30; Mário, contudo, defende a simultaneidade das duas percepções).

[44] Ver, neste livro, p. 227-28.

CONVITE À FILOSOFIA

com o recurso bibliográfico do autor a mesma prudência que ele cobra dos que veiculam o pensamento de Cabanis. Se chocam talvez à nossa sensibilidade o título ostentado no *Dictionnaire* assim como o currículo de seu diretor, o verbete a que o *Convite* recorre é, por outro lado, de autoria do médico Frédéric Elionor Dubois d'Amiens, famoso por se ter oposto ao mesmerismo, a crença pseudocientífica num magnetismo animal, isto é, numa influência natural invisível atuante em todos os seres vivos.

Franck e seu *Dicionário* devem ter despertado o interesse de Mário Ferreira dos Santos pelo caminho da genealogia intelectual. Tenho em mente o fato de que aquele integrou o círculo dos discípulos mais próximos de Victor Cousin, filósofo lido por Proudhon (escusado dizer, um dos modelos intelectuais de Mário) e citado no *Convite* como exemplo de hegeliano célebre.[45] Mais ainda: é Cousin o fundador da escola eclética francesa, pródiga em combinar ao espiritualismo e ao idealismo alemão doses de racionalismo e de realismo britânico. O ecletismo é motivado pelo lema, em nada estranho à filosofia concreta, de reter de cada doutrina algum ensinamento. E foi amplamente cultivado por filósofos brasileiros de gerações anteriores à de nosso autor – o que fornece primeiros fragmentos para recompormos o cenário em que ele lançou este seu *Convite*. A obra de Cousin gozou do privilégio de ser traduzida ao português, reunida como *Curso de Filosofia*, já no século XIX, pela pena de Antônio Pedro de Figueiredo, pensador negro, socialista e republicano, apelidado "o Cousin fusco" e admirado por figuras como Gilberto Freyre. Ainda em Pernambuco há também o caso de Antônio Herculano de Sousa Bandeira, tio-avô de Manuel Bandeira, e no Rio de Janeiro o do poeta romântico Gonçalves de Magalhães, aquele que, na presença do imperador, proferiu a primeira aula do mais antigo curso de Filosofia do país, o do Colégio Pedro II.[46]

---

[45] Ver, neste livro, p. 233. Na biblioteca pessoal de nosso autor, consta que havia a edição em 3 volumes das *Oeuvres de Victor Cousin*, publicada na França em 1828.

[46] O episódio é lembrado em Bernadette Siqueira Abrão (org.), *História da Filosofia*. Coleção Os Pensadores. São Paulo, Nova Cultural, 2011, "A Filosofia no Brasil".

Estranha, sim, à filosofia concreta é a confiança, que acompanhou o ecletismo e sua recepção brasileira, no ideal moderno de progresso. Unir as positividades das diferentes doutrinas, em Mário Ferreira dos Santos, é requerido não para levar a modernidade à máxima potência, mas para resgatá-la dos dualismos em que se encerrou. O propósito é reconciliá-la à veracidade do "algo há" e de suas abrangentes implicações – entre estas, em particular, a dependência de todas as coisas para com o incondicionado. Recuperar esta consciência foi o desiderato também, e precisamente, do representante máximo do espiritualismo no Brasil: Raimundo de Farias Brito, este um antimodernista, considerado por católicos do século XX o primeiro legítimo filósofo brasileiro. Tampouco, todavia, uma recusa integral do moderno se pode amparar no método ferreiriano. Índice disto é o juízo oposto ao de Mário que Farias Brito sustenta a respeito do anarquismo.[47]

Para voltar ao literato que, à parte o modernismo entusiástico, converge nisto a nosso autor (e a quem igualmente se atribui um papel inaugural em seu país: trata-se, para Fernando Pessoa, do primeiro a fazer literatura portuguesa como algo distinto de literatura estrangeira escrita em português),[48] Antero se refere ao espiritualismo – cujos expoentes exemplifica com Biran e Cousin, entre outros – como "aquele produto curioso e bem francês, frágil mas elegante, de pouco peso mas de boa aparência e útil, cômodo", de que, conquanto não se deva desdenhar, é preciso admitir que deixa de tomar em conta "o universo real".[49] A percepção não é exclusiva ao mundo lusófono, nem a autores avessos ao projeto antimaterialista. Em seu conhecido

---

[47] Ver Farias Brito, *Finalidade do Mundo – Estudos de Filosofia e Teleologia Naturalista: Tomo II (A Filosofia Moderna)*. Edições do Senado Federal, vol. 183-B. Brasília, Senado Federal, 2012, p. 32. No registro bibliotecário de Mário Ferreira dos Santos, aparece a edição de 1912 de *A Base Physica do Espírito*, publicada no Rio de Janeiro pela Livraria Francisco Alves.

[48] Fernando Pessoa, "Carta a William Bentley (1915)". In: *Correspondência – 1905-1922*. Editada por Manuela Parreira da Silva. Lisboa, Assírio & Alvim, 1999, p. 197.

[49] Antero, "Tendências gerais", op. cit., pt. II, p. 138, ll. 12-16, 24, 36-39.

compêndio historiográfico, os italianos Giovanni Reale e Dario Antiseri apresentam o espiritualismo "como fenômeno europeu", isto é, como uma resposta localizada ao reducionismo positivista.[50]

Aqui a leitora assistiu à crítica de Mário ao imaterialismo idealista de Berkeley, que ele reputa precursor de um "espiritualismo alemão".[51] O sutil deslocamento imposto à geografia usual, seja ou não deliberado, é sintoma de que tangenciamos um caso a mais daquele fenômeno característico da vida intelectual brasileira: o das "ideias fora do lugar". Já foi observado que, antes da explicitação deste conceito pela crítica literária – nomeadamente, como é sabido, na interpretação de Machado de Assis por Roberto Schwarz –, ele se insinuou na historiografia do pensamento nacional, em particular no ensaísmo sociológico de Sérgio Buarque de Holanda e no ensaísmo filosófico de João Cruz Costa.[52] Nestes, a ênfase recai sobre o fato de as teorias importadas, por não encontrarem aqui as condições sociopolíticas que as propiciaram no estrangeiro, poderem tanto ser mecanicamente reproduzidas como ser inventivamente transformadas; no Machado de Schwarz, o fato é que o escritor demonstra ironicamente as situações-limite da ideia alheia, as circunstâncias em que a sua insuficiência é tornada patente.

A ironia de Mário Ferreira dos Santos manifesta-se primeiro na pretensão de reabilitar a filosofia do incondicionado e denunciar a superficialidade da oposição entre matéria e espírito mimetizando o cético Hume e homenageando o enciclopedista Duclos. Mas estes antecedem nosso autor em quase dois séculos; Biran e Cousin, em mais de um. Não são mais as ideias deles o que, passando por mãos brasileiras, pode ser empurrado para o lado. O que Mário está deslocando são teorias que, ainda não plenamente visíveis em 1961, conectavam-se fantasmaticamente às daqueles predecessores – sobre

---

[50] Giovanni Reale e Dario Antiseri, *História da Filosofia 6 – De Nietzsche à Escola de Frankfurt*. Trad. Ivo Storniolo. São Paulo, Paulus, 2006, p. 335.

[51] Ver, neste livro, p. 216.

[52] Abrão, *História da Filosofia*, op. cit., "Ideias fora de lugar".

um trilho que, pelos caóticos influxos que sofre, pode tanto levar a bom termo como ao descarrilamento. Ou mudemos, justamente, a metáfora, desta mecânica para uma orgânica: não é o único destino das ideias fora do lugar desmontar-se porque levadas a pane. Quando sua transformação inventiva gera um resultado consistente, este se reproduz, originando uma prole paralela à descendência oficial da ideia. Dão-se à luz filhos bastardos da teoria estrangeira, que, se por um lado interpretam a si mesmos mirando nos irmãos – filhos legítimos –, por outro lado, nutridos de uma vivência peculiar, habilitam-se a predizer, gesticulando com todas as suas más maneiras, o que estes outros estão ainda procurando formular.

Eis a hipótese deste ensaio – cuja natureza solicita o confronto do livro a seus congêneres nacionais e estrangeiros, a seus antecessores, a seus herdeiros, em suma, a seus contemporâneos filosóficos e não só cronológicos: o *Convite à Filosofia* permite detectar em Mário Ferreira dos Santos uma confluência inusitada, mas não candidamente passiva, entre o espiritualismo moderno, o ímpeto sincrético brasileiro e a virada ontológica das ciências humanas. Tendo-se apoiado nos espiritualistas para rejeitar o fisicalismo, mas também criticado a doutrina deles,[53] tão influente no Brasil de havia pouco e de então, Mário produziu uma versão alternativa daquilo que em meados do século XX se consolidava como efeito da linhagem de Hume, dos Enciclopedistas e dos *idéologues*, a saber, os desdobramentos da psicanálise, do darwinismo e da antropologia estrutural. O que o autor aborda de modo deliberadamente anacrônico (pois sob prisma pitagórico, se bem que, como veremos, não dogmático) é uma constatação *vizinha* àquela em que o pensamento ocidental está ainda detido – isto é, que o mundo da mente, da vida e da cultura não guarda em seu fundo um mistério iridescente, mas uma universalidade impessoal de regras que silenciosamente continua a universalidade aleatória da natureza.

---

[53] Em *Filosofia e Cosmovisão* (op. cit., p. 92-97), o espiritualismo é preterido, junto com o dualismo, o materialismo, o monismo e o criacionismo, em favor de um monopluralismo.

Avizinhado à constatação, o que será que o autor pretende desde o Brasil anunciar ao mundo? Proponho: que a universalidade caótica suposta pelo pensamento moderno cumpre nele o papel de incondicionado, e para o que ocupa esta posição vale a exigência de que seja eficiente em fundamentar o real *em sua concretude*, quer dizer, sem abstrair deste o caráter antinômico, em benefício de alguma imagem preconcebida do mundo. Entre o Ser Absoluto e o algo que há não pode haver abismo, e portanto o Fundamento do ser necessariamente será capaz de sustentar o real tal como o experimentamos, saturado de tensões. No crepúsculo dos ídolos visto pelo nietzschiano tropical, a máxima não é que todo pensamento exato cria nova realidade, mas sim que a realidade é excedente e autônoma ao pensamento. Os leitores de *Filosofia Concreta* lembrarão: seu ponto arquimédico é um "cuja certeza ultrapassa o nosso conhecimento, independe de nós, e é ôntica e ontologicamente verdadeira".[54] É esta demanda, parece, o que Mário constatou por resultado da circulação de antigas ideias fora do lugar.

Como seria esperado, se mais alguém formulou a procura moderna destacando o critério da concretude, esse foi o, digamos, vizinho imediato de Mário: o português Antero. Segundo ele, a filosofia moderna

> vê na realidade o ato único duma substância omnímoda, por virtude da qual todos os seres, momentos e modalidades dela, comunicam continuamente entre si, influenciando-se mutuamente, opondo-se e, por essa constante e universal oposição, realizando, não a recíproca anulação, mas a integração de todos os momentos na unidade, cujas diversas potências manifestam.[55]

Na visão ferreiriana, é já ir longe demais reduzir os seres a "momentos e modalidades" duma substância omnímoda, de cujas potências as oposições

---

[54] Mário Ferreira dos Santos, *Filosofia Concreta*. Biblioteca Mário Ferreira dos Santos, vol. 1. São Paulo, Editora Filocalia, 2020, p. 26.
[55] Antero, "Tendências gerais", op. cit., pt. I, p. 122, ll. 31-36.

entre as coisas seriam manifestações. A independência do ponto arquimédico em relação à mente humana significa inclusive que o ser não supõe um veículo por meio do qual se expresse. Mas justamente a parcialidade da intersecção entre os dois retratos filosóficos propicia um contraste revelador do *ajuste* sugerido pelo brasileiro. Seu ponto, eu interpreto, é que se deve ser claro sobre o estatuto ontológico da universalidade produtora do real. Dirigindo-se ao proponente original de uma filosofia promotora do crepúsculo dos ídolos, nosso autor é abrupto: a vontade de potência é, para Nietzsche, Deus.[56] Duas observações iluminarão o alvo da aparente falta de tato. Primeiro, Mário deve ter em vista *O Anticristo*, § 16, onde se opõe ao caráter artificial da hipostasiação da suma bondade, no fundo um disfarce para a impotência, o caráter natural da vontade de poder, que garante a esta a função de *divindade dos povos*.[57] Segundo, na discussão expandida das teses do livro, feita em *Filosofia e Cosmovisão*, a necessária mediação conceitual é fornecida: o que Nietzsche postula como universal afirmação da perseverança no ser faz as vezes, em seu pensamento, do *incondicionado*.[58]

O debate sobre a fonte de que o real com suas tensões procede, portanto, não é sem efeito para a reflexão sobre o agir humano. Daí a importância que este livro confere à Axiologia, vale dizer, à investigação ontológica a respeito dos valores. Determinar a exata índole disso que habita o fundo do real é descrever os atributos do incondicionado, que Mário Ferreira dos Santos identifica ao Ser Absoluto. É, por conseguinte, repensar a Teodiceia, que aparece de supetão entre os saberes que a Filosofia conexiona.[59] O ponto arquimédico ferreiriano ultrapassa a nossa inteligibilidade, mas não é

---

[56] Ver, neste livro, p. 244.

[57] Na tradução de Paulo César de Souza: "não há outra alternativa para os deuses: *ou* são a vontade de poder – e enquanto isto serão deuses de um povo – *ou* a incapacidade de poder – e então tornam-se necessariamente bons" (Friedrich Nietzsche, *O Anticristo e Ditirambos de Dionísio*. São Paulo, Companhia das Letras, 2012, p. 20 [ePub]).

[58] Mário Ferreira dos Santos, *Filosofia e Cosmovisão*, op. cit., p. 136-37.

[59] Ver, neste livro, p. 21.

indiferente a ela; antecede a nossa ética, mas a implica e fundamenta. Já na redação original de *Filosofia Concreta*, como se sabe, o alcance da sua independência face à mente humana foi formulado com hesitação: o autor suprimiu desse postulado o advérbio "totalmente".[60] Se ali no livro-sistema sobressai a expressão ontognosiológica, aqui nos *Convites* conduz-se – sempre com base na Ontognosiologia – à dimensão axiológica (e assim se compreende que o volume encerre expondo o pensamento de Scheler, "esse 'Nietzsche cristão'", e remetendo à *Filosofia Concreta dos Valores*) da *calibragem* a que Mário propõe sujeitar o realismo contemporâneo.

Vejamos se não me deixo levar pelo entusiasmo.

No capítulo de *Convite à Psicologia Prática* dedicado à psicanálise, o autor critica Freud por dar predomínio às pulsões destrutivas e obscuras – cujo destaque, ele observa, é característico da "época atual" –, enquanto valoriza Jung pela recuperação de impulsos altruístas.[61] É um equívoco de percepção induzido pela modernidade, o filósofo parece argumentar, que o ímpeto resultante em conflitos desintegradores seja incapaz de gerar também atos de reconciliação, ou que as forças responsáveis por esta sejam menos fundamentais. A reivindicação metafísica de fundo é que o espírito, a cultura e a vida não se limitam a epifenômenos do físico, do natural, do inorgânico. Indicado o ponto naquele volume, o *Convite à Filosofia* não se ocupa de outra vez trazê-lo à superfície. Ainda assim, ele subjaz à discussão metaontológica aqui proposta sobre a basicalidade das noções de intensidade e extensidade. Para defendê-la, Mário precisa mostrar não serem elas redutíveis aos conceitos de potência e ato, em apoio a quê ele recorre a Wilhelm Ostwald.[62]

---

[60] Tive oportunidade de ressaltar esse dado em "Uma filosofia em construção: lendo a *Filosofia Concreta* através de suas mudanças", in: *Filosofia Concreta*, op. cit., p. 634.

[61] Mário Ferreira dos Santos, *Convite à Psicologia Prática*. 2. ed. Enciclopédia de Conhecimentos Fundamentais, vol. 6. São Paulo, Logos, 1962, p. 149-51.

[62] Ver, neste livro, p. 91-92.

O químico leto-alemão, laureado Nobel em 1909, sustentou que o fato de certa energia poder ser descrita como apenas potencial não anula o postulado da constituição irredutivelmente energética dos fenômenos físicos. Este ponto, reproduzido textualmente por Mário Ferreira dos Santos, tem sido lembrado por estudiosos da psicanálise como o cerne da apropriação por Ostwald do pensamento de Hermann von Helmholtz, médico e físico em quem Freud ampla e declaradamente baseou sua epistemologia.[63] O rol de alunos e influenciados, por sinal, é vasto: a Freud e a outros homens de ciência se somam Ludwig Wittgenstein e Émile Boutroux, este último um representante do espiritualismo francês. Também entre as fontes de que Helmholtz partiu estão autores relevantes para a geração de Mário – como Hermann Lotze, grande reformulador da Axiologia. Ocorre que o passo teorético decisivo, dado por aquele e seguido por Freud, foi conferir centralidade explicativa ao conceito de energia; e Ostwald sugeriu radicalizar, por isso mesmo transfigurar, esse estado de coisas. Sua proposta, de que nosso autor extrai suporte ao próprio projeto, é, conforme os termos de um artigo recente, passar de um entendimento mecânico da energia para "uma cosmovisão quase-teológica", de caráter monista e sustentadora de "uma ontologia imaterial".[64] De acordo com o químico germânico e com o filósofo brasileiro, a energia impulsionadora de um fenômeno e o mecanismo físico, sempre virtualmente disponível, que ela requer acionar não se equivalem. Novamente a proximidade e a não-coincidência à imagem anteriana da filosofia moderna revelam-se de um só golpe:

---

[63] Cf. Jessica Tran The, Pierre Magistretti e François Ansermet, "The epistemological foundations of Freud's energetics model". *Frontiers in Psychology*, vol. 9, seção "Psychoanalysis and Neuropsychoanalysis", art. 1861, outubro de 2018 (coligido em um número especial da mesma revista, editado por Mark L. Solms, Peter Fonagy, Christoph Mathys e Jim Hopkins: *Free Energy in Psychoanalysis and Neuroscience*, setembro de 2020), p. 52-53.

[64] Ibidem.

CONVITE À FILOSOFIA

Se, para o pensamento antigo [diz o poeta], a realidade aparecia como uma emanação do ser em si absoluto e só verdadeiramente existente, para o pensamento moderno é a realidade o *fieri* incessante *dum ser em si só potencialmente existente* e que só realizando-se atinge a plenitude. Se, segundo o pensamento antigo, o princípio da energia e propriedades dos seres lhes era exterior e como que neles infundido, e radical a distinção da matéria e da forma, segundo o pensamento moderno *matéria e forma são indissolúveis, fundem-se na natureza autônoma dos seres*, cujo princípio de energia lhes é próprio, ou antes, constitui a sua mesma essência.[65]

E a exata inclinação metafísico-axiológica que a comparação das leituras de Freud e de Ostwald indica no campo psicofísico pode ser vista no âmbito sociobiológico, se se põem em paralelo, e em perspectiva, as considerações sobre Hobbes e sobre Darwin. Com efeito, os temas de todos os volumes da Coleção Estímulo e da Enciclopédia de Conhecimentos Fundamentais são afetados pela intervenção de Mário Ferreira dos Santos no que, com apurado tino, ele intuiu consistir na problemática contemporânea.

Contra a belicosidade do estado natural hobbesiano, o filósofo afirma a vigência de uma ordem social natural, isto é, que os interesses humanos originários são cooperativos e não destrutivos.[66] Sem sombra de dúvida, é este um pilar filosófico da sua adesão ao socialismo libertário. Resta o desafio de mostrar que não é ele demolido pela biologia moderna, com a descoberta da evolução via seleção natural. A olhos displicentes talvez apenas salte o mais incômodo: o autor chega a minimizar a validez da teoria darwiniana.[67] Cumpre lembrar que até meados do século XX o campo da Genética não havia pacificado a relação entre a hereditariedade de Mendel e a evolução de Darwin; a ciência evolucionária só passou a abrigar de fato a biologia molecular após

---

[65] Antero, "Tendências gerais", op. cit., pt. I, p. 121, l. 6–p. 122, l. 15, grifos meus.
[66] Ver, neste livro, p. 210.
[67] Ver, neste livro, p. 239.

o mapeamento da estrutura do DNA, em 1953, por James Watson e Francis Crick. É portanto *a partir* da década de 1960 que a chamada síntese evolutiva moderna, plenamente estabelecida, começa a frutificar, precisamente com o status de "princípio geral de explicação" que o filósofo nega à teoria que conheceu. Mais relevante, parece, é a ênfase dada por Mário ao fato de que, na luta pela vida, a sobrevivência é conquistada não pelos "mais fortes", e sim pelos *mais aptos*.[68] Sem encontrar um Jung da Biologia, por assim dizer, ele toma a iniciativa de propor o deslizamento de enfoque, passando-se da concorrência à colaboração. Deste modo, antecipou uma corrente de estudos que em décadas recentes se mostrou pujante.[69]

A esta altura, a recorrência das preocupações axiológicas de Mário Ferreira dos Santos pode nos fazer duvidar de que ele tenha tangenciado a aludida constatação contemporânea, de uma precedência generalizada do não-vivo. Não são elas sinal de que o autor tão-somente reage ao que lhe parece eticamente equivocado, ignorando a transformação ontológica que se dá por trás de tais problemas? Bem ao contrário, sustento, ele acusa o *caráter metafísico* da tendência moderna a favorecer a dissolução em lugar da comunhão. Para ele, é isto frequentemente o efeito de se não atentar ao que é suposto como incondicionado; e é sempre o resultado de se não assumir a complementaridade entre qualitativo e quantitativo, subjetivação e objetificação, liberdade e causalidade, intensidade e extensidade. O tom em que o filósofo faz soar o seu adágio herda

---

[68] Ibidem.

[69] Ver e.g. Elliott Sober e David Sloan Wilson, *Unto Others – The Evolution and Psychology of Unselfish Behavior*. Cambridge (MA), Harvard University Press, 1999; Peter Hammerstein (ed.), *Genetic and Cultural Evolution of Cooperation*. Cambridge (MA), MIT Press, 2003; Lee Alan Dugatkin, *The Altruism Equation – Seven Scientists Search for the Origins of Goodness*. Princeton, Princeton University Press, 2007; Kenneth M. Weiss e Anne V. Buchanan, *The Mermaid's Tale – Four Billion Years of Cooperation in the Making of Living Things*. Cambridge (MA), Harvard University Press, 2009; Joan Roughgarden, *The Genial Gene – Deconstructing Darwinian Selfishness*. Berkeley, University of California Press, 2009.

CONVITE À FILOSOFIA

a clave das ideias que, expatriadas, ele sujeita a modulação. Afinal, a faceta ética da guinada moderna estava dada no discurso dos *idéologues* que o *Convite* propõe reinterpretar. O filosofema de Cabanis que Mário argumenta ter sido mal lido rezava, precisamente, que "[o] físico e o moral confundem-se em suas fontes, isto é, o moral nada mais é que o físico considerado sob determinados pontos de vista particulares".[70]

Mas será que, além de terem lido os mesmos antecessores, nosso filósofo e os europeus levaram a efeitos contemporâneos – isto é, a efeitos correlatos, não obstante opostos? Um teste de fogo para a hipótese do avizinhamento de Mário à ontologia recente será seu posicionamento quanto ao ponto de fuga das atuais ciências do espírito, aquilo que se tem chamado a virada para o não-humano (*the nonhuman turn*). Esta verificação se impõe, já que em um nível o autor filia-se claramente ao humanismo. Nesse sentido ele saúda a revalorização da Renascença, entre cujas figuras exalta a de Pico della Mirandola;[71] particularmente, ele ressalta, o italiano buscou a verdade de todas as crenças filosóficas, entendendo serem suas disputas menos doutrinárias do que verbais, e assim ambicionou unificar o saber humano: a semelhança à orientação positiva da filosofia concreta, embora não total, é evidente. Aliás, esse caráter transparece já no empreendimento enciclopédico, e chega a se condensar em um título específico, *Cristianismo, a Religião do Homem*.[72] Mesmo a Filosofia é reiteradamente descrita como um meio de autorrealização, e à luz disto a centralidade dada pelos sofistas ao indivíduo tem o valor reconhecido neste *Convite*.[73]

Convém lembrar, a este propósito, qual a dinâmica da história da Filosofia ferreiriana. Para Mário, deve-se colher de cada época as positividades, mas não só; requer-se igualmente reconhecer que, atualizando-as, cada período *inclui*

---

[70] Ver, neste livro, p. 226.

[71] Ver, neste livro, p. 202-03.

[72] Mário Ferreira dos Santos, *Cristianismo, a Religião do Homem*. Bauru, Edusc, 2003.

[73] Ver, neste livro, p. 155, 160.

em seu interior as conquistas que daí futuramente se *derivam*.[74] Na reconstrução proposta pela "História sucinta do pensamento filosófico", a inauguração da fase antropológica, com os sofistas, é o avanço que faz possíveis o pensamento conceitual, com Sócrates, e a sistematização de conhecimentos bem fundados, com Platão e Aristóteles. Assim sendo, a descoberta do valor do indivíduo humano é um achado positivo da sofística, a se preservar, mas fazê-lo a expensas do que a discussão conceitual posterior estabeleceu é desprezar uma concreção que fora parte, potencial, da própria sofística. *Mutatis mutandis*, é essa a falha que o autor acusa nas escolas helenísticas: ao concentrar-se no "supremo bem para o homem", logo após Platão e Aristóteles e daí em diante, elas *virtualizaram* o que para estes dois servia de nada menos que ímpeto motor, e que envolvia o "valor metafísico" do Bem supremo.[75]

Um humanismo salutar, portanto, há de reconhecer a precedência do que independe do humano. Esta ambivalência e acuidade foram destacadas por João Cezar de Castro Rocha: conquanto a reflexão de Mário não se afigure pós-humana, ela admite e incorpora como princípio o fato de que o ser humano "é apenas um instante histórico do universo",[76] prescindível e não constitutivo para a esfera ontológica a que a Filosofia deve se ater.[77] Também pelo crivo dos efeitos, assim, Mário Ferreira dos Santos é vizinho à discussão ocidental. De fato, o poeta brasileiro seu leitor – irmanado a Antero, já se disse,[78] na linhagem duma "poesia do pensamento" – rejeita a herança kantiana pela qual nos limitamos a chamar o Bem de Belo.[79] Um dos vários aspectos da polêmica

---

[74] Cf. Mário Ferreira dos Santos, *Filosofias da Afirmação e da Negação*, op. cit., p. 245.

[75] Ver, neste livro, p. 177.

[76] Mário Ferreira dos Santos, *Filosofia Concreta*, op. cit., p. 54.

[77] João Cezar de Castro Rocha, "*Filosofia Concreta*: uma obra-prima em elaboração". In: *Filosofia Concreta*, op. cit., p. 567-69.

[78] A filiação, que abarcaria também Camões, Pessoa, Drummond e outros, é sugerida em Érico Nogueira, "Bruno Tolentino e a estética classicizante: o caso de *A Balada do Cárcere*". *Revista do CESP*, vol. 34, n. 51, 2014, p. 97.

[79] Tolentino, "A gênese do livro: um prólogo". In: *O Mundo como Ideia*, op. cit., p. 72.

de nosso autor com a filosofia de Kant é o caráter metafísico da oposição que este faz à Metafísica. Interessa-o a fortuna dessa matriz de reflexão, culminada em sua época com o movimento fenomenológico. São ricas as nuances com que o brasileiro se vale de Kant e de Husserl; teremos ocasião de vê-lo. Desde logo, porém, fica insinuado que, se em algo este livro se aproxima da fenomenologia, é no mote fundamental do "retorno às coisas mesmas".

Já não era sem tempo: nossa hipótese pede que saia de si e se abra ao *Convite*.

Ao restante deste ensaio cabe partir do objeto e não do sujeito. Isto é, primeiramente descrever (1) *os convidados* do livro: quais interesses e inclinações Mário supõe (e os títulos pertinentes deixam constatar) que movem seus potenciais leitores, sejam os versados ou os leigos em Filosofia. Em seguida, aprofundando o olhar no primeiro grupo, trata-se de mapear (2) *os demais mensageiros*, os paralelos e discrepâncias estruturais deste volume com outras introduções à Filosofia – especialmente as contemporâneas a esta. Ampliando o mesmo ponto, é vez de conhecermos (3) *a anfitriã*, quer dizer, o que outros panoramas dão a saber sobre a situação da Filosofia ao fim da primeira metade do século XX; e a que traços dela o estilo e os comprometimentos teóricos do *Convite* se associa ou se opõe. Só então vem ao caso escrutinar (4) *o remetente*, sintetizando a primeira e homônima parte da obra, "Convite à Filosofia" (sempre por meio do confronto a outros autores, em particular os que já se tiverem imposto ao nosso comentário, ademais articulando a argumentação com a "História sucinta do pensamento filosófico"). Mas o percurso do objeto ao sujeito deixa sequelas duradouras; por exemplo, impede a suposição ingênua duma transparência da subjetividade. Há de se descer, então, (5) às *entrelinhas* do escrito, destacando seis ou sete formulações que, de aparência trivial, revelam pressupostos do pensamento de Mário, e sua localização no cenário filosófico. Isto, todavia, não pode ser mais do que um estágio; todo convite veicula um conteúdo – informa, essencialmente, um local e uma data de encontro.

Como se esperaria de um convite filosófico, aqui se trata de problematizar aquilo mesmo que se veicula: ao invés de pontificar *onde e quando*, refletir, por meio das noções de extenso e intenso (fios condutores de "Os grandes temas da Filosofia"), exatamente as ideias de (6) *espaço e tempo*. E para quê tudo isto? Segundo um dos panoramas contemporâneos ao *Convite* (*Mito e Metafísica – Introdução à Filosofia*, de Georges Gusdorf, publicado em 1953 na França e afinado a Mário pela oposição ao positivismo, pela orientação axiológica, pela recuperação do concreto), a representação que a Filosofia faz do mundo sem jamais apreendê-lo – e chegando até a distorcê-lo, se pautada no dedutivismo – é superada pela experiência primitiva da (7) *festa*, em que espaço e tempo confluem sem serem codificados. Talvez seja outra a relação com o incondicionado prevista pelo *Convite* ferreiriano, em que o registro ontológico da reflexão se quer ele próprio a garantia de seu rigor. Não deixa de ser significativo que, na reedição de sua obra, Gusdorf se tenha obrigado a incluir um prefácio intitulado "Retratação 1983". No desagravo, ele esclarece não ter tido parte, durante as décadas que se passaram, no movimento que – por efeito da maior circulação das obras de Freud, Jung e Lévi-Strauss – inflacionou a interpretação dos mitos e levou os ocidentais a perguntarem "os segredos da arte, da verdade e da sabedoria" aos novos "Super-homens" em que foram tornados, ele exemplifica, "os Bororo e os Arara, os Nambikwara e os Tupinambá"...[80]

Quem está fora do lugar não é penetra: antes de ir à festa, leiamos com atenção o *Convite*.

(1) Os convidados

Falei da semelhança entre este livro e o mote fenomenológico do "retorno às coisas mesmas"; e já o acesso que Mário faz ao fundador da fenomenologia

---

[80] Georges Gusdorf, "Rétractation 1983". In: *Mythe et Métaphysique – Introduction à la Philosophie*. Collection Champs. Paris, Flammarion, 1984, p. 8-9. A tradução brasileira do livro, a ser citada nas demais ocorrências, é de 1980, não incluindo portanto o desagravo.

CONVITE À FILOSOFIA

é indicativo do seu universo de referências. O verbete da "História sucinta do pensamento filosófico" dedicado a Husserl toma claramente por fonte, e em um momento cita, a *História da Filosofia* de Julián Marías[81] – pensador espanhol, discípulo de Ortega y Gasset e integrante da chamada Escola de Madri. A questão sobre quais são os destinatários de uma iniciação filosófica em nenhum texto ganha a relevância que tem no prefácio de Marías à edição de sua *Introdução à Filosofia* no Brasil:

> Meu livro, agora, irá adquirir juventude: alguns séculos lhe serão diminuídos. Talvez lhe seja mais difícil justificar-se. Se a coruja de Minerva só voa ao crepúsculo, como irá planar sobre a doçura vigorosa, verde e amarela, do Brasil? Sei que no Brasil a Filosofia interessa vivamente. Mas a sociedade brasileira – não apenas alguns indivíduos – terá chegado a ela? Terá chegado à sua necessidade, a não poder dispensá-la, a tê-la como inevitável? Na Europa, no ponto a que se chegou, parece não haver outro meio para viver autenticamente a não ser este: voltar-se para a Filosofia. Em que medida acontece o mesmo nas Américas? Creio que de algum modo acontece. As sociedades americanas possuem uma juventude apenas parcial: são jovens, mas *vêm* das velhas sociedades europeias, formam parte de uma sociedade mais ampla, mais tênue, que se chama *Ocidente*; e por isso, ficam consignadas à Filosofia.[82]

Lembrando a imagem hegeliana para a Filosofia, Marías lateralmente confirma o que, no contraste a Nietzsche, se nos afigurara: há razão inclusive geográfica – ou, antes, em sua descrição, histórica – para o crepúsculo europeu não coincidir ao brasileiro. Ao mesmo tempo, nosso acesso ao mundo filosófico é por definição mediado pela herança europeia, essa que inclui a invenção da Filosofia como atividade autônoma. Não é casual que nomes e recursos da Europa de séculos antes (Ciências Filosóficas,

---

[81] Ver, neste livro, p. 249. A edição original da *Historia de la Filosofía* data de 1941.

[82] Julián Marías, *Introdução à Filosofia*. Trad. Diva Ribeiro de Toledo Piza. 4. ed. São Paulo, Livraria Duas Cidades, 1985, p. 14-15.

Enciclopédia, diálogos de teologia natural, Charles Duclos) tenham sido emprestados até que Mário pronunciasse seu próprio *Convite*. E, exatamente, um *convite*, que supõe chamar os destinatários a algo a que não estão fadados, a um compromisso que não é naturalmente assumido por eles. Enquanto Marías se refere a doutrinas como a produtos forjados por seus pares, como àquilo que estão habituados a gerar, no Novo Mundo talvez "seja mais difícil justificar-se" tal abordagem. Em sua *História da Filosofia* a diferença fica clara; o itinerário culmina no pensamento de contemporâneos e conterrâneos, Ortega, Morente, Zubiri, Ferrater, Gaos.[83] Já Mário Ferreira dos Santos, a quem se dirige?

Assim como polemiza com Husserl embora se valha de Marías para apresentá-lo, Mário parece tomar, sim, em conta a produção de seus pares, porém considerada desde as suas fontes – europeias, como não poderiam deixar de ser. O elenco da "História sucinta" vale, à medida que se aproxima da atualidade, como um testemunho de quais eram os autores tomados pela inteligência brasileira como ponto de partida ou de interlocução. Reconstruir este contexto, por sinal, é uma demanda incontornável, dado que uma parte deles exerce hoje influência modesta na discussão filosófica. Entre os nomes de "A filosofia contemporânea" estão, por exemplo, Maurice Blondel, então debatido no Brasil por Alcântara Silveira (e, posteriormente, por João de Scantimburgo); Jean-Marie Guyau, que (além de influente sobre Nietzsche e Kropotkin, duas referências para Mário) foi objeto da reflexão crítica de Tobias Barreto; Eduard von Hartmann, amplamente discutido em fins do século XIX e, por efeito disto, parece, ironicamente aludido por Machado de Assis no romance *Quincas Borba* e no conto "O cônego ou Metafísica do estilo"; e a Escola de Baden, uma das matrizes de que parte Miguel Reale para a elaboração da sua filosofia do direito.

---

[83] Idem, *História da Filosofia*. Trad. Claudia Berliner. São Paulo, Martins Fontes, 2004, p. 493-522.

No texto que abre a seção historiográfica deste volume, Mário Ferreira dos Santos anuncia: ele não se deterá naquilo em que um momento da Filosofia esteja tão-só concrecionando as ideias que lhe antecederam. Especificamente, ele explica, é por já se terem exposto as filosofias de Platão e Aristóteles que a escolástica, no que as desenvolve, não recebe aqui maior atenção.[84] É de supor que o mesmo princípio tenha levado o autor a preterir os contemporâneos brasileiros em favor das *fontes* empregadas por eles próprios. Mais ainda à luz da sua ambição, declarada no mesmo lugar, de fazer contribuições à Filosofia "num país onde ainda predomina a mentalidade colonialista passiva".[85] Reunidos em *Filosofia Concreta*, seus contributos fazem constar quais pensadores os tornaram possíveis; aqui, priorizam-se exatamente os que não integram essa genealogia[86] – em todo caso, a interlocução se dá em linha direta com a tradição. Frequentemente se nota a reincidência, entre os filósofos, de uma recusa integral do pensamento que os cerca e antecede, com tímidas concessões a autores que tenham vislumbrado o que eles mesmos propõem.[87] Na "doçura vigorosa" de que fala Marías, pode se dar que a recusa seja ainda mais radical, com o resultado curioso de, em vez de concessões seletivas, se ter de passar em revista a *inteira* "sociedade mais ampla" que nos consigna à Filosofia, o Ocidente.

O que não impede, aliás favorece, que filósofos brasileiros de inclinações diversas alcancem, numa mesma época, idêntico diagnóstico sobre quais ideias vêm moldando, desde o Norte, a mentalidade nacional. Convergindo ao já mencionado lamento de nosso autor sobre a assimilação defasada das ideias positivistas no país, Miguel Reale (o mesmo continuador brasileiro da Escola de Baden) inaugura seu painel de perspectivas sobre o caráter da atividade

---

[84] Ver, neste livro, p. 123-24.

[85] Ver, neste livro, p. 123.

[86] Ibidem.

[87] Cf. e.g. Arthur C. Danto, *Connections to the World – The Basic Concepts of Philosophy*. Berkeley, University of California Press, 1997, p. 4.

filosófica com uma crítica ao ponto de vista do positivismo. Ele justifica o recorte com a lembrança de que esta tradição conquistou e continuava alcançando ressonância decisiva entre nós, sendo Comte "o pensador europeu que no século XIX mais influiu na história cultural e política brasileira".[88] Do diálogo não havido entre Mário Ferreira dos Santos e seus pares, pode-se inferir o ambiente que abrigava os verdadeiros convidados desta obra, o da cultura geral (como o põe Marías, "não apenas alguns indivíduos", mas "a sociedade brasileira") – tampouco esta imune à influência dos países centrais, claro está. Já em sua descrição das tendências filosóficas proeminentes no fim do século XIX, o português Antero destacara figuras que, pelo impacto de suas ideias, também este livro privilegiou: Auguste Comte, Herbert Spencer, John Stuart Mill.[89]

Positivismo, evolucionismo e utilitarismo são, com efeito, facetas do fenômeno com que Mário caracteriza a condição moderna como um todo: certo racionalismo, que reduz o que é heterogêneo ou intensivo ao que é empírico.[90] Uma passagem correspondente em *Filosofia e Cosmovisão* detalha que tal pendor racionalista é aquele da Ciência, cujos métodos obrigam a, entre os "dinamismos em oposição", deter-se no homogêneo ou extensivo.[91] Ali expressamente cogita-se que a Metafísica postule a sobrevivência do intensivo ao corporal; aqui mesmo, veremos, o papel de princípio de individuação é cedido à intensidade, no caso humano à alma. Logo nota-se o eco espiritualista, o que não é falso – mas tampouco completo. Por passar em revista a tradição, nosso

---

[88] Miguel Reale, *Introdução à Filosofia*. 4. ed. São Paulo, Saraiva, 2002, título I, cap. 2, § 3, p. 27 (ePub, 2017). Embora lançada tardiamente como livro, com primeira edição datada de 1988, a *Introdução* de Reale não é mais que uma versão ligeiramente expandida do que veio a público já nos anos 1950 como Parte I ("Propedêutica Filosófica") da sua *Filosofia do Direito*: São Paulo, Saraiva, 1953.

[89] Antero, "Tendências gerais", op. cit., pt. II, p. 142, ll. 34-37. A única figura-chave listada pelo poeta lusitano e não referida em *Convite à Filosofia* é Hippolyte Taine – integrante, seja como for, do positivismo inaugurado por Comte.

[90] Ver, neste livro, p. 113.

[91] Mário Ferreira dos Santos, *Filosofia e Cosmovisão*, op. cit., p. 224-25.

CONVITE À FILOSOFIA

autor almeja extrair dela (e *assim* expandir caminhos abertos pelas ciências) a potência para responder ao unilateralismo racionalista e às limitações que este impõe aos distintos campos da atividade humana. Antero, que detecta no subsolo da contemporaneidade as mesmas intuições-motoras sentidas por Mário, pode ver, no ponto de sobreposição entre Filosofia e Ciência, a síntese que tanto expressa o dilema moderno como dá a base para a sua solução.[92] O brasileiro – como que compensando a subtração de séculos a que Marías receou submeter seu livro – se dispõe a fundá-la na história do pensamento, e dali trazer respostas aos problemas impostos a seu tempo e lugar.

É num trecho insuspeito, dedicado a expor as ideias de Zenão de Eleia, que Mário Ferreira dos Santos nomeia um dos postulados a tornar o racionalismo moderno indevidamente redutor. Segundo fica sugerido, este supõe que tudo quanto seja espacial é infinitamente divisível; e foi esta também a premissa de Zenão, que, ao expandir o racionalismo de Parmênides, chegou a um entendimento puramente quantitativo do espaço.[93] Um dos mais conhecidos paradoxos formulados pelo pensador eleático, o de Aquiles e a tartaruga, está fundado sobre este equívoco, como o autor destaca ter sido demonstrado por Aristóteles. E acrescenta: também a escolástica, e atualmente a Matemática, têm o cuidado de tomar a infinita divisibilidade do espaço como apenas potencial.[94] Não esgotando-se no caráter quantitativo, o espaço é contabilizado

---

[92] Antero, "Tendências gerais", op. cit., pt. III, p. 155, l. 8–p. 156, l. 15: "Na simples aproximação destes dois termos: dinamismo mecânico e dinamismo psíquico, estão indicadas ao mesmo tempo a posição atual do problema filosófico e a sua resolução. Se a síntese do pensamento moderno é possível, não pode ela realizar-se senão neste terreno do dinamismo, que é justamente o da ideia moderna fundamental, a ideia de *força*. Partindo de polos opostos e seguindo cada qual as suas naturais tendências, ciência e especulação vêm encontrar-se num mesmo ponto".

[93] Ver, neste livro, p. 144-45. Entendimento que é reintroduzido na modernidade, sugere Mário, por Galileu: ver, neste livro, p. 206.

[94] Nunca é demais lembrar que a revisita de Mário à história da Filosofia não se quer saudosista, ou antimoderna por princípio. Ele reconhece, por exemplo, sobre outro elemento do racionalismo de sua época – a abordagem puramente matemática à energia

O QUANDO E O ONDE DE MÁRIO FERREIRA DOS SANTOS

305

somente em função dos corpos que o compõem – ou, como está dito em *Filosofia e Cosmovisão*, só há espaço mensurável onde há coisas.[95] Ora, poderia de algum modo esta ponderação ressoar nas preocupações mais amplas, e não exclusivamente filosóficas, que compunham o ambiente em que Mário Ferreira dos Santos escrevia? Será ela vizinha a discussões quase ignoradas mas ocasionalmente replicadas no Brasil? Talvez sim, se ouvirmos a quem tenha lido tanto nosso autor como seus pares.

Durante o prólogo (dedicado, diga-se, a Miguel Reale), *O Mundo como Ideia* lembra uma das problemáticas subjacentes ao poema, à qual Bruno Tolentino se ateve em 1960 por recomendação de José Guilherme Merquior.[96] Trata-se do objeto da polêmica suscitada em meados da década de 1950 por Yves Bonnefoy,

---

subatômica, restrita portanto a seu caráter extensivo –, que ele remonta à aritmologia da escola pitagórica, mesmo que não, talvez, à do próprio Pitágoras (ver, neste livro, p. 140). Mais ainda, o pitagorismo do autor, como predito, é não-dogmático: na oposição entre a tese parmenídica da continuidade do mundo e o pluralismo atomístico da escola pitagórica (ver, neste livro, p. 144), Mário certamente se põe ao lado de Parmênides, com cujo monismo, afirma, "se inicia um novo ciclo, que perdura até hoje" (ver, neste livro, p. 141). (Talvez, aliás, seja por isso que, na breve retrospectiva histórica oferecida em "As grandes correntes da Filosofia", suprime-se dos exemplos de filosofia do incondicionado, importados de *Filosofia e Cosmovisão* [op. cit., p. 130], a posição pitagórica, segundo a qual a *arquê* é o Um [ver, neste livro, p. 95-98].) Curiosamente, a identificação dos antípodas de Parmênides aos pitagóricos é hoje preterida pelos estudiosos, em favor da hipótese de que se tratava de um lugar comum (ver Walter Burkert, *Philosophie und Weisheit – Erlanger Beitrage zur Sprach-Kunstucissenschaft*, vol. 10. Nuremberg, Hans Carl, 1962, p. 37-38 e Gregory Vlastos, "Zeno of Elea", in Paul Edwards [ed.], *The Encyclopedia of Philosophy*, vol. 8. New York / London, Macmillan & Free Press / Collier-Macmillan, 1967, p. 376). Ao tempo da escrita do *Convite*, prevalecia a posição de Paul Tannery ("Le concept scientifique du continu: Zenon d'Elée et Georg Cantor", *Révue Philosophique de la France et de l'Étranger*, vol. 20, 1885, p. 385 ss.), segundo quem o pluralismo atomístico era a implicação ontológica da aritmologia pitagórica. Excepcionalmente podem-se encontrar defesas contemporâneas desta visão, como em W. I. Matson, "Zeno moves!". In: A. Preus (ed.), *Essays in Ancient Greek Philosophy VI – Before Plato*. Albany, SUNY Press, 2001.

[95] Mário Ferreira dos Santos, *Filosofia e Cosmovisão*, op. cit., p. 74.

[96] Tolentino, "A gênese do livro", op. cit., p. 56-65.

CONVITE À FILOSOFIA

a propósito da interpretação de Giulio Carlo Argan sobre a obra do pintor pré-renascentista Fra Angelico. Comentando-o, Argan enfatizara o tratamento do espaço como paisagem; Bonnefoy objetou que a verificabilidade empírica, aí suposta, de medidas como profundidade e distância não é mais do que efeito acessório da real peculiaridade do Angélico: ele encarava o espaço como "antes de tudo o lugar da coisa", à diferença do que se viria a supor na pintura de Rafael Sanzio e, ainda durante sua vida, na arquitetura de Leon Battista Alberti – nomeadamente, o espaço como puro espírito, como forma intelectual imune à matéria. No mesmo sentido, o historiador e filósofo Henri Focillon observa, sob o endosso de Tolentino, que, ao manter o espaço não afetado pelas coisas, Alberti se filia ao pensamento antigo (em especial à geometria de Euclides e à ótica esboçada por Platão no *Timeu*), tornando os objetos não mais do que mensuráveis e fazendo que nada além deles seja mensurável.

O poeta brasileiro vê aí a introdução, na modernidade, do "drama da razão" motivador de seu livro: a tensão entre saber e sentir, entre uma "quantificação do mundo reduzido ao visível" (*à la* Alberti) e uma "recriação pictórica do sensível através dos arquétipos do invisível, das simbologias da visão" (*à la* Angelico, pelo menos segundo Bonnefoy e conforme a dica de Merquior).[97] Reconhecendo ecoar José Guilherme Merquior, Bruno Tolentino faz ressoar também Mário Ferreira dos Santos, ao advogar que o segundo termo não sucumba ao primeiro, e assim empreender uma "busca apaixonada do real".[98]

---

[97] Cf. também ibidem, p. 76. As considerações do próprio Merquior sobre o tópico viriam a ser feitas, como Bruno credita, em "O problema da interpretação estilística da pintura clássica (um desafio para o método formalista)", in *Formalismo & Tradição Moderna – O Problema da Arte na Crise da Cultura*. São Paulo, É Realizações Editora, 2015, p. 372-400.

[98] Mais ainda se atentamos a como o poeta formula seu desacordo pontual com Merquior, a saber: "a única questão em matéria de arte, como em toda emanação do tortuoso espírito humano, é sempre metafísica". Adiante, ele detalha sua intenção de "cantar esse elegíaco 'algo mais' que nos comove porque nos escapa", o que o impele a esclarecer sua única certeza: "que, inseparável da vida do espírito, o paradoxo é nosso espaço existencial, nosso tempo de aporia e redenção" (Tolentino, "A gênese do livro", op. cit.,

O paradoxo a se apreender chega a ser sintetizado por ele sob a fórmula – fiel tanto à tradição aristotélico-tomista como a certa vertente fenomenológica – da "imanência do eterno no sensível".[99] E não sem manter um olho nos ensinamentos platônicos quanto à alma: quase como arremate, Tolentino pondera que "não por acaso o Ateniense e o Estagirita dão-se subitamente as mãos no *Phaïdon*; justamente no *Diálogo sobre a Imortalidade da Alma*, ficara dito *a una voce* que o pensador 'não ignora o que aparece', o que emerge, o visível, o que se vê como algo mais que uma pura emanação da Ideia no reino substantivo e mortal das essências [...]".[100]

Tanto em quem Mário tomou por fonte como em quem atendeu a seu convite, sobressai o reconhecimento da pertinência, e também da complexidade, de um "retorno às coisas mesmas". Quem sabe inclua este traço – sempre atrelado à releitura completa da tradição – o caráter que se possa distinguir como próprio a esta sua iniciação filosófica.

(2) Outros mensageiros

Insistamos ainda numa das fontes, a fim de mapear os modos possíveis de enunciar um convite à Filosofia. Marías percebeu, como vimos, o desafio envolvido em transpor sua *Introdução* para fora da Europa; mas o que se expõe à guisa de apresentação além dessas palavras dirigidas aos brasileiros? Ele propõe uma tipologia dos métodos empregados por iniciações filosóficas,[101] que corresponde quase exatamente à divisão interna deste *Convite*. Que o

---

p. 76). Todos esses, temas propriamente ferreirianos – seja consciente ou inconsciente a convergência.

[99] Ibidem, p. 84.

[100] Ibidem.

[101] Numa nota, Marías revela que sua proposta resume um diagrama mais amplo, originalmente sugerido em aula por José Gaos: ver *Introdução à Filosofia*, op. cit., p. 28-29, n. 4.

CONVITE À FILOSOFIA
308

espanhol tenda a supor excludentes (e inadequadas) abordagens que Mário faz conviver neste livro aponta às diferenças, sem prejuízo da afinidade, entre o brasileiro e a Escola de Madri – especialmente quanto ao kantismo preservado por ela e à herança, transmitida por José Ortega y Gasset, da hermenêutica de Dilthey.[102] O trio de vias metodológicas compreende: a sistemática, que oferece um repertório de problemas filosóficos com as suas soluções; a historiográfica, que reconstitui os vetores cronológicos da Filosofia; e a localizada, que elege uma questão ou um conjunto de questões como representativo, talvez defini-dor, da problemática filosófica, e o examina minuciosamente.[103] Neste volume, os caminhos equivalem com surpreendente proximidade às partes "Convite à Filosofia", "História sucinta do pensamento filosófico" e "Os grandes temas da Filosofia", respectivamente.[104]

---

[102] Uma crítica ao "historicismo psicológico" de Ortega e Dilthey, precisamente, é esboçada em *Filosofias da Afirmação e da Negação*, op. cit., p. 113. Vale registrar que a polêmica é suscitada, no diálogo filosófico, ironicamente por Frederico Paulsen, personagem homônima ao filósofo neo-kantiano Friedrich Paulsen.

[103] Marías, *Introdução à Filosofia*, op. cit., p. 17.

[104] Talvez à ambição de empregar tantas lentes quanto possível, como que exaurindo os ângulos disponíveis, seja especialmente propício o ambiente intelectual brasileiro. Outro caso de sobreposição dos três métodos listados por Marías é, justamente, o único homônimo nacional do livro de Mário, o *Convite à Filosofia* de Marilena Chaui (São Paulo, Ática, 2000; há pouco tempo reeditado com o título *Iniciação à Filosofia*: 3. ed. São Paulo, Ática, 2016). Se bem que desenvolvidos com pretensão apenas panorâmica, os capítulos "Campos de investigação da Filosofia", "Principais períodos da história da Filosofia" e "Aspectos da filosofia contemporânea" correspondem, num nível didático e menos teoricamente comprometido, às perspectivas sistemática, historiográfica e localizada. Antes deles, na mesma Unidade 1 do livro ("A Filosofia"), outras duas apresentações são propostas: "A origem da Filosofia" e "O nascimento da Filosofia", que recuperam, respectivamente, elementos conceituais e históricos da constituição da atitude filosófica como uma prática com características próprias. Um acréscimo semelhante é feito em *Una Scintilla di Fuoco – Invito alla Filosofia*, de Remo Bodei (Bologna, Zanichelli, 2005), cujas terceira e quarta partes empregam respectivamente os métodos historiográfico e localizado, mas a primeira discute conceitualmente a natureza e o lugar da Filosofia e a segunda dedica-se especificamente a um confronto entre Filosofia e formas orientais de sabedoria; não comparece no texto algo como

Para Marías, todos os três modos de apresentar a Filosofia redundam numa "introdução *sub specie aeterni*".[105] Em seu lugar, ele propõe uma abordagem orientada ao sujeito da situação histórica *concreta*.[106] Seu texto é concebido *a partir* da sua circunstância, e se dirige aos que a compartilham – sendo isto o que o obriga a oferecer um "Prefácio à edição brasileira", no qual ressalta o imponderado que há em publicar a obra noutro país. A primeira parte da *Introdução* se ocupa de fundamentar este método situacional, e a terceira de expor o vínculo entre verdade e história, a partir daí sempre retornando o tema da historicidade da razão, da vida e, por extensão, da Filosofia. Neste *Convite*, Mário chega a indicar de passagem seu posicionamento metodológico: ele rejeita tanto o itinerário que começa pela História da Filosofia (e que assim narra a cronologia filosófica sem ter estabelecido os temas que a movem) como o que começa pela Epistemologia (e que assim adianta a Teoria do Conhecimento à conquista de qualquer conhecimento); seu ponto é que o percurso histórico não fixa o desenvolvimento interno da problemática filosófica, e que saber conhecer não é um requisito para conhecer.[107]

---

a abordagem sistemática. Das três perspectivas, certamente a localizada é a que se privilegia nas introduções modernas, em especial naquelas cujos autores ambicionam um pensamento próprio. O exemplo máximo são as *Perguntas Fundamentais da Filosofia*, de Heidegger – e em breve veremos o parentesco de Mário com o programa heideggeriano de desenterrar vínculos profundos entre diferentes fases do pensamento. Na tradição analítica os "casos-problemas" sempre foram frequentes, sendo porém ainda mais específicos, e nunca pretendentes a iluminadores da totalidade: Strawson, por exemplo, escolhe tratar, nos capítulos finais de sua introdução, as questões da causalidade ou explicação e do dualismo liberdade-necessidade (*Análise e Metafísica*, op. cit., caps. 9-10), mas ressalva que os exemplos são em princípio variáveis (ibidem, p. 10). Uma espécie de procedimento intermediário talvez seja derivável do brasileiro *A Filosofia a partir de Seus Problemas*, opúsculo célebre de Mário Ariel González Porta (2. ed. Coleção Leituras Filosóficas. São Paulo, Loyola, 2004).

[105] Marías, *Introdução à Filosofia*, op. cit., p. 19.

[106] Ibidem, p. 18.

[107] Ver, neste livro, p. 73-74.

CONVITE À FILOSOFIA

Quanto ao primeiro lado da questão, a divergência não poderia ser mais direta. Marías faz registrar com todas as letras que só se permitiu escrever sua *Introdução* depois de conceber a *História da Filosofia* – pelo motivo de que este outro empreendimento (desde que não reduzido à historiografia das ideias) é o que satisfaz a exigência de que a Filosofia seja remetida de volta à vida, para então ser apreendida tal como tem existido, tal como tem sido feita.[108] Mário situa sua "História sucinta" ao fim do *Convite*, numa inversão aparentemente proposital: em plena exposição historiográfica, o autor faz agrupamentos temáticos ("O predomínio do problema cosmológico", "O predomínio do problema religioso", etc.), e num deles ("O predomínio do problema ético") se dispensa de detalhar a escola cética por já ter exposto o ceticismo antes da historiografia, enquanto apresentava conceitualmente as grandes correntes filosóficas.[109] Ele assume, vale dizer, que a rememoração histórica não somaria nada substancial ao resumo teórico já feito. Se Mário Ferreira dos Santos, como lembrado, entende que cada pensador, doutrina ou época *inclui* o que será desdobrado das suas positividades – de modo que a dinâmica das ideias não se reduz a *efeito* de suas derivações na história –, Julián Marías considera que o presente não está mais do que "grávido do futuro", de modo que "[o] movimento em que [a história] consiste obriga a formular cada questão *depois* da história *inteira*".[110]

Segundo o brasileiro, todo achado filosófico surge já com pertinência atemporal, podendo apenas ter novos corolários inferidos com o auxílio de outros achados; segundo o espanhol, um tema só tem sua pertinência exposta como resultado de condições culturais adequadas. O que leva ao segundo lado da diferença entre ambos, este não irremediavelmente intransponível. Nosso autor não só apresenta os campos e os assuntos da Filosofia antes da sua história,

---

[108] Marías, *Introdução à Filosofia*, op. cit., p. 22-24.

[109] Ver, neste livro, p. 180. Algo semelhante é feito no verbete historiográfico sobre Leibniz: ver p. 214.

[110] Marías, *Introdução à Filosofia*, op. cit., p. 29, grifos no original.

mas ainda imiscui neles a defesa de teses específicas – como a da precedência de um Ser Supremo ao universo, em favor da qual se argumenta já em "A ordem do pensamento e a ordem da natureza", um dos primeiros capítulos da obra.[111] Com isto se rejeita a antecipação da Epistemologia ao conhecimento, que tampouco Marías sustenta: e, no entanto, a prioridade concedida à História cumpre, neste, um papel epistêmico. Contra as iniciações sistemáticas e localizadas, o autor da *Introdução à Filosofia* argumenta que

> só se podem expor problemas filosóficos quando eles se propõem como problemas para alguém. Um problema não é definido somente pelo seu conteúdo, isto é, pelo simples enunciado de algo não conhecido ou da incompatibilidade aparente de duas ideias, e sim, antes de tudo, por sua *problematicidade*, embora pareça redundante dizê-lo.[112]

Esta problematicidade, por certo, não é, para o autor do *Convite*, historicamente determinada: ele indica entender, por exemplo, que o pragmatismo – apenas formulado enquanto tal nos Estados Unidos do século XIX – teve "formas de pensar" manifestas já no sofismo grego e em certas figuras renascentistas.[113] Tida, entretanto, como *nem* puramente histórica *nem* puramente gnosiológica, ela converge, você com certeza intuiu, à orientação *concreta* do pensamento ferreiriano. À tendência, vale repisar, de um retorno às próprias coisas. Suspeito mesmo que o formato de exposição almejado por Mário seja próximo ao de Manuel García Morente (outro símbolo da Escola de Madri, a quem a *História* de Marías é dedicada) em *Lecciones Preliminares de Filosofía*.[114] Na Lição I, Morente apresenta o vínculo da Filosofia com as experiências

---

[111] Ver, neste livro, p. 51-53.

[112] Marías, *Introdução à Filosofia*, op. cit., p. 20; ver também p. 22.

[113] Ver, neste livro, p. 241.

[114] Postumamente reeditadas (com uma redação suplementar pelo neoescolástico Juan Zaragüeta, conhecido mestre de Xavier Zubiri) como *Fundamentos de Filosofia* – versão aliás publicada no Brasil, com considerável sucesso de público, no fim dos anos 1960, pela editora Mestre Jou. Marías informa, no entanto, que, comparado ao texto

concretas, traça um panorama de seus períodos históricos e lista todas as suas subdisciplinas; na Lição XXV, aplica reflexões ontológicas a problemas da vida como o tempo, a angústia, o nada, a morte e Deus; e entre uma e outra introduz aspectos da atividade filosófica *já acompanhados* de suas expressões na história, ou *encaminhados* para a problemática correspondente (por exemplo, dispõem-se em continuidade: as Ideias de Platão, o realismo aristotélico e o realismo metafísico em geral; a filosofia de Descartes e a fenomenologia do conhecimento; os métodos variados de diferentes filósofos; e, no *crescendo* final, os temas "ontologia", "o real e o ideal" e "ontologia dos valores").[115]

A proximidade a Morente continua, mas para transformar-se em desacordo. Como é corriqueiro na obra de Mário, Kant ganha aqui uma seção à parte – no caso, o tópico "A posição crítica de Kant", durante a exposição das filosofias do condicionado e da relatividade. O autor das *Lecciones* confere ao alemão tal centralidade que experimenta fazer a exposição do kantismo valer por apresentação da Filosofia ela própria. Ele escreve *La Filosofía de Kant (Una Introducción a la Filosofía)*, que, recorrendo ao interesse atual e não apenas histórico de todo grande pensador, destaca ser o autor das três *Críticas* o mais decisivo para o século XX. Conforme ele justifica a obra: "O presente livro aspira a ser uma exposição sucinta e clara da filosofia kantiana; mas ao mesmo tempo creio que ele pode servir de introdução para o estudo dos problemas que preocupam o pensamento contemporâneo".[116] Seu kantismo é de um tipo que interessa a Mário;

---

estabelecido por Morente, este outro traz "grandes supressões e alterações" (*História da Filosofia*, op. cit., p. 516, n. 6).

[115] García Morente, *Lecciones Preliminares de Filosofía*. Biblioteca de Obras Maestras del Pensamiento. Tucumán, M. Violetto, 1938.

[116] Manuel García Morente, *La Filosofía de Kant (Una Introducción a la Filosofía)*. Colección Austral. Madrid, Espasa-Calpe, 1975, p. 11 (primeira edição em 1917). O expediente parece ter feito fortuna na filosofia hispânica. Embora não se restrinja a um único nome, Xavier Zubiri dedica cada uma das suas *Cinco Lições de Filosofia* (trad. Antonio Fernando Borges. Coleção Filosofia Atual. São Paulo, É Realizações Editora,

assim como Miguel Reale, Morente é herdeiro da Escola de Baden, a que este *Convite* atribui um afastamento do idealismo em direção ao realismo crítico.[117] Como todo kantismo, não obstante, ali (e à diferença de como se estruturam as *Lecciones*) se põe por base da Filosofia a Teoria do Conhecimento, precisamente o que nosso autor rejeita do criticismo e nega como método de iniciação filosófica. Mais ainda, isso é defendido como superação do procedimento cosmovisional, sob cujo escopo foi feita a formulação primeira de longos trechos deste livro, com reflexos ainda nele. Valerá a pena citar a *Introducción* por extenso:

> O objeto da Filosofia não é, portanto, o mundo, mas sim o nosso conhecimento do mundo. A Filosofia buscará os fundamentos desse conhecimento; estudará suas leis, e na unidade de um método do pensar afiançará a unidade dos múltiplos e diversos conhecimentos científicos. [...] Agora vemos como há na própria definição da Filosofia um equívoco latente. A Filosofia, que sempre foi Teoria do Conhecimento, foi quase sempre, ao mesmo tempo, intuição do mundo, *Weltanschauung*, segundo a feliz expressão alemã. Este infausto matrimônio é o culpado de seu descrédito. Os inevitáveis fracassos dessa intuição do mundo têm recaído duramente sobre a Filosofia pura. Eu tenho a convicção de que, se se fizesse uma história da Filosofia rastreando o processo e o progresso da Teoria do Conhecimento, a seguir traçar-se-ia um caminho reto e seguro, como o de qualquer das ciências particulares.
>
> Este sentido da Filosofia é o que Kant se esforçou por afirmar e estabelecer em toda a sua obra. A Filosofia, para ele, não é nem

---

2012) a um filósofo determinante para os rumos do pensamento: Aristóteles, Kant, Comte, Bergson e Husserl. Uma versão disto aplicada a uma subdisciplina em vez de a um filósofo são as *Lecciones de Introducción a la Filosofia, de Antropología Filosófica*, curso inédito e inacabado de Enrique Dussel, de 1968, que circula na web. O argentino defende, no capítulo 3, que introduzir à Filosofia significa, a rigor, apresentar o campo da Antropologia Filosófica: é esta o que distingue a disciplina filosófica das demais ciências do espírito, por problematizar aquilo mesmo que é estar-no-mundo (p. 48-51).
[117] Ver, neste livro, p. 247.

CONVITE À FILOSOFIA

> Psicologia nem Teologia, mas somente teoria da unidade do conhecimento. [...][118]

Em contraste, Mário começa este livro, como a seguir lembrarei, apresentando a Filosofia como saber que conexiona as ciências, entre as quais Psicologia e Teologia. Ademais, seu recurso à *Weltanschauung* acontece não só em *Filosofia e Cosmovisão*, mas também aqui, muito especialmente com o fim de rastrear expressões filosóficas de uma intuição do mundo específica, o panteísmo. Por exemplo, a tendência dos jônicos a identificar a *arquê* com o cosmos faz o autor classificá-los como panteístas;[119] Spinoza, ao tornar o pensamento e a extensão atributos da única substância, que é Deus ou a natureza, é alçado a expoente do panteísmo;[120] o vitalismo de Ernst Haeckel, associado ao hilozoísmo dos jônicos, é dito semelhante também ao spinozismo, por considerar a energia e a matéria atributos de uma mesma substância, Deus;[121] e o dinamismo ontológico que fundamenta o estoicismo é visto como a torná-lo uma doutrina panteísta, embora o cosmopolitismo de Zenão de Cítio, em particular, se aproxime – e novamente se recorre a uma *Weltanschauung* – do universalismo de tipo cristão.[122] Neste livro, classificar as intuições do mundo auxilia principalmente no que pareceu-nos a demanda imposta por Mário Ferreira dos Santos às ontologias contemporâneas: explicitar se elas postulam um incondicionado, e esclarecer o status metafísico dele.

---

[118] Morente, *Kant*, op. cit., p. 22. É um *topos* bastante frequentado pela tradição kantiana o caráter promissor de uma sujeição da Filosofia à revisão epistemológica. Outro exemplo relevante está em Bernard Lonergan, que vê no enfrentamento das perguntas "O que fazemos quando conhecemos? O que está causando esse conhecimento? O que conhecemos quando o fazemos?" o potencial de que a Teologia supere – nada menos que – os desacordos entre agostinianos e aristotélicos, tomistas e scotistas, católicos e protestantes, jesuítas e dominicanos (*Método em Teologia*. Trad. Hugo Langone. Coleção Filosofia Atual. São Paulo, É Realizações Editora, 2013, p. 331).

[119] Ver, neste livro, p. 135.

[120] Ver, neste livro, p. 214.

[121] Ver, neste livro, p. 239.

[122] Ver, neste livro, p. 179.

Mantido, como preconiza Morente, sob a "Filosofia pura", o empreendimento equivale a atentar às implicações da Epistemologia sobre a Ontologia e vice-versa. No pensamento moderno, a necessidade dessa via de reflexão foi realçada precisamente pela tradição kantiana, que passou a chamá-la Ontognosiologia. Sua prática por Mário Ferreira dos Santos é evidente e reiterada, embora o autor nunca a nomeie – e talvez com um motivo, que consolida a linhagem de "outros mensageiros" a quem ele se aproxima sem se identificar. O principal disseminador da expressão no Brasil foi Miguel Reale, cuja *Introdução* a define como o estudo das condições subjetivas e objetivas do saber humano; por isso mesmo, contudo, e fazendo jus ao kantismo, a noção de Ontologia é aí tida como parte não da Metafísica, mas da Teoria do Conhecimento.[123] No encontro entre Escola de Madri e Escola de Baden, agudiza-se o reparo que nosso autor propõe à filosofia moderna: antes mesmo de sabermos como opera o conhecimento, há coisas que conhecemos, e com validade metafísica, notadamente que "algo há". Daí que seja cabível postular, e desdobrar, o ponto arquimédico já no princípio da iniciação filosófica, e que os três modos de introduzir à Filosofia, sistemática, localizada e historiograficamente, ocorram unidos e nesta ordem.

Talvez para enfatizar que seu *Convite* guia por uma trilha própria os que adentram o labirinto filosófico, Mário reproduz de seus contemporâneos variados temas, guardando as diferenças para o modo como os conduz. As leitoras e os leitores julgarão familiar uma extensa porção da *Introdução* de Reale, cujos desacordos nosso autor faz subjazer a uma ululante semelhança estrutural. Tal como no presente livro, ali encontramos um tratamento à parte das posições filosóficas de Kant e Hegel; um destaque ao tema kantiano dos juízos analíticos e sintéticos; uma tipologia das inferências lógicas (a dedutiva, a indutiva e suas modalidades); uma tripartição das respostas ao problema da origem do conhecimento; uma subdivisão das respostas aos problemas da

---

[123] M. Reale, *Introdução*, op. cit., título I, cap. 3, § 7, p. 38-42 (ePub).

CONVITE À FILOSOFIA

316

essência, da forma e da possibilidade do conhecimento; e uma alusão à guinada realista liderada por fenomenólogos recentes.[124] Os dois autores liam, como seria esperado, diversas fontes comuns, e uma relevante parte da bibliografia de Reale ou é aqui citada ou consta do registro bibliotecário de nosso autor: por exemplo, o *Vocabulário Técnico e Crítico da Filosofia*, de André Lalande; o *Tratado de Lógica*, de Edmond Goblot; as obras do filósofo espiritualista Hermann Lotze; e mais.

Decisivas para os temas compartilhados que listei são a *Introdução à Filosofia* de Aloys Müller e a *Teoria do Conhecimento* de Johannes Hessen, ambas lidas por Reale e por Mário na tradução espanhola de José Gaos. Do mesmo Hessen – fenomenólogo, interlocutor de Max Scheler e teólogo católico-romano –, deve-se mencionar a *Filosofia dos Valores*, que desbrava o tema de reflexão introduzido na contemporaneidade por Lotze. Aqui a terminologia, com diferenças sutis mas determinantes, é transversal a Mário Ferreira dos Santos, Miguel Reale e Manuel García Morente. Como se leu neste livro, nosso autor sustenta uma ontologia dos valores em que estes se caracterizam nuclearmente por três atributos: polaridade, gradatividade e hierarquia.[125] Reale igualmente fala em polaridade, mas une como uma única propriedade a gradação hierárquica e soma a estas duas outros tantos predicados: a implicação, a referibilidade, a preferibilidade, a incomensurabilidade, a objetividade, a historicidade e a inexauribilidade.[126] Morente, que antecede aos dois brasileiros, já listava polaridade e hierarquia, e a elas acrescentava a qualidade e a universalidade.[127] A companhia dos três autores na empreitada permite reconhecer um dos polos por cuja atração, até certo ponto, Mário se deixou afetar. Também como tradutor Morente foi lido por ele e por Reale, na versão espanhola (feita em parceria com Gaos) das *Investigações Lógicas* de Edmund Husserl.

---

[124] Ibidem, título II, caps. 8-11, §§ 26-66, p. 90-158 (ePub).

[125] Ver, neste livro, p. 82.

[126] M. Reale, *Introdução*, op. cit., título III, cap. 12, § 73, p. 173-76 (ePub).

[127] Morente, *Lecciones*, op. cit., lição XXIV, "Ontologia dos valores".

Comparado às iniciações filosóficas produzidas nesse círculo, o *Convite* assemelha-se pela recuperação da concretude (vista nas *Lecciones* de Morente e, em alguma medida, na *Introdução* de Marías) e pela preocupação axiológica (manifesta em Morente e em Reale). Mas diverge da subordinação do conhecimento filosófico seja à História (como enfatizado por Marías), seja à Gnosiologia (como se segue do kantismo de Reale e de Morente). Aqui convém lembrar por inteiro a caracterização que Mário faz da Filosofia na abertura do volume: ela é o saber que conexiona – além de Teodiceia, Teologia e Psicologia, como aludido – Antropologia, Cosmologia, Gnosiologia, Epistemologia,[128] Psicogênese, Noogênese, Noologia, Simbólica, Mística, Estética, Metafísica Geral (Ontologia), Ciência, Matemática, Ética, Moral, Direito, História, Sociologia, Lógica e Dialética.[129] De saída, a amplitude da lista não pode significar aquilo que o autor se unia às escolas de Madri e de Baden para combater. Miguel Reale lembra que o entendimento da Filosofia como ela mesma enciclopédia das ciências derivava do positivismo de Spencer (objetado tanto por ele como por Mário) e acabava por torná-la serva das demais disciplinas.[130] Mário Ferreira dos Santos põe a Filosofia como o principal mas não o único dos Conhecimentos Fundamentais, cujos *Convites* formam esta Enciclopédia; e deriva dela Ciências Filosóficas que, ao lado das Sociais, constitui outra Enciclopédia, sua obra maior.

Por outro lado, a caracterização da Filosofia como saber conexionador, e de tantas ciências, implica, sim, conduzi-la com rigor dedutivo, aspirando à

---

[128] Embora eu mesmo, neste ensaio, empregue Gnosiologia e Epistemologia como sinônimos, em meados do século XX os termos denotavam, respectivamente, as condições subjetivas para haver conhecimento em geral e as condições requeridas para obter conhecimento nas disciplinas científicas, isto é, nas áreas concretas do saber.

[129] Ver, neste livro, p. 21-22.

[130] M. Reale, *Introdução*, op. cit., título I, cap. 2, § 3, p. 28-30 (ePub). Um motivo adicional para Mário se precaver do positivismo spencerista é que este já havia sido posto "fora do lugar", ao que parece, por Machado de Assis – com sua habitual verve irônica – nos contos "Evolução" e "Teoria do medalhão".

CONVITE À FILOSOFIA

apoditicidade. Ainda que se possa ver em Mário, em especial nos pontos de afastamento de Hegel e dos demais filósofos sistemáticos modernos, uma recusa do que o poeta Tolentino chamou "espírito de sistema", o seu ideal de concreção supõe, ao invés de negar, a unidade entre real e intelecto, experiência e *a priori*. Isto importa em face de outro contemporâneo que, conforme anunciado, preza pela concretude, visa aos valores e rejeita o positivismo – mas sujeita o conhecimento, embora não à Epistemologia nem ao processo histórico, à (digamos) pré-história da razão: Georges Gusdorf, na iniciação filosófica *Mito e Metafísica*. No caso do epistemólogo francês, a matriz de pensamento, conquanto purificada (até mesmo no estilo e no léxico) de suas versões mais célebres, é o existencialismo. Durante o prefácio à edição brasileira, Gusdorf explica ser-lhe decisivo o

> cuidado pelo concreto, a recusa oposta por Kierkegaard aos fazedores de sistemas. "A existência precede a essência", e portanto cabe virar as costas aos fanáticos da dedução *a priori*. Não se trata de partir da razão e de seus morosos deleites, mas sim de chegar à razão percorrendo todos os domínios do real.[131]

Tal como no recurso à Escola de Madri e na menção à Escola de Baden, quando alude aos existencialistas Mário Ferreira dos Santos admite a semelhança entre a própria atitude e a deles e, ao mesmo tempo, funda-a numa positividade mais básica, nem sempre por eles reconhecida e preservada. Assim, logo antes de enaltecer o anarquismo de Max Stirner, o autor registra que a fundamentação da liberdade na unicidade dos indivíduos, postulada por ele, é herdada pelo existencialismo "sem que os existencialistas o saibam".[132] Num caso ainda mais significativo, ante a aposta de Pascal reputa-se legítima a reação do existencialismo, que questiona se vem ao caso apostar no que quer

---

[131] Gusdorf, *Mito e Metafísica – Introdução à Filosofia*. Trad. Hugo di Prímio Paz. São Paulo, Convívio, 1980, p. 15.

[132] Ver, neste livro, p. 235.

que seja, e se correr o risco de perder o que temos, apesar de tão pouco, é mesmo uma escolha inteligente.[133] Todo o tema da aposta, porém, depende, para Mário, da oposição entre ciência e fé, razão e intuição, que Descartes introduz e a filosofia concreta pretende superar. Em existencialistas como Gusdorf, portanto, nosso autor identificaria uma reação justa a um problema urgente – a qual, porém, se alia à experiência e ao real *ainda* os supondo avessos ao saber dedutivo e ao intelecto.

Se, ao convidar à Filosofia, Mário Ferreira dos Santos não a situa nem após a história nem após a Teoria do Conhecimento, tampouco ele a faz voltar à pré-história da razão. Por que meio, então, garantem-se a ela a concretude e a relevância axiológica desejadas? O que aqui faz as vezes do historicismo, ou do criticismo, ou do existencialismo, me parece, é o já constatado ímpeto sincrético brasileiro – que, paradoxalmente, desobrigaria o autor de acompanhar uma tradução de seu livro com, digamos, um "Prefácio à edição espanhola". Sua universalidade está calcada no traço, profundamente brasileiro, de fazer a Filosofia apropriar-se de tudo quanto a mente humana tenha alcançado. Uma breve confrontação final demonstrará o ecumenismo prefigurado neste *Convite*: basta pensarmos na ênfase com que Giovanni Reale (também ele relevantemente próximo a Mário, por exemplo em reinterpretar Platão tomando em conta suas supostas doutrinas não-escritas, e atribuir-lhe influência pitagórica)[134] postula, no compêndio que assina com Dario Antiseri, o papel determinante do gênio helênico para a invenção da Filosofia.[135] Enquanto os italianos afirmam ser esta uma criação impossível para o Oriente, nosso autor destaca a dívida da Grécia para com os orientais.[136] Ele lista que a Geometria

---

[133] Ver, neste livro, p. 213.

[134] Ver Giovanni Reale, *Para uma Nova Interpretação de Platão*. Trad. Marcelo Perine. São Paulo, Loyola, 1997.

[135] G. Reale e D. Antiseri, *História da Filosofia 1 – Filosofia Pagã Antiga*. Trad. Ivo Storniolo. 3. ed. São Paulo, Paulus, 2007, p. 3-5.

[136] Novamente, na autora do único homônimo nacional deste livro encontramos um arrazoado bastante informativo sobre o tópico. Em *Introdução à História da Filosofia* (2.

vem dos egípcios, a contagem das horas é herdada dos caldeus e a noção de uma unidade cósmica é mesopotâmica;[137] que Tales, ele próprio de origem fenícia ou semítica, "inegavelmente" importou as filosofias egípcia e caldaica;[138] que Pitágoras obteve sua formação intelectual no Egito e na Babilônia.[139]

Como para outro filósofo autodidata paulista, Oswald de Andrade, que fez história como literato, somente o alheio é que interessa. Talvez Mário compatibilize distintas vias de acesso à Filosofia (como sistema, como história, como conjunto de problemas) porque supõe que elas se cruzam: não há formas de pensar incomensuráveis, não há períodos intelectuais incompreensíveis, não há temas filosóficos já esgotados. Filosofa-se sempre para além dos próprios tempo e lugar, embora os efeitos deste e daquele sejam incontornáveis. O que pede para ser examinado, à parte as inclinações dos porta-vozes, é o estado da própria Filosofia em meados do século XX; o que se reporta quanto a ela, e como a orientação sincrética de nosso autor lhe correspondia. Foi em resposta a um estado de coisas que Mário Ferreira dos Santos postulou serem as conquistas filosóficas atemporais em vez de históricas, ontológicas em vez de epistêmicas, dedutíveis em vez de assistemáticas, universais em vez de exclusivistas – afinal, não se introduz àquilo cuja situação nem sequer se intui. Antes mesmo de precisar o que Mário deixa ver de seu pensamento, importa saber como ele lidava com aquela em cujo nome ele fala.

---

ed. São Paulo, Companhia das Letras, 2002), vol. 1, I.2.a, p. 10-13 (ePub, 2018), Marilena Chaui situa a origem da controvérsia, sobre a originalidade grega *versus* a influência oriental, na divergência entre a doxografia de Diógenes Laércio, por um lado, e a historiografia de Heródoto (e dos próprios filósofos), por outro. Ela conclui pontuando tanto a dívida helênica para com os saberes dos "estrangeiros" como a singularidade da recepção que os gregos dispensaram a eles. Hoje, a ênfase na dívida da filosofia grega para com o Oriente Próximo tem sido recuperada, notadamente, pela hebraísta e helenista Margaret Barker: ver *Introdução ao Misticismo do Templo*, trad. Maurício G. Righi. São Paulo, Editora Filocalia, 2017, p. 94-101, 118, 151, 188-89, 195-97, 244, 276.

[137] Ver, neste livro, p. 127.

[138] Ver, neste livro, p. 130.

[139] Ver, neste livro, p. 137.

(3) A anfitriã

Já que se impôs a lembrança de um ícone da Geração de 20 brasileira, retomemos a conversa com aquele nome da Geração de 70 portuguesa, Antero de Quental. O ideal estético, em cada caso, não deixa de encontrar reflexo no modo de encarar a Filosofia. Como se sabe, Antero esteve entre os introdutores, durante a Questão Coimbrã, da "ideia nova" europeia (ou seja, do naturalismo e do realismo) em lugar do romantismo dominante na literatura lusitana. Condiz a isto a importância que ele deu ao delineamento do estado da Filosofia em sua época. Pôr-se a par dele é, para o poeta, uma tarefa que se segue da natureza do próprio pensamento. O que é parte do programa do escritor e do filósofo brasileiros é suposto como dado, nas *Tendências Gerais da Filosofia*: diz seu autor que, no interior de cada período, os sistemas aproximam-se cada vez mais; dá-se espontaneamente "um ecletismo ou um sincretismo mais ou menos sistemático", e isto por causa da "invencível necessidade de unidade que há na inteligência humana".[140] A metafilosofia anteriana, concebida afinal desde o Norte, não receia articular-se em conjunto a uma robusta filosofia da história.

Segundo Antero, cada época se caracteriza por conceder aos "tipos fundamentais de compreensão" constitutivos do espírito humano "uma feição particular": esta corresponde à filosofia *do período*, de que os sistemas coexistentes, por mais antagônicos, são igualmente traduções.[141] Integralmente tomada, ela equivale a "uma teoria geral do universo";[142] nada menos que "uma metafísica latente" é implicada por cada período histórico.[143] Há verdadeiramente uma "alma coletiva de cada idade", um "estado íntimo psicológico de cada período da civilização humana" – é isto o que faz com que "o gênio da raça e da

---

[140] Antero, "Tendências gerais", op. cit., pt. I, p. 119, ll. 18-20, 23-24.

[141] Ibidem, pt. I, p. 117, ll. 35-40.

[142] Ibidem, pt. I, p. 118, l. 40.

[143] Ibidem, pt. I, p. 118, ll. 13-15.

civilização" se expresse a cada vez sob um distinto "espírito da época".[144] Sistemas que se desenvolvem concomitantemente, definindo-se como rivais, são efeitos de um mesmo estado coletivo, e o seu estudo conjunto revelaria "o espírito que anima a idade, o ciclo humano que os produziu".[145] No caso da civilização moderna, um espírito e um ciclo singularmente amplos, visto que ela alcança o feito de absorver "todas as raças e nações na sua catolicidade".[146]

Escrevendo em 1890, Antero capta como unidade uma autopercepção da Idade Moderna que as gerações seguintes extremariam até o dilaceramento. Desde as primeiras décadas do século XX, movimentos intelectuais oscilam entre uma visão do moderno como cúmulo inultrapassável do saber e como paroxismo da traição ao pensamento autêntico. Sob o primeiro olhar, a contemporaneidade torna proscrita toda forma mental que a antecede; sob o segundo, sua única redenção consiste em voltar ao estágio primeiro da sua genealogia. Aquela perspectiva descende do positivismo, que justamente perpassa as "tendências gerais" mapeadas ao fim do século XIX; a outra é maximamente representada por Heidegger, e pela literatura, dele derivada, de denúncia da história da Filosofia como história de um ocultamento. Em ambos os casos, o que se supera é aquilo mesmo de onde Antero extrai o espírito das épocas – a Metafísica –, e o que põe o valor do nosso tempo em jogo é o valor a ser atribuído à tradição.

Houve quem observasse como a releitura contemporânea dos clássicos pode espelhar (e da forma bruxuleante em que se dá ele próprio) nosso juízo sobre a época moderna. Entre os primeiros *scholars* platônicos do século XX, por exemplo, esteve Paul Natorp – reconhecido no *Convite* como continuador de Hermann Cohen na Escola de Marburgo –,[147] que fazia dos diálogos de Platão uma leitura de viés logicista, interpretando o emprego de mitos como

---

[144] Ibidem, pt. I, p. 118, ll. 20, 24-27.

[145] Ibidem, pt. I, p. 118, ll. 37-40.

[146] Ibidem, pt. III, p. 171, ll. 2-3.

[147] Ver, neste livro, p. 247.

elemento no máximo residual, de qualquer forma secundário. Foi notado que um desdobramento imprevisto da sua abordagem consistiu em que alguns natorpianos, após conhecerem o valor lógico do platonismo face aos seus próprios problemas, lhe aplicassem um tratamento "arcaísta", enfatizando aspectos que fizessem dele, e da antiguidade grega como um todo, uma alternativa simétrica e perfeita ao Ocidente moderno: a modernidade passou a ser por eles integralmente rechaçada.[148] Neste volume, é possível rastrear um uso do adjetivo "moderno" que indica uma visão não-arcaísta por parte do autor; ele é atribuído elogiosamente, por exemplo, a Nicolau de Cusa.[149] Ao mesmo tempo, Mário manifesta ciência do pendor de sua época a voltar tanto quanto se pode na história, notadamente aos pré-socráticos, e o julga um sintoma das dúvidas e indecisões que assaltam a filosofia contemporânea.[150]

A alusão de Mário Ferreira dos Santos mira, é quase certo, o tipo de reconsideração dos antigos levado a cabo por Martin Heidegger. Com ele, em especial na leitura de certos diálogos platônicos, já a história da Filosofia suposta por Natorp encontra afinidades. O mesmo comentador a notar a adesão de natorpianos à disposição arcaísta aponta que os dois filósofos procedem pela eleição de figuras-chave como elos profundos do pensamento, separados pela "matéria escura e morta" da tradição.[151] Todo frequentador da obra ferreiriana está habituado a vê-la, ao contrário, caracterizar a tradição como viva e luminosa. Não obstante, Mário lança mão de destaques feitos por essa abordagem historiográfica à especificidade de pensadores antigos. Como se viu neste livro, o autor faz uma longa citação de Natorp para postular a atitude religiosa como causa da longevidade alcançada pela Academia platônica.[152] Também do

---

[148] Alan Kim, *Plato in Germany – Natorp, Kant, Heidegger*. International Plato Studies, vol. 27. Sankt Augustin, Academia Verlag, 2010, p. 187.

[149] Ver, neste livro, p. 203.

[150] Ver, neste livro, p. 137.

[151] Kim, *Plato in Germany*, op. cit., p. 186.

[152] Ver, neste livro, p. 175.

CONVITE À FILOSOFIA
324

vocabulário heideggeriano, inclinado a denotar a questão do ser como sempre inacabada, o filósofo brasileiro se aproxima ao identificar em Tales uma expressão da "eterna busca de todas as filosofias" (à qual ele concede, é verdade, um referente preciso: a noção de absoluto).[153] Apesar da peculiaridade de propor uma resposta categórica, pode ser que nosso autor pretenda, com a tipologia de filosofias do incondicionado, do condicionado e da relatividade, repor na base do exercício filosófico a pergunta cujo esquecimento Heidegger denunciou. Um contemporâneo deste, e colaborador de Natorp na Escola de Marburgo, está refletido no modo como a questão é encaminhada aqui: falo de Heinz Heimsoeth, que institui "Deus e o mundo – a unidade dos contrários" como primeiro dos "seis grandes temas da metafísica ocidental".[154]

No que permanece fiel à linhagem espiritualista, muito especialmente em compreender a alma sob um dualismo de substâncias, Mário por certo incide, a juízo heideggeriano, numa objetificação do ser. Mas seu uso da ideia de Ser Absoluto revela, a despeito da conotação tradicional do termo, e como ainda veremos com atenção, uma cautela ante o risco de reduzi-lo a substância. Para não tornar o Ser Supremo um ente entre outros, nosso autor mantém em destaque seu vínculo à ideia mesma de ser, assim como, em geral, cada postulado é submetido ao critério da coerência à constatação primeira de que o ser se dá – traduzida, esta é a novidade, sob uma proposição exata, de acordo com a qual *há algo*. Elevando este crivo a medida inclusive da tradição, Mário

---

[153] Ver, neste livro, p. 133.

[154] Heinz Heimsoeth, *Los Seis Grandes Temas de la Metafísica Occidental*. Trad. José Gaos. Madrid, Revista de Occidente, 1974, p. 25-66. (O livro consta, nesta tradução e em edição de 1946, do registro bibliotecário de nosso autor.) Também na filosofia anglófona ocasionalmente procede-se assim, entretanto de maneira mitigada. Warburton, por exemplo, dispõe "Deus" como primeiro dos seus *Elementos Básicos de Filosofia* (op. cit., p. 29-69), entendido porém não como problema existencial, mas como tópico da Filosofia da Religião. Mário Ferreira dos Santos não ignora a abordagem, mas lhe dedica um livro específico – justamente aquele assumido com o pseudônimo a que se chegou a atribuir este *Convite*, Charles Duclos: as *Teses da Existência e da Inexistência de Deus* (Coleção Perspectivas, vol. 3. São Paulo, Sagitário, 1946).

Ferreira dos Santos reage à destruição da Metafísica por Heidegger descavando o extrato vivencial comum a nós e à história da Filosofia. Se isto é concretizado, retornar aos pré-socráticos ou a quaisquer dos nossos predecessores deixa de ser uma medida extrema ensejada pela recusa do caminho que nos trouxe aonde estamos. Paralelamente a como nas *Perguntas Fundamentais da Filosofia* uma reconstrução etimológica específica, da verdade como *alêtheia* ou desvelamento, funda um novo acesso ao exercício filosófico, neste *Convite* salta aos olhos o apelo insistente à etimologia, com um propósito, parece-me, duplo: por um lado, recuperar o lastro dos conceitos na tradição (remetendo-os, assim, a visões de mundo coerentes e específicas, e que no entanto se influenciam mutuamente); por outro lado, reconhecer os efeitos históricos das práticas que originaram as ideias (os quais causam ressonâncias inusitadas entre os étimos e empregos linguísticos ainda corriqueiros).

Outros pontos coincidentes à escrita heideggeriana são localizáveis na obra de Mário Ferreira dos Santos. As lembranças do horror ao nada, frequentes em *Homens da Tarde* e em *Filosofia e Cosmovisão*, convergem à ênfase do alemão na angústia que marca a descoberta do ser-aí como ser-para-a-morte. No romance filosófico, que tem por tema central a finitude, observou-se que o brasileiro espelha de modo exato ao menos uma imagem de Heidegger, a do caminho na floresta.[155] Aqui no *Convite*, realçando-se o que *Filosofia e Cosmovisão* sugeriu, as interações com o vocabulário científico – concentradas na releitura de problemas filosóficos mediada pelos conceitos de extensidade e intensidade – denotam uma insistência em remontar as ideias científicas a sua potência reflexiva, o que faz jus às críticas do autor de *A Questão da Técnica* (1953). Mas, em tudo, seguindo-se da já apontada distância entre nosso autor e o existencialismo, a recolocação do problema

---

[155] Ver João Cezar de Castro Rocha, "Um romance de problemas: a ficção filosófica de Mário Ferreira dos Santos". In: Mário Ferreira dos Santos, *Homens da Tarde*, op. cit., p. 210-11.

do ser coexiste à sua enunciação proposicional e a um seu tratamento dedutivo. O potencial filosófico de ideias tanto modernas como remotas é devidamente explorado quando elas se encadeiam com clareza demonstrativa, bem ao modo das pretensões metafísicas admitidas por Antero mas abandonadas por Heidegger. A fuga contemporânea aos pré-socráticos indica, para Mário, um estado de dúvidas e indecisões porque, se ao invés disso preservássemos as conquistas da tradição, reaproximaríamos os "elos profundos do pensamento" sem abdicar de detalhamentos já obtidos a respeito deles. Sobre Heráclito, por exemplo, tão importante para a filosofia heideggeriana, o brasileiro enfatiza que a ocorrência de imagens herdadas de mitos deve fazer-nos relativizar suas formulações, em benefício de esclarecimentos que a Simbólica tenha oferecido para tais mensagens figuradas.[156]

Em todo caso, a manutenção do projeto metafísico e o apreço pela tradição põem nosso autor em confronto com a faceta do pensamento recente que também Heidegger viu como ápice de um engano: o neopositivismo (cuja popularidade no Brasil preocupava, como vimos, tanto o autor como alguns de seus pares).[157] O modo ferreiriano de introduzir à Filosofia conflita não menos frontalmente ao de um A. J. Ayer, cujos *Problemas Centrais da Filosofia*, suas Gifford Lectures, põem por meta da argumentação o ceticismo quanto à validade da crença em Deus, iniciando com o capítulo "As pretensões da Metafísica" e concluindo com "As pretensões da Teologia".[158] A lembrança do papel da religião na história da Filosofia – para o que, como vimos, uma passagem de Natorp veio bem a calhar – opera, neste *Convite*, como argumento empírico em favor da

---

[156] Em particular, a função atribuída por Heráclito ao fogo corresponde ao que hoje a Física estuda sob o nome *energia* – e um tratamento ainda heraclitiano desta é o que, consciente ou inconscientemente, promovem as interpretações animistas e vitalistas: ver, neste livro, p. 137.

[157] Também um interlocutor estrangeiro, Georges Gusdorf, declaradamente formula seu livro como uma crítica à ideia comtiana dos três estágios: *Mito e Metafísica*, op. cit., p. 18.

[158] Ver A. J. Ayer, *Los Problemas Centrales de la Filosofía*. Trad. Rodolfo Fernández González. Madrid, Alianza Universidad, 1979.

interpenetração de pensamento rigoroso e preocupação com o transcendente. Contra o determinismo histórico do criador do positivismo, Mário destaca que, em plena era de predomínio do positivo, constatava-se "um surto inesperado" dos estados teológico e metafísico.[159] É possível, sempre, reputar semelhantes "surtos" como um previsível estorvo ao progresso do conhecimento. Bertrand Russell, por exemplo, considera que a eclosão do metodismo na Inglaterra da virada do século XVIII para o XIX repetiu um padrão que remonta à proeminência do orfismo na Grécia do século VI a.C.; uma via religiosa permanece preponderante, exercendo atração sobre os filósofos místicos e repulsa entre os racionalistas.[160] Mário Ferreira dos Santos se esmera em propor um quadro mais intricado dessa relação, e isto desde os primórdios da Filosofia.

A "História sucinta do pensamento filosófico" principia pela exposição de uma *fase teogônica*, sugerindo que já os mitos compõem a Filosofia de algum modo.[161] Em seguida se apresenta a *fase cosmológica*, em que os jônicos são tidos como os primeiros a praticar a Filosofia como atividade afim à investigação científica.[162] Mesmo aí, entretanto, alguns retêm a noção hesiódica do Caos (como origem e fim de todas as coisas, ameaça permanente à preservação do Cosmos),[163] e em Tales e Anaximandro sobrevive o entendimento religioso da eternidade dos mundos (cujo ciclo de sucessão e retorno operaria expiações e castigos).[164] O rastreamento de motivos místicos se intensifica, passando a implicar alegações históricas mais densas. Classificando o pitagorismo como movimento tanto intelectual como "religioso-moral e político", por exemplo, o autor não só destaca que suas doutrinas mesclam Ciência e crenças religiosas,

---

[159] Ver, neste livro, p. 100.

[160] Bertrand Russell, *História da Filosofia Ocidental – Livro Primeiro*. Trad. Brenno Silveira. Biblioteca do Espírito Moderno (Filosofia), série 1, vol. 23. São Paulo, Companhia Editora Nacional, 1957, p. 26.

[161] Ver, neste livro, p. 126-29.

[162] Ver, neste livro, p. 129 ss.

[163] Ver, neste livro, p. 130, 132.

[164] Ver, neste livro, p. 132, 134.

mas ainda menciona a hipótese de que Pitágoras tenha conhecido e recebido a influência de Zoroastro.[165] Nesta mesma linha, Empédocles chega a ser descrito como um hierofante.[166] A caracterização destes dois filósofos como sábios--sacerdotes encontra apoio num clássico contemporâneo a Mário Ferreira dos Santos – *Os Gregos e o Irracional*, de E. R. Dodds.[167] Também desse período são dois estudos, atentos à penetração do orfismo na filosofia antiga, que aparecem no inventário da biblioteca pessoal do autor: *Orfeu e o Orfismo na Época Clássica*, de Louis Moulinier, e *Orfeu e a Religião Grega*, de W. K. C. Guthrie.[168]

---

[165] Ver, neste livro, p. 138.

[166] Ver, neste livro, p. 145.

[167] E. R. Dodds, *The Greeks and the Irrational*. Berkeley, University of California Press, 1951, esp. p. 143, 145-47, 165, 169; numa moderna edição brasileira: *Os Gregos e o Irracional*, trad. Paulo Domenech Oneto. São Paulo, Escuta, 2002, p. 147, 149-51, 167, 171.

[168] Louis Moulinier, *Orphée et l'Orphisme à l'Époque Classique*. Paris, Société d'Édition Les Belles Lettres, 1955; W. K. C. Guthrie, *Orpheus and Greek Religion – A Study of the Orphic Movement*. London, Methuen, 1952, cap. 7 (em edição moderna: Princeton, Princeton University Press, 1993, p. 216-48). Outra semelhança entre Mário e Guthrie reside no modo de situar a figura de Sócrates. Como todos vimos, neste volume o autor a aborda sob o tópico do sofismo e de sua preocupação antropológica, reservando para o corpo do texto o esclarecimento de que denominar Sócrates um sofista – embora algo feito por seus contemporâneos, e talvez justificado no que tange a uma sua "primeira fase" – é inexato (ver, neste livro, p. 157). O procedimento se choca com o expediente habitual, que é associar Sócrates à figura de Platão: ver e.g. Russell, *História da Filosofia Ocidental*, op. cit., Segunda Parte ("Sócrates, Platão e Aristóteles"), p. 95-252; Abrão, *História da Filosofia*, op. cit., 1.1.3 ("A Filosofia se consolida"). Will Durant – que deliberadamente se restringe a figuras-chave, selecionadas de modo pessoal e sem compromisso com a continuidade cronológica –, chega a limitar Sócrates a uma seção do capítulo "Platão" (*A História da Filosofia*. Trad. Luiz Carlos do Nascimento Silva. Coleção Os Pensadores. São Paulo, Nova Cultural, 2000, I.2). G. Reale e D. Antiseri, ainda próximos à convenção, unem Sócrates aos assim chamados socráticos menores: *História da Filosofia 1*, op. cit., cap. 4. A associação de Sócrates aos sofistas não é de todo rara; ela pode ser vista, entre outros, em Danilo Marcondes, *Iniciação à História da Filosofia – Dos Pré-Socráticos a Wittgenstein*. 13. ed. Rio de Janeiro, Zahar, 2007, parte I, cap. 3 ("Sócrates e os sofistas"); David Walter Hamlyn, *Uma História da Filosofia Ocidental*. Trad. Ruy Jungmann. Rio de Janeiro, Zahar, 1990, cap. 3 ("Os

Embasado neste campo de investigação, o filósofo pode concluir, na "Análise geral" dos pré-socráticos, que as inquirições dos jônicos nem sequer ultrapassam "o que já estava incorporado às religiões orientais".[169] E o padrão se alarga, avaliando-se o objeto do pensamento socrático como "religioso e de purificação espiritual"[170] e realçando-se, na "Nota crítica" sobre o período que abrange até Sócrates, que a preocupação religiosa marca a origem da filosofia

---

sofistas e Sócrates"); Marías, *História da Filosofia*, op. cit., parte I, cap. 2 ("A sofística e Sócrates"). Uma espécie de meio-termo, ainda, é oferecida por Cordon e Martínez, que reúnem "Os sofistas, Sócrates e Platão" (*História da Filosofia*, op. cit., cap. 2), tratando a seguir conjuntamente de Aristóteles e do período helenístico (cap. 3). Contemporaneamente a Mário, foi Ernest Barker quem advertiu que, "ao contrastar Sócrates com os sofistas, devemos lembrar que em vários aspectos ele era um deles; e, de fato, a sua época, tal como épocas posteriores, chamou-o Sócrates, o Sofista" (*The Political Thought of Plato and Aristotle*, New York, Russell & Russell, 1959, p. 46). Uma década depois, em sua *History of Greek Philosophy*, W. K. C. Guthrie viria a incluir o estudo sobre Sócrates no mesmo volume, o terceiro (*The Fifth-Century Enlightenment*, Cambridge, Cambridge University Press, 1969), que dedicou aos sofistas. E com uma justificativa: "Sócrates e os sofistas pertencem ao mesmo mundo exuberante do Iluminismo ateniense, e Platão a uma época do pensamento distinta, mais madura e reflexiva, e, em vários aspectos, desiludida" (ibidem, p. xii). Segundo o britânico, diametralmente oposto ao sofismo, a rigor, foi Platão, e não Sócrates (ibidem, p. 9, n. 3). Ele avalia a consideração de Barker na p. 449 e, embora insista na diferença essencial entre os sofistas e Sócrates, com quem se inaugura a Filosofia *propriamente dita* (ibidem, p. 425), assevera: "Se Sócrates tivesse sozinho trazido à tona a revolução que redirecionou os pensamentos dos homens da natureza para os assuntos humanos, toda a primeira parte deste volume teria sido escrita em vão. Este é um dos clichês ou simplificações de que a historiografia está repleta. Sem dúvida, o que se presumia é que os sofistas não mereceram o nome de filósofos" (ibidem, p. 419). Mário Ferreira dos Santos não teve tempo de conhecer a coleção de Guthrie, mas deve ter se interessado por um dos trabalhos que, como o historiador reconhece (ibidem, p. 323, n. 1), motivaram as considerações desse volume, a saber, as teses que o português Vasco de Magalhães-Vilhena defendeu na Sorbonne e publicou pela PUF em 1952, *Le Problème de Socrate – Le Socrate Historique et le Socrate de Platon* e *Socrate et la Legende Platonicienne*, as quais renovaram o tratamento da "questão socrática" e permanecem incontornáveis para esta área de pesquisa.

[169] Ver, neste livro, p. 152.

[170] Ver, neste livro, p. 158.

CONVITE À FILOSOFIA
330

grega.[171] Também Russell, que vimos não tomar por constitutiva a função do misticismo em relação à Filosofia, reconhece o papel que ele teve na conformação das culturas, e censura os que ignoram a sua influência sobre certos filósofos.[172] Para o britânico, contudo, a relevância e a influência da religião se explicam pelo fato de que, tal como as paixões e a arte, ela é uma necessidade imaginativa, excedente ao puro pensamento; quanto a este, apenas a Ciência o realiza.[173] Embora os pensadores que encaravam a Filosofia como forma de vida, entre eles Platão, se deixassem afetar pela influência (exógena, portanto) do culto a Baco – e Pitágoras tenha mesmo chegado a disseminar elementos da espiritualidade órfica –, mais decisivo foi o alinhamento da Filosofia à Ciência no esforço de se afastar do pensamento mítico.[174]

Uma visão como a russelliana é a que está suposta na abordagem neopositivista ao tema do absoluto: a Filosofia, aliada à Ciência, torna desnecessária a remissão ao transcendente, na medida em que expande o alcance e o grau de clareza das suas próprias explicações. Como alegação histórica, a cisão entre Filosofia e mito não raro é criticada como insuficiente.[175] Mário Ferreira dos Santos a rejeita tanto do ponto de vista histórico como do conceitual – ao mesmo tempo que garante à Filosofia, saber conexionador, a prerrogativa de formular apoditicamente o que é dado a conhecer inclusive pela experiência religiosa. Insistindo nisto, o projeto ferreiriano se oferece como alternativa simétrica ao positivista, no mesmo ato em que se distingue do existencialismo

---

[171] Ver, neste livro, p. 160.

[172] Russell, *História da Filosofia Ocidental*, op. cit., p. 6-10, 14-15, 17-28.

[173] Ibidem, p. 20, 23-27.

[174] Ibidem, p. 5.

[175] Ver e.g. Abrão, *História da Filosofia*, op. cit., 2.1.3. Um balanço da polêmica sobre haver ou não ruptura entre mito e Filosofia é oferecido por Marilena Chaui em *Introdução à História da Filosofia*, op. cit., vol. 1, I.2.c, p. 15-20 (ePub). A autora aponta a influência hegeliana e, a seguir, cientificista sobre a tese da descontinuidade e, apoiada em F. M. Cornford, Werner Jaeger e, sobretudo, Jean-Pierre Vernant, sustenta terem se dado entre a Filosofia e o mito tanto uma relação de filialidade como uma mudança de atitude mental.

no modo de reconsiderar nossas raízes vivenciais. De fato, inelutavelmente alheio a Russell e a Ayer é um entendimento como o de Gusdorf, que reserva às vivências míticas ancestrais algo irrecuperável pelo esforço racional. Conforme escreve no prefácio à edição brasileira, ele se volta à "consciência arcaica primitiva", que "corresponde a um primeiro estabelecimento do homem no universo".[176] Quanto a este *Convite*, relevantes páginas são dedicadas a explorar o debate sobre o modo como se dá a cognição do incondicionado, para o quê as principais vias são o realismo e o anti-intelectualismo;[177] e o primeiro é claramente favorecido pelo autor, que então busca tanto reabilitar a Metafísica como expor os comprometimentos últimos, nem sempre conscientes, de seus contemporâneos. Daí o refrão de sua resposta à filosofia da época: semelhantemente ao que vimos ser destacado por ele sobre a vontade de poder nietzschiana, aqui se sustenta que Maurice Blondel confere à ação o status de Absoluto[178] e que Eduard von Hartmann elabora uma filosofia do incondicionado em que o inconsciente da natureza cumpre o papel de *arquê*.[179]

À fragmentação da Filosofia de meados do século XX, Mário Ferreira dos Santos reage buscando recolocar a Metafísica como seu centro agregador – que, se não mais redunda a cada configuração num distinto espírito de época, é porém efeito de concrecionarmos o que foi refletido e vivido na história do pensamento: versão atemporal do ecumenismo celebrado por Antero. Deixa de ser o caso entronizar, assim como repudiar, a mentalidade moderna porque deixa de ser o caso supor que o conhecimento é determinado pelo sujeito que o acessa. O que julga a tradição (e fundamenta a filosofia concreta) é a fidelidade a um "saber efetivo" que, conforme a introdução da primeira parte deste volume, é "um dado de toda a eternidade".[180] Uma guinada ao não-subjetivo,

---

[176] Gusdorf, *Mito e Metafísica*, op. cit., p. 14.

[177] Ver, neste livro, p. 98-99.

[178] Ver, neste livro, p. 246.

[179] Ver, neste livro, p. 243.

[180] Ver, neste livro, p. 23.

CONVITE À FILOSOFIA

332

à admissão da precedência do objeto, é o que também Miguel Reale saúda na filosofia de então, tal como visto, entre outros, nos pensamentos, precisamente, de Heidegger e daquele no qual este livro culmina, Max Scheler.[181] Agora que conhecemos os objetos aos quais, junto aos quais e em nome dos quais fala o *Convite* (seus convidados, seus pares mensageiros e enfim a própria anfitriã), podemos, quem sabe – desde que não deixando de comparar – ouvir de modo mais aguçado o que o seu sujeito enuncia.

(4) O remetente

Da parte homônima ao livro, "Convite à Filosofia", emerge uma feição do saber filosófico harmônica à ultrapassagem do subjetivo indicada pelo exame dos objetos da obra. Sua introdução vislumbra "um saber que independe do homem, independe do seu investigar e da sua especulação"; um saber que habita a "ordem do ser universal".[182] Este horizonte surge do que é mais idiossincrático à metafilosofia do autor – sua filiação direta a Pitágoras –, mas este traço quase não volta a aparecer no texto. O que o pitagorismo, com sua aritmologia não limitada às quantidades, empresta ao volume é a base para um pensamento que tanto seja exato como considere o que é qualitativo: que meça e pese, mas também valore e avalie.[183] A necessidade da união entre os dois polos será a tônica de "Os grandes temas da Filosofia", e tem lampejos espalhados por todo o *Convite*. Quando se detalha o papel cognitivo da comparação, a razão é descrita como um "livro de contabilidade" que opera universalizações;[184] por outro lado, quando se declinam

---

[181] M. Reale, *Introdução*, op. cit., título I, cap. 4, § 14, p. 59 (ePub).

[182] Ver, neste livro, p. 23.

[183] Ações que são reiteradas como sinônimas a pensar, algumas páginas adiante: ver, neste livro, p. 47.

[184] Ver, neste livro, p. 62.

as contribuições de Empédocles (destacado, segundo vimos, como sábio-
-sacerdote ao lado de Pitágoras), nele se vê uma antecipação da morfologia
comparada de Goethe (não por acaso, também incluído na "História sucinta do pensamento filosófico").[185] A busca deste equilíbrio como requisito
para a coexistência de universalidade, precisão e concretude não pode não
causar impressão nos que deparam com o pensamento de Mário. No poeta
ferreiriano, a tarefa é claramente aceita (e aplicada como referência para
discutir a pintura renascentista):

> *Tudo é símbolo*, o mundo é consequente
> da floração de uma simbologia;
> e no entanto o Masaccio, que *media*
> *cada emoção minuciosamente,*
> usou sua visão de adolescente
> para testemunhar nossa agonia.
> Seu mundo entrecortado de harmonia,
> *se evoca uma equação pré-existente,*
> *nem por isso ele o entrega ao abstrato*:
> sofre com ele em cada cor colhida,
> em cada forma alçada *pelo impacto*
> *do absoluto no real*, a vida,
> a ferrugem da vida, seu contato
> revelando, entreabrindo uma ferida.[186]

Ao bom leitor não escapa a diretriz gnosiológica associada ao projeto.
Conciliar exatidão numérica com significado simbólico, ordem universal
com manifestação concreta, peso e medida com valor e validez – em uma palavra, "equação" com "emoção" – demanda rastrear "o impacto do absoluto

---

[185] Ver, neste livro, p. 146. As considerações de Mário Ferreira dos Santos sobre a
morfologia goethiana são apresentadas em *Tratado de Simbólica*. Coleção Filosofia
Atual. São Paulo, É Realizações Editora, 2007, p. 311-13. (O título será em breve
reeditado pela Biblioteca Mário Ferreira dos Santos.)

[186] Tolentino, *O Mundo como Ideia*, op. cit., Livro Último, p. 405, § 33, grifos meus.

no real”; não sobrepor, vale dizer, o exame do entendimento ao entendimento do que se dá. Canta, adiante, Tolentino: “Não será má ideia, mas no fundo / acaba sendo um risco, um linguajar, / esse modo de ver; de ver o olhar / em vez de ver o que ele vê no mundo”.[187] No risco incorre a maioria dos modernos, que inicia introduções filosóficas questionando como podemos conhecer, erigindo o problema da aparência *versus* a realidade e, às vezes, até o tendo por fundador da Filosofia.[188] Mário mesmo reconhece a autoridade da convenção, e observa como em Kant (não por outro motivo tornado seu privilegiado interlocutor crítico) ela se extrema e ligeiramente se altera. Este repete Descartes e Leibniz em partir da Teoria do Conhecimento, mas intensifica esse estágio da reflexão e, ademais, toma por modelo cognitivo a Ciência estabelecida (no caso, a física newtoniana) ao invés de especular uma nova.[189] A nosso autor, ainda assim, importa ver a realidade antes de ver o olhar: expressando sua adesão ao realismo, ele começa pelo mundo exterior, pondo como primeiro tópico de sua iniciação “O fato”.

Um integrante da Escola de Madri ainda não imposto à nossa consideração assemelha-se a Mário Ferreira dos Santos quando traça seu itinerário: o catalão José Ferrater Mora, cujo célebre dicionário foi lido e é citado alhures pelo brasileiro.[190] Aparentemente menos marcado pelo kantismo do que seus pares, ele faz os seus *Fundamentos de Filosofia* principiarem por uma consideração gnosiológica que já remete, contudo, à realidade externa.[191] O primeiro

---

[187] Ibidem, p. 434, § 85.

[188] Ver e.g. Russell, *Os Problemas da Filosofia*. Trad. Desidério Murcho. Biblioteca de Filosofia Contemporânea, vol. 61. Lisboa, Edições 70, 2008, cap. 1; Danto, *Connections to the World*, op. cit., p. 14; Thomas Nagel, *Uma Breve Introdução à Filosofia*. Trad. Silvana Vieira. 3. ed. São Paulo, Martins Fontes, 2011, cap. 2, p. 4-18.

[189] Ver, neste livro, p. 219-20.

[190] Por exemplo, em *Teoria Geral das Tensões* (§ 339), inédito que será em breve publicado pela Biblioteca Mário Ferreira dos Santos.

[191] José Ferrater Mora, *Fundamentos de Filosofía*. Madrid, Alianza, 1985. Contraste-se, por exemplo, com os *Fundamentos de Filosofia* de Bertrand Russell (trad. R. Crespo y Crespo. Buenos Aires, DeBolsillo, 2004), obra de divulgação. O autor a ordena nas partes

capítulo, "Sobre o dar por suposto", inicia expondo a necessidade de sempre nos termos e às coisas como habitantes de uma realidade (no tópico "Meu anfitrião, o mundo"); só depois ele apresenta as escolas filosóficas envolvidas no debate em que se pode acusar este posicionamento de ingênuo ("Idealismo, ceticismo, realismo crítico"). Aprofundando a discussão, o capítulo seguinte, "O conhecer e o conhecimento", se ocupa de fazer uma fenomenologia da atividade racional. Este segundo passo é imprescindível, já que dar a realidade por suposta poderia sugerir uma não-problematicidade, uma impassibilidade mútua entre o sujeito e o real, como se conhecer fosse captar dados que a nossa intelecção não afeta, e que não desafiam a nossa compreensão. Carlos Thiebaut, filósofo madrileno contemporâneo, se adianta ao mal-entendido, esclarecendo no título do segundo capítulo de seu *Convite à Filosofia* que conhecer é "não dar o mundo nem a vida por fechados"[192] – espécie de complemento ao mote de Ferrater Mora.

Também Mário Ferreira dos Santos, durante as considerações sobre "o fato", se ocupa de esboçar uma anatomia da razão humana. Segundo o autor, ela se constitui de intuições, abstrações, comparações e formações de conceitos – o que enseja, desdobrando a anatomia, uma espécie de antropologia gnosiológica: o filósofo especifica que o que ele entende por intuição precede a razão tanto evolucionária como biograficamente.[193] Trata-se, bem entendido, da faculdade de apreender o que é distinto, enquanto a razão apreende o que é semelhante. As duas consistem em fontes conceituais diversas, o que novamente deixa o autor em proximidade temática a Kant. De fato, o reconhecimento da multiplicidade interna à cognição previne o kantismo de

---

"O homem visto a partir de fora", só então "O mundo físico" e, por fim, "O homem por dentro" e "O universo".

[192] Carlos Thiebaut, *Invitación a la Filosofía – Um Modo de Pensar el Mundo y la Vida*. 2. ed. Biblioteca Universitaria – Ciencias Sociales y Humanidades. Bogotá, Siglo del Hombre Editores / Pontificia Universidad Javeriana, 2008, p. 53.

[193] Ver, neste livro, p. 34: "A razão é algo posterior no homem, como podemos observar nas crianças". Não se trata, porém, de uma precedência atual, verificável em cada ato cognitivo: ver, acima, n. 43.

CONVITE À FILOSOFIA

336

incorrer nas respostas reducionistas à questão da possibilidade do conhecimento (dogmatismo, ceticismo, pragmatismo e subjetivismo ou relativismo), tornando o criticismo a posição mais afim à ferreiriana quanto a este ponto.[194] Mário, todavia, registra sua objeção, segundo a qual a articulação kantiana do conhecimento torna contraditórias, sem deixar de depender de ambas, (i) a apreensão realista dos materiais indeterminados que o mundo externo oferece e (ii) a regulação idealista da experiência que temos das coisas, enquanto sujeitos cujo entendimento supõe conceitos puros ou categorias e cuja sensibilidade supõe as formas puras *tempo* e *espaço*.[195] A solução do brasileiro a este dualismo passará pela postulação das ideias capitais de extensidade e intensidade.

Já na caracterização que o filósofo faz sobre os juízos, segundo tópico da parte "Convite à Filosofia", a coexistência entre o extenso e o intenso ganha importância. Pois a categoria básica de coisas das quais se podem predicar atributos (para assim formarmos juízos), a dos fatos, abrange tanto o que possui extensão, nomeadamente os corpos, como o que se dá no tempo sem que seja espacialmente mensurável: tipicamente, o pensamento.[196] Mais à frente, o autor ratifica que seja o corpo, sejam os pensamentos do indivíduo são percebidos por ele como fatos.[197] Por óbvio, os fatos espaciais é que são constitutivos à constatação de que existe um mundo exterior;[198] mas lembremo-nos de que a apoditicidade da reflexão filosófica se baseia na vigência de uma ordem universal e eterna, de uma "equação pré-existente", de um absoluto patente *no* real. A existência no interior da qual se constata o mundo não se esgota nesta descoberta, não sendo portanto idêntica ela mesma ao espaço – ela deve abarcar a qualidade, que o espaço contempla correspondendo

---

[194] Ver, neste livro, p. 75-76.

[195] Ver, neste livro, p. 224-25.

[196] Ver, neste livro, p. 27.

[197] Ver, neste livro, p. 69.

[198] Ver, neste livro, p. 106.

contudo à quantidade, o que vai ao colapso quando, por exemplo, Descartes reduz o movimento ao ponto e a Física à Geometria.[199] O pensamento, que é apenas temporal, integra a mesma realidade que os fatos corpóreos percebidos por ele, daí que se diga no *Convite à Estética* que o tempo e o espaço "nunca serão problemas pacíficos para a Filosofia".[200]

A complexidade interna aos fatos, que se podem integrar mutuamente, vai recebendo pistas de seu funcionamento no decorrer das seções. Desde logo, porém, o tópico "Do fato ao juízo" estabelece que a estrutura de encaixamento se aplica igualmente a conceitos (pois nos específicos estão implicados os genéricos) e a juízos (visto que nos universais estão contidos os particulares).[201] Tais implicações são identificáveis dedutivamente, quando se infere a afirmação singular a partir do princípio geral (como prefere a Filosofia), ou indutivamente, quando a constatação dos casos individuais aponta a uma regularidade (nisto se baseando a Ciência).[202] No caso dos juízos, é a acuidade do encaixamento que lhes atribuímos o que os faz verdadeiros: que o seu alegado conteúdo (aquilo a que eles apontam) *caiba*, logicamente ou de fato, neles.[203] Não se trata de forjar sentenças que *imitem* a estrutura dos fatos, mas de captar no mundo pensamentos que estão *dados* como fatos. É esta a tese radical do capítulo "Definição": "Tudo é pensamento; tudo pode ser pensado. [...] A natureza está cheia de pensamentos que o homem pode mentar; por isso a Filosofia, sob o seu aspecto dinâmico, é esse invadir a natureza na cata dos pensamentos que estão nela".[204] Aqui somos postos diante de um ponto sensível, que distingue as iniciações filosóficas contemporâneas a Mário.

---

[199] Ver, neste livro, p. 212.

[200] Mário Ferreira dos Santos, *Convite à Estética*, op. cit., p. 102, § 9.

[201] Ver, neste livro, p. 42.

[202] Ver, neste livro, p. 42-43.

[203] Ver, neste livro, p. 45.

[204] Ver, neste livro, p. 47.

CONVITE À FILOSOFIA

Precisamente enquanto discute a noção de espaço (que, como insinuado, se tornará central para o nosso autor), o filósofo francês Alain sustenta haver um divórcio entre o que reputamos saber sobre as coisas e o que as coisas realmente são. Ele destaca que as propriedades que atribuímos aos objetos a partir das relações que eles mantêm conosco e com as demais coisas – por exemplo, a distância que predicamos ao horizonte – são estabelecidas, traçadas, determinadas por nós; e, disto, conclui que o sujeito *representa* a si as entidades, não são elas que se *apresentam* a ele.[205] Gusdorf corrobora a afirmação, acrescentando que "a verdade do mundo", tal como almejada pelo saber filosófico, não pertence ao mundo: "Ela não é verdade da coisa, mas verdade do sujeito".[206] À primeira vista, uma alegação como a de que "tudo é pensamento" pode apontar na mesma direção, como se apenas conhecêssemos aquilo que é produto de nosso intelecto. O postulado ferreiriano, entretanto, claramente consiste em que o caráter inteligível está dado nos próprios entes. Por isso é que o que eles apresentam é captável por nós; e, assim, a verdade pertence ao mundo, ainda que tomemos parte na sua efetivação.

Enquanto Alain sugere que *emprestamos realidade* às coisas como portadoras de tais e tais predicados, Mário Ferreira dos Santos entende que o real conquistado pelo intelecto se regula (ou, como tradicionalmente foi dito, corresponde) ao que está dado no mundo – por menos exato que seja, na conformação disto, o alcance de nosso papel. São estes os termos empregados pelo autor: "Os nossos pensamentos captados, quando adequados com os pensamentos-fatos, *realizam* uma verdade".[207] É, ao fim e ao cabo, indecidível se o verbo em destaque ocorre aí em sentido trivial ou, o que é frequente na escrita de Mário,[208] como um anglicismo, quer dizer, sob a acepção psicológica do

---

[205] Alain, *Éléments de Philosophie*. 6. ed. Paris, Gallimard, 1941, p. 41-42.

[206] Gusdorf, *Mito e Metafísica*, op. cit., p. 171.

[207] Ver, neste livro, p. 47, grifo meu.

[208] Duas ocorrências indubitáveis neste livro foram consolidadas, na presente edição, com a mudança para verbos equivalentes: em "Para o relativismo, é impossível *inteligir*

inglês *realize*, "dar-se conta", "aperceber-se". Seja como for, a adequação aos pensamentos-fatos é o requisito para que se trate de uma verdade: quer esta *dependa*, para se concretizar, da captação operada pelo intelecto, quer ela seja (como aparentemente demanda a objetividade prezada pelo autor) apenas *constatada* por ele. A coexistência de pensamentos captados e pensamentos--fatos instaura uma continuidade, ou não-hermeticidade, entre mundo e mente; mas o que assim tem a sua dignidade ontológica alargada não é o raciocínio humano, e sim o princípio de inteligibilidade que perpassa a nós e às coisas. Outro detalhe textual reforçará o ponto.

Um exemplo de encaixe entre conceitos, exigido por descobrir-se um encaixe entre fatos, é proporcionado adiante: nomeadamente, que a noção universal de força inclui a ideia de força atrativa.[209] Então se declara que "[a] razão funciona *sobre* esse encadeamento conceitual". O detalhe é que todo o trecho consiste numa reciclagem de partes de *Filosofia e Cosmovisão*, e lá o postulado rezava que "[a] razão funciona *por* esse encadeamento conceitual".[210] De um livro a outro, o que se acrescenta são passagens como a que ora examinamos, na qual se introduz a noção de pensamentos-fatos. Com o adendo, fica patente – por isso a necessidade de reformulação – que o encadeamento ele mesmo não tem seu ser limitado ao interior da mente, mas envolve as coisas, estando dado *no* mundo (*sobre* o qual a razão se apoia, mais do que *pelo* qual ela opera). Dois parágrafos depois, outra ocorrência do verbo ambíguo deixa margem para dúvida. Onde *Filosofia e Cosmovisão* pontuava: "O encadeamento conceitual, que é um dos processos do funcionamento da razão, *processa-se* de duas maneiras",[211] *Convite à Filosofia* passa

---

a incondicionalidade" (p. 103) e "no Absoluto, que é um estado que pode ser *alcançado* pela intuição intelectual" (p. 231), os termos grifados substituem, respectivamente, *realizar* e *realizado*, que constavam do texto original.

[209] Ver, neste livro, p. 116.

[210] Mário Ferreira dos Santos, *Filosofia e Cosmovisão*, op. cit., p. 162, grifo meu.

[211] Ibidem, p. 163, grifo meu.

CONVITE À FILOSOFIA

a dizer que "[o] encadeamento [...] *realiza-se*" duplamente (a saber, nos juízos, como proposição, e no raciocínio, como silogismo).[212] Se a mudança almeja o sentido psicológico do termo, a objetividade do encadeamento fica ratificada. Não é necessário, porém, presumirmos tanto. A própria frase indica lidar com o encadeamento conceitual *enquanto* apropriado pelo intelecto, com seus elos passados ao status de pensamentos *captados*. Parece natural atribuir à expressão um sentido fraco, introduzido aliás para evitar, apenas, o pleonasmo "um dos processos... processa-se".

Mas já me deixo atrair pelas entrelinhas da obra, a que só a seguir desceremos. Amarremos, então, o ponto. Se Alain e Gusdorf mitigam o objeto do conhecimento, reduzindo-o de aparição a representação, Mário, fiel ao princípio do universal manifesto no concreto, quer manter a tensão de uma objetividade não desconexa do espírito. A chave é instituir os corpos (espaço-temporais) e o pensamento (temporal mas sem extensão) como igualmente fatos, integrantes da mesma realidade – a qual não se exaure por nenhum desses dois polos. Talvez se encontrem as bases disto na filosofia antiga e na escolástica medieval;[213] pelo menos, é o que lembra o poeta, de novo em notável proximidade a Mário Ferreira dos Santos:

> Há sempre um paradoxo no aparente,
> que é por um lado simples emergência
> e por outro o portal da consciência;
> a partir de um momento, no Ocidente,
> os dois aspectos gêmeos da aparência,
> que em Platão se completam, bruscamente
> se separam. Talvez na Renascença
> a tensão que a escolástica consente
> à imanência do eterno no real,

---

[212] Ver, neste livro, p. 116, grifo meu.

[213] De fato, é essa a genealogia reivindicada em *Filosofias da Afirmação e da Negação*, op. cit., ver e.g. p. 214.

perdido aquele instinto, se perdesse
na sacralização do temporal,
mas não creio: o que antes acontece
é que o humanismo faz do que aparece
o que parece, e do todo um total.[214]

Tendo sua inteligibilidade inscrita na própria existência concreta, cada ente é definido (ou seja, tem delimitado o que ele é) por uma fórmula que enuncie a ordem a que ele se filia e o traço que o distingue dos demais que aí se situam.[215] Exatamente como na lógica clássica, trata-se de informar o gênero mais a espécie da coisa – o que se reafirma, perto do fim da segunda parte do livro, em sentido inverso e complementar: o caráter abstrato dos conceitos organiza-se pela estruturação em gênero e espécie, e isto já determina a forma e o alcance das definições.[216] De fato, o que vale para as definições vale para todo pensamento fundado no real: extraído de um pensamento-fato, ele será claro e invariável, ainda que acessado por distintos atos de pensar.[217] Com isto se postula uma paridade que um capítulo à parte tematiza, "A ordem do pensamento e a ordem da natureza"; ao articulá-la, Mário Ferreira dos Santos antecipa uma tese específica, que se impõe por ser basilar para o seu entendimento da natureza da Filosofia. Sustenta ele que, quando uma entidade vem a ato, deixando a condição de potência, têm de estar dados fatores (por exemplo, ambientais) que garantam a sua coesão interna, e ainda uma sequência de fatos da qual ela seja integrante – vale dizer, a sua ordem assim como ordens associadas. As ordens e as coisas estão em constante devir, trazendo potencialidades a ato, e a efetividade disto supõe uma atualidade preeminente, que abrigue todos os possíveis.[218] Uma consideração mais ampla é derivada daí.

---

[214] Tolentino, *O Mundo como Ideia*, op. cit., Livro Último, p. 438, § 92.
[215] Ver, neste livro, p. 118.
[216] Ibidem.
[217] Ver, neste livro, p. 47.
[218] Ver, neste livro, p. 51.

Algo existe, porque mesmo a negação disto supõe a existência de alguém que o ponha em dúvida. E esse ato que é o "algo" supõe um ato anterior, um não-nada, pois o que quer que tenha o poder de fazer alguma coisa é já algo. O ato primordial é a possibilidade-já-efetivando-se de tudo que existiu, existe e existirá (ato que, no plano de relações do que nos é cognoscível, se atualiza, é bem verdade, aos poucos). Tudo é, portanto, consistente com a ordem que há; para que algo não o fosse, deveria vir do nada – o que é impossível, visto que suporia consistir o nada num poder-fazer. É um mesmo ato o que atualiza a tudo: o ato puro, a todas as coisas anterior, é Deus.[219] Coerentemente à importância dada pelo autor ao argumento, a parte historiográfica do livro dedica considerável atenção à tese do primeiro motor imóvel, quando trata de Aristóteles,[220] e, ao lidar com Tomás de Aquino, resume as vias para a existência de Deus na postulação: "Deus é Ato Puro. Todos os outros seres são imperfeitos, porque não são atos puros".[221] Já aqui se anuncia como mistério, que a Filosofia deve ter a coragem de desbravar, a pergunta: por que Deus nos criou em vez de nos fazer ser no seu interior, como partes do ato puro que é Ele mesmo?[222]

Para encará-la, o filósofo deve investigar aquilo que na ordem da natureza apenas fragmentariamente se manifesta. Os acontecimentos apresentam-se em plena mutabilidade, e estudá-los significa, antes de tudo, averiguar os vínculos que os associam. As atualidades que efetivam possibilidades no mundo são causas a produzir efeitos; mas cada par de causa e efeito depende ainda, para efetivar-se, de que não infrinja as coordenadas que lhe são externas: há, além das causas emergentes, causas predisponentes. A ordem da natureza implica que tudo que está nela envolvido se conecta – este vínculo entre os fatos é a própria realidade. E é em correspondência a ele que a Lógica rastreia como

---

[219] Ver, neste livro, p. 52-53.
[220] Ver, neste livro, p. 169-70.
[221] Ver, neste livro, p. 199.
[222] Ver, neste livro, p. 53.

conceitos se encaixam uns nos outros.[223] É precipitado identificar o mundo à simples conjunção das coisas que são o caso; como na famosa reação de Heidegger ao *Tractatus* de Wittgenstein (recentemente lembrada por José Arthur Giannotti),[224] esse seria um entendimento fantasmagórico da realidade.[225] Na *Filosofia Concreta*, a compreensão do entrelaçamento de natureza e intelecto levou ao endosso do lema de outro filósofo, Hegel: "o que é racional é real e o que é real é racional".[226] Assim sendo, não espanta que, já durante a apresentação panorâmica da Filosofia, muito anterior à sua reconstituição historiográfica, o *Convite* dedique um capítulo a expor "A Ideia para Hegel".

Uma "introdução ao filosofar" traçada sobre a ênfase em alguns poucos filósofos, como que manejando a história da Filosofia em benefício da reflexão filosófica pura, foi a aposta também de Giannotti em *Lições de Filosofia Primeira* – que enfoca o sofismo, Platão, Aristóteles, o estoicismo, o ceticismo, Agostinho, Nietzsche, Husserl, Heidegger e Wittgenstein (culminando no livro sobre apenas estes dois últimos, que acabo de citar).[227] Erguendo Hegel à superfície de sua iniciação, qual positividade Mário pretende reter? O que se destaca é a noção de "ideia concreta", constituída do conceito juntamente com o fato a que ele aponta, incluindo-se as coordenadas que este requer. Nas coisas tais como se dão, a inteligência penetra uma forma interna, aquela compartilhada pelos membros de uma mesma espécie; para nomear esta capacidade, o autor toma da fenomenologia o termo *intuição eidética*. Como se dirá adiante, a aptidão a agrupar os fatos em séries é demandada pelo desejo social de

---

[223] Ver, neste livro, p. 54.

[224] J. A. Giannotti, *Heidegger/Wittgenstein – Confrontos*. São Paulo, Companhia das Letras, 2020, p. 11.

[225] Martin Heidegger, *Questions III et IV*. Trad. Jean Beaufret et al. Paris, Gallimard, 1990, p. 416, Seminário de Thor, 2/9/1969.

[226] Mário Ferreira dos Santos, *Filosofia Concreta*, op. cit., p. 404.

[227] Giannotti, *Lições de Filosofia Primeira*. São Paulo, Companhia das Letras, 2011. Esta dupla esteve já no foco da Parte IV com que se encerra *A Filosofia Contemporânea – Trajetos Iniciais*, de Benedito Nunes (2. ed. Série Fundamentos, vol. 79. São Paulo, Ática, 1991).

compartilhar experiências,[228] daí que se observe ser ela ausente nas crianças e nos hominídeos que nos precederam.[229] Uma vez reconhecido o papel constitutivo das formas, desponta, em paralelo à realidade como conexão dos fatos, a *idealidade*, como conexão das ideias; a Dialética baseia-se na admissão da realidade que há na idealidade e da idealidade que há na realidade. Para a Filosofia, é inescapável a tarefa de buscar este nexo, em que já se embute a procura pelo nexo do *valor* de todas as coisas.[230]

---

[228] Ver, neste livro, p. 61.

[229] Ver, neste livro, p. 56. A posterioridade da razão no desenvolvimento da espécie humana volta a ser constatada, e tida como equivocadamente empregada pela resposta empirista ao problema da origem do conhecimento (ver, neste livro, p. 76). Algum viés antropológico-evolucionista, característico do período em que escreve Mário, pode, sim, desempenhar papel nesses apontamentos; mas não sem ponderação crítica. Sobre o desenvolvimento das civilizações, o autor propõe, em *Filosofia e Cosmovisão*: "Olhando a história do Ocidente, Comte, em sua época, tinha grande soma de razão; mas a história humana não é apenas essa, e temos variações interessantes" (op. cit., p. 144). Fazer o raciocínio filosófico situar-se num estágio privilegiado da história das espécies é um expediente corriqueiro nas introduções, vide este exemplo extraído de *Philosophy – A Very Short Introduction*, de Edward Craig: "Uma vez, há muito tempo, nossos ancestrais eram animais, e simplesmente faziam o que quer que calhasse naturalmente, sem notar que aquilo era o que eles estavam fazendo, até mesmo sem notar que *eles* estavam fazendo o que quer que fosse. Então, de alguma maneira, eles adquiriram a capacidade de perguntar *por que* as coisas acontecem (em contraste a somente registrar que elas acontecem) e de observar a si mesmos e as suas ações" (New York, Oxford University Press, 2002, p. 5).

[230] Ver, neste livro, p. 56-57. Uma como que abordagem ontológica à Ética, a Axiologia, aparece assim como culminação da Dialética. O percurso se confirma no próprio volume, que se detém na disciplina nos capítulos finais desta primeira parte. Além disso, o vínculo orgânico entre Ontologia e estudo dos valores é reiterado durante a "História sucinta do pensamento filosófico": a listagem das doutrinas de Demócrito conclui com seu posicionamento ético (p. 152) e a exposição das escolas helenísticas, feita sob o título "O predomínio do problema ético", é introduzida de modo a destacar a dependência do epicurismo para com a metafísica atomística de Demócrito e do estoicismo para com o dinamismo de Heráclito – consistindo, aparentemente, num déficit o fato de Epicuro pôr a serviço da Ética apenas a Física e a Teoria do Conhecimento (p. 177-78).

É possível que Mário Ferreira dos Santos tenha a princípio apostado numa convergência entre a concepção hegeliana de concreto e a sua própria. Como nos revelou o confronto das edições de *Filosofia Concreta*, o brasileiro chegou a destacar Hegel entre os pensadores de cujas conquistas ele se valeu.[231] Soam, de fato, ferreirianas alegações como esta da *Introdução à História da Filosofia*: "A sã razão humana somente visa ao concreto. [...] a Filosofia é inimicíssima do abstrato e reconduz ao concreto".[232] De que se trata, no entanto, é um atributo da Ideia, que, por se formar enquanto se desenvolve, consiste na unidade das suas determinações; assim, ela "é, no seu conteúdo, concreta em si; é concreta em si, e então tem interesse em que o que é em si se torne por si" – a verdade consistindo num universal que é, ele próprio, o singularmente determinado.[233] Não condiz ao programa de discernir positividades na Filosofia a subsunção de todo progresso ao interior da Ideia: "A Filosofia por si é o conhecimento deste desenvolvimento, e como pensamento é ela própria este desenvolvimento pensante; quanto mais este desenvolvimento progrediu, tanto mais perfeita é a Filosofia".[234] De todo modo, a recusa a destacar uma perspectiva filosófica em detrimento das outras levou Hegel a erguer contra o idealismo transcendental uma crítica a que nosso autor adere: a filosofia do Absoluto é ineficaz em explicar o intensivo ou heterogêneo. Recuperando-o, e privilegiando o concreto, o alemão desenvolveu, segundo Mário, um pensamento *real*-idealista.[235]

A visão do próprio autor sobre em que consiste a atividade do filósofo é sumarizada logo em sequência, no capítulo "Saber filosófico". Baseando sua síntese está o reconhecimento de que, em certo sentido, "todas as coisas estão em relação", isto é, estão postas diante de outras (com graus variados de influência

---

[231] "Uma filosofia em construção", op. cit., p. 618-19.

[232] Georg Wilhelm Friedrich Hegel, *Introdução à História da Filosofia*. Trad. Antônio Pinto de Carvalho. Coleção Textos Filosóficos, vol. 31. Lisboa, Edições 70, 2006, A.II.b, p. 30-31 (ePub, 2018).

[233] Ibidem, A.II.b, p. 30 (ePub).

[234] Ibidem, A.II.c, p. 33 (ePub).

[235] Ver, neste livro, p. 232.

CONVITE À FILOSOFIA

346

entre as partes relacionadas). Correspondendo a isto, pode-se esboçar uma psicologia da reflexão: pensar é posicionar conceitos ou juízos[236] de modo tal que eles estejam em relação – e, então, compará-los.[237] O estágio seguinte desta iniciação filosófica não poderia ser outro que "A comparação". E o destaque a este procedimento confirma o que Mário incute de distintivo no seu *Convite*. A ênfase que ele garante à faculdade de comparar, Alain a concedera à faculdade de antecipar. Mesmo admitindo a importância da comparação, o francês sublinha que, na apreensão dos objetos sensíveis, fiamo-nos em traços projetados por nós mesmos, não necessariamente verídicos;[238] como vimos, para ele a verdade alcançável pelo filósofo é do sujeito, e não das coisas. Em contraste, o percurso cumprido até aqui autoriza Mário Ferreira dos Santos a postular que *independentemente de nós* as coisas se encontram emparelhadas. Apenas que, de uma associação caótica, movemo-las a uma relação ordenada, à medida que detectamos repetições, semelhanças, diferenças.[239]

Formamos, assim, ideias que refletem os fatos e suas interconexões, e que estão para eles como imagens – ainda que não, conforme se esclarecerá, como cópias.[240] Paradoxalmente, o que assegura a concretude do saber não é a tentativa de manter as coisas tais como as utilizamos, ou de alocá-las numa engrenagem mental a cuja manipulação estamos habituados. O que se exige é a coragem de pensar o objeto em seus próprios termos, não importa quão longe isso nos deixe dos nossos hábitos e categorias prévias. Segundo o autor, a Filosofia configura-se como um saber especulativo desinteressado, desde sempre e cada vez mais distinto dos saberes práticos. Ensejado por isso, Mário registra o alerta de que deixar de buscar ativamente o saber é incidir em filosofias

---

[236] E o pensamento nunca deixa de operar conceitualmente, se se aceita a pesada tese, explicitada pouco depois, conforme a qual *toda* palavra denota algum conceito: ver, neste livro, p. 62.

[237] Ver, neste livro, p. 60.

[238] Alain, *Éléments*, op. cit., livro I, cap. 1.

[239] Ver, neste livro, p. 61.

[240] Ver, neste livro, p. 77.

abstratas e mortas.[241] A mesma percepção é comunicada pelo seu leitor-poeta: "Tenho que é o horror à morte a inspirar essa coisa horrenda, a mumificação do real, sua substituição pela hipnose de um modelo, na melhor das hipóteses marmorizante, e na pior delas nem isso".[242] Rejeitando o mesmo equívoco denunciado em "Abstrato e concreto", Tolentino repercute a tônica do capítulo quando descreve a intenção de seu próprio livro. Relata ele:

> busquei entender como e por que tudo quanto se proponha traduzir o mundo – o mundo-como-tal, a opacidade, os dados brutos do real – numa exatidão de teorema termina por conceitualizá-lo até o desfiguramento, esvaziando-o de todo sentido para situá-lo além dos cinco sentidos, no Xangri-lá da abstração: em lugar das asperezas do real, uma exata, executória (e ilusória) equação.[243]

O combate de Mário Ferreira dos Santos ao abstrato formula-se, igualmente, como uma exortação à humildade, à admissão da insuficiência do intelecto ante o real. Ele reconhece a inevitabilidade da abstração, exatamente por nos ser impossível tomar em conta tudo a que um objeto está concretamente vinculado. Sua divisa, então, é que lembremos o caráter apenas mental da separação que impomos entre a coisa e suas sobras, entre a coisa e o alto-relevo de suas conexões com o mundo.[244] Esta operação, feita por nós, e a concretude do que se almeja conhecer constituem a tensão entre sujeito e objeto, assunto de "Os polos da realidade". Mário ressalta que à Filosofia e a todas as humanidades interessa um sujeito não só lógico, mas psicológico, cognoscente ativo. Ao examiná-lo, reforça-se a necessidade de lembrarmos a finitude do conhecimento: nossos meios de apreender o mundo são estreitamente limitados, literalmente contabilizáveis numa mão – resumem-se, pois, aos cinco sentidos. Afora a intuição eidética, que

---

[241] Ver, neste livro, p. 64.
[242] Tolentino, "A gênese do livro", op. cit., p. 21.
[243] Ibidem, p. 20.
[244] Ver, neste livro, p. 65-66.

capta a essência das coisas, são estes os instrumentos que põem o sujeito em contato com o não-Eu, retendo conforme a sua capacidade a forma exterior dos objetos.[245]

Este limite, muito bem demarcado, é mais de uma vez reconhecido na obra ferreiriana. Em *Filosofias da Afirmação e da Negação* se observa que, caso possuíssemos outro sentido, por exemplo um que captasse campos eletromagnéticos, perceberíamos mais dados de cada entidade, que no entanto continuaria sendo o que de fato se sabe que ela essencialmente é.[246] Aqui é esclarecido que os equipamentos que ampliam o nosso campo de conhecimento, por exemplo o microscópio, fazem-no *adaptando* a aparência dos objetos aos limites da nossa percepção; aquilo que compõe o *mundo exterior* é apropriado não sem perdas pelo nosso *mundo objetivo*.[247] Todavia, este não é arbitrariamente criado pelo sujeito, sem lastro no mundo real: pressupô-lo, em desprezo ao papel dos cinco sentidos, é o erro da doutrina idealista.[248] E é justamente isto, ainda outra vez, o que também Tolentino acusa:

> o mundo-como-ideia era a promessa de um triunfo formal logrado ao preço de uma imperiosa, autoritária abolição da "lamentável" escravatura do ser às intimações do sensível – o ser ainda servo de sua percepção do real pelos sentidos, coitado, nosso pobre e indefeso ser, a ser (ou não) libertado pela Áurea Lei da Razão...[249]

Tamanha é a atenção dispensada à faculdade perceptiva que nosso autor deixa insinuada uma hierarquia dos sentidos – em ordem decrescente de importância, ele sugere uma escala composta de visão, audição, tato, olfato e paladar.[250] A curiosidade tem o seu valor face à elevação do tato, normalmente

---

[245] Ver, neste livro, p. 68.

[246] Mário Ferreira dos Santos, *Filosofias da Afirmação e da Negação*, op. cit., p. 69.

[247] Ver, neste livro, p. 69-70.

[248] Ver, neste livro, p. 77.

[249] Tolentino, "A gênese do livro", op. cit., p. 25.

[250] Ver, neste livro, p. 68, 106.

relegado à posição derradeira.[251] Este antigo ordenamento, vagamente baseado em Platão e Aristóteles, regredia do menos ao mais palpável, o que aproximadamente coincide à clivagem do que é mais raro ao que é mais comum na natureza. Aqui, diversamente, o critério é o grau em que cada sentido nos põe em contato com a espacialidade.[252] Por revelar-nos a continuidade espacial, o tato chega a ser cogitado, na discussão expandida de *Filosofia e Cosmovisão*, como equivalente à visão, portanto no topo do conhecimento perceptivo.[253] Não importa se o que tomamos por objeto são imagens, ideias ou afetos, conhecê-los é captá-los,[254] é trazê-los do espaço que habitam para dentro do nosso mundo objetivo. Uma analogia adiante, porém, confirma a proeminência isolada da visão entre os contribuintes do intelecto: é que, tanto em se tratando de ver como em se tratando de inteligir, quanto mais objetos abarcamos, menos detalhes deles somos capazes de reconhecer.[255] O que traz à tona outro limite cognitivo, detalhado no capítulo "Análise e síntese".

Uma segunda acepção sob a qual o conhecimento é irremediavelmente abstrato consiste no fato de que ele alcança apenas parte do mundo. Conhecemos sempre por amostragem: discernindo entidades individuais e associando-as a categorias genéricas, as quais nunca são exaustivas. Sensibilidade e intelecto participam, ambos, das duas operações, mas distinguem-se por atuar, cada um, mais em uma do que em outra. Nossa percepção sensível concentra-se em intuir singularidades e, no interior delas, idiossincrasias; já a razão vincula o particular ao universal, baseada ainda nas características individuais daquele.[256] Síntese e análise se requerem mutuamente, algo que o capítulo seguinte reafirma, para esclarecer, quanto ao problema das

---

[251] Cf. Robert Jütte, *A History of the Senses – From Antiquity to Cyberspace*. Trad. James Lynn. Cambridge (MA), Polity Press, 2005, p. 61.

[252] Ver, neste livro, p. 106.

[253] Mário Ferreira dos Santos, *Filosofia e Cosmovisão*, op. cit., p. 152.

[254] Ver, neste livro, p. 69.

[255] Ver, neste livro, p. 112.

[256] Ver, neste livro, p. 71-72.

CONVITE À FILOSOFIA
350

espécies de conhecimento, que a cognição intuitiva e a discursiva se complementam.[257] Outro problema discutido em "Gnosiologia ou Teoria do Conhecimento", acerca da origem do saber, reverbera tal conciliação. Ao abordá-lo, García Morente destacou haver um conflito insolúvel entre racionalismo e empirismo, e que foi reagindo a esse conflito que a crítica kantiana notara ser preciso estabelecer e delimitar o *a priori*.[258] A via intermediária por que Mário Ferreira dos Santos expressa simpatia é a intelectualista, segundo a qual as intuições sensíveis recebem elas mesmas a interferência de conceitos, os quais, não obstante, são construídos com base em experiências anteriores.[259] Uma alegação como essa foi sustentada em *Filosofia Concreta* como ligeiro reparo à doutrina de Kant.[260] Também Antero, ao ter de se avir com Hegel, postula (neste caso, em confronto direto): "Na ordem dos fatos, não se pode construir *a priori* o que não se conheça já *a posteriori*".[261]

Outros tópicos da problemática epistemológica foram já aludidos nesta síntese do "Convite". Resta mencionar que, para o critério do conhecimento, Mário reserva uma disciplina inteira (a Criteriologia, com pontos de contato com a Metafísica) – por se tratar de um debate cuja solução permanecia em disputa.[262] E, quanto à essência do conhecimento, o autor é pouco explícito sobre a resposta a que adere; as opções contempladas são objetivismo, subjetivismo, realismo, idealismo e fenomenalismo.[263] Todo o percurso do livro, contudo, indica, é claro, um pendor realista, reforçado mais tarde pela indicação de que isso que nos indivíduos é definível *está objetivamente neles*.[264] O posicionamento prepara duplamente os capítulos finais desta primeira parte,

---

[257] Ver, neste livro, p. 77 .

[258] Morente, *Kant*, op. cit., "El problema del origen", p. 31-32.

[259] Ver, neste livro, p. 76. A adesão é explicitada adiante: p. 109.

[260] Mário Ferreira dos Santos, *Filosofia Concreta*, op. cit., p. 171.

[261] Antero, "Tendências gerais", op. cit., pt. II, p. 135, ll. 27-28.

[262] Ver, neste livro, p. 78.

[263] Ver, neste livro, p. 77.

[264] Ver, neste livro, p. 112.

"O tema dos valores" e "As três correntes axiológicas". Primeiro, porque fazer a exposição culminar neste assunto denota um apego a preocupações reais, não satisfeitas pela descrição formal do mundo. O contrário disto corresponderia a um "intelectualismo" – não no sentido adotado por Mário em resposta ao problema da origem da cognição, mas no sentido de uma redução dos conteúdos a fórmulas lógicas ou a conceitos. É este o alvo da crítica de Gusdorf, ainda em seu prefácio aos leitores brasileiros:

> O intelectualismo projeta a realidade humana sobre o plano de ordenamento racional, rechaçando as instâncias arcaicas; mas esta redução do homem à função demonstrativa implica diminuição capital e perversão do ser. De fato, o estágio da articulação lógica não é senão um momento de passagem sobre o caminho que leva das instâncias vitais arcaicas *à consciência dos valores*.[265]

Contornando o equívoco, Mário Ferreira dos Santos dá razão a um grupo de autores que passou a entender a Axiologia – a reflexão sobre o valor – como crucial para o empreendimento filosófico. No Brasil, Miguel Reale defendia ser esse o horizonte de todo pensamento rigoroso, gerador aliás das cosmovisões, a que nosso autor repetidamente recorre. Segundo Reale, a Filosofia

> não ordena os fatos e os compreende segundo este ou aquele setor de fins, mas em sua referibilidade axiológica total, segundo critérios unitários, atendendo à unidade do sujeito e à unidade da "situação do sujeito", em uma totalidade de conexões de sentido. É próprio, pois, da Filosofia este "saber de compreensão total" mercê do qual a realidade é situada em uma cosmovisão fundamental.[266]

Para o jusfilósofo, alguns campos estabelecidos como disciplinas irredutíveis – a Estética, a Ética, a Filosofia Econômica, a Filosofia da Religião, etc. – são, na verdade, manifestações distintas da Axiologia, que variam conforme

---

[265] Gusdorf, *Mito e Metafísica*, op. cit., p. 14, grifo meu.
[266] M. Reale, *Introdução*, op. cit., título I, cap. 3, § 5, p. 36 (ePub).

o tipo de valor que se elege como dominante.[267] Ainda que nem sempre consciente disto (praticando por vezes, assim, Axiologia atenuada), a Filosofia tem desde então concedido maior importância ao assunto do valor. Por exemplo, a introdução, recente, de um famoso divulgador filosófico elege a moral como primeiro dos seus tópicos.[268] O segundo modo como o posicionamento realista de Mário prepara a discussão axiológica final é tornando pertinente a questão, calculadamente densa, sobre o estatuto *ontológico* dos valores. Nosso autor observa que, para um objeto ser o que é, ele depende da forma e das propriedades que tem, mas não da avaliação que fazemos, por exemplo, de seu caráter estético: será porque, surge a pergunta, este valor só existe como projeção do nosso arbítrio?[269]

Suposta no questionamento está a admissão de que os valores atribuídos, e mesmo a escala de importância dos vários tipos de valor, diferem entre as pessoas, as classes e as culturas.[270] Este ponto de partida é irrecusável; igualmente Miguel Reale, depois de ascender o valor a problema filosófico central – e postular que, em certa medida, "a Filosofia é Axiologia" –, reconhece a necessidade de que o pensamento tome em conta a situação histórica, os critérios de inteligibilidade e a natureza mesma daquilo que se valora.[271] Aqui se solicita uma localização ontológica dos valores, e a realiana se oferece como, digamos, um quase-platonismo: sob esta perspectiva, os objetos naturais (tanto físicos como psíquicos), os objetos ideais e, por fim, os valores constituem as classes fundamentais das entidades que há.[272] Na exposição original de Mário, em *Filosofia e Cosmovisão*, três posicionamentos possíveis são listados de maneira neutra – o platônico, o nominalista e o de Max Scheler (que, ciente da base

---

[267] Ibidem, cap. 3, §§ 9, 11, p. 47, 49 (ePub).

[268] André Comte-Sponville, *Invitación a la Filosofía*. Trad. Vicente Gómez Ibáñez. Barcela, Paidós, 2002, p. 19-29.

[269] Ver, neste livro, p. 79.

[270] Ver, neste livro, p. 82-83.

[271] M. Reale, *Introdução*, op. cit., título I, cap. 3, § 6, p. 37 (ePub); § 9, p. 47 (ePub).

[272] Ibidem, título III, cap. 12, § 72, p. 171-73 (ePub).

material requerida pelos valores, tendia entretanto ao nominalismo).[273] A doutrina scheleriana, incontornável para o tema, é também exposta por Reale,[274] e é à guisa de um detalhamento dela que este volume conclui remetendo à *Filosofia Concreta dos Valores*.[275] Quando lista aqui os modelos axiológicos possíveis, contudo, Mário Ferreira dos Santos substitui a menção a Scheler por uma via intermediária, que ele claramente favorece. Trata-se de um realismo moderado, segundo o qual o valor supõe uma base material, mas só pode ser aferido pelo sujeito.[276]

A necessidade de um claro posicionamento axiológico, moral e até mesmo político é reiteradamente indicada no decorrer do *Convite*. O relativismo é reconhecido, com lamento, como a atitude intelectual mais popular na contemporaneidade.[277] As possíveis raízes propriamente filosóficas são, de passagem, apontadas. Uma das críticas feitas por Mário a Kant mira a fragilidade de uma ética cujo fundamento seja alheio ao campo da razão pura.[278] Em contraste a isto, o autor destaca quando uma forma de pensamento resulta numa filosofia social específica – notadamente nos casos de Platão, das escolas socráticas menores e dos *idéologues* franceses.[279] Mais ainda, ele chega a cogitar que a proeminência contemporânea da Axiologia consista numa reação a um estado de coisas determinado, isto é, ao desenfreado ritmo de vida moderno e ao desrespeito pela dignidade humana manifesto nos totalitarismos do século XX.[280] Durante a narrativa histórica, Mário Ferreira dos Santos critica a redução abstrata do humano à classe, à raça ou à nação, praticada tanto "no socialismo

---

[273] Mário Ferreira dos Santos, *Filosofia e Cosmovisão*, op. cit., p. 112.

[274] M. Reale, *Introdução*, op. cit., título III, cap. 13, § 76, p. 183 (ePub).

[275] Ver, neste livro, p. 250.

[276] Ver, neste livro, p. 81-82.

[277] Ver, neste livro, p. 103.

[278] Ver, neste livro, p. 223.

[279] Ver, neste livro, p. 161-62, 166-67, 225.

[280] Ver, neste livro, p. 82.

autoritário" como "nas correntes fascistizantes";[281] objeta a Hobbes o ônus de que a sua doutrina tenha sido determinante para as "concepções estatistas dos séculos XVIII e XIX, e até os nossos dias";[282] e pondera que, contra "todas as doutrinas, crenças e teorias sociais que desejam reduzir o homem a um ser apenas utilizável, a um mero instrumento de trabalho",[283] o humanismo está sendo recuperado (sob as formas do humanismo cristão, do humanismo libertário, do humanismo socialista e do neo-humanismo liberal) em resposta às duas Grandes Guerras.[284]

Como nota Allyson Bruno Viana, o projeto da Coleção Estímulo, em que os *Convites* foram originalmente concebidos, estava, como todo o catálogo da Editora Sagitário, orientado à disseminação dos ideais anarquistas.[285] Parecerá excessivo identificar nesta iniciação filosófica uma agenda de transformação social? Não se lembrarmos, na esteira de situações da Filosofia como a proposta por Alain Badiou, que a revolta é definidora do exercício filosófico, malquista pelo mundo hodierno porque este ingenuamente "crê na gestão e na ordem natural das coisas".[286] Se o francês encaminha esse veio da reflexão

---

[281] Ver, neste livro, p. 157.

[282] Ver, neste livro, p. 210.

[283] Ver, neste livro, p. 203.

[284] Ver, neste livro, p. 202.

[285] Allyson Bruno Viana, *Anarquismo em Papel e Tinta – Imprensa, Edição e Cultura Libertária (1945-1968)*, Tese de Doutorado (História Social), UFC, 2014, p. 239-40.

[286] Alain Badiou, "Situação da Filosofia no mundo contemporâneo". In: *Para uma Nova Teoria do Sujeito – Conferências Brasileiras*. Trad. Emerson Xavier da Silva e Gilda Sodré. Rio de Janeiro, Relume-Dumará, 1994, p. 13. Recorro deliberadamente a um pensador que costuma ser tomado como oposto simétrico às formas de Filosofia indiferentes às condições histórico-sociais. Em suas *Tendências Atuais da Filosofia* (trad. Camilo Prado. Desterro, Edições Nefelibata, 2003), por exemplo, Jean-Yves Béziau – presidente, no triênio 2018-2020, da Academia Brasileira de Filosofia, de cuja cadeira n. 15 Mário Ferreira dos Santos é o patrono – exemplifica a conhecida oposição entre filosofia continental (adequadamente renomeada por ele como filosofia tradicional) e filosofia analítica com, respectivamente, Alain Badiou e Saul Kripke. Sua abordagem é crítica, mas ele ressalta que as duas correntes se opõem a outra irreparavelmente

para um ideal de revolução política, Mário o deixa marcado pela aposta na alternativa cooperacional.[287] O socialismo libertário comparece aqui, quando

---

deletéria, a filosofia de autoajuda. Para o nosso ponto, interessa a observação de que, entre as carências da escola analítica, está o fato de que os seus problemas "não têm nenhuma repercussão sociopolítica", o que a torna "neutra, inodora e inofensiva", sendo este o motivo por que "ela pôde florescer com tanta facilidade" em ambientes ditatoriais (ibidem, p. 45). Também pertinentemente à leitura deste *Convite*, Béziau destaca se dar, entre analíticos, a suposição acrítica de uma separação entre problemas metafísicos, epistemológicos e assim por diante (ibidem, p. 65). Pode ser de interesse historiográfico registrar que Mário Ferreira dos Santos tateia as raízes do cisma. Exatamente sobre duas referências importantes para este volume (e ainda mais frequentemente citadas em *Filosofia e Cosmovisão*), Bertrand Russell proferiu um dos juízos ilustrativos do sarcasmo e do apego à objetividade que fariam o charme da escola anglo-americana – e abririam nela o flanco desvendado por Béziau. Resenhando o *Ensaio sobre a Classificação das Ciências* de Edmond Goblot, depois de acusar diversas incompreensões de teorias científicas e expressar seu espanto à tese de que a Estética e a Lógica têm a Sociologia por solo, ele conclui: "Esta obra parece ter poucos méritos, a não ser pelo reconhecimento incomumente escrupuloso de suas fontes. Na página 43, por exemplo, é dito que conhecimento é poder, e Monsieur Egger é citado como tendo antecipado Monsieur Goblot na descoberta desse aforismo denso e inovador" ("Review of E. Goblot, *Essai sur la Classification des Sciences*". *Mind*, vol. 7, n. 28, outubro de 1898, p. 567-68).

[287] Da recusa do marxismo pelo autor não se segue, é claro, um antimaterialismo ingênuo. Quando se ocupa dos fatores do processo histórico, Mário busca fazer jus à sua defesa da Dialética. Entre as causas para o surgimento da Filosofia, ele identifica – como parte do contato das colônias gregas, na Ásia Menor, com viajantes orientais – "agitações, lutas de classes, gerações de ideias, transformações econômicas, que muitas vezes se processam na história, quando se dá o entrechoque das ideologias condicionadas pelos interesses em luta" (p. 125). Do pertencimento de Cícero à corrente eclética, ele infere a hipótese de que esta escola correspondia ao pendor de unificação animado pela constituição do Império Romano (p. 180). Sobre Francis Bacon, ele sustenta que a História permite compreender sua obra como resultado da intensificação do científico e do experimental, a qual impunha demandas próprias ao século XVII europeu (p. 208). Ao tratar de Berkeley, Mário Ferreira dos Santos observa que seu ceticismo, apesar de refletir uma "época de grande desordem intelectual", é coerente ao "aspecto geral do espírito britânico" (p. 216), assim como Kant será um exemplo da inclinação egotista que marca toda a filosofia alemã (p. 219). Quanto a Kant, de resto, o brasileiro reproduz a crítica nietzschiana ao caráter militarista do imperativo categórico, e à atitude de funcionário prussiano refletida na moral kantiana como um todo (p. 223).

se pretere o pensamento de Hobbes em favor das ideias de Kropotkin;[288] quando Proudhon, louvado pela distância que manteve tanto "do individualismo atomista" como "do socialismo estatal", é alçado a "um dos maiores pensadores da França";[289] quando Stirner é classificado como "uma das personalidades mais fortes e originais que surgiram na Filosofia";[290] e, de modo sutil, quando o kantismo é apresentado por intermédio do comentário do teórico comunista Chaim Zhitlowsky. Toda menção é significativa: o autor encara o anarquismo não só como orientação política, mas como movimento filosófico.

Por isso mesmo, a inquirição filosófica nunca é sacrificada em prol da causa de que Mário Ferreira dos Santos foi ativista.[291] Um acerto político não redime um engano teórico: sobre a antiga escola cínica, o autor ressalta que sua atitude anti-Estado (formalmente, sabemos, idêntica à dele próprio) baseava-se num nominalismo metafísico (contra o qual ele argumenta).[292] Inversamente, os equívocos políticos fundam-se em impropriedades intelectuais. O confrade de língua e de militância Antero já notara que a imposição, à história, de um estágio inultrapassável contradiz uma das noções constitutivas da ontologia moderna – a de desenvolvimento, segundo a qual o ser tem por essência

---

Conforme revela a *Análise Dialética do Marxismo*, nosso autor rejeita as ideias de Marx por elas serem *insuficientemente* dialéticas; aqui no *Convite*, destaca-se um engano, em específico, derivado daí: é que a doutrina marxista tacitamente supõe serem idênticos o idealismo e a Metafísica (p. 241). Todo o esforço de Mário consiste em preservar a Metafísica abdicando de reducionismos como esse.

[288] Ver, neste livro, p. 210.

[289] Ver, neste livro, p. 234.

[290] Ver, neste livro, p. 235.

[291] Na verdade, como observou Rodrigo Petronio, a atenção de Mário Ferreira dos Santos à problemática social é requerida pelo seu entendimento da Filosofia: "esvaziar a atividade filosófica de sua raiz social seria inviabilizar a própria demanda de concreção do pensamento. Separar Filosofia e cultura seria negar à Filosofia a sua condição essencial de cosmovisão. Separar a Filosofia de sua forma social e de sua temporalidade seria negar à Filosofia a capacidade de concreção, ou seja, inviabilizar a sua própria constituição como Filosofia" ("Filosofia como cosmovisão", op. cit., p. 278-79).

[292] Ver, neste livro, p. 162.

autoafirmar-se, portanto nunca deixar de se expandir e de se realizar.[293] Mário vai além, tachando a própria crença no progresso de "um dos grandes mitos do século XIX, e também do século XX"; ela resulta, observa ele, da apropriação naturalista e positivista da teoria de Darwin, que reduz o processo evolutivo a um funcionamento mecânico.[294]

Também na filigrana da provocação política o brasileiro faz valer a sua tese, isto é, que o abandono da organicidade pela Filosofia a fez curvar-se, sob o manto do materialismo esclarecido, a um absoluto que não é mais do que mítico. Confirma-se, no percurso do *Convite*, o recado pretendido pelo seu remetente. Mas, se de novo as sutilezas nos convocam, desçamos afinal a seu encontro.

(5) Entrelinhas

No pensador trazido à superfície dessa primeira, sistemática, apresentação da Filosofia – Hegel –, Mário Ferreira dos Santos identifica, conforme vimos, uma doutrina classificável como real-idealista. Seguindo a praxe, ele divide os sucessores do alemão em uma *esquerda* hegeliana, que atualiza o aspecto realista do seu sistema, e uma *direita* hegeliana, que intensifica as suas características idealistas.[295] Entre os nomes do primeiro grupo, ele inclui o já citado Stirner, cujo individualismo anarquista se toma o cuidado de dissociar do egoísmo utilitarista.[296] Com esta figura, a que se dedicam generosos quatro parágrafos, o autor conclui todo o capítulo ocupado com a filosofia moderna. Escapando à bipolaridade, evocam-se hegelianos célebres, como o também já enfatizado Cousin e, destaquemos agora, Eduard Zeller.[297] Este importan-

---

[293] Antero, "Tendências gerais", op. cit., pt. I, p. 125, ll. 17-22.
[294] Ver, neste livro, p. 239.
[295] Ver, neste livro, p. 233.
[296] Ver, neste livro, p. 235.
[297] Ver, neste livro, p. 233.

te filósofo e teólogo iniciava os estudos no Seminário de Tübingen, em 1831, enquanto Hegel proferia seus últimos cursos em Berlim. Sendo discípulo de alunos diretos deste, ele veio a se tornar, embora não integrante, um destacado interlocutor da direita hegeliana. E, inaugurando a trilha que seria desbravada por outros alemães (como Natorp), produziu, ao lado de contribuições para o pensamento moderno, um rico e rigoroso comentário à filosofia antiga.

Um ponto da sua interpretação de Aristóteles, hoje amplamente contestado mas que obteve influência, aparece neste livro. Mário faz menção a uma doutrina aristotélica da matéria prima ("originária", "com absoluta privação de qualquer forma")[298] – tida pela quase totalidade da atual literatura especializada como espúria. Ocorre que a atribuição desse conceito a Aristóteles, por Zeller,[299] só veio a ser claramente refutada em 1970, no apêndice que William Charlton inseriu em sua tradução comentada dos primeiros livros da *Física*, "Acreditava Aristóteles na matéria prima?".[300] A quem hoje lê as considerações de Mário Ferreira dos Santos, importa atentar à ousadia teórica com que ele mobiliza a noção. O autor a situa num dos "polos do processo universal do desenvolvimento", dos quais o outro equivale à forma pura que é Deus: *causa final*, ele diz, de todas as coisas.[301] Sob este ordenamento cósmico, é possível atenuar, na caracterização da matéria, o aspecto de resistência que lhe atribuíra Platão;[302] para Mário, está em tensão com esse traço a teleologia de Aristóteles, que torna a matéria *propensa* a dadas realizações, portanto "potência" em sentido não só negativo.[303]

---

[298] Ver, neste livro, p. 169.

[299] Eduard Zeller, *Aristotle and the Earlier Peripatetics*, vol. 1. Trad. B. F. C. Costelloe e J. H. Muirhead. London, Longmans, Green & Co., 1897, p. 340-51, esp. 342 ss.

[300] William Charlton, *Aristotle – Physics: Books I and II*. Clarendon Aristotle Series, eds. J. L. Ackrill e Lindsay Judson. New York, Oxford University Press, p. 129-45.

[301] Ver, neste livro, p. 170.

[302] Ver, neste livro, p. 169-70.

[303] A ênfase com que o autor sustenta esse entendimento o leva a, noutra parte, estabilizar os sentidos de *energeia* e *entelekheia*, os dois termos gregos que (em oposição à *dynamis*,

Num anacronismo deliberado de fazer lembrar o nosso autor, Ernst Bloch se inspira na história do hegelianismo para sugerir o rótulo "esquerda aristotélica", que agruparia filósofos – como Avicena e Giordano Bruno – que infundiram na matéria pensada por Aristóteles uma conotação positiva e dinâmica.[304] Ora, Mário Ferreira dos Santos propõe encararmos o substrato material dos entes como uma "aspiração ou esforço"; "potência que, por si mesma, tende para a realização de um fim"; "espontaneidade de realização" da enteléquia; aquilo que "se realiza" no ato.[305] Certamente não se trata de entender a matéria como uma força originalmente ativa: como é dito antes, essa foi uma transformação tardiamente imposta por Leibniz à ideia clássica de potência.[306] No mesmo trecho, todavia, se observa que o papel dependente e subordinado da potência figura no pensamento aristotélico não mais do que "predominantemente", e que já em Aristóteles essa noção implica que as coisas, além do que são, *consistem naquilo que "podem ser"*.[307] De fato, a impressão de um acento vagamente ativo sobre a ideia de potência é um dado reincidente na obra

---

potência) denotam a atualidade. Como se sabe, este polo é submetido por Aristóteles a uma gradação: há uma primeira e uma segunda atualidades, tais que a primeira é ainda uma potência para a segunda. Mário Ferreira dos Santos identifica esta última à *entelekheia* (termo que sugere o cumprimento de um fim ou *telos*), e aquela outra à *energeia* (expressão que indica o desempenho de um trabalho ou *ergon*) (ver, neste livro, p. 90). O que o filósofo deseja assegurar, suponho, é que o ato como realização de um *telos* consiste na plenitude em relação à qual o ato como exercício de um *ergon* é apenas um estágio. Vale registrar que a interpretação inversa – em que a atualidade teleológica, *entelekheia*, seja preparatória para a atualidade funcional, *energeia* – é igualmente possível, e aliás sugerida pelo vocabulário do *De Anima*: ver e.g. Thomas Kjeller Johansen, *The Powers of Aristotle's Soul*. Oxford Aristotle Studies, eds. Julia Annas e Lindsay Judson. Oxford, Oxford University Press, 2012, p. 23, 28n38, 50, 117.

[304] Ernst Bloch, *Avicenna and the Aristotelian Left*. Trad. Loren Goldman e Peter Thompson. New Directions in Critical Theory, ed. Amy Allen. New York, Columbia University Press, 2019. A edição alemã data de 1963.

[305] Ver, neste livro, p. 169-70.

[306] Ver, neste livro, p. 91.

[307] Ver, neste livro, p. 90-91.

ferreiriana. Em *Aristóteles e as Mutações*, tradução comentada de *Da Geração e da Corrupção*, Mário afirma, quanto aos conceitos de potência e enteléquia:

> Não há [...] uma distinção absoluta que os separe totalmente, porque o ato, nas coisas corpóreas, que são o objeto da Física, é a potência realizada, e *a potência é o ato a vir, ou seja, o ato a realizar-se que se efetiva no que já está em ato, mas que não atualizou todas as suas possibilidades.*[308]

E a caracterização se mantém consistente, chegando a ser dito, com base num exemplo de Aristóteles, que a potência pode ser "mais intensa" em certas partes de um corpo do que em outras.[309] Face a isto, o parentesco de nosso autor com a esquerda aristotélica pode parecer íntimo. Se se aceita, com Bloch, que esta linhagem, a princípio subterrânea, se tornou determinante para a formação do pensamento moderno, atribui-se densidade histórica a uma descrição como a de Antero – de acordo com a qual a modernidade compreende o inteiro universo "como o grande ser autônomo e eternamente ativo", e, mais ainda, como portador de uma "inesgotável virtualidade".[310] Lembremos, entretanto: a tendência dinâmica na interpretação da matéria aristotélica por Mário é implicada pelo duplo movimento de postular, como Zeller, uma matéria pura originária e, de outro lado, contrapô-la a um ato puro que opera como causa final. Sob este ponto de vista, o único ser autônomo, eterno e originalmente ativo é a divindade à qual o mundo, como a seu alvo, se atrai.

Ao compreender o Deus aristotélico como uma finalidade, o filósofo brasileiro diverge de leituras tradicionais, destacadamente a tomista, em que o primeiro motor causa o cosmos apenas *eficientemente*, isto é, como produtor de seu movimento. De fato, a única doutrina mencionada por Mário Ferreira

---

[308] Mário Ferreira dos Santos, *Aristóteles e as Mutações*. São Paulo, Logos, 1955, seção I-23, § II *ad GC* I 9 326b31-327a1, p. 146, grifo meu.

[309] Ibidem, p. 147.

[310] Antero, "Tendências gerais", op. cit., pt. I, p. 125, ll. 25-28; ver também pt. II, p. 144, ll. 22-28.

dos Santos como afim a uma causação eficiente entre Deus e os processos de mudança é a de Malebranche, a que ele imputa, segundo parece, uma premissa errônea: o francês teria julgado que a cada alteração no mundo precede uma intervenção divina porque, ao mesmo tempo que notou ser o extensivo incapaz de modificar-se por si próprio, assumiu que o que pertence à coisa pensante só é explicado por remissão a causas corporais.[311] Fica, assim, a sugestão de que Mário tanto vê nisso uma dissociação abstracionista entre extensão e intensão como, em sua tentativa de evitá-la, assegura para o intensivo uma efetividade própria. Noutros termos, e repondo em foco a postulação de uma matéria prima, o que o autor quer sustentar (nisto, aliás, reconciliando-se ao aristotelismo escolástico) é um ordenamento *hierárquico* da realidade, constituído de distinções. Tanto é assim que ele censura a filosofia medieval árabe – num sentido amplo que inclui o persa Avicena, principal nome do argumento de Bloch – por "fazer desaparecer o dualismo de Aristóteles e encher o abismo que separa a energia pura, Deus, da matéria primária".[312]

É fundamental à Dialética tal como concebida por Mário o fato de cada passagem da potência ao ato requerer, além da virtualidade contida no estado potencial, condições externas (e atuais) que cooperem para a sua efetivação.[313] Assim, são igualmente importantes para o filósofo a imanência, às coisas, de uma finalidade elevada e a transcendência, a elas, do princípio que as conduz a tal fim. Na modernidade anteriana (dependente, à luz do brasileiro, de uma ideia de desenvolvimento caudatária do mito do progresso), apenas o primeiro termo é contemplado: o português reconhece, mas ainda como propriedade do universo, uma espiral que se eleva da matéria bruta com suas forças mecânicas, atravessa os instintos, a inteligência, a razão, os sentimentos, e chega até

---

[311] Ver, neste livro, p. 212.

[312] Ver, neste livro, p. 194.

[313] Cf. Mário Ferreira dos Santos, *Análise Dialética do Marxismo*. Coleção Logos, vol. 4. São Paulo, É Realizações Editora, 2018, p. 196-97.

CONVITE À FILOSOFIA

362

a excelência moral e a plenitude mística, vividas por sábios e santos.[314] Em dois dos filósofos tidos por Antero como "profetas" da modernidade – Nicolau de Cusa e Giordano Bruno,[315] este último também destacado por Bloch –, Mário Ferreira dos Santos vê a confluência infeliz de ideias ontoteológicas que têm por produto exatamente esse quadro. O juízo ratifica seu ponto: conquanto exalte Nicolau e caracterize Bruno como "grande figura", nosso autor lamenta que a junção da teologia da coincidência dos opostos às teses da infinitude do universo e da penetração total de Deus no mundo resulte numa imanência tal que o infinito ato e a infinita potência se tornam idênticos.[316]

Com efeito, o significado da ontologia moderna consiste, segundo Antero, em tornar a unidade algo intrínseco à diversidade, enquanto os antigos fundavam a unidade num ponto externo ao mundo.[317] Mário quer reabilitar este tipo de fundamentação: quando resgata Cabanis (como vimos) do reducionismo antimetafísico que habitualmente se lhe atribui, ele o classifica, apoiado no *Dicionário* de Adolphe Franck, entre os fisiologistas que não são "estritamente materialistas", tampouco "vitalistas", mas *acrescentam* aos fenômenos físicos algo como uma "alma, *arquê*, princípio vital".[318] Novamente, a peculiaridade da posição de Mário Ferreira dos Santos é captável no modo de reelaborar um tema clássico. Ao lidar com a pergunta sobre o que distingue cada ente como a individualidade que ele é (e, o texto estipula, todas as coisas que existem são entidades singulares), Mário sustenta a noção de uma diferença absoluta,[319] vale dizer, de um conjunto de traços irrepetíveis, que seja em sentido forte peculiar ao indivíduo. O tópico corresponde à procura pelo que tradicionalmente se chama princípio de individuação, e a proposta do autor equivale a

---

[314] Antero, "Tendências gerais", op. cit., pt. I, p. 125, ll. 30-38 (ver também pt. III, p. 161, l. 27-l. 10; p. 163, l. 39-p. 167, l. 13).

[315] Ver ibidem, pt. I, p. 123, ll. 12-16.

[316] Ver, neste livro, p. 204-05.

[317] Antero, "Tendências gerais", op. cit., pt. I, p. 122, ll. 1-3.

[318] Ver, neste livro, p. 227.

[319] Ver, neste livro, p. 112-13.

entendê-lo em termos de uma diferença particularíssima. Na discussão contemporânea, esta via aparece como alternativa às ideias de individuação pelo *tipo* de material que constitui a substância[320] ou pela *porção* determinada de matéria que subjaz à sua existência[321] – habitualmente preservando destas, contudo, o postulado da individuação pela materialidade: neste caso, pelos *acidentes* com que o objeto é marcado na história contingente do seu desenvolvimento.[322] O filósofo brasileiro, ao contrário, é explícito em caracterizar seu princípio individuante como intensivo, subjetivo ou formal:[323] o que se tem em vista é, no limite, o princípio imaterial defendido pelos antigos; é, no caso dos seres vivos, nada menos que a alma.

Por mais inusitada que nos pareça a identificação, ela encontrou lugar na leitura neoplatônica de Aristóteles, notadamente em Plotino, e foi possibilitada, segundo alguns,[324] já pela maleabilidade da formulação aristotélica do problema. O que é mais interessante, Mário a recupera com o intuito de empregá-la na resposta aos desafios do seu tempo. Em sua consideração crítica sobre a fenomenologia, o autor observa que, quando ela – seguindo, como agora podemos ver, o aristotelismo prevalecente – toma as formas como não individuáveis (o que faz dos objetos ideais, que são as essências, irredutivelmente

---

[320] Proposta em Jan Łukasiewicz, "I". In: Jan Łukasiewicz, G. E. M. Anscombe e Karl Popper, "Symposium: The principle of individuation". *Proceedings of the Aristotelian Society: Supplementary Volumes*, vol. 27 (Berkeley and Modern Problems), 1953, p. 69-82.

[321] Sugerida por G. E. M. Anscombe em "II". In: Łukasiewicz, Anscombe e Popper, "Symposium", op. cit., p. 83-96.

[322] Como sustentado por Richard Rorty, "Matter as goo". *Synthese*, vol. 28, n. 1, 1974, p. 71-77 e Deborah K. W. Modrak, "Forms, types, and tokens in Aristotle's *Metaphysics*". *Journal of the History of Philosophy*, vol. 17, n. 4, 1979, p. 371-81.

[323] Ver, neste livro, p. 112-13.

[324] Ver e.g. Harold Cherniss, *Aristotle's Criticism of Plato and the Academy*, vol. 1. Baltimore, The Johns Hopkins Press, 1944, p. 508-12; David M. Balme, "Appendix 1: Note on the *aporia* in *Metaphysics* Z". In: Allan Gotthelf e James G. Lennox (eds.), *Philosophical Issues in Aristotle's Biology*. Cambridge, Cambridge University Press, 1987, p. 305.

espécies), estas terminam opostas ao "ser real", cabendo *apenas* a este a tempo-ralidade, o situar-se no "aqui e agora".[325] Chega-se assim, sentencia o *Convite*, a uma metafísica mais idealista do que a de Berkeley, vacilante entre um idealismo kantiano e um anti-intelectualismo empirista.[326] Para Mário Ferreira dos Santos, a existência real dos entes não se separa de sua idealidade; sua participação no extensivo e sua individuação intensiva co-ocorrem; sua identidade essencial não é alheia à sua distensão no tempo. Ele advoga uma consideração tanto essencial como existencial sobre as coisas, uma abordagem que seja também ôntica (não só ontológica, como a heideggeriana, nem só essencialista, como a husserliana).[327] Fica proposto como uma antinomia a ser reconhecida pela razão o fato de que as coisas existem simultaneamente como participantes do ser, que é a absoluta semelhança, e como entes singulares, cada um dos quais é absoluta diferença.[328]

Que os traços próprios ao intensivo redundem na noção de alma, e inversamente esta necessite abarcá-los, parece ser verificado pelo autor também em momentos-chave da história da Filosofia. Afirma ele, em *Filosofia e Cosmovisão*, que "Descartes deixa confusamente colocada em sua ideia de alma a noção de intensidade".[329] Confusamente, entendo, porquanto abstraída de seu complemento natural, a extensidade – como continuaria a ser suposto, segundo vimos, por Malebranche. Se Mário integra suas teorias da mutação e da individuação ao que compreende ser uma visão aristotélica do "processo universal do desenvolvimento", isto se deve a que ele a julgue apta a sustentar a evocada antinomia, entre o absolutamente semelhante e o absolutamente distinto: a investigar o ser de que tomamos parte sem lhe tornar estranho aquilo

---

[325] Ver, neste livro, p. 248. É com base nisso, parece, que o autor propõe como sinônimo à *epokhé* fenomenológica (isto é, ao ato de pôr as vivências entre parênteses) o vocábulo "abstração": ver, neste livro, p. 249.

[326] Ver, neste livro, p. 250.

[327] Ibidem.

[328] Ver, neste livro, p. 113.

[329] Mário Ferreira dos Santos, *Filosofia e Cosmovisão*, op. cit., p. 170.

que nos particulariza. A dissociação que assim se afasta é vista pelo brasileiro não só na fenomenologia como, incipientemente, em Platão. O que ele louva em Aristóteles é a recuperação da atitude socrática de empreender a Filosofia como esforço de "compreensão da vida universal" (em consideração, vale dizer, a todos os seus âmbitos, o cosmológico, o antropológico, etc.) – à diferença do procedimento platônico, que, por tornar o Bem soberano entre as Ideias e a seguir situá-lo fora da vida,[330] restringiu a Filosofia à prática de uma "preparação mística para a morte".[331]

Tem o seu interesse o fato de que o *Convite* de Mário Ferreira dos Santos é contemporâneo à elaboração da famosa série de Eric Voegelin *Ordem e História*. Nela se estabelece a tarefa de reconstituir o curso do pensamento humano à luz da noção, de matiz platônico, da Verdade como o Bem, cujo acesso é circunscrito a sua vivência pela alma. O terceiro volume, datado de 1957, traduz os paradoxos da filosofia aristotélica em termos da discrepância entre a temporalidade do espírito humano e a eternidade daquilo cujo conhecimento é almejado por ele.[332] A Mário, como se acaba de ver, importa sustentar que entre a alma e o que há para ser conhecido não vige cisão intransponível; ela e o mundo são vetores opostos, mas contíguos, de uma mesma realidade. Um propósito como o que assim se autoriza, dum saber que aspire à "compreensão universal", aparece como avesso à abertura para a sabedoria do espírito, para experiências anímicas irredutíveis ao que o intelecto apreende. Está aí, de novo, o alvo das objeções de Gusdorf: certo intelectualismo que, invertendo a inteligência mítica, promove uma "redução do ser no mundo à consciência científica", nutrindo a ilusão de equilibrar o universo sobre o frágil espírito humano.[333] Onde este erro seria possível é

---

[330] Ver, neste livro, p. 177.

[331] Ver, neste livro, p. 168.

[332] Eric Voegelin, *Platão e Aristóteles*. Ordem e História, vol. 3. Trad. Cecília Camargo Bartalotti. 3. ed. São Paulo, Loyola, 2015, Parte 2. Cf. esp. p. 420.

[333] Gusdorf, *Mito e Metafísica*, op. cit., p. 176, 179.

que brilha o insight de nosso autor: à singularização intensiva corresponde a homogeneidade extensiva *porque* à virtualidade da potência acrescem
condições exteriores, à matéria primária se contrapõe o puro ato, ao *cogito*
antecede a veracidade do "algo há".

Descartes, que improvisadamente incluiu na ideia de alma traços de intensidade, sofre neste livro restrições ainda mais severas do que outras feitas antes. Em *Filosofia e Cosmovisão*, é ele quem exemplifica a filosofia do
incondicionado; no presente livro, o texto é reproduzido eliminando-se tal
menção.[334] Sob certo aspecto, o autor das *Meditações* é radical, observam
alguns,[335] em tornar suposta pelas ideias e ações geráveis na alma humana a
existência de uma divindade infinita. A relevância deste passo é reconhecida,
decerto, por Mário, em cujo *Convite à Estética* se lê que a ideia do eterno está
pressuposta na ideia do temporal.[336] Mas *Filosofia e Cosmovisão* ressalva que,
embora o incondicionado cartesiano seja transcendente, seu ponto arquimédico é, como sabemos, a razão humana.[337] Aqui no *Convite*, vê-se maior
implicação nisso que fora ressalvado: o que passa a ficar sugerido é que o
incondicionado ele próprio consiste, para Descartes, no *cogito* e não no Ser
Absoluto.[338] Se se destaca a primariedade que as *Meditações* dão ao infinito,
pode-se julgar que, por meio da basicalidade do "eu penso", o que elas alme-
jam estabelecer é, em última instância, a basicalidade de Deus.[339] Desde o
princípio, no entanto, a única inferência consistente que Mário Ferreira dos

---

[334] Ver, neste livro, p. 97-98; cf. com *Filosofia e Cosmovisão*, op. cit., p. 133.

[335] Destacadamente, Wolfhart Pannenberg, *Teologia Sistemática*. Trad. Ilson Kayser e
Werner Fuchs. Santo André / São Paulo, Academia Cristã / Paulus, 2009, vol. 1, p. 127-
31, 136, 141, 158, 168-69, 202, 471, 473-76, 481; vol. 2, p. 144n232, 229n425.

[336] Mário Ferreira dos Santos, *Convite à Estética*, op. cit., p. 100, § 5.

[337] Idem, *Filosofia e Cosmovisão*, op. cit., p. 136-37.

[338] Ver, neste livro, p. 211.

[339] Assim Pannenberg, *Teologia Sistemática*, op. cit., vol. 1, p. 475; vol. 3, p. 231-32 – que
observa, contudo, daí se seguir uma perda de objetividade na ideia do divino, a qual
deixa de se refletir no cosmos para fundamentar-se antropologicamente: ibidem, vol. 1,
p. 137-38, 477, 532.

Santos admite no cartesianismo é que até para negar o pensamento o que indubitavelmente se requer é a colocação de uma ideia, portanto (de fato não há como escapar) um *pensamento*[340] – daí, talvez, sua oficialização, aqui, no papel de incondicionado cartesiano.

A promoção concedida ao *cogito*, internamente à filosofia de Descartes, na passagem de *Filosofia e Cosmovisão* até *Convite à Filosofia* (nomeadamente, de simples ponto arquimédico a próprio incondicionado), condiz à natureza da intervenção pretendida por Mário Ferreira dos Santos no exame da *forma mentis* moderna. É um status tão elevado quanto o visto por este livro o que Antero confere à premissa cartesiana, a saber: o que ela declara autônomo e uno, mais do que o "eu penso" singular, é um "princípio pensante" genérico,[341] tal que nós só compreendemos, só admitimos existente, o que se subordine a ele. Nos termos do poeta-filósofo, "[p]ensar sobre o mundo é já supor nele alguma coisa de fundamentalmente análogo aos princípios da razão, é supô-lo racional".[342] Esse novo estado de coisas recebeu sua modelar apropriação ceticista pelo Hume dos *Diálogos* – segundo vimos, mimetizado por *Filosofias da Afirmação e da Negação*, contraposto por *Teses da Existência e da Inexistência de Deus* e influente sobre o enciclopedista com cujo nome Mário assina tanto este último título como o anúncio do presente volume, Charles Duclos. Sugere o britânico, novamente pela personagem Filo, que todo "princípio de ordenação" é produto do pensamento, já que é deste a prerrogativa de instituir unidades;[343] de outro lado, como ação mental, e materialmente examinado, o pensamento não passa duma "diminuta agitação do cérebro";[344] resta admitir que o que faz as coisas chegarem a ser como são é um princípio ordenador anônimo,

---

[340] Mário Ferreira dos Santos, *Filosofia e Cosmovisão*, op. cit., p. 143.

[341] Antero, "Tendências gerais", op. cit., pt. I, p. 123, ll. 7-10.

[342] Ibidem, pt. III, p. 156, ll. 32-34.

[343] Hume, *Diálogos*, op. cit., p. 36.

[344] Ibidem, p. 38.

"originário e inerente", quanto ao qual "é indiferente" se se encontra mesmo no pensamento ou na matéria bruta.[345]

Junto com a reação kantiana ao ceticismo de Hume, deu-se um desdobramento da proposta, por Descartes, de um ilimitado "princípio pensante". Relembra Antero que Fichte, Schelling e Hegel derivaram da leitura de Kant a descoberta – que se consolidaria quase como um dogma moderno[346] – de que o *cogito* resulta na identificação do saber ao ser.[347] O autor português acrescenta que esta implicação transforma o universo em algo que, "análogo no fundo ao espírito", é e se ordena por obra de ideias *que lhe são intrínsecas*.[348] Ser humano e mundo aparecem, assim, conectados como que *por suas subjetividades*; o modo como interiormente nos pomos requer-se homólogo ao meio de autorrealização do cosmos: "pensar é afirmar a *racionalidade* do universo".[349] Esta comensurabilidade entre quem pensa e o que é pensado, a via que faz acessível ao humano o mundo concreto, é aquilo sem o quê a razão nada assimilaria. A transitividade da mente ao que é por ela visado não se prova, pois não se refuta. Nos termos anterianos, a identidade última entre sujeito e objeto, embora uma mera premissa, é inescapável; é ela o que faz da realidade realidade, pois é o que torna o real pensável; trata-se do fato irredutível, primordial – dialeticamente indemonstrável mas suposto pelas demais certezas, já que espontaneamente percebido pela consciência como evidente.[350]

Por isso é que (quando, para não exagerar na etiqueta da Filosofia como algo a que se convida, rapidamente folheamos o que significa hoje filosofar com o martelo) vimos ser postulável pelo nietzschianismo atual que o crepúsculo dos mitos consiste em que todo pensamento exato cria uma nova realidade. Logo

---

[345] Ibidem, p. 88.
[346] Antero, "Tendências gerais", op. cit., pt. II, p. 141, ll. 35-36.
[347] Ibidem, pt. I, p. 127, ll. 20-28; pt. III, p. 156, ll. 5-8.
[348] Ibidem, pt. I, p. 123, l. 11–p. 124, l. 14.
[349] Ibidem, pt. III, p. 156, l. 10, grifo no original.
[350] Ibidem, pt. III, p. 156, l. 34 - l. 4.

após esta síntese, Sloterdijk destaca a agudeza de Fichte, segundo quem aquilo que pensa é, em mim, um elemento indefinido, anônimo, que me usa como seu olho – e que o contemporâneo de Hegel identifica a Deus, assim revelado como "a vontade de conteúdo, a vontade de não esterilidade, a vontade de não-esgotamento-na-autorreferência-vazia, em suma, a vontade de mundo".[351] Passadas tantas comparações, podemos vislumbrar por que, para Mário, afeito ao real e verdadeiramente exato é o pensamento tenso; por que motivos, não só geográficos, seu crepúsculo cai em outro lugar. O filósofo brasileiro aceita a exigência de que as esferas da mente, da vida e da cultura não se suponham irredutíveis, tampouco fundantes, mas acusa a parcialidade que há em tomar por elemento criador básico – que nos perpassa e ao mundo, pondo-nos nele e fixando-o no real – um princípio pensante genérico. Nós, seres pensantes, estamos expostos à vertigem da autorreferência, da esterilidade, do não-conteúdo, devido exatamente à presunção tautológica de que o mundo pensa porque eu o conheço e eu o conheço porque ele pensa. Temos carência de mundo porque decidimos ligar-nos a ele pela via da subjetividade apenas. Não é este o drama humano, mas somente, nosso autor sugere, o drama moderno.

Na síntese que o *Convite* faz da filosofia de Fichte, ele é reconhecido como tendo superado o dogmatismo alvejado por Kant, mas se restringido a um posicionamento idealista; para conectar o Eu ao não-Eu, ele descreve a consciência como efeito do Absoluto, o qual a constitui manifestando-se sob a forma de pensamento.[352] Se, como Antero,[353] Mário detectou aí uma consequência da operação intelectual de Descartes, o que ele encontrou foi uma demonstração de que o que é posto como ponto arquimédico mais cedo ou mais tarde se impõe como incondicionado. O *cogito* tomado como princípio pensante assume a seu tempo o cargo de Absoluto; afinal, desde sempre seu sentido último

---

[351] Sloterdijk, "Crepúsculo dos deuses", op. cit., p. 21.
[352] Ver, neste livro, p. 230-31.
[353] E também Pannenberg: ver *Teologia Sistemática*, op. cit., vol. 2, p. 151.

consistiu em tornar idênticos o ser e o pensar. Igualmente a filosofia concreta se sujeita a essa dinâmica, é claro, e talvez Mário Ferreira dos Santos não o tenha ignorado – sendo isso o que o motiva a destacar as implicações recíprocas de Gnosiologia e Ontologia sem abandonar, como um ontognosiólogo kantiano, a análise cosmovisional das teorias do incondicionado. Tal qual o "eu penso" como ponto arquimédico acaba por identificar o pensar ao ser (e por tornar incondicionado o pensamento), o "há algo" como ponto arquimédico resulta na identificação do ser ao haver (e em postular como incondicionado aquilo que absolutamente há, o Ser Infinito). Nosso autor parece atento à história dessas implicações, e satisfeito por seu sistema lograr um vínculo mais estreito entre sua tese fundante e aquilo a que até outros sistemas têm de apelar como garantidor da verdade. Este livro destaca como a filosofia moderna mais de uma vez recorreu a Deus como fundamento ontológico *ad hoc*: Berkeley o evoca por garantia da existência do mundo externo e, repetindo Leibniz e Malebranche, por fonte até mesmo do conhecimento perceptivo.[354]

Ferreirianamente considerado, o Ser Absoluto não só protege da ilusão o eu que pensa e o causa formalmente, mas é a razão suficiente de que alguma coisa haja. Em estrutura, o argumento do brasileiro assente ao famoso texto de Xavier Zubiri, último expoente da Escola de Madri que nos faltava destacar, "En torno al problema de Dios": além de "lançada" no mundo (razão pela qual devemos estar abertos às coisas), a existência está "religada" àquilo que a implanta, que a obriga a ser (e cuja constatação é a descoberta da deidade).[355] A semelhança era previsível, dado ser esta a teologia filosófica possibilitada pela vertente do pensamento atual – de revisita às próprias coisas e recuperação da pergunta pelo ser – a que vimos ter sido próxima a reflexão de Mário

---

[354] Ver, neste livro, p. 216.

[355] Xavier Zubiri, *Natureza, História, Deus*. Trad. Carlos Nougué. Coleção Filosofia Atual. São Paulo, É Realizações Editora, 2010, p. 403-42. A edição argentina do livro, publicada em 1948 pela Editorial Poblet, consta dos registros da biblioteca pessoal de Mário.

Ferreira dos Santos. O que ambas buscam superar é a identificação do ser ao pensamento, por efeito da qual a realidade reduz-se a epifenômeno do princípio pensante. Este, tido em plenitude, foi erguido a divindade, mas era irreal, dado não se efetivar senão como o universo do qual é a mente, nada podendo ser além de inteligibilidade das coisas já existentes. Tomado o mundo fora de sua idealidade, visto o cosmos aquém das leis que lhe dão razoabilidade, transpassadas as coisas até a dureza de sua inconsciência, o todo se cala; o divino que o animava revela-se nada. Antero deu vazão a essa teologia latente:

> Este ser, que está todo em cada um dos seus atos, cuja essência se substitui ao universo e cuja atividade não reconhece outros limites senão as leis da sua própria natureza, realiza por certo o ideal de ser livre. É por isso também que é um ser só ideal. Deus, se Deus fosse possível, seria esse ser absolutamente livre. Mas, por isso que não é *real*, é que é *verdadeiro*. Ele é o tipo da plenitude do ser, tipo de que a nossa liberdade moral, aquela que com tamanhos esforços conseguimos realizar, é só vaga imagem, longínqua semelhança. Esse ideal da nossa essência, esse *eu* do nosso *eu*, último e mais profundo, é o centro de atração de toda a vida espiritual: é na união com ele que nos sentimos livres, livres na medida exata dessa união. Segredo mais íntimo do ser, mas tão sepulto na inconsciência das coisas, não o descobre o mundo: revela-o a consciência e é a razão o seu intérprete soberano. Só pela razão *somos* verdadeiramente.[356]

Propõem Mário e Zubiri: antes que pensados pelo cosmos, somos nele implantados, e tudo que está aí lançado sustenta-se sobre essa conexão. Em vez de expressões do princípio pensante, as coisas (inseparavelmente ideais e reais, como Hegel ensinou) são fatos, e estes resultam de causas. É verdade que eles são múltiplos, extrapolam o alcance da inteligibilidade; o caos silencioso que o desnudamento do mundo revela é real. Por isso mesmo, o pensamento não esgota o sentido de ser. Em nenhum fato, menos ainda na

---

[356] Antero, "Tendências gerais", op. cit., pt. III, p. 160, l. 30-l. 3, grifos no original.

razão, está o fundamento das coisas – mas a perfeição do *haver* de que somos parte a tudo transcende, e é ela o que torna os fatos atualizáveis. Deparamo--nos aqui com um ponto determinante. De certa maneira, a alusão zubiriana ao que *nos obriga* a ser é simétrica à descrição anteriana daquilo, puramente ideal, que existe por suas próprias leis, sendo absolutamente livre, *não obrigado* a ser. Este Deus racionalista só podia coincidir à essência irreal do todo, já que se definiu o sentido de ser como o ato de efetivar uma *lei* racional. Está suposto de partida que a condição do pensamento seja um princípio cuja *natureza* é pensar, uma subjetividade cujo avesso é nada. É ela o que permanece quando as coisas se despem da razão, mas nada subsistiria ao desvelamento dela própria. Sob esta teologia, endossada por Antero e contradita por Zubiri, o impensável não existe, portanto *não há sentido* em postular algo que exceda as regras da razão.

Se passarmos à outra vertente da Filosofia de meados do século XX – a neopositivista, de absolutização do método científico –, encontraremos um raciocínio correlato: só é possível julgar, mesmo compreender, alegações empiricamente testáveis, portanto *não há sentido* na afirmação da existência de um ser espiritual. Por mais extremada que seja a premissa, ela pode ser adaptada a formulações menos controversas. Notadamente, é válido o apontamento segundo o qual existir é estar *posto* no ser, *projetado* para fora do nada, de modo que não faz sentido atribuir existência ao que se alega infinito, *imune* ao nada, *independente* de tudo. Aqui está a pertinência de argumentações como a de A. J. Ayer, segundo quem a proposição "Deus existe" é desprovida de significado.[357] Como a Teologia não hesita em admitir, essa é mesmo, a rigor, uma frase imprópria.[358] Mário Ferreira dos Santos não tem motivo para se ocupar da minúcia, e vez ou outra emprega "existência" em sentido largo. No que é

---

[357] Ayer, *Los Problemas Centrales de la Filosofía*, op. cit., p. 228-34.
[358] Ver e.g. Paul Tillich, *Teologia Sistemática*. Trad. Getúlio Bertelli e Geraldo Korndörfer. 7. ed. São Leopoldo, EST/Sinodal, 2014, p. 213: "Deus não existe. Ele é o ser-em-si para além de essência e existência".

central ao argumento, contudo, ele é exato; e proporciona ao leitor entrelinhas ricas em desdobramentos.

Conforme eu dizia, a noção ferreiriana de divindade aponta à causa suficiente de que haja algo e não nada, à causa última de todos os fatos. Quanto a este campo conceitual, o autor é categórico: "a todo fato corresponde uma causa".[359] Disto se segue que, se algo prescinde de uma causa para ser, logo não é classificável como fato. É este precisamente o caso de Deus, sobre o qual se reputa absurda a caracterização como *causa sui*, e taxativamente se sustenta o atributo "incausado".[360] Reveladoramente, também Ayer pontua, a certa altura de suas *lectures*, que o único sentido plausível para a afirmação de que Deus causa a si mesmo é que ele não dependa de nenhuma causa.[361] Como que correspondendo à lembrança de Ayer e de Antero sobre a impropriedade de sujeitar Deus ao conjunto do existente, aqui se deixa implicado que a sua "existência" (ou como se chame a atualidade do ser divino) não é, propriamente, um fato – a divindade é o que *causa* os fatos, e não se confunde com um de seus exemplares. O que assim se institui é o atributo da transcendência; realçando-o, Mário garante à deidade o que nem Antero nem Ayer puderam: ser a condição de possibilidade das coisas sem condenar-se a ser ela própria potência; estar suposta por tudo e ser, em ato, algo e não nada.

Era o que Mário tinha em mente desde a sua interpretação de Aristóteles. Não só ele vê no Estagirita uma recuperação da Filosofia como "compreensão universal", superando a experiência anímica do Bem preconizada por Platão, como ainda lhe atribui, segundo vimos, um dualismo de matéria prima e puro ato (em consonância à sua própria dialética, que institui a exterioridade

---

[359] Ver, neste livro, p. 115.

[360] Mário Ferreira dos Santos, *Filosofia Concreta*, op. cit., p. 182, 207. No *Convite à Filosofia*, a única menção à doutrina de Deus como *causa sui* é feita a propósito do pensamento de Spinoza, de que o autor se distancia: ver, neste livro, p. 213.

[361] Ayer, *Los Problemas Centrales de la Filosofía*, op. cit., p. 233.

do ato à potência). Isto o autoriza a identificar no aristotelismo, tanto quanto nas filosofias religiosamente orientadas de Fílon e de Plotino,[362] o conceito de um Deus absolutamente transcendente.[363] O ponto ganha relevância frente à polêmica que, a partir do Voegelin de *Ordem e História*, Mario Vieira de Mello introduziu no Brasil durante os anos 1980. Reagindo na ocasião a um escrito de José Guilherme Merquior, o pensador arriscou a ideia de que a noção de transcendência é em sua origem eminentemente ética, e não ontológica. Sintomaticamente, fontes que se mostraram relevantes para o *Convite*, como E. R. Dodds, W. K. C. Guthrie e José Ferrater Mora, são empregadas para esclarecer a questão, nas réplicas de Merquior[364] – o mesmo, lembremos, creditado por Tolentino como introdutor da discussão sobre espacialidade afinada ao cerne deste livro, que a seguir enfim exploraremos. Apenas destaque-se como o centro declarado da obra, fio condutor de "Os grandes temas da Filosofia", intersecta seu âmago insinuado, inferido das entrelinhas do volume.

Numa nota de rodapé, Mário promete para as "nossas obras" a demonstração de que, ontologicamente considerado, o ser equivale à máxima realidade.[365] A designação contrasta à especificidade da maioria das remissões que o autor faz a seus próprios livros. Referindo à sua produção como um todo em vez de a um título específico, o filósofo revela pelo menos parte do ânimo que atravessa o conjunto de seu projeto. O problema que se configura e que tem o tratamento assim anunciado é a aparência de que o ser, por aplicar-se a tudo, atingindo abrangência máxima, resulta vazio em significado, sempre carente de conteúdo. Durante o próprio *Convite*, a

---

[362] Ver, neste livro, p. 181, 183.

[363] Ver, neste livro, p. 170.

[364] José Guilherme Merquior, "*Contra Marium* ou A história que não escrevi e Mario Vieira de Mello não leu", *Cadernos RioArte*, ano 1, n. 2, Caderno Azul, 1985, p. 14, 17; "Mario, o arbitrário", *Cadernos RioArte*, ano 1, n. 3, Caderno Ouro, 1985, p. 66.

[365] Ver, neste livro, p. 111, n. 1.

ameaça se recoloca: precisamente na síntese das ideias do filósofo imposto à primeira parte do livro, e a cujo propósito iniciamo-nos nestas filigranas, Hegel. Segundo o alemão, o ser é o mais universal e o mais indeterminado dos conceitos, de modo que, abstraído de conteúdo, ele identifica-se ao nada; a isto, o brasileiro imediatamente objeta que o ser é, por definição, algo.[366] Baseando-nos no que se acaba de ver, o ser é logicamente aquilo que permite a cada coisa existir, aquilo que faz de cada coisa um ente, enquanto do ponto de vista ôntico ele é essa condição em ato, vale dizer, é o Ser Absoluto. Entre um polo e outro, urge a consideração ontológica, sob a qual o ser equivale à máxima realidade – a tudo o que há, tido em plena concretude. Considerando as críticas deste livro à história da Filosofia, o que se demanda é lembrar que a extensidade e a intensidade se abstraem em nossa mente mas não nas próprias coisas. A caracterização que o autor fornece do conceito de ser é, em seu *magnum opus*, como "a mais abstrata e a mais concreta de todas as ideias";[367] é nesta trilha, por certo, que as "suas obras" em conjunto encaminharão a questão.

Como mostrado alhures, no curso das edições de *Filosofia Concreta* Mário Ferreira dos Santos tornou cada vez mais claro que o nada absoluto é impossível, absurdo, e que a tese "alguma coisa há" é, além de verdadeira, tautológica.[368] Em contraste ao giro em falso acionado pelo *cogito*, mecanicamente repetido modernidade afora, a premissa ferreiriana compreende-se como um círculo virtuoso, de aceitação do real. Tudo e somente o que neste é *posto* a filosofia que daí se segue deve *postular*. A começar deste livro, como Mário indica a máxima realidade em que o ser ontologicamente consiste? O que tem, afinal, a comunicar o *Convite*? Quais coordenadas ele dá para chegarmos a isso a que ele chama?

---

[366] Ver, neste livro, p. 232-33.
[367] Mário Ferreira dos Santos, *Filosofia Concreta*, op. cit., p. 381.
[368] "Uma filosofia em construção", op. cit., p. 631-33.

(6) Espaço e tempo

Apesar de integralmente consistir numa reciclagem de trechos de *Filosofia e Cosmovisão*, a parte "Os grandes temas da Filosofia" é que condensa a especificidade do *Convite*. Nela se consuma a iniciação filosófica mediada por conceitos que Mário Ferreira dos Santos considera centrais – e cuja apresentação, sob o capítulo "A intensidade e a extensidade", é alocada já na abertura (invertendo o livro de 1952, em que ela sucedia todas as outras seções aproveitadas neste volume). Elencar os conceitos orientadores da apreciação que se faz da Filosofia é mesmo urgente, e revelador da posição intelectual a partir da qual se fala. Semelhantemente Antero, para garantir ao pensamento moderno um *substratum* metafísico, provando-o sistematicamente distinto do antigo, lista as noções--chave que fazem da modernidade "um mundo de ideias", "uma direção lógica", "uma compreensão da natureza íntima das coisas", um conjunto de "pontos de vista fundamentais": são elas *força, lei, imanência* (ou *espontaneidade*) e *desenvolvimento*.[369] Mário quer mapear o solo da Filosofia inteira, não só da Idade Moderna; o autor das *Tendências* não se oferece, é verdade, a tanto, mas permite vislumbrá-lo. O primeiro termo da lista é dito também o mais importante, entre outros motivos porque opera a transição das paisagens teóricas anteriores para esta conformada por ele e pelos três que o acompanham.[370] Igualmente nosso autor percebe na ideia de força uma variação da potência aristotélica, segundo vimos, mas, para ele, Leibniz precisou sugeri-la a fim de superar o mecanicismo cartesiano,[371] por sua vez resultado da fragmentação de conceitos mais básicos.

Quais conceitos são esses que Descartes divorciou, o próprio saber moderno os revela, mais precisamente a Física. Trata-se, é claro, de extensidade e intensidade, par sobre o qual o primeiro capítulo da segunda parte do livro diz que

---

[369] Antero, "Tendências gerais", op. cit., pt. I, p. 121, ll. 18-19, 27-29, 33-38.

[370] Cf. ibidem, pt. III, p. 167, ll. 19-25.

[371] Ver, neste livro, p. 214.

diversas dualidades surgidas antes na Filosofia passam a ser cobertas por ele.[372] Os dois polos consistem na materialidade empiricamente mensurável, de um lado, e na singularidade subjetivamente experimentável, de outro. A própria separação dos lados, no entanto, embora necessária ao nosso entendimento, é o que os dois conceitos mostram não se dar no mundo.[373] Segundo um trecho de *Filosofia e Cosmovisão* que Mário não reproduz aqui, é preciso reconhecer "esse conflito como imanente à realidade e à lógica"; o que ele envolve são "campos em que dialeticamente oscila o nosso espírito, nesse grande e profundo diálogo da natureza consigo mesma, da natureza com o homem e do homem ao debruçar-se sobre si mesmo".[374] Em cada âmbito da realidade (o macrofísico, o microfísico, o psicológico, etc.), há *predomínio* de um campo ou de outro, mas nunca exclusividade.[375] A atualização de um destes implica a virtualização do segundo; por isso mesmo, nenhum dos dois está permanentemente em ato.[376]

Instituída semelhante dialética, Mário a incorpora aos recursos com que passa em revista a história do pensamento. Até numa personagem obscura como Bernardino Telesio, ele se digna a enfatizar como seu naturalismo empirista dependeu de uma oposição dualística entre os polos coordenados de movimento-repouso e expansão-contração.[377] O significativo é que Telesio vem se somar a Nicolau de Cusa e Giordano Bruno entre os "profetas" renascentistas que, segundo Antero, inseminaram na Filosofia as ideias-base da modernidade – os quais ainda incluem Nicolau Copérnico, Girolamo Cardano, Agrippa de Nettesheim, Paracelso, os cabalistas, Pietro Pomponazzi e Miguel Serveto.[378] Conscientemente ou não, os modernos não fariam mais do que desdobrar as intuições desse grupo, além das de Descartes: são continuações do cartesianismo até mesmo

---

[372] Ver, neste livro, p. 88-89.

[373] Ver, neste livro, p. 89-90.

[374] Mário Ferreira dos Santos, *Filosofia e Cosmovisão*, op. cit., p. 168.

[375] Ver, neste livro, p. 92.

[376] Ibidem.

[377] Ver, neste livro, p. 204.

[378] Antero, "Tendências gerais", op. cit., pt. I, p. 123, ll. 12-16, 32-38.

doutrinas que parecem se lhe opor, como o panteísmo de Spinoza (que se resume a consequência da universalidade do princípio pensante) e a ideia leibniziana de força (pela qual todos os entes são dotados de existência autônoma e ser espontâneo).[379] Conforme se vê, o que o lusitano saúda como realização da promessa moderna o brasileiro censura como solidificação de um reducionismo que a modernidade teve o mérito de mostrar cientificamente inadequado.

Se Mário Ferreira dos Santos introduz os conceitos de extensidade e intensidade antes mesmo de listar as principais correntes filosóficas – e, então, criticar especificamente doutrinas dualistas, relativistas e assim por diante –, isto é porque ele os vê como a base de tensões que ele próprio considera capitais. Num quadro extraído das exposições de Stéphane Lupasco,[380] revelam-se correspondências que justificam o destaque: são casos de oposição entre extenso e intenso as dualidades entre síntese e análise, homogêneo e heterogêneo, afirmação e negação.[381] Com o avanço do texto, o padrão se reaplica a pares como razão-intuição e quantidade-qualidade.[382] As equivalências se ratificam no curso da produção ferreiriana, e reiteram sua pertinência aos problemas que este *Convite* convoca a enfrentar. Ficando na Enciclopédia de Conhecimentos Fundamentais, o *Convite à Estética* prescreve, durante o capítulo ocupado com a quantidade e a qualidade,[383] que o gênio artístico deve equilibrar valorações "intensistas e extensistas". Deste balanço se segue que "um sentido criador", "construtivo", governe cada licença artística ao esgarçamento do racional, à deformação da realidade, ao flerte com a loucura; demanda-se que cada apelo a estes recursos manifeste os "impulsos de vida" que "impulsos de morte" ordinariamente abafam. Tais ponderações, que repetem a oposição de Jung a Freud

---

[379] Ibidem, pt. I, p. 124, ll. 15-36.

[380] A influência do pensador franco-romeno sobre o autor brasileiro já havia sido assinalada por João Cezar de Castro Rocha em "Conjecturas e refutações: a intuição de Mário Ferreira dos Santos". In: *Filosofia e Cosmovisão*, op. cit., p. 300.

[381] Ver, neste livro, p. 93.

[382] Ver, neste livro, p. 87, 93, 98-99, 106, 109, 117, 119.

[383] O que sintetizo a seguir está baseado em *Convite à Estética*, op. cit., p. 105-13, § 1.

no *Convite à Psicologia Prática* e de Kropotkin a Hobbes no presente livro, são feitas a propósito da pintura cubista.

Por um lado, o autor a considera uma forma de intelectualização não dialética, que concentra simplisticamente a arte no campo do quantitativo e assim a leva, no longo prazo, a gerar enfado. Por outro lado, ele admite que o cubismo "não é uma tendência falha", antes é "admissível", já que, sem trair a vocação intuicionista da contemporaneidade, recupera a "busca transparente da espacialidade típica do racionalismo", o que lhe dá pertinência lógica. No *Convite à Filosofia*, um caso inverso ao da positividade cubista é o vitalismo de Bergson, aqui caracterizado como encontrando sentido num temporalismo, por sua vez desdobrado na centralidade noológica da intuição.[384] A dualidade entre intuição e razão é objeto de um capítulo à parte, que em seguida visitaremos. Desde logo, porém, fica patente: se o que manifesta "impulsos de vida", o que é "criador" e "construtivo", no cubismo, é imiscuir no intuicionismo a atenção ao racional, e se este se capta na espacialidade dos objetos, o privilégio concedido por Bergson ao tempo, em sentido contrário, só agrava o conflito travado entre a nossa época e a racionalidade. Recorde-se que, para Mário, é o espaço o que fornece consciência da realidade exterior, estando a relevância de nossos sentidos justamente na capacidade de percebê-lo. Neste ponto se evidencia um dos mais fascinantes efeitos do projeto deste livro – reconhecível após se ter passado pelas coimplicações ontognosiológicas, pela detecção de incondicionados, pela análise cosmovisional e pela defesa de que, sendo o princípio fundamental o haver, absoluto é o que infinitamente há, nomeadamente o Ser Supremo.

Wolfhart Pannenberg, que identificou em Descartes a preeminência do infinito (e, por meio dela, a conservação do posto de incondicionado para Deus), destacou ainda outro desdobramento. Segundo ele, corresponde ao reconhecimento da basicalidade do infinito a admissão kantiana da imprescindibilidade, para o conhecimento, da intuição do tempo e do espaço.[385]

---

[384] Ver, neste livro, p. 245-46.

[385] Pannenberg, *Teologia Sistemática*, op. cit., vol. 2, p. 143.

Estes dois, entretanto, descrevem diversamente a infinidade do experienciável, e em tamanha complementação que é sempre possível definir um em termos do outro. Com efeito, espaço-tempo é mais um par que Mário filia à dualidade extenso-intenso[386] – e, enquanto ele valoriza a recuperação do espacial, Pannenberg quer sustentar a primariedade do temporal. Vale, por um instante, colocar em paralelo nosso autor e o teólogo alemão, cuja filosofia da história é, tal como a da Escola de Madri, significativamente inspirada em Dilthey, e cuja relevância para o pensamento atual o faz constar dos renovadores da Teologia que Reale e Antiseri listam na *História da Filosofia*, ao lado das correntes espiritualistas e do movimento neo-escolástico.[387] O pensador luterano enfatiza a indispensabilidade do tempo na descrição do espaço como *simultaneidade* do que é distinto;[388] sempre cuidadoso, ele inadvertidamente deixa ver, todavia, a dubitabilidade do passo, fazendo-lhe sucederem alusões ao tempo como "*sequência* de eventos", "*sequência* dos momentos", "*sequência* de acontecimentos", "*distância* temporal", "*espaço* de tempo", além da admissão da dependência da eternidade para com a onipresença e do tempo ele próprio para com a velocidade da luz.[389]

Não tema a leitora uma digressão bizantina. Destaco a minudência porque algo semelhante ocorre na Enciclopédia de Conhecimentos Fundamentais. Ainda outra vez no *Convite à Estética*, Mário chega a dizer que o espaço é *produzido*

---

[386] Ver, neste livro, p. 87, 92-93, 105-06. Cabe lembrar que, segundo Kant – e, como veremos, segundo Pannenberg –, o tempo consiste, ao menos para a razão humana, no polo mais básico: ele é a "imagem pura" de "todos os objetos dos sentidos em geral", enquanto o espaço o é apenas das "quantidades do sentido externo" (*Crítica da Razão Pura*, A142/ B182. Trad. Fernando Costa Mattos. Coleção Pensamento Humano. Bragança Paulista / Petrópolis, Editora Universitária São Francisco / Vozes, 2012, p. 177). Este apontamento viria a se tornar capital para a reflexão do autor de *Ser e Tempo*, Martin Heidegger (ver *Kant y el Problema de la Metafísica*. 3. ed. Trad. Gred Ibscher Roth. Ciudad de México, Fondo de Cultura Económica, 2013, § 22, esp. p. 99-102 [ePub, 2014]).

[387] G. Reale e D. Antiseri, *História da Filosofia 6*, op. cit., cap. 20, p. 374-75.

[388] Pannenberg, *Teologia Sistemática*, op. cit., vol. 2, p. 145.

[389] Ibidem, p. 145-49.

pelo tempo, caracterizando-se por consistir em "tempo realizado";[390] poucos parágrafos depois, ele destaca o fato de que o tempo é uma das dimensões do espaço.[391] O que se quer sublinhar, sem dúvida, é a indissociabilidade entre um e outro, e para tanto se enfatiza primeiramente o vetor menos óbvio: o espaço, que percebemos como estático, tem incorporada a si a mobilidade temporal *já efetivada*. Como se afirma no mesmo lugar, a implicação entre ambos é mútua, em que pese o caráter mais básico que a espacialidade apresenta para a nossa razão.[392] Aparência cuja significação é ampla, visto o espaço restar imune à situação que, para todos os efeitos, só se admite afetar o tempo – a saber, que a Física torne plausíveis diferentes teorias sobre a sua natureza.[393] O ponto, parece, é que o único modo de apreender racionalmente a imbricação espaço-temporal é conceber o tempo como um dos aspectos do espaço, já que não veríamos sentido na ideia do espaço como uma dimensão do tempo. A isto converge a maneira como Mário Ferreira dos Santos reconstrói a ideia aristotélica de espaço (que, tal como a escolástica e a Matemática, superaria, segundo vimos, a noção do antigo e do moderno racionalismos, de um espaço apenas quantitativo, infinitamente divisível). Interpreta nosso autor que Aristóteles faz estarem igualmente *contidas* no movimento espacial as mutações quantitativa e qualitativa.[394]

Conforme as entrelinhas do livro indicaram, Mário deriva de Aristóteles tanto a prática da Filosofia como "compreensão universal" (ocupada, vale dizer, com o mundo externo, espacialmente manifesto) quanto uma individuação subjetivo-intensista (que garante, em contraste a Husserl, a temporalidade da essência, a influência do "aqui e agora" também sobre objetos ideais). Pesados todos os fatores, o que propicia a conquista dúplice é o reconhecimento de que a natureza qualitativa dos entes tem suas mudanças incluídas, tanto quanto as

---

[390] Mário Ferreira dos Santos, *Convite à Estética*, op. cit., p. 100, § 3.

[391] Ibidem, p. 101, § 6.

[392] Ibidem, p. 100, § 3.

[393] Ibidem, p. 102, § 9.

[394] Ver, neste livro, p. 171.

quantitativas, nas modificações espaciais.[395] A falta desta consciência é o que produz limitações no temporalismo de Bergson, assim como no espiritualismo em geral. Mais ainda, a parcialidade na investigação sobre o mundo – pode-se dizer, sobre o algo que há – leva a faltas no estudo do que há em absoluto – nomeadamente, do Ser Infinito. Nos que herdam a faceta platônica que o aristotelismo superou, Mário vê uma incapacidade de concrecionar aquilo mesmo que a ênfase na alma os faria, em tese, redescobrir: o tempo. Este juízo não se atenua nem pela simpatia do autor à inclinação geral do pensamento deles. Durante a "História sucinta", o capítulo "O predomínio do problema religioso" encaminha-se a uma como que apoteose em Plotino e Proclo, com cuja ideia de processão circular e hierárquica se diz que "o neoplatonismo empreende uma grande especulação religiosa final".[396] A conclusão, porém, é que, "[e]m todo o platonismo, apesar de sua complexa hierarquia dos seres, há unidade sem temporalidade e sem criação";[397] e assim o texto passa a considerações sobre "A filosofia do cristianismo", por cujo esforço a finitude e a historicidade são finalmente realçadas. Itinerário similar é suposto por estes versos de Tolentino:

> [...] No Ocidente,
>   por virtude cristã, não por crendice,
>   o instante da criatura é sempre histórico,
>   ou seja, é a instauração de um esvair-se.
>   O conceito detesta-o, e sobre o pórtico
>   do passageiro pinta o gesto heroico
>   de um qualquer semideus que o desmentisse.[398]

---

[395] Como observara Focillon, no debate sobre Angelico que Tolentino narra ter sido reportado por Merquior: o que faz com que nada além dos objetos seja mensurável, *e que eles próprios nada sejam além de mensuráveis*, é justamente a ideia de espaço como forma imaterial, pressuposta por Alberti e inseminada na Antiguidade por Euclides e Platão (ver, acima, p. 306).

[396] Ver, neste livro, p. 183.

[397] Ver, neste livro, p. 185.

[398] Tolentino, *O Mundo como Ideia*, op. cit., Livro Último, p. 419, § 60.

Uma preocupação tão marcadamente teológica está dada na própria concepção ferreiriana de Filosofia. Já no segundo capítulo de introdução a temas filosóficos, "As grandes correntes...", o autor institui que uma razão suficiente única para tudo o que existe é o inescapável alvo último dos filósofos, como corolário de sua investigação sobre as causas.[399] Este desiderato encontra eco em alguns dos pares de Mário: também Miguel Reale afirma que "a Filosofia é", em certo sentido, "a ciência das causas primeiras ou das razões últimas".[400] A caracterização busca preservar, em acordo com o que se acaba de ver, a objetividade do exercício filosófico; ela não chega, porém, a ser um ponto pacífico. O que fica pressuposto é a centralidade da noção de *arquê*, "princípio fundamental", por cujo intermédio teriam os antigos mantido e dado precisão ao que movera suas elaborações míticas. Um expediente mais comum é tomá-la como um conceito entre vários – a saber, *logos* (razão, definição), *aitia* (causa), *cosmos* (universo, ordem), *physis* (natureza) – que, conjuntamente tomados, permitiram à inquirição científico-filosófica *ultrapassar* as teogonias.[401] Aparentemente, o que garante o caráter fundamental e inescapável a uma *arquê* eterna e única é o princípio de identidade, que nosso autor percebe presente já em Parmênides.[402] É das várias teorias possíveis sobre a natureza e a inteligibilidade dessa *arquê* absoluta que se segue o agrupamento dos sistemas teóricos em filosofias do incondicionado, do condicionado ou da relatividade.

A tipologia enseja um breve apanhado histórico, que sintetiza a posição teológico-dogmática, as teorias da condicionalidade, as formas de relativismo e, separadamente, o criticismo de Kant.[403] Já a seguir se retoma a dualidade instaurada pelos polos extensidade e intensidade, desta vez sob o tópico "Dualismo antinômico – razão e intuição". Sobre o segundo termo, Mário Ferreira

---

[399] Ver, neste livro, p. 95.

[400] M. Reale, *Introdução*, op. cit., título I, cap. 1, § 1, p. 22 (ePub).

[401] Ver e.g. Danilo Marcondes, *História da Filosofia*, op. cit., parte I, cap. 1.

[402] Ver, neste livro, p. 97, 152.

[403] Ver, neste livro, p. 99-103.

CONVITE À FILOSOFIA
384

dos Santos é lacônico, registrando apenas que o tempo é seu objeto próprio.[404] Muito mais se diz sobre a razão, a começar do caráter fundamental que, em seu exercício, a suposição do espaço apresenta. O modo como se evidencia este dado reitera a sutileza do assunto: o autor explica a basicalidade do espaço com o mesmo termo em que Pannenberg apoia a primariedade do tempo – sua *simultaneidade*, que o ato racional pressupõe (com o fim preciso, compreende o brasileiro, de fazer *comparações*).[405] Esse espaço, seja físico ou ideal, é uma forma *pura* da sensibilidade, mas, como o filósofo entende ser indicado já por Kant, também *racional*,[406] isto é, não inata,[407] antes dotada da variedade de traços que se descobrem compor a espacialidade. Novamente se trata de negar o pressuposto racionalista segundo o qual a atividade intelectiva (incluída aí a comparação) se dá sobre um espaço abstrato, homogêneo.[408] Se fosse este o caso, a única função da espacialidade seria tornar as coisas mensuráveis, e todos os atributos a associá-las ou distingui-las seriam quantitativos. Mário sustenta, ao contrário, que os entes, por nós racionalizados como unidades estáticas,[409] abrigam *em seu interior*, portanto no espaço que ocupam, as mudanças pelas quais passam.[410]

Tal como interpretou-se Aristóteles, o movimento espacial *inclui* as demais mudanças. Assim, em cada recorte do espaço pululam mutações de vários tipos; não há espaço sem o que o ocupa, e nada o ocupa sem modificar-se. Não há vazio a ser preenchido: tomado em infinitude, "o espaço coincide com o universo".[411] O principal valor deste resultado, para Mário, consiste em situar no real a dualidade dinâmica que, mantida sob conceitos, se prova

---

[404] Ver, neste livro, p. 106.

[405] Ver, neste livro, p. 105.

[406] Ver, neste livro, p. 106.

[407] Cf. Mário Ferreira dos Santos, *Filosofia e Cosmovisão*, op. cit., p. 71.

[408] Ver, neste livro, p. 106.

[409] Cf. também *Filosofia e Cosmovisão*, op. cit., p. 201.

[410] Ver, neste livro, p. 106.

[411] Ver, neste livro, p. 171.

arbitrariamente derrapante. Segundo ele, Parmênides só pôde inverter o mobilismo de Heráclito porque o ponto disputado por ambos é ele mesmo antinômico[412] – bem entendido, *realmente* antinômico, pois, "na natureza, não se pode dar a imutabilidade como a concebe a razão, nem a mutabilidade pura que a intuição oferece".[413] É esta a perspicácia de pensadores como Proudhon, que enxerga na própria natureza "profundas oposições",[414] e como Hegel, de acordo com quem "[a] dialética é expressão da própria realidade, e não apenas um modo de pensar".[415] Negando a divisibilidade infinita do espaço, e tornando-o abrigo dos vários tipos de movimento, Aristóteles invalidou um feito não trivial de Parmênides: o que este promovera fora uma "lua-de-mel" da razão com seus axiomas, extremando o princípio de identidade ao ponto da afirmação de um "homogêneo absoluto", traduzido justamente na imagem de um "espaço inteiramente uno".[416]

Em sua denúncia da traição do racionalismo à inteligência pré-filosófica, Gusdorf recorre a um registro etnográfico de Jacques Soustelle para lembrar que certas cosmologias indígenas rejeitam "o espaço como um meio neutro e homogêneo, independente do desenvolvimento da duração"; num dos casos, em vez das noções de tempo e espaço, admitem-se apenas eventos e lugares.[417] Quanto à independência entre o vetor cronológico e o meio espacial, é o que a dialética extensivo-intensiva leva Mário a igualmente negar. Reivindicando fundamentação aristotélica, ele institui precisamente a não-homogeneidade e a não-neutralidade do espaço – este depende, para ser o que ele é, dos processos mutáveis que o compõem. O reverso da moeda, contudo, é que também nós somos parte do que é o espaço. Esta implicação é aludida no *Convite à*

---

[412] Ver, neste livro, p. 96-97, 153.

[413] Ver, neste livro, p. 153.

[414] Ver, neste livro, p. 234.

[415] Ver, neste livro, p. 232.

[416] Ver, neste livro, p. 152-53.

[417] Gusdorf, *Mito e Metafísica*, op. cit., p. 87.

Estética, que assim indica tanto a proximidade como o potencial reparo do projeto ferreiriano à abordagem de Gusdorf. A ênfase do filósofo francês recai sobre o fato de que a ontologia espontânea das experiências míticas só admite o espaço e o tempo enquanto incorporados numa realidade experimentada *in concreto*.[418] Essencialmente, Mário Ferreira dos Santos concorda: visto que não há espaço sem coisas, e que o tempo se realiza como parte do que o espaço congrega, só se faz jus à heterogeneidade de ambos quando, assumidos em sua coimplicação, eles são tanto inteligidos como intuídos, tanto constatados como vivenciados. Ocorre que, pelo mesmo motivo, experiências eventuais, localizadas, não correspondem a cisões no real; elas não inauguram unidades espaço-temporais básicas.

O filósofo brasileiro admite como distintiva do ser humano a possibilidade de autotranscendência, genuinamente experimentada por ascetas e místicos, e proporcionada a seu modo pelas artes; vivida como suspensão do espaço e do tempo, ela não indica sua irrealidade última, mas recorda nossa inteira dependência em relação a eles: "a diferenciação do homem do espaço cósmico é apenas uma impressão acomodatícia".[419] Vale dizer, a imagem do espaço como algo que *ocupamos*, numa relação exterior – restando abertos caminhos para dele nos desprendermos –, não passa de uma simplificação, com que o aparato sensório-intelectual facilita a percepção da espacialidade e de nós mesmos. A ênfase cabe ao papel que é cumprido nisso pela intuição sensorial. Divergindo da convenção que atribui às sensações concretude, e que descreve a razão como *naturalmente* abstrata (baseando-se nisto a quase-equivalência de Filosofia e intelectualismo, em críticos como Gusdorf), nosso autor afirma que a razão se apoia em abstrações *porque* depende dos sentidos, os quais não apreendem mais do que partes da realidade.[420]

---

[418] Cf. ibidem, p. 86-87.
[419] Mário Ferreira dos Santos, *Convite à Estética*, op. cit., p. 99, § 1.
[420] Ver, neste livro, p. 111.

No que são guiados pela razão, os sentidos articulam comparativamente os recortes que fazem. Tanto eles como ela dependem essencialmente do espaço porque todos têm por fim comparar objetos diversamente situados.[421] Dado que quem perscruta o espaço descobre não só medidas numéricas, mas atributos qualitativos, a comparação é produtiva. Dela se extraem semelhanças, as quais estipulam agrupamentos conceituais. Conhecer é filiar a conceitos, portanto identificar similaridades, portanto proceder por comparações; conhecer é, fundamentalmente, reconhecer.[422] No mesmo ato em que esta gnosiologia reforça o paradigma pictórico da cognição, com o qual se faz do conhecimento algo que opera por imagens,[423] ela postula que, *por dentro* do que é visto, há mais a ser apreendido. Na perda disto é que consiste o lado censurável da estética moderna, à qual Mário Ferreira dos Santos lembra que "[a] arte [...] nada tem que ver com o conhecimento do mundo organizado apenas pela nossa percepção óptica".[424] Com aparência de concretude, este reducionismo não é senão outra maneira de sujeitar o mundo à ideia – como acusa o poeta:

> Com o tempo, à força de hábitos bem menos monacais que inquisitoriais próprios à Sacra Ordem do Conceito, a nova criatura – uma natureza furtada a toda visão em nome do "visível", logo visivelmente desnaturada – passaria sem delongas por uma rápida redução de sua complexidade, a qual, dela excluídas as funções simbólicas, resultaria numa simples acumulação empilhatória de seus dados mais brutos.[425]

---

[421] Ver, neste livro, p. 105-07.

[422] Ver, neste livro, p. 106-07.

[423] Este aspecto, reiterado pelo suposto paralelismo entre razão e percepção visual, ganha destaque em *Filosofia e Cosmovisão*, op. cit., p. 137, 153, 199-200. À luz do debate epistemológico atual, sugeriu-se classificar a teoria do conhecimento ferreiriana como uma inesperada mescla de representacionalismo e anti-internalismo: cf. "Impressões sobre *Filosofias da Afirmação e da Negação*", op. cit., p. 279, 285.

[424] Mário Ferreira dos Santos, *Convite à Estética*, op. cit., p. 101, § 8.

[425] Tolentino, "A gênese do livro", op. cit., p. 37.

Ao que se pode reagir (com o estímulo, por exemplo, da etnografia mobilizada por Gusdorf) com outra acusação: como evitar que a procura do simbólico, por meio do realce das semelhanças, fomente o horror à diferença? Afinal, Mário chega a dizer que a razão "rejeita o que não é mais racionalmente cognoscível por não ser comparável".[426] As necessárias qualificações ficam sugeridas no capítulo seguinte, "A razão e o conceito". O que urge esclarecer é, de novo, que a separação do semelhante, operada pelo sujeito cognoscente, não afeta o objeto no mundo. Uma filosofia atenta ao concreto não supõe serem isolados de fato o semelhante e o diferente, mas mantém a consciência de que, pré-racionalizados, eles se apresentam conjugados.[427] Tendo chegado a imobilizar-se, uma semelhança se torna conceito; mas este, bem manejado, não turva a percepção do mutável. Além de amparado na experiência do sensível, ele passa naturalmente a ser suposto pela intuição, organizando-a.[428] Em *Filosofia Concreta*, esta tese é expandida como reparo a Kant, conforme já lembrado, mas também como positividade da tradição aristotélico-tomista – a saber, que a razão funciona guiando a experiência por princípios que valem *a priori* mas que são generalizações de experiências anteriores.[429] Aqui, reiterando o avizinhamento de Mário à descoberta de que o real se funda sobre

---

[426] Ver, neste livro, p. 107.

[427] Ver, neste livro, p. 109.

[428] Ibidem. Esta tese, que acaba operando como base gnosiológica para a Metafísica, foi repetidamente criticada na modernidade, conforme reconhece o verbete historiográfico sobre Berkeley. De acordo com este, ideias gerais – por exemplo, *triângulo* – são inimagináveis, pois só concebemos formas específicas: todo triângulo pensável é ou equilátero ou isósceles ou escaleno (ver, neste livro, p. 215). Nosso autor objeta que isto a requerer especificidade é justamente uma intuição, e não, como pretenderam os críticos, um conceito. A reação está na trilha do que neoescolásticos respondem, em regra, tanto a Berkeley como a Hume e a Locke: estes filósofos tomaram por conceitos o que não passava de imagens mentais (ou, na terminologia clássica, *phantasmata*). Cf. e.g. Celestine N. Bittle, *The Science of Correct Thinking: Logic*. Milwaukee, Bruce Publishing Company, 1950, p. 24-28; Edward Feser, *Scholastic Metaphysics – A Contemporary Introduction*. Heusenstamm, Editiones Scholasticae, 2014, p. 227.

[429] Mário Ferreira dos Santos, *Filosofia Concreta*, op. cit., p. 171.

pulsões anônimas, o ponto é acompanhado de uma justificativa material: é que a incorporação dos conceitos à intuição permite à inteligência acomodar-se, despender menor esforço.[430]

Por sinal, não só as experiências se guiam por conceitos como, ainda, estes constituem a base da linguagem.[431] Na medida em que se combinam e se hierarquizam, eles geram formulações progressivamente mais precisas. A primeira parte do livro já mostrou, discutindo o estatuto ontológico da definição, que esta se compõe de um conceito-gênero e de um conceito-espécie. Como que invertendo o caminho, agora o capítulo "Gênero e espécie" mostra como a organização dos conceitos em espécies de gêneros (organização resultada da interação entre a faculdade intuitiva e a racional) tem por efeito uma definição. O raciocínio é simples. Podem-se incluir na linguagem conceitos sempre mais abstratos, que compreendam porções cada vez maiores da realidade; nesta mesma proporção, seu conteúdo ficará rarefeito.[432] É por este procedimento que se chega ao conceito lógico de ser – que, reitere-se, não se confunde com o ontológico.[433] Ele é dito o mais amplo e mais abstrato de todos os gêneros, mas nem por isso deve ser suposto indeterminado: como se postula a seguir, há abaixo dele gêneros supremos, indefiníveis (porquanto desprovidos de diferença interna),[434] e mesmo a estes ele se liga como causa e razão suficiente.[435] Quando, em sentido inverso, se formula um conceito cuja compreensão coincide ao conteúdo de um componente em particular

---

[430] Ver, neste livro, p. 109. Na versão expandida do texto, apresentada em *Filosofia e Cosmovisão* (op. cit., p. 153-54), o autor explicita se tratar de um princípio *biológico* de economia. Adiante, a razão em geral é dita "interessada e utilitária", condizente a um instinto de "manutenção da vida", havendo esta "tese naturalista" de ser reconhecida como "certa positividade" (ibidem, p. 200).

[431] Ver, neste livro, p. 110.

[432] Ver, neste livro, p. 111-12.

[433] Ver, neste livro, p. 111; cf. também *Filosofia e Cosmovisão*, op. cit., p. 182, n. 1.

[434] Ver, neste livro, p. 114.

[435] Ver, neste livro, p. 115-16. Fazer conviverem o papel do ser como gênero supremo e outros gêneros que, não obstante causados por ele, são indefiníveis é certamente um

do real, aí é que se tem uma definição. E esta sempre estará estruturada sobre um gênero e uma espécie.

Isso porque gênero e espécie estão *nas* coisas;[436] como se viu, a idealidade integra a realidade e vice-versa, sendo uma forma *interna* ao objeto o que a intuição eidética captura. Os indivíduos eles mesmos são unidades concretas, às quais não cabe mais do que uma *descrição*. Ao descrever o que há neles de ideal, no entanto, os *definimos* – e o que lhes há de ideal são os conceitos, que agrupam suas semelhanças, e que se ordenam, por sua vez, restringindo-se: os mais amplos nos mais estreitos, os gêneros em espécies.[437] Nos traços que compõem os entes, há desde o que eles partilham com sua classe, e isto é o que há neles de inteligível, até o que lhes é individual, incomparável, portanto inexprimível. Não há ciência de indivíduos, nem uma língua que denote o que lhes é peculiar[438] (já que, como vimos, a singularidade consiste em diferença absoluta). É dispensando os objetos particulares e concentrando o foco nas espécies que o texto se desdobra no tópico "A definição". Não se ignora que as espécies são como são por resultado da atividade racional, que as constrói. Para justificá-lo, Mário explicita a ideia, latente a toda a exposição, de que definir um objeto, informando a sua espécie, supõe *classificá-lo*.[439] É esta uma expressão da atividade dialética, característica do espírito humano; por conseguinte, reconhecê-la, como destaca *Filosofia e Cosmovisão*,[440] significa, não endossar o ceticismo, mas valorizar as antinomias.

Tanto que "A classificação" se torna tópico de um debate em separado, "Princípio de causalidade", que a revela fundada sobre um ato mais básico, a

---

elemento da conciliação pretendida pelo autor (cf. *Filosofia Concreta*, op. cit., p. 111-12, 198, 382) entre univocidade e equivocidade.

[436] Ver, neste livro, p. 112.

[437] Ver, neste livro, p. 111, 116, 118.

[438] Ver, neste livro, p. 112.

[439] Ver, neste livro, p. 114.

[440] Mário Ferreira dos Santos, *Filosofia e Cosmovisão*, op. cit., p. 159.

explicação.[441] Nesse capítulo final, explicações causais são tidas como o suporte para classificações definicionais.[442] Dado que encadeamentos de causa e efeito têm seu estudo empírico empreendido pelas ciências, daí se infere a natureza da relação que vige entre estas e a Filosofia: suas descobertas expandem o vocabulário – o domínio de investigação – filosófico, mas nem por isso os dois campos se sobrepõem.[443] Uma especificidade nos estudos do filósofo, por exemplo (pelo menos se se trata de um pensador concreto), consiste em reconhecer que a tradução racional do encadeamento entre fatos e conceitos *não esgota* sua efetiva realidade. Isto é o que se segue da observação segundo a qual a definição se pode mostrar indiferente às variações qualitativas do fato que é

---

[441] Ver, neste livro, p. 116.

[442] Ver, neste livro, p. 115-16.

[443] Ver, neste livro, p. 116. Em linhas gerais, trata-se do modelo de relação habitualmente aceito, presente também em Antero. Segundo este, Metafísica e Ciência são círculos concêntricos, em vez de esferas opostas, cabendo à Filosofia investigar as ideias de todas as disciplinas ("Tendências gerais", op. cit., pt. II, p. 132, ll. 29-31; pt. III, p. 158, ll. 15-17). O lusitano se aferra, contudo, ao entendimento de que cada uma destas tem por núcleo uma ideia específica, cujos desdobramentos reais só a Ciência "tem instrumentos e autoridade" para acompanhar (ibidem, pt. II, p. 132, ll. 28-29, 31-34). Conjugado à sua descrição da filosofia moderna, este posicionamento lhe permite associar apenas cientistas e filósofos que estejam também historicamente próximos. Em Schelling e Hegel, por exemplo, ele identifica uma antecipação do evolucionismo de Darwin (ibidem, pt. I, p. 128, ll. 12-13); Mário, por seu turno, reconhece o prenúncio da evolução tanto naqueles dois como em Anaximandro e Empédocles (ver, neste livro, p. 134, 238). Além disso, o brasileiro vê Demócrito se aproximando da cosmologia moderna, com as teses da variedade dos sistemas cósmicos e da infinitude do universo (ver, neste livro, p. 151-52), e Anaxágoras "pressentindo" a lei da gravidade e a Hipótese Nebular de Kant e Laplace (ver, neste livro, p. 149). Não ignoremos, de resto, a inclusão de dois cientistas entre as personagens da "História sucinta", nomeadamente Galileu e Darwin. Deferência semelhante – e envolvendo ainda outros nomes: Copérnico, Kepler, Newton, Freud – é prestada por Cordon e Martínez (*História da Filosofia*, op. cit., parte II, cap. 8), G. Reale e D. Antiseri (*História da Filosofia 3 – Do Humanismo a Descartes*. Trad. Ivo Storniolo. 2. ed. São Paulo, Paulus, 2005, caps. 10-12), Anthony Kenny (*História Concisa da Filosofia Ocidental*. Trad. Desidério Murcho et al. Lisboa, Temas e Debates, 1999, cap. 20) e Warburton (*Uma Breve História da Filosofia*. Trad. Rogério Bettoni. Porto Alegre, L&PM, 2012, caps. 25, 30).

por ela expresso. Notadamente, um juízo analítico e sua conversa (digamos, "Todos os corpos são pesados" e "Todas as coisas pesadas são corpos")[444] admitem-se idênticos e, no entanto, são diversos em intensidade.[445] Nossa razão tende sempre ao homogêneo, ao extensivo, ao quantitativo; é atendendo a isto que ela opera classificações.[446] Mas, por isso mesmo, seria uma forma indevida de comodismo considerar as coisas em perspectiva *apenas* extensional.

Já com Anaxágoras ficara claro que toda a dificuldade está em discernir a verdade *qualitativa* das coisas: do ponto de vista quantitativo, ele pensou, seria seguro afirmar que tudo é permanentemente idêntico.[447] Um modo de expandir essa estabilidade surgiu com Demócrito: este encarou o ser como o não-vazio, como um aglomerado de átomos que é, enquanto tal, invariável tanto quantitativa como qualitativamente.[448] Mário assume para si o dever de basear o entendimento dos entes em explicações e classificações *dialéticas*; de encontrar neles mesmos os conceitos que a comparação entre eles revela; de tomar o espaço, do qual tudo é parte, como abrigo de mudanças quantitativas *e* qualitativas. Sem separar nem negar a distinção extensivo-intensivo, nosso autor busca reconhecer a concretude do que há, e fundá-lo sobre um incondicionado verdadeiramente capaz de sustentá-la. O que patenteia a necessidade de que algo infinitamente haja é este fato complexo mas prosaico – a riqueza do que o espaço abriga. Dispor-se à Filosofia, a despeito de tantos convites contrários, não é mais do que pensar fincado no tempo e no espaço.

---

[444] Mário parece inverter propositalmente a classificação de Kant, que dá a primeira dessas proposições como exemplo de juízo *sintético* (ver *Crítica da Razão Pura*, op. cit., p. 51-52).

[445] Sempre se insinuou a tarefa de determinar o assunto que distingue qualitativamente uma frase, e criar uma lógica que identifique quando (apesar de a frase manter-se extensionalmente a mesma) ele é modificado. Um primeiro tratamento detalhado do desafio foi sugerido contemporaneamente por Stephen Yablo, em *Aboutness* (Princeton, Princeton University Press, 2014).

[446] Ver, neste livro, p. 119.

[447] Ver, neste livro, p. 149.

[448] Ver, neste livro, p. 150.

(7) A festa

Não que a tarefa seja simples. O percurso deste ensaio indicou, é o que espero, a dimensão do esforço de Mário Ferreira dos Santos. Alocado na Enciclopédia de Conhecimentos Fundamentais, o *Convite* ao mesmo tempo continua o projeto enciclopedista da principal coleção do autor e abdica do seu recurso ao mote hegeliano-espiritualista "Ciências Filosóficas". Tampouco a Enciclopédia maior adere, propriamente, ao hegelianismo ou ao espiritualismo, mas esta iniciação se destaca por deixar insinuado o que afasta e o que aproxima nosso autor dessas e de outras tradições de pensamento. Tal como o enciclopedismo setecentista paradoxalmente teve entre seus resultados os primórdios do espiritualismo – notadamente com certos *idéologues*, destacados por este volume –, Mário, que planejou assinar o livro como Charles Duclos (um colaborador da *Encyclopédie*), quer demonstrar à filosofia moderna alguns dos seus paradoxos. Seu principal recurso para isto é o esquema extensidade--intensidade, proporcionado pela ciência moderna e desdobrável em dualidades como quantidade-qualidade, homogêneo-heterogêneo, razão-intuição e espaço-tempo. Preservando estas tensões, o filósofo prescreve e exercita uma racionalidade dialética, da qual a comparação é a atividade basilar. Assim também buscamos lê-lo, o que nos revelou algumas possíveis conexões.

Muitas, para dizer a verdade – pois, como característico à inteligência brasileira, Mário lida de maneira sincrética com seu material de reflexão. O que não significa uma postura acrítica, já que, possuindo pensamento autêntico, ele dispõe de um critério com que julgar a história e os seus próprios pares: a coerência, vale dizer, à verdade inconteste de que "alguma coisa há". A quem procura o quando e o onde do autor, ele se mostra avesso tanto à exaltação moderna que vê na Ciência a substituta da Filosofia como ao antimodernismo que culpa a tradição por nos ter trazido a essa mesma autoclausura. Mário Ferreira dos Santos adere ao gesto do "retorno às coisas mesmas" e imprime sobre ele uma feição particular. Ele avizinha-se à constatação de que o real não se funda nem em nós, nem naquilo – seja a vida, a mente, a cultura – que irrefletidamente supomos fundamental. Sua reação é admitir os limites do entendimento; é incentivar uma reflexão concreta, não determinada pelos unilateralismos induzidos pela razão. Nosso autor acusa a filosofia recente de absolutizar a aleatoriedade que se descobriu exceder ao intelecto. Obedecendo ainda ao primado do subjetivo, tendemos a tomá-la por um *pensamento* que nos envolve e ultrapassa. Mário aponta a parcialidade das visões de mundo daí derivadas, e, apoiado no *haver* ao invés de no *pensar*, constrói um incondicionalismo cujo absoluto é o que infinitamente há, a saber, o Ser Supremo.

No trajeto, prováveis interlocutores críticos se apresentaram: a apropriação brasileira do ecletismo de Victor Cousin, a continuação da Escola de Baden na jusfilosofia de Miguel Reale, a leitura do kantismo e da fenomenologia pela Escola de Madri. Certas "ideias fora do lugar" se provaram decisivas: o espiritualismo francês ressonante no idealismo alemão, a abordagem ontognosiológica conjugada à análise cosmovisional, o aristotelismo zelleriano aliado à teleologia neoplatônico-escolástica, a crítica a um darwinismo anterior à síntese evolutiva moderna. Os resultados surgidos têm pertinência duradoura: a recusa da primazia dada por Freud à dissolução, a objeção mutualista ao estado natural hobbesiano, o incômodo com o déficit de altruísmo na biologia de Darwin. Afim a Mário no anarquismo e no idioma, o português Antero, seu "vizinho imediato", nos foi determinantemente iluminador. Fiel ainda ao ideal de progresso, também a sua relação com o moderno é, não obstante, peculiar. Se as ideias não lhe chegam a aparecer desterradas, a dita defasagem da Península Ibérica ao resto da Europa mereceu contudo a sua reflexão.

O insight anteriano de maior fortuna é, provavelmente, a tese do discurso *Causas da Decadência dos Povos Peninsulares nos Últimos Três Séculos*, de 1871. Nele, se oferece como primeiro motivo do descompasso com o Continente o fato de Portugal ter se alheado ao bloco protestante e sediado o movimento da

Contrarreforma. Como muitos observam,[449] o poeta antecipou em mais de três décadas a intuição de *A Ética Protestante e o "Espírito" do Capitalismo*, publicado em 1905 por Max Weber (pensador incluído por Mário, diga-se, entre os seguidores da Escola de Baden).[450] Ocorre que, no nível do estilo crítico, a antecipação se repete nas *Tendências Gerais da Filosofia* – com uma solução frasal que, salvo engano, nunca foi destacada. Como você se lembra, Weber escreveu, na mais célebre das suas passagens, que os puritanos punham sobre os ombros "o cuidado com os bens exteriores" como um "leve manto", de que é possível despir-se sempre que se deseja, mas este acabou por tornar-se "uma rija crosta de aço" (ou, na tradução de Talcott Parsons, uma *iron cage*, "jaula de ferro").[451] Agora adiantado a esse texto em quinze anos, Antero aplica ao decurso da Filosofia uma imagem equivalente: ele descreve como o realismo naturalista da Idade Moderna cede ao idealismo na medida em que se deixa guiar pelo "fio condutor das ideias [de imanência, força e desenvolvimento]", mas nota o risco de que elas se lhe tornem "numa pesada cadeia" – o que ocorre (como se dá, pela última vez, com Hegel) quando elas assumem a forma de um *sistema* dogmático.[452]

Que Antero preveja a imagem indica que, ao adiantar o diagnóstico de Weber, ele não só cogitou um palpite coincidente, mas intuiu, com vantagem, a dinâmica histórica que o alemão viria a supor. Segundo a hipótese de *A Ética Protestante*, o desencantamento do mundo moderno destituiu os sujeitos da religiosidade que os vocacionava ao ascetismo da poupança e do trabalho – e, assim, o que lhes fora uma dádiva graciosa é transformado em um fatigante destino. Segundo a

---

[449] Cf. e.g. Onésimo Teotônio Almeida, "Antero e as *Causas da Decadência dos Povos Peninsulares*: entre Weber e Marx". *Congresso Anteriano Internacional: Actas 14-18*, outubro de 1991, Ponta Delgada, Universidade dos Açores, 1993, p. 34.

[450] Ver, neste livro, p. 247.

[451] Max Weber, *A Ética Protestante e o "Espírito" do Capitalismo*. Trad. José Marcos Mariani de Macedo. São Paulo, Companhia das Letras, 2004, p. 165.

[452] Antero, "Tendências gerais", op. cit., pt. II, p. 131, ll. 22-23. A listagem das ideias aí tratadas como "fio condutor" (as quais explicito, no texto, entre colchetes) é fornecida em ibidem, pt. I, p. 127, ll. 9 ss.

CONVITE À FILOSOFIA

hipótese das *Tendências Gerais*, os conceitos-motores da modernidade permitem ao naturalismo apreender a idealidade das coisas, mas, na medida em que a articulação destas recebe menor atenção do que as conexões daqueles, o que conduzia a reflexão sobre o mundo se torna impeditivo de que ela continue. O trabalho desencantado e a filosofia dogmatizante são dois aspectos do mesmo impasse histórico, que iniciativas como o retorno de Gusdorf aos mitos têm por intenção ultrapassar. Se na década de 1980 o francês precisou explicar que não pretendera erguer a mestres supremos, entre outros, os indígenas brasileiros, isto é porque na edição de 1953 sua *Introdução* enfatizara o potencial que experiências como as deles têm de ultrapassar "o niilismo contemporâneo" – em que predomina, ele lembra, "uma filosofia do vazio", filosofia "inumana" e "acósmica".[453] De fato, como também Antero descreve, o avanço científico desencadeou

> uma concepção das coisas extremamente precisa, mas limitada à esfera inferior do ser e por isso abstrata e inexpressiva. Daí o que quer que é de glacial e morto na sua lucidez. É um universo que se move nas trevas, sem saber por quê nem para onde. Não o alumia a luz das ideias, não lhe dá vida a circulação do espírito. Paira sobre ele um mudo fatalismo. A inerte serenidade, que inspira a sua contemplação, é muito semelhante ao desespero. A sua beleza puramente geométrica tem alguma coisa de sinistro. Nada nos diz ao coração, nada que responda às mais ardentes aspirações do nosso sentimento moral. Para quê, um tal universo? E para quê, viver nele? Nada alimenta tanto o mórbido pessimismo dos nossos dias como este gélido fatalismo soprado pela Ciência sobre o coração do homem.[454]

Mário Ferreira dos Santos conclui "Os grandes temas da Filosofia" reiterando a dimensão por assim dizer heroica do fazer filosófico – o fato de que este tanto proporciona prazer como impõe desafios.[455] Trata-se, como já dito, de uma ob-

---

[453] Gusdorf, "Rétractation 1983", op. cit., p. 45.
[454] Antero, "Tendências gerais", op. cit., pt. II, p. 146, ll. 21-32.
[455] Ver, neste livro, p. 119-20.

servação recorrente em sua obra, sempre em associação com o enfrentamento, de que se incumbe o filósofo, à causa mesma do niilismo (contradito por Gusdorf), às trevas (retratadas por Antero) do não-ser. Além de tema do romance *Homens da Tarde*, este confronto é provocado nas páginas de *Filosofia e Cosmovisão*:

> O espaço da razão, espaço vazio, é o *nada*, é o nada em que se processam as existências. Tirai os corpos e tirareis o tempo e não restará senão o *nada*. O espaço [como conceito puro] é o nome que a razão dá ao nada. Meditai bem sobre essa afirmativa e vereis quanta significação ela encerra. Aqui, não podemos pedir que penetreis com a razão, mas com a vossa própria afetividade, com a vossa mais profunda intuição afetiva, porque aqui não penetra mais a intelectualidade, nem a inteligência racional. Sentireis como um frio que vos penetra o ser, e que vos repele esse nada. Será a existência, em vós, que se afirmará. Mas é possível, também, que esse nada exerça uma atração, que vos avassale, como um desejo de não ser. Talvez alguns possam viver essa imensa contradição da existência, esse lutar do que existe contra o não-ser. E, se tal viverdes, estais certos de que sois intérpretes, então, no momento mais trágico, de toda a existência, e também no mais fecundo para as mais extraordinárias experiências que ainda vos oferecerá a Filosofia.[456]

Coerentemente à tese do espaço como abrigo das tensões do que existe, é subtraindo-o que nos invade o nada, tal como pensamos por meio dele o ser:

> Prossigamos suprimindo a casa, nosso país, este planeta, o mundo solar, o nosso universo, até aqui podemos representar essas ausências, mas, quando quisermos suprimir tudo, tudo, para não restar nada, então sentimos que dentro de nós algo se rebela. Algo em nós aceita esse nada como impossibilidade. Não é só o nosso espírito que não o concebe, mas é nosso próprio ser que se opõe. Nós temos a *patência* da existência. Tanto nosso espírito se detém como se detém nosso ser. Não podemos aceitar o *nada* absoluto. Ele é para

---

[456] Mário Ferreira dos Santos, *Filosofia e Cosmovisão*, op. cit., p. 218-19.

> nós uma impossibilidade. Mas sentimos também que nosso racio-
> cínio nele não pode penetrar; é o nada algo que nos escapa como
> conceito. Essa situação de nosso espírito nos mostra que tanto o es-
> tático como o dinâmico não podem ser absolutos. Para conhecer,
> precisamos estaticizar o fluente, porque conhecer é atualizar alguma
> coisa, parando-a. Nosso antagonismo de espaço e tempo, antagonis-
> mo antinômico, portanto irredutível, coloca-nos entre o estático e o
> fluente. E é tal situação, também, que não nos permite que tenhamos
> um conhecimento absoluto nem uma ignorância absoluta.[457]

A antinomia entre espaço e tempo é o que limita e o que torna possível a inquirição filosófica; o que a livra do peso do dogmatismo mas requer que ela proceda com o rigor do trabalho sério. Tal como o poeta português, "defasa-do" quanto ao seu continente, antecipou a teoria e a imagem de Weber sobre o sistema econômico moderno, o filósofo brasileiro, escrevendo onde Gusdorf busca o não-corrompido pelo racionalismo, adianta-se a ele em traçar os limites da razão e, sem abrir mão desta – eximindo-se, assim, da retratação futura –, exaltar o que a ultrapassa. O motivo de o francês ter apelado aos mitos, confor-me ele explica, é que, ao contrário da "desintegração da imagem do homem" promovida pela Ciência, aqueles preservam "a integração necessária do homem à paisagem global da presença", sobrepondo à "linguagem dos fatos" a superior "familiaridade com o ser".[458] Mas o que justamente Mário Ferreira dos Santos mostra, se ele tem sucesso, é que pode o empobrecimento do ser não se seguir da metafísica dos fatos, desde que esta se funde sobre o que a tudo transcende, e oriente-se por uma compreensão não-homogeneizante do espaço-tempo.

Gusdorf só encontra acesso a isso nos mitos: só estes podem conceber um Grande Espaço (qualitativamente descontínuo, irregular, marcado por coagulações ou transfigurações inesperadas) e um Grande Tempo (granular, ritualisticamente pontuado).[459] O desafio sugerido por Mário é restituir hete-

---

[457] Ibidem, p. 250.
[458] Gusdorf, "Rétractation 1983", op. cit., p. 44.
[459] Gusdorf, *Mito e Metafísica*, op. cit., p. 172-73.

rogeneidade às noções *filosóficas* de tempo e de espaço; ao que ele convida é precisamente o labor nessa tarefa. Olhando para as experiências míticas, Gusdorf encontra uma de que a Filosofia não seria mais do que uma retomada imperfeita, nostálgica: a vivência mítica da *festa*, que reúne o conhecimento e o ser, o possível e o real;[460] que faz reviver "a presença integral do Grande Espaço e do Grande Tempo";[461] que proporciona uma "reapresentação, mais do que representação, da Ontologia".[462] Em contraste, o filósofo brasileiro defende que, conscientes da nossa inextricabilidade do tempo e do espaço, podemos apreender o que neles se apresenta sem pressupô-lo reduzido ao que o intelecto *representa*. Somos lembrados, por essa mesma consciência, de que a riqueza do que o espaço congrega requer como suporte a infinitude do ser. E, sugere o *Convite à Estética*, temos a chance de lhe sermos condizentes: fora do espaço o que paira é o nada; é-nos, por isso, latente uma "angústia da existência"; esta às vezes se expressa em "desejo de morte"; outra vazão que lhe podemos dar é, no entanto, como "vontade de existir".[463]

Afirmação modesta, porém consistente, de uma "reintegração" do humano ao ser. Se nestes tristes trópicos a festa é um horizonte dado, convém ao filósofo – que, trabalhando, a espera – não confundi-la com o seu percurso, não rebaixá-la à sua ideia. Boa resposta ao *Convite* é o abandono desta quimera. De quem se pôs a caminho é o que escutamos, ao menos:

> Toda consolação que a mente quer
> é feita de acabar-se. Que ela queira
> o que imagina ou partes do que houver,
> tudo a abandona, tudo some à beira,
> às vésperas da festa. [...][464]

---

[460] Ibidem, p. 95.

[461] Ibidem, p. 88.

[462] Ibidem, p. 90.

[463] Mário Ferreira dos Santos, *Convite à Estética*, op. cit., p. 100, § 4.

[464] Tolentino, *O Mundo como Ideia*, op. cit., Livro Último, p. 388, § 4.

Arquivo
Mário Ferreira
dos Santos /
É Realizações
Editora

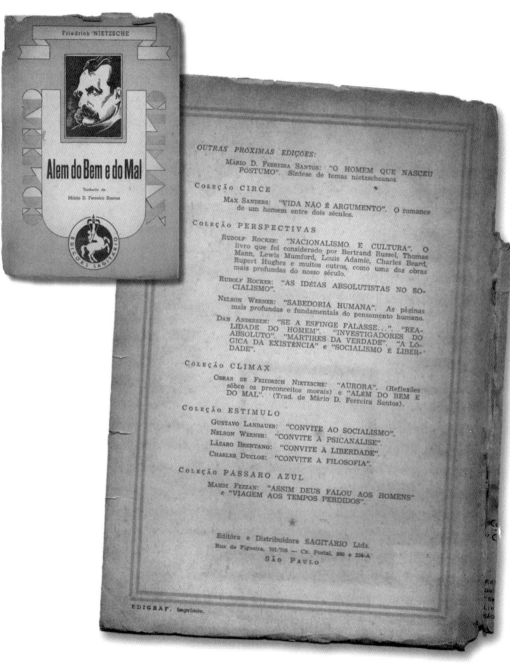

Na tradução de 1947 do livro *Além do Bem e do Mal*, de Nietzsche, já se anunciava o *Convite à Filosofia* (sob o pseudônimo Charles Duclos), como parte de um projeto intitulado Coleção Estímulo

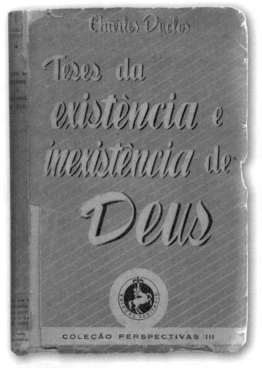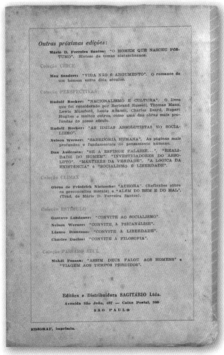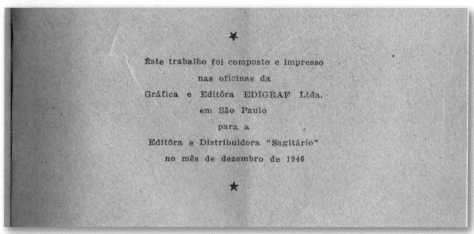

Livro que Mário Ferreira dos Santos de fato assinou como Charles Duclos: *Teses da Existência e da Inexistência de Deus*, terceiro volume da Coleção Perspectivas (São Paulo, Sagitário, 1946)

BIOGRAFIA E BIBLIOGRAFIA DE

MARIO FERREIRA DOS SANTOS

SANTOS (MARIO FERREIRA DOS) — Nasceu em Tietê, Est. de São Paulo, a 3 de janeiro de 1907, filho de Francisco Dias Ferreira dos Santos e da. Maria do Carmo Santos. Formado em Direito, dedicou-se durante três decênios ao estudo e à realização de sua obra, hoje editada pela Livraria e Editôra Logos Ltda., e pela Editôra Matese, ambas de São Paulo. Viveu sempre afastado dos grupos literários.

A volumosa obra de Mário Ferreira dos Santos já ascende a quase uma centena de livros publicados. A Livraria e Editôra Logos Ltda. de São Paulo, que se dedica também à edição de suas obras, lançou as seguintes: FILOSOFIA E COSMOVISÃO, PSICOLOGIA, TEORIA DO CONHECIMENTO, ONTOLOGIA E COSMOLOGIA, LÓGICA E DIALÉCTICA, NOOLOGIA GERAL, ANÁLISE DIALÉCTICA DO MARXISMO, O HOMEM QUE NASCEU POSTUMO, O HOMEM PERANTE O INFINITO (TEOLOGIA), TRATADO DE SIMBÓLICA, SOCIOLOGIA FUNDAMENTAL E ÉTICA FUNDAMENTAL, FILOSOFIA DA CRISE, CURSO DE ORATÓRIA E RETÓRICA, TÉCNICA DO DISCURSO MODERNO, PRÁTICAS DE ORATÓRIA, O UM E O MÚLTIPLO EM PLATÃO, ARISTÓTELES E AS MUTAÇÕES, CASA DAS PAREDES GELADAS, VIDA NÃO É ARGUMENTO, CERTAS SUBTILEZAS HUMANAS, LUTA DOS CONTRÁRIOS, ASSIM DEUS FALOU AOS HOMENS, A ARTE E

Documento "Biografia e bibliografia de Mário Ferreira dos Santos"

A VIDA, ESCUTAI EM SILÊNCIO, A VERDADE E O SÍMBOLO, PÁGINAS VÁRIAS, CURSO DE INTEGRAÇÃO PESSOAL, FILOSOFIA CONCRETA, 3 vol, PITÁGORAS E O TEMA DO NÚMERO, FILOSOFIA CONCRETA DOS VALÔRES, MÉTODOS LÓGICOS E DIALÉCTICOS, em 3 vols., «TRATADO DE ECONOMIA, em 2 vols., FILOSOFIA E HISTÓRIA DA CULTURA, em 3 vols., ANÁLISES DE TEMAS SOCIAIS, 3 vols., O PROBLEMA SOCIAL e outras.

Com a EDITÔRA MATESE lançou os seguintes livros «DICIONÁRIO DE FILOSOFIA E CIÊNCIAS CULTURAIS», em 4 vols., «DICIONÁRIO DE PEDAGOGIA E PUERICULTURA», em 3 vols., «ORIGENS DOS GRANDES ERROS FILOSÓFICOS», «FILOSOFIAS DA AFIRMAÇÃO E DA NEGAÇÃO», e a traducção com comentários e notas e reexposição de ISAGOGE, de Porfírio, o Fenício, «DAS CATEGORIAS» e «DA INTERPRETAÇÃO», «ANALÍTICOS ANTERIORES» e «ANALÍTICOS POSTERIORES», de Aristóteles, «PROTÁGORAS, O POLÍTICO, FILEBO, de Platão, e ainda «A INVASÃO VERTICAL DOS BÁRBAROS», «CRISTIANISMO, RELIGIÃO DO HOMEM», «GRANDEZAS E MISÉRIAS DA LOGÍSTICA», «A SEDUÇÃO ROMANTICA NA FILOSOFIA», e a sair: TRATADO DE ESQUEMATOLOGIA, TEORIA GERAL DAS TENSÕES, «MATESE DA FILOSOFIA CONCRETA», em 6 vols., «NASCIMENTO E MORTE DOS CICLOS CULTURAIS», «FILOSOFIA DA PSICOLOGIA», 2 vols., «Os GRANDES ERROS DA FILOSOFIA DA CIÊNCIA», «AS TRÊS CRÍTICAS DE KANT», «METODOLOGIA DIALÉCTICA», 2 vols, «PROBLEMÁTICA DA FILOSOFIA CONCRETA», em 3 vols., as obras completas de Aristóteles comentadas e também as de Platão.

Em dez anos, as obras de Mário Ferreira dos Santos tiveram mais de 250 reedições, havendo já algumas que alcançaram cerca de 6, 8, 11 edições, o que o leva a constantemente cuidar das reedições, impossibilitando-lhe de lançar uma série de livros já prontos.

De fecundidade excepcional, fato raro, não porém único na história do pensamento humano, nem tampouco na literatura filosófica, como se pode ver em Portugal, com seus prolíficos autores, do período áureo da cultura portuguesa, sua capacidade enciclopédica, aliada à sua fertilidade, escandalizam, sem dúvida, aquêles que desconhecem o que já aconteceu na história do pensamento filosófico, e seja, por isso, algumas vêzes alvo da fúria de despeitados. Homem estudioso, dedicado exclusivamente ao trabalho intelectual, possui ainda em gravações, palestras, cursos, aulas, conferências, e inclusive livros que, com a sua fabulosa correspondência, quando editados, deverão ocupar para mais de cem volumes.

Mário Ferreira dos Santos editou, anteriormente, O HOMEM QUE FOI UM CAMPO DE BATALHA, pela Editôra Globo, como prólogo de VONTADE DE POTÊNCIA de Nietzsche, traduzido por êle, tendo também traduzido AURORA, ALÉM DO BEM E DO MAL, ASSIM FALAVA ZARATUSTRA, êste acompanhado de uma proveitosa análise simbólica, e «DIÁRIO INTIMO», de Amiel.

Usou Mário Ferreira dos Santos vários pseudônimos, alguns já revelados, tendo publicado muitos livros, entre os quais podemos salientar os seguintes: SE A ESFINGE FALASSE... e REALIDADE DO HOMEM, ambos com o pseudônimo de Dan Andersen, e outras obras, com os pseudônimos de Aquilino de Freitas, Nelson Werner, Charles Duclos, Ernst Terry, Mahdi Fezzan, e outros.

No campo da filosofia, onde tem a obra mais volumosa e mais importante de suas realizações, Mário Ferreira dos Santos não se filia a nenhuma posição filosófica, pois a sua concepção do mundo é a filosofia concreta, de sua realização, que se funda nos seguintes pontos de partida. Opondo-se à posição dominante de que a filosofia é incapaz de fundar-se em juízos apodíticos, ou seja, universalmente válidos, válidos para todos, como se deve fundar a Ciência, mas apenas em juízos assertóricos, particularmente válidos, válidos para alguns, afirma êle que tal tomada de posição é conseqüência de um êrro vital do filosofar, que tendo seguido a **via abstractiva**, esqueceu que, em oposição a essa, há uma **via concretiva**. Se a análise abstractiva **separa**, a concretiva devolve à realidade, à qual pertence, tudo quanto pela mente o homem separa. O carácter funcional abstractivo da razão teria fatalmente de levar o homem a aporias insolúveis. Impunha-se, por isso, que, ao afã abstractista, houvesse, para compensá-lo, um afã concretista, que reunisse o disperso em totalidades coerentes.

Dêsse modo, construiu a «Filosofia Concreta», que é sintetizada no livro de mesmo nome, no qual, buscando uma metamatematização da filosofia, segue a linha desejada por Pitágoras, o qual pedia aos discípulos que construíssem a filosofia sôbre juízos apodíticos, juízos que tivessem a mesma rigorosa demonstração que se exigia para a geometria.

Só uma filosofia rigorosamente fundada em juízos apodíticos poderá dar ao homem as bases seguras para realizar uma nova análise em profundidade, à semelhança dessa grande fase analítica que foi a escolástica que, após a síntese aristotélica, graças ao emprêgo da subtileza, da capacidade de distinguir onde o homem comum não distingue, realizou a obra analítica mais extraordinária que a filosofia conhece. Esse é o ideal de Mário Ferreira dos Santos, e seus livros, tais como «Filosofia Concreta dos Valôres» e «Filosofia Concreta da Criação» já constituem parte dessa análise fundamentada concretamente, pois, nelas, há o percorrer das duas vias: **abstractista e a concretista.**

Muitas de suas obras já estão sendo traduzidas para vários idiomas, devendo em breve surgirem as primeiras edições em espanhol, francês e inglês.

Notícias editoriais

Realização do programa editorial da LOGOS

A Livraria e Editôra LOGOS dedica-se apenas à edição de obras de cultura, ~~de~~ preferência ~~de~~ obras de filosofia. Esta é a razão por que ~~xxxxx~~ lançará breve sua

Coleção de Textos Filosóficos ~~Imortais~~ Reexpostos

sob a direcção de Mário Ferreira dos Santos. ~~Xquximmirxxxubxxxwxxervedix xxix~~ Os principais autores a serem imediatamente editados são Aristóteles, Platão, Plotino, Hegel, Kant, Descartes, São Tomás, Duns Scot, Hermes Trismegistos, etc. A orientação da coleção é a seguinte: o texto da obra é traduzido por uma "équipe" de estudiosos, dedicados ao estudo dêsses autores, os quais se afanam na mais fiel traducção do texto, e para tanto são manuseados constantemente as mais famosas edicções e traducções. Quando o texto se torna de difícil compreensão do leitor, ~~xxxx~~, é êle _reexposto_, imediatamente, de modo a se tornar claro. Acompanha a reexposição as mais famosas notas e comentários dos mais abalisados autores. Quando se torna necessário, é acompanhado de uma análise decadialéctica, a fim de se dar maior concreção ao pensamento exposto, ou pelo menos situá-lo dentro das positividades já adquiridas pela filosofia, permitindo que tenha o leitor uma visão clara do pensamento do autor, não só dentro da corrente a que pertence, como também do pensamento histórico e da conjuntura universal da Filosofia.

"ARISTOTELES E AS MUTAÇÕES "(
(Da Geração e da corrupção das coisas físicas)

É exta a primeira obra a ser lançada nessa colecção. A traducção do texto, a reexposição as notas e as análises decadialécticas são da autoria de Mário Ferreira dos Santos. Foi essa obra escolhida pela grande significação que tem ela ante os actuais conhecimentos da física, pois é comum dizer-se que a física moderna afasta-se totalmente do aristotelismo, o que Mário Ferreira dos Santos provará que é fundamentalmente falso e, ~~xxxx~~ ademais, que tal afirmativa revela a ignorância que há sôbre o pensamento aristotélico. Como o texto apresenta certas ambiguidades, Mário Ferreira dos Santos o reexpõe, aproveitando a contribuição dos mais famosos comentaristas antigos e modernos, para justificação das afirmativas que faz. Evitaram-se nessa edicção notas exclusivamente etimológicas, ~~xxxxxxxxxxxxx~~ gramaticais e semânticas. O texto recebe numeração especial, de modo a prestar-se ao confronto com as edicções latinas e dos textos gregos mais categorizados. Tôda a afirmativa feita é fundada em autoridades na matéria, consistindo, portanto, o primeiro volume dessa coleção, uma valiosa contribuição à nossa cultura, pois compendia ,dêsse modo, o pensamento universal mais categorizado sôbre a matéria. Acompanha ainda o texto exposições das mais modernas teorias da física, a fim de se poder fazer o paralelo que se impõe entre o pensamento aristotélico e o actual.

Ademais essa obra interessa vivamente aos estudiosos modernos, pois o tema fundamental das mutações, o tema do devir(do vir-a-ser) das coisas, hoje tão presente na filosofia e na ciência, exige uma estudo cuidadoso para evitar ~~QM~~-se certas interpretações e afirmações carecedoras de suficiente base filosófica.

Essa obra já se acha editada, em bela apresentação e em bom papel,

"Notícias editorais" da Logos (datiloscrito revisado pelo próprio autor)

ao preço de Cr$120,oo,podendo ser encontrada nas principais livrarias,ou pedida por reembôlço para Livraria e Editôra LOGOS,Rua São Carlos do Pinhal, 485,São Paulo.

Outras obras de Aristóteles

Já se acham em fase da acabamento,sob a direcção de Mário Ferreira dos Santos,a edição da la. parte da "Física",de Aristóteles,que também é acompanhada de estudos paralelos aos actuais conhecimentos científicos, e "Metafísica",do grande filósofo,para cuja confecção e escolha dos comentários mais categorizados,trabalha uma "équipe" de estudiosos que se dedicam com todo o seu vigor para a realização dessa obra.

A Livraria e Editôra Logos programa assim a edição completa da obra de Aristóteles,tôda ela obdecendo às normas acima expostas.

Obras de Platão

Também se acha em andamento a nova traducção do divino Platão,que será editada em 8 grandes volumes,acompanhados os diálogos de notas explicativas e ampla explanação dos pontos fundamentais,ao mesmo tempo em que o texto é todo relacionado com os outros diálogos,o que permitirá ao leitor compulsar tôdas as passagens,graças ainda a índices remissivos não só de cada diálogo,como ademais de tôda obra a ser publicado no último volume.

Esperamos para o decorrer de 1955 poder lançar o primeiro volume da obra platônica,obedecendo às mesmas normas usadas para a obra de Aristótele

"Pitágoras e o Número"

Eis um filósofo que tem suscitado as maiores controvérsias: Pitágoras. Ademais o seu pensamento tem sido constantemente caricaturizado por autores que não alcançaram a genuina intenção de sua filosofia. Vencendo grandificuldade e graças ao material fornecido pelos institutos pitagóricos, não do Brasil,como dos Estados Unidos e da Grécia,foi possível a Mário Ferreira dos Santos coligir o mais amplo trabalho sôbre a arithmologia ,a arithmonomia,a arithmosophia pitagóricas,acompanhadas de notas e justificações,que permitem actualizar o pensamento pitagórico e colocá-lo em base que favoreça uma genuina apresensão do grande pensamento,que ainda não deu todos os frutos de que era capaz. Não se pode calcular o imenso trabalho que tem exigido essa obra,pois a consulta a inúmeros livros de autores pitagóricos,neo-pitagóricos,pitagóricos platonizantes,gnósticos,etc.,exige um esfôrço extraordinário pela selecção que se impõe,bem como pela justificação das afirmativas,que nêle estão feitas. Se essa obra não puder ser lançada em 1955 o será sem dúvida em 1956,pois Mário Ferreira dos Santos aguarda ainda os trabalhos que serão apresentados no Congresso Internacional dos Pitagóricos,a ser realizado êste ano em Atenas,no qual os mais categorizados estudiosos dêsse pensamento terão oportunidade de apresentar específicos,que estão sendo realizados com grande carinho,e há vários anos.

"FILOSOFIA DA CRISE"

Já está no prelo a última obra de Mário Ferreira dos Santos "FILOSOFIA DA CRISE",na qual é axaminado todo o pensamento de crise para o estabelecimento de uma filosofia da crise,

sôbre o qual já tivemos oportunidade de nos referir em outro ~~passagem~~
local, ~~dêste informativo~~. Esta obra é a primeira da série "Temática e pro
~~blemática~~
blemática Filosóficas", que faz~~em~~ parte da "Enciclopédia de Ciências Filosóficas e Sociais" de Mário Ferreira dos Santos. Também desta colecção já
se acha no prelo

"TRATADO DE SIMBÓLICA"

de Mário Ferreira dos Santos,cuja aparição entre nós deve dar-se até junho
do corrente ano. Neste livro são examinadas as principais teorias sôbre o
símbolo,a simbologênese,e símbolo e a analogia,a teoria da participação e
o símbolo,além de uma ampla análise do símbolo nas religiões,na arte(na
música,na literatura,na pintura,na dança),na escultura,na poesia,etc.),os
símbolos sociais,os símbolos numéricos,etc.,acompanhando ainda uma dialéctica simbólica para uso de sua interpretação. Partindo da polissignifibi-
lidade do símbolo e da sua analogia com o simbolizado,~~quem é poiixx~~ favorece essa dialéctica um método de interpretação simbólica que,naturalmente,
não pode ~~se~~ processar isoladamente,sem a cooperação de outros elementos,
mas,apesar dessa complexidade,não impede que se torne mais fácil o papel
da interpretação tão importante para os estudos da filosofia.

"LOGICA E DIALÉCTICA" (2a. edição)

Já se acha no prelo a 2a. edição dessa obra de Mário Ferreira dos Santos,cuja primeira edição esgotou-se em apenas 3 meses. A Livraria e Editôra LOGOS já aceita pedidos dessa obra que custará o mesmo preço da la.
edição,ou seja Cr$150,oo. A nova edição está aumentada e totalmente re-
visada,apresentando ainda notas esclarecedoras de certas passagens.

Outras edições

Além desses livros a Livraria Editôra LOGOS ~~inxxxxxxxxxxx~~ acaba de lançar
"DON QUIXOTE DE LA MANCHA" em edição portuguesa,com as ilustrações de Gustavo Doré,em régia apresentação, ~~em brochura~~ encadernado,em 2 volumes,
em ótimo papel de luxo,a um preço excepcional,como consta de ~~xxxxxx~~ outra
passagem dêste informativo.

São essas algumas notícias ~~inx~~ de actividade editorial da Livraria e
Editôra LOGOS, ~~dando motion outras onforom oformoomoo informo~~
~~tivo~~

"ASSIM FALAVA ZARATUSTRA",

de Friedrich NIETZSCHE

Uma nova traducção,com notas explicativas,esclarecimento dos símbolos e análise simbólica,por Mário Ferreira dos Santos

Um grande êxito editorial tem sido sem dúvida essa obra que acaba de lançar a Livraria Editôra LOGOS. E´inegável a repercurssão que o pensamento nietzscheano tem tido entre nós. são inúmeros os leitores do grande pensador germânico,que tem sido o mais amado e o mais odiado,mas sobretudo o menos compreendido por seus críticos.

Raras são as individualidades que na história da literatura têm merecido uma bibliografia tão grande como Nietzsche,que ostenta o maior número de obras sôbre sua pessoa e seu pensamento,só superada por Cristo e Napoleão.

Mário Ferreira dos Santos há muitos anos se dedica ao estudo do pensamento dêsse grande autor,buscando,por todos os meios,conciliar suas passagens e dar uma cristalina interpretação do seu pensamento,que se tem prestado para justificação de idéias que estão muito longe de serem as realmente de Nietzsche.

Depois de nos haver apresentado a traducção de "Vontade de Potência", a qual foi acompanhada por um ensaio "O Homem que foi um Campo de Batalha", que teve uma grande repercursão junto ao leitor brasileiro, que esgotou logo a primeira edição,apesar do vulto da tiragem,Mário Ferreira dos Santos nos ofereceu duas traducções,as de "Aurora" e de "Além do Bem e do Mal", ambas com grande êxito de livraria.

Ultimamente nos apresentou um trabalho que tem tido grande sucesso que foi " O HOMEM QUE NASCEU PÓSTUMO",em cuja obra condensou o pensamento nietzscheano,na qual examinou os principais temas de sua obra,em linguagem nietzscheana.

Agora ,preenchendo uma lacuna que se observava ,editou "ASSIM FALAVA ZARATUSTRA",numa nova traducção,cuidadosa e fiel, acompanhou-a de notas explicativas e da interpretação dos símbolos dionisíacos,que Nietzsche usa e emprega constantemente em sua obra,de modo a torná-la imensamente clara, evitando dêsse modo as apressadas interpretações daqueles que leram por alto a obra do grande pensador de Sils-Maria.

Acompanha ainda a traducção e as notas,análises simbólicas,que emprestam maior clareza e profundidade ao genuíno pensamento de Nietzsche.

Êsse livro tem uma régia apresentação,como em geral os livros lançados pela Livraria e Editôra Logos,apresentação esta que,sem favor algum,é a mais bela que registamos entre nós.

Com ótimo papel,essa obra acha-se à venda nas principais livrarias do Brasil ,e é vendida ao preço de cr$200,oo.

A Livraria Editôra LOGOS aceita pedidos por reembôlso para todo o país,e chama a atenção dos leitores que a edicção está prestes a esgotar-se, dada a grande procura que tem tido.

......

Uma foto da Livraria e um catálogo da Editora Logos

Índice analítico

A
Absoluto
noção de, 324
Abstração, 64
etimologia de, 34, 65
funcionamento da, 66
perigo da, 65
processo de, 109
Abstracionismo
filosófico, 65
Abstrato, 109
Ação
como Absoluto, 246
conceito de na filosofia de
Blondel, 246
Acidente, 172
Alegria
euthymia, 152
Alma
apetitiva
alma-ventre, 166
como tabula rasa, 214
intelectiva, 171
passiona
alma-peito, 166
purificação da, 184
racional
alma-cabeça, 166
sensitiva, 171
traços de intensidade na, 366

universal, 183
vegetativa, 171
Altruísmo, 292
Amor
contemplação da beleza
espiritual, 184
Análise, 71, 349
cosmovisional, 379
etimologia de, 71
Anarquismo, 234, 287, 394
de Max Stirner, 318
individualista, 235
Stirner como grande figura do,
235
Animismo, 137
Antigo Testamento
interpretação alegórica do, 181
Antiguidade Clássica
ressurreição da, 201
Anti-intelectualismo, 241, 276, 331
empirista, 364
Antimodernismo, 393
Antinomia
a ser reconhecida pela razão, 364
definição de, 31
entre espaço e tempo, 398
entre o diferente e o idêntico, 31
Antinomias
da natureza, 89
diálogo das, 274

doutrina de Proudhon das, 234

Antropologia, 21
  estrutural, 289

Apatia, 179

Aponia, 178

Aposta
  pascaliana, 213

Argumento
  de Berkeley, 215

Argumentos
  sobre a existência de Deus, 199

Aristotelismo
  zelleriano, 394

Arithmós, 138

Aritmologia, 140
  da escola pitagórica, 305

Arquê, 97, 227

Arquétipo
  enquanto tipo primeiro, 164

Ascetismo
  da poupança e do trabalho, 395
  pirrônico, 152

Associação
  psicológica
    leis da, 217

Ataraxia, 178-79

Ato, 90
  de pensar, 47
  enquanto princípio do ser, 91
  etimologia de, 91
  primordial, 51
  puro, 52
    Deus, 53

Atomismo
  de Demócrito, 177
  filosófico moderno, 152

Atomística, 150

Autorreferência
  vertigem da, 369

Autotranscendência, 386

Averroismo
  latino, 195

Axiologia, 250, 351
  etimologia de, 79

B

Bem, 165

Biologia
  de Darwin, 394
  moderna, 294
  molecular, 294

Biologismo, 237

C

Canônica
  enquanto teoria do
    conhecimento, 178

Caos
  concepção jônica do, 132
  dos acontecimentos, 29

Cartesianismo, 377
  conteúdo doutrinal do, 250

Categorias
  de Aristóteles, 168

Causa
  eficiente, 169

ÍNDICE ANALÍTICO

Deus como, 212
emergente, 54
enquanto ato anterior, 53
final, 169
formal, 169
imanente, 205
material, 169
predisponente, 54
suficiente, 373
transcendente, 205
Causalidade, 217
Ceticismo, 100-01, 177, 326, 335, 343
aumento do, 201
de Anaxágoras, 147
de Hume, 217, 367
reação kantiana ao, 368
etimologia de, 75
metódico, 75
sistemático, 75
três fases do desenvolvimento do,
180
Ciência, 22
como indutivo-dedutiva, 43
e conceitos empíricos, 25
enquanto utilidade prática, 208
moderna
precursores da, 200
no século XVII, 207
positiva de Newton, 220
prática, 208
Ciências
humanas
virada ontológica das, 289

Cientificismo
do século XIX, 244
Cinismo, 178
filosofia do proletariado grego,
162
Círculo de Viena, 237
Classificação
é a consagração da explicação,
116
redução à unidade, 111
Cognição
problema da origem da, 351
Coisa em si, 224
Comparação, 29, 346
aspecto dialético da, 31
base do conhecimento racional,
277
enquanto associação, 30
etimologia de, 30, 61
método da, 59
necessária para a vida do homem,
34
papel cognitivo da, 332
Comparar
faculdade de, 346
Complementaridade, 295
Complicância
sentido filosófico de, 42
Concausa, 165
Conceito, 35
como esquema abstrato, 59
definição de, 28
enquanto abstração do fato, 28

enquanto operação mental, 28
modela a intuição, 109
Conceito-espécie, 389
Conceito-gênero, 389
Conceitualismo
de Abelardo, 190
Conciliação
das antíteses, 135
Concílio de Trento, 204
Concrecionar
âmbitos distintos do
conhecimento, 281
Concreto, 109
concepção hegeliana de, 345
etimologia de, 55
recuperação do, 299
Condicionalidade
teorias da, 383
Conexionar
etimologia de, 49
Conexões
problema das, 164
Conhecimento
captação
pelo nosso espírito, do objeto,
69
crítica sofística do, 177
discursivo, 74, 77
em Kant as três fontes do, 222
enquanto captação de notas do
objeto por parte do sujeito, 68
é sempre abstrato, 71
etimologia de, 69

finitude do, 347
imediato, 173
intuitivo, 72, 74, 77, 119
mediato, 173
princípios a priori do, 221
racional, 72, 74, 119
é um reconhecimento, 107
relatividade do, 156
teoria do, 164, 178, 219
Consciência, 82
arcaica primitiva, 331
como efeito do Absoluto, 369
é bipolar, 230
enquanto vivência intencional,
249
sentido da, 249
Contemplação, 197
Contradição
princípio dominante do mundo,
136
Contrarreforma, 204
Contrato
social, 218
Conversão, 185
Convite à Filosofia
como gênero literário, 271
Cosmologia, 21
conceito atual da, 152
racional, 222
Cosmopolitismo, 162, 179
Cristianismo, 179
aristotelização do, 198
das primeiras épocas, 187

ÍNDICE ANALÍTICO

419

defesa do, 187
Criteriologia, 350
Crítica
kantiana, 350
Criticismo, 219, 319
kantiano, 383
Cubismo, 379
Cultura
ateniense de valor prático, 155
dialética, 155

D

Darwinismo, 289
crítica ao, 394
influência no século XIX, 239
Dedução, 42, 118
etimologia de, 42
Dedutivismo, 299
Definição, 112
conceito de, 45
estatuto ontológico da, 389
etimologia de, 45
exige gênero próximo e a
diferença específica, 114
Democracia
ateniense, 155
Deus
enquanto causa de si mesmo, 213
enquanto coincidentia
oppositorum, 203
enquanto pensamento do
pensamento, 170
enquanto ser criador, 21

ideia de, 225, 240
prova da existência de, 160
transcendência de, 183
Deus sive Natura, 214
Dever
noção do, 223
Devir
como ilusão dos sentidos, 149
eterno,
Heráclito, 153
primazia sobre o ser, 246
universal, 135
Dialética, 22, 344
como arte da demonstração, 143
como ciência das ideias, 165
definição de, 57
etimologia de, 57
ferreiriana, 361, 377
fundação da, 143
trágica, 248
transcendental, 222
Diálogo
etimologia de, 57
Dianoética
etimologia de, 177
Diferenciação
trabalho de, 34
Dinamismo, 245
de Heráclito, 177
de Leibniz, 214
Dionisismo, 244
Discurso
etimologia de, 62

CONVITE À FILOSOFIA

Dissemelhantes
  repelem-se, 146
Divindade
  noção ferreiriana de, 373
Docta
  ignorantia, 203
Dogmatismo, 75, 220, 230, 398
Doutrina
  socialista, 241
Doutrinas
  relativistas, 241
Dualidade, 284
    entre intuição e razão, 379
    pensamento-sensação, 285
Dualismo, 378
    antagônico, 67
    antinômico, 383
    cartesiano, 212
    de Aristóteles, 194, 361
    de substâncias, 324
    entre matéria e espírito,
      superação do, 239
Duração
    conceito bergsoniano, 245
Dúvida
    metódica, 101, 211
    pirrônica, 101
    sistemática, 101

E
Ecletismo, 177, 180, 286
    de Victor Cousin
      apropriação brasileira do, 394

enquanto tendência conciliadora,
  177
Ecumenismo
  em Antero de Quental, 331
  ferreiriano, 319
Egoísmo
  utilitarista, 235, 357
Élan
  vital, 246
    revelado pela intuição, 246
Eleatismo, 150, 161
Empiria, 62, 76
Empirismo, 100, 220, 350
  de Hume, 220
  na física, 204
Enciclopédia, 272
Enciclopedismo, 393
Energia, 90, 293
  atual, 90
  potencial, 90
Ensaísmo
  filosófico, 288
  sociológico, 288
Enteléquia, 90, 169, 360
Entendimento
  humano, 214
  leis do, 173
Epicurismo, 152, 177-78
    e atomismo de Demócrito, 178
Epistemologia, 21, 311
Epokhé, 249
    momento fundamental da
      fenomenologia, 249

Escola
de Marburgo
críticas da escola de Baden à,
247
de Mileto, 130
eclética francesa, 286
eleática, 141
peripatética, 168
Escolas
socráticas menores, 161
Escolástica, 188, 203, 302, 304, 381
árabe, 193
aristotélica do século XII, 195
etimologia de, 188
medieval, 340
no Renascimento, 206
origens da, 188
Esferas
inteligência das, 194
Espaço
como abrigo das tensões do que
existe, 397
condição do movimento, 171
ideia aristotélica de, 381
não-homogeneidade do, 385
não-neutralidade do do, 385
Espécie, 111
Espírito
de clareza
de Descartes, 212
geométrico
de Pascal, 212
Espiritualismo, 281, 286, 324, 382, 393

alemão, 216, 288
francês, 293, 394
moderno, 289
no Brasil, 287
primórdios do, 393
Essência, 172
definição de, 172
temporalidade da, 381
Essências
objetos ideais e não empíricos,
249
universais, 163
Estabilidade
absoluta
uma ficção, 28
Estética, 22
moderna
crítica à, 387
transcendental, 222
Estima, 79
Estoicismo, 177-78, 314, 343-44
Estrutura, 241
Eterno
retorno, 140, 146
Ética
exame especulativo da, 160
Eu
como autoconsciência, 230
pensante, 212
Eudemonismo, 159
"Eu puro"
da fenomenologia husserliana,
249

CONVITE À FILOSOFIA
422

Evolução, 294
  noção mecânica de, 239
Evolucionismo, 134, 303
  antecipações filosóficas ao, 238
Existência
  dialética da, 274
  matematização da, 212
Existencialismo, 213, 234-35, 318
  moderna, 245
Existir
  definição de, 27
  direções dinâmicas do, 93
Experiência, 285
  classificação da, 34
  externa, 215
  interna, 215
  mística, 229
  simplificação da, 34
Experienciável
  infinidade do, 380
Explicação
  matemática
    dos fenômenos da natureza, 199
Extensidade, 88, 274, 292, 336, 364, 376
  caráter sintético, 89
  conceito-objeto, 89
  dinamismo sintetizador, 89
  é o campo da razão, 93
  espaço, 92
  etimologia de, 88
  tende a assemelhar, 89

F
Fascismo, 157
Fatalidade, 179
Fato
  conceito de, 38
  definição de, 27
  etimologia de, 27
  tudo o que acontece é, 38
Fatos
  mostram possibilidades, 50
Fé, 197
Fenomenalismo, 77
Fenômeno, 76, 164
  etimologia de, 53
Fenomenologia, 248, 298
  caráter metafísico da, 250
  ciência das essências das vivências, 248
  como neocartesianismo, 250
  crítica à, 363
  da atividade racional, 335
  do conhecimento, 312
  e empirismo anti-intelectualista, 250
  enquanto doutrina e um método, 249
  leitura da Escola de Madri, 394
  trata das significações, 248
Ficção
  filosófica, 282
    reinvenção moderna da, 282
Filosofar
  ação do, 25, 277

ÍNDICE ANALÍTICO

Filosofia, 22
  alemã, 219
  antiga, 340, 358
  atitude platônica de compreender a, 365
  atitude socrática de empreender a, 365
  bergsoniana, 245
  cartesiana, 367
  ciência que busca o nexo da idealidade e da realidade, 57
  como Axiologia, 352
  como ciência dos objetos ideais, 248
  como compreensão universal, 381
  como exercício e estudo da virtude, 178
  como saber conexionador, 317
  como saber especulativo desinteressado, 346
  como saber que conexiona as ciências, 314
  concepção ferreiriana de, 383
  concreta, 287, 370
    orientação positiva da, 296
  contemplação da virtude inteligível, 184
  da ciência, 137, 238
  da identidade, 231
  da incondicionalidade, 100
  da Natureza, 281
  da relatividade, 97-98, 279, 312, 324

  Protágoras, 98
  de Blondel
    uma dialética do devir, 246
  de Descartes, 312
  de Kant
    crítica à, 298
  do Absoluto, 345
  do condicionado, 97, 279, 312, 324
  do cristianismo, 187, 382
  do Espírito, 281
  do incondicionado, 97, 279, 288, 324, 331
  e conceitos abstratos, 25
  edifício arquitetônico de todo o saber humano, 120
  enquanto arte de perguntar, 21
  enquanto saber teórico que conexiona, 24
  etimologia de, 23
  fase antropológica da, 155
  fase cosmológica da, 155
  grega, 160
    segunda fase da, 153
  hegeliana, 233
  heideggeriana, 326
  história da, 325, 343
  historicidade da, 309
  "inumana" e "acósmica", 396
  jônica
    antinomista, 132
    caráter panteísta da, 135
    natureza da matéria, 130

CONVITE À FILOSOFIA
424

kantiana, 219
medieval árabe, 361
moderna, 211, 290, 315
   paradoxos da, 393
natureza da, 341
posição central da, 278
pré-socrática
   e Nietzsche, 244
protagórica, 156
reduzida pelo positivsmo à
   ciência, 237
romântica, 234
sob o seu aspecto dinâmico, 47, 337
socrática, 158, 160
spenceriana, 239
Filósofo
   definição de, 24
Finalismo, 170
Física
   cartesiana, 214
   problema da, 143
Fisiologismo, 227
Fogo
   em Heráclito, 137
   enquanto fonte de vida, 137
Força
   conceito moderno de, 116
   de tensão, 90
   ideia leibniziana de, 378
   viva, 90
Forma
   eidética, 56

enquanto figura, 56
externa, 56
interna, 56
pura, 169

G
Gênero, 111
   supremo, 111
Gênese
   da inconceptibilidade da, 142
Gnosiologia, 21
Graça
   agostiniana, 213
   divina, 213

H
Hedonismo
   etimologia de, 161
Hegelianismo, 231
   de esquerda, 234, 240
Hegeliasmo
   de esquerda, 233
Hermenêutica, 308
Heterogeneidade, 232, 275
Heterogêneo, 275
Hilozoísmo, 130, 239
   dos jônicos, 314
   jônico, 239
   panteístico, 134
Hypokeímenon, 172
Historicidade, 316
Historicismo, 319
Homem

ÍNDICE ANALÍTICO
425

dignidade do, 82
etimologia de, 47
naturalidade do, 218
Homeomérias
enquanto princípio dos seres, 147
etimologia de, 147
Homo
faber, 245
sapiens, 245
Homogeneidade, 275
Homogêneo, 275
Humanismo, 202, 296
cristão, 202, 354
da Idade Média, 202
libertário, 202, 354
medieval, 275
socialista, 202, 354

I
Idade Moderna
autopercepção da, 322
Idealidade
definição de, 56
integra a realidade, 390
nexo das ideias, 57
Idealismo, 77, 230, 335, 395
alemão, 286, 394
berkeleyano, 216
crítico, 224
de Berkeley, 215
Escola de Baden afastou-se do,
247
golpeado pelo positivismo, 248

husserliano, 249
kantiano, 250, 364
moderno, 206
platônico, 164
rígido, 161
subjetivo, 216
transcendental, 224, 231-32, 345
Ideia, 164
absoluta, 232
de Hegel, 243
como representação subjetiva, 55
concreta, 55
enquanto síntese de conceito e
fato, 55
universalidade da, 235
Ideias
complexas, 217
duplicidade do mundo das, 172
fora do lugar, 288
inatas, 214
morais, 222
natureza das, 165
psicológicas
de Stuart Mill, 238
simples, 217
Idêntico
conceito de, 31
Identidade
conceito de, 31
ideia da, 36
natureza e espírito se fundem na,
231
o contrário do diferente, 98

CONVITE À FILOSOFIA
426

qualitativa, 32
Ideologia
   movimento do século XVIII, 226
Idéologues, 284
Idola
   epecus, 209
   fori, 209
   theatri, 209
   tribu, 209
Iluminismo, 207, 280
   ponto fundamental do, 217
Ilustração, 207
   grega, 155
   ocidental, 155
Imanência, 22
   etimologia de, 22
Imaterialismo, 216
Imortalidade, 140
Imperativo
   categórico, 223
Implicância
   sentido filosófico de, 42
Impressão
   como dado primitivo, 217
Imutabilidade, 275
Inatismo, 214
   do princípio da inteligência, 228
   do princípio da vida, 228
Incondicionado
   cartesiano, 366
   cognição do, 331
Incondicionalismo, 394
Inconsciente

arquê de todas as coisas, 243
   em Hartmann, 243
   motivação em Guyau, 243
Individuação
   princípio de, 362
Individual
   definição de, 112
Individualidade
   orgulho da, 184
Individualismo
   anarquista, 357
   atomista, 234, 356
   extremado, 234
Indivíduo
   definição de, 112
Indução, 118, 337
   definição de, 43
   etimologia de, 43
   processo de, 118
Infinito
   análise do, 214
   ápeiron, 133
   de Anaximandro, 132
   eternidade do, 132
Instinto, 285
   de conservação, 209
   em Cabanis, 227
intelecto
   individual, 195
   universal, 195
Intelecto, 183
Intelectualismo, 76, 276, 351, 386
Intelectualização

ÍNDICE ANALÍTICO

427

não dialética, 379

Inteligência
  etimologia de, 61

Intensidade, 274, 292, 336, 364, 376
  conceito-sujeito, 89
  é o campo da intuição, 93
  etimologia de, 89
  o caráter analítico, 89
  tempo, 92
  tende a diferenciar, 89

Interdisciplinaridade, 25, 34

Interesse
  meteorológico
    primeiros jônicos, 148

Introspecção
  método da, 158

Intuição, 56, 213
  conceito bergsoniano, 245
  conhecimento do singular, 77
  dada pela inteligência, 56
  dada pelos sentidos, 56
  definição de, 27
  eidética, 56, 343, 347
  funciona com o diferente, 36
  intelectual, 230-31
  processo da, 35

Intuicionismo, 275, 379

Intuições
  sensíveis
    limite das, 24

Investigação
  socrática
    indução, conceituação,

definição, 159

Irreal
  inconceptibilidade do, 142

J

Judaísmo, 181
  e especulação filosófica, 181

Juízo
  analítico, 114, 220, 315
    definição de, 220
    e princípio de identidade, 221
  apodítico, 26
  definição de, 41
  sintético, 118, 220, 315
    definição de, 220

Juízos
  sintéticos a priori, 221

Jusfilosofia
  de Miguel Reale, 394

Justiça
  a virtude por excelência, 166

K

Kantismo, 312, 315, 356

L

Lei
  da causalidade, 53, 224
  de contiguidade, 217
  de relação causal, 217
  de semelhança, 33, 217
  ideia da, 225
  moral, 223

CONVITE À FILOSOFIA

Livre
  arbítrio, 188, 225
Lógica, 22, 342
  clássica, 341
  formal, 173
  Formal, 57
  objeto de estudo da, 54
  transcendental, 222
Logos
  a razão universal, 179

M

Maiêutica, 164
  método socrático, 159
Mal, 165
Marxismo, 241
Matemática, 22
Matéria
  enquanto absoluto mal e não ser,
    184
  enquanto resistência à substância,
    168
  o contrário das ideias, 165
  primeira, 169
Materialismo, 150, 162, 209, 226,
  237, 357
  crítica de Schopenhauer ao,
    233
  de Hobbes, 209
  dialético, 241, 248
  dinâmico, 179
  fundamentação do, 151
  histórico, 241

mecanicista,
  crítica marxista ao, 241
  vulgar, 274
Mathesis, 23, 141
  etimologia de, 23
Mecanicismo, 150-51
  cartesiano, 376
  crítica de Goethe ao, 233
Mecanismo
  de Descartes, 214
Memória
  funcionamento da, 34
Mesmerismo, 286
Metafilosofia
  ferreiriana, 332
Metafísica, 350
  atomística
    de Demócrito, 344
  aversão do positivismo à, 237
  como ciência dos limites da razão
    humana, 219
  destruição heideggeriana da,
    325
  Geral, 22
  na filosofia bergsoniana, 246
  na obra ferreiriana, 331
  pura, 219
Metempsicose, 139, 140, 146, 166
  problema da imortalidade, 139
Método
  abstrato dos aristotélicos, 208
  cartesiano, 211
    quatro regras do, 211

científico
  absolutização do, 372
dialético hegeliano
  inversão marxista do, 241
etimologia de, 43
experimental, 208
indutivo, 208
introspectivo, 216
matemático, 209
  de Descartes, 213
socrático, 164
  e elaboração de conceitos, 159
transcendental
  kantiano, 247
Mística, 22, 191, 201
  pitagórica, 182
Misticismo, 204, 330
Mobilismo
  de Heráclito, 385
Modernidade, 292, 360
  anteriana, 361
  filosófica, 283
Moderno
  espiritualismo filosófico, 285
Monismo, 231
  naturalista, 239
  personalista, 247
Moral
  sem obrigações nem sanções, 243
  tradicional
    crítica da, 243
Morfologia
  comparada, 146

de Goethe, 333
Morte
  como desagregação das formas, 146
Movimento
  ascendente, 171
  descendente, 171
  espontâneo, 151
  eternidade do, 135
  neo-escolástico, 380
  originário, 151
  problema do, 170
Multiplicidade
  de sistemas cósmicos diferentes, 151
Mundo
  corpóreo, 183
  exterior, 70
  exterior,
    o mundo como ele é, 70
  moderno,
    desencantamento do, 395
  objetivo, 70
  objetivo,
    mundo como o homem o
    conhece, 70
Música, 139
  como meio para excitar e acalmar
    os sentimentos, 139
  contemplação da harmonia, 184
Mutabilidade, 275

N
Nada
  definição de, 51

enquanto absoluta privação de qualquer ato, 51
impossibilidade do, 52

Não
ser
inconceptibilidade do, 142

Não-humano
virada para o, 296

Naturalismo
empirista, 377

Natureza
ordem da, 342

Neo-humanismo
liberal, 202, 354

Neopitagorismo, 140
platonizante, 182

Neoplatonismo, 183, 203, 382
escola ateniense do, 185

Neopositivismo, 237, 274, 326, 372

Nominalismo, 209, 215-16
extremo, 190

Noogênese, 21

Noologia, 21, 246

Noumenon, 76, 222

Nous
enquanto espírito ordenador do mundo, 146

Novo
humanismo, 275

Números
enquanto essência das coisas, 140
pitagóricos
enquanto ideias divinas, 182

que ordenam a constituição do universo, 140

O
Objetividade, 316
Objetivismo, 77
Objeto, 66
admissão da precedência do, 332
o cognitum,
o conhecido, 68
Objetos
ideais
filosofia husserliana, 248
Obra
ferreiriana, 323
Oligarquia, 167
Ontologia, 22
imaterial, 293
moderna, 362
Ordem
das coordenadas, 54
definição de, 49
interna, 54
Orfismo, 134
especulações pessimistas e místicas do, 134
Origem
das espécies, 238
Ortodoxia
cristã, 189

P
Paixão, 212

ÍNDICE ANALÍTICO

Paixões
  enquanto impulsos irracionais, 179
Panteísmo, 179, 228, 314
Paradoxos
  da filosofia aristotélica, 365
Patrística, 187
  enquanto ecletismo, 187
Patrologia, 188
Pensamento, 47, 228
  como atividade, 228
  conceitual,
    Sócrates, 297
  etimologia de, 47
  ferreiriano, 320
  hegeliano, 281
  moderno, 233, 290, 358
  parmenídico, 143
  tudo o que pode ser valorado pela mente, 47
Pensamento-fato, 47, 338
Pensar
  como ato de captação de pensamentos, 59
Percepção
  enquanto ato de diferenciação, 30
Permuta
  e identidade dos contrários, 135
Pintura
  cubista, 379
Pitagorismo, 23, 138, 305, 327, 332
  e ciência moderna, 140
  em Platão, 165

enquanto movimento religioso-moral e político, 138
  libertação do homem, 139
Platonismo, 203
  pitagorizante, 140
  valor lógico do, 323
Poesia
  do pensamento, 297
Polemo, 176
Politeísmo, 146
Positividade
  cubista, 379
  da tradição aristotélico-tomista, 388
Positivismo, 237, 274, 303, 322
  como reforma da sociedade, 237
  como religião, 237
  crítica ao, 303
  oposição ao, 299
  reação à filosofia romântica especulativa, 237
Potência, 90, 360
  ideia clássica de, 359
Pragmatismo, 237, 241, 311, 336
  contemporâneo, 241
  etimologia de, 75
Prazer
  como finalidade, 162
  em movimento dos cirenaicos, 178
  espiritual, 178
  estável epicurista, 178
Predicado

definição de, 38

Preeminência
  do infinito,
    em Descartes, 379
Presença
  ideal, 105
Princípio
  da não contradição, 143
  de causalidade,
    definição de, 115
  de identidade, 97, 142, 152, 221, 385
  de identidade,
    em Parmênides, 97
  de não contradição, 142
  de razão suficiente,
    definição de, 115
  dos indiscerníveis,
    de Leibniz, 31
  incondicionado, 211
Probabilismo, 102
Problema
  ético,
    em Sócrates, 177
Progresso
  ideal moderno de, 287
Providência, 179
Psicanálise, 289
Psicologia, 22
  associacionista, 248
  como ciência afetiva, 238
  racional, 222
Psicologismo

e literatura de ficção, 248
Psiquismo
  humano, 21
  humano,
    formação do, 21
Purificação
  catarsis, 166

Q

Quididade, 172

R

Racionalidade, 275
  dialética, 393
Racionalismo, 152, 207, 209-10, 303, 350, 398
  antigo, 208, 381
  aristotélico, 199
  crítica do, 219
  de Leibniz, 219
  de Parmênides, 304
  extremado, 145
  moderno, 206, 211, 381
  moderno,
    como redutor, 304
  primeiro postulado do, 103
Razão, 197, 285
  anatomia da, 335
  caráter antinômico da própria, 153
  comparação do semelhante ao semelhante, 99
  conceito contabilista de, 62

ÍNDICE ANALÍTICO

conhecimento do geral, 77
desindividualiza a realidade, 98
dos racionalistas, 106
função classificadora em ordens.,
  61
funciona com o parecido, 36
historicidade da, 309
interessa-se pelo quantitativo, 117
limites da, 217
prática, 223
pré-socrática, 152
processo da, 35
pura, 223
suficiente, 95
tensão que calcula, 105
trabalha com generalidades, 61
Real
  caráter antinômico do, 290
  conceptibilidade do, 142
  saturado de tensões, 290
Realidade
  definição de, 54
  enquanto conexão dos fatos, 54
  integra a idealidade, 390
  nexo dos fatos, 57
Real-idealista
  pensamento hegeliano, 232
Realismo, 77, 190, 331, 334
  aristotélico, 312
  britânico, 286
  crítico, 247, 313, 335
  ferreiriano, 352
  metafísico, 312

moderado, 81, 353
naturalista da Idade Moderna,
  395
Redução
  eidética, 249
  eidética,
    das vivências para as essências,
    249
  fenomenológica,
    conduz à intuição da essência,
    249
Reducionismo, 387
  antimetafísico, 362
Reflexão
  etimologia de, 60
Reforma, 204
"Reintegração"
  do humano ao ser, 399
Relação, 59
  definição de, 59
  etimologia de, 59
Relacionismo, 59
Relações
  entre a fé e a razão, 198
  fortuitas, 60
Relativismo, 59, 75, 102, 353, 378
  como concepção do mundo, 103
  como outro polo do ceticismo
    absoluto, 102
  formas de, 383
  origem do, 103
  pitagórico, 156
Renascimento, 157, 201

como época de transição, 202

Representação
  interna, 215

Retorno
  aos pré-socráticos, 137

Revolução
  Francesa, 231

Romantismo, 231
  alemão, 233
  filosófico, 191
  tendência geral do, 231

S

Saber
  culto, 62
  desinteressado, 63
  discursivo, 62
  empírico, 62
  especulativo, 62
  prático, 63
  reflexivo, 62
  teórico, 63

Seleção
  natural, 294
    doutrina da, 238

Semelhantes
  atraem-se, 146

Sensação, 212, 228
  como base do conhecimento, 209
  como passividade, 228

sensualismo, 162, 226, 237, 285
  fenomenista, 161

Sentidos

base da abstração, 111
  hierarquia dos, 348
  são analisadores-sintetizadores, 71

Sentimento
  das religiões, 240

Ser
  absoluto, 232
  Absoluto, 370, 375
  conceito lógico de, 111, 389
  eternidade do, 146
  ideal
    intemporalidade do, 248
  ideia do, 111
  Infinito, 382
  para Demócrito são átomos, 150
  Supremo
    e incondicionalismo, 394
  unidade do, 141

Sicogênese, 21

Significações
  enquanto objetos ideais, 249

Signo
  princípio de causalidade, 139

Silogismo, 117, 173

Simbólica, 22

Símbolo
  princípio de realidade, 139

Sincretismo
  brasileiro, 289, 319, 393

Singularidade
  como diferença absoluta, 390

Síntese, 71, 349

etimologia de, 55, 71

Sistema
afetivo, 229
etimologia de, 64
perceptivo, 229
reflexivo, 229
sensitivo, 229

Sistematização
de conhecimentos
Platão e Aristóteles, 297

Socialismo
autoritário, 157
estatal, 234, 356
libertário, 294

Sócrates
doutrina de, 159

Sofista
etimologia de, 73

Sofistas
crítica aos, 275

Sofística, 155
achado positivo da, 297
papel da, 156

Spinozismo, 239, 314

Struggle for life, 239

Subjetivismo, 75, 77, 336
crítica de Schopenhauer ao, 233

Subjetivo
ultrapassagem do, 332

Substância, 172
extensa, 211, 213
pensante, 211, 213
primeira

arquê, 133

Sujeito, 66
da gramática, 67
da lógica, 67
da psicologia, 67
o que conhece, 68
recebe o jecto, 67

Superestrutura, 241

Super-homem
ideal do, 245

T

Teleologia, 170
neoplatônico-escolástica, 394

Tema
da pluralidade dos mundos, 132

Temporalismo
bergsoniano, 245
de Bergson, 382

Teodiceia, 21

Teologia, 21
racional, 222

Teoria
associacionista, 230
atômica
de Demócrito, 148
do conhecimento
em Kant, 220
dos valores
na filosofia de Scheler, 250
etimologia de, 24
evolucionista, 238

Tetractys, 139

CONVITE À FILOSOFIA
436

The nonhuman turn, 296
Timologia, 79
Tirania, 167
Tomismo, 360
Totalidade, 49
    como Absoluto, 247
    como Deus, 247
Totalitarismo, 82
Totalitarismos
    do século XX, 353
Tradição
    como viva, 323
    releitura da, 307
Transcendência
    libertação da, 240
Transcendente, 22
Transmigração
    das almas, 138
Tríada
    doutrina da, 185

U
Unidade
    universal
        estabelece-se na continuidade
        do círculo, 183
Unilateralismo
    intelectualista, 246
    racionalista, 304
    vitalista, 246
Universais
    polêmica dos, 190
Universalidade

produtora do real, 291
Universalismo
    de tipo cristão, 314
Universo
    doutrina da infinitude do, 205
    infinito, 151
Utilitarismo, 229, 237, 303
    estreiteza do, 238

V
Valor
    base material do, 82
Valores
    apresentam hierarquia, 82
    são gradativos, 82
    são polares, 82
Vazio
    como existência efetiva, 151
    não é um simples nada, 151
Verbalismo, 28
Verdade
    de fato, 45
    depende da utilidade, 241
    lógica, 45
    metafísica, 46
    procura da, 244
    proveniente do inteligível, 152
Vida
    historicidade da, 309
Virtude
    enquanto purificação das paixões,
    166
    prática da, 158

Virtudes
dianoéticas, 177
do intelecto, 171
éticas, 171
Vitalismo, 137, 227, 246, 314, 362
de Bergson, 379
Vivência
conceito de, 248
Vontade, 212
absoluta,
de Schopenhauer, 243
autonomia da, 223
liberdade da, 204

Índice onomástico

A

Abelardo, Pedro, 190

Abrão, Bernadette Siqueira, 286, 288, 328, 330

Adler, Alfred, 245

Aécio, 148

Agripa, 180

Alain, 338, 340, 346, 354

Alberti, Leon Battista, 306, 382

Alberto, o Grande, 198

Alexandre, o Grande, 168, 173

Al-Farabi, 193

Al-Ghazali, 193

Al-Kindi, 193

Amínias, 141

Anaxágoras, 130-33, 137, 146-50, 160, 391-92

Anaxarco, 152

Anaximandro, 96, 132-35, 238, 327, 391

Anaxímenes, 96, 132-35, 138, 141, 146

Andrade, Oswald de, 260, 320

Angelico, Fra, 306, 382

Anscombe, G. E. M., 363

Antíoco, 180

Antiseri, Dario, 288, 319, 328, 380, 391

Arcesilau, 102, 176, 180

Argan, Giulio Carlo, 306

Aristipo, 161-62

Aristóteles, 10, 14, 51, 90-91, 129-30, 135-36, 143-45, 147, 156, 160, 167-73, 175, 177, 179, 189, 193-95, 209, 297, 302, 304, 312, 328-29, 342-43, 349, 358-61, 363, 365, 373, 381, 384-85

Assis, Machado de, 261, 288, 301, 317

Assos, Cleantes de, 178

Auerbach, Erich, 264

Aurélio, Marco, 178

Avempace, 193-94

Averróis, 193-95, 274

Avicebron, 195

Avicena, 193, 195, 359, 361

Ayer, A. J., 326, 331, 372-73

B

Bacon, Francis, 199, 207-09, 282, 355

Bacon, Roger, 195, 199-200

Baconthorpe, John, 195

Badiou, Alain, 354

Balme, David M., 363

Bandeira, Antônio Herculano de Sousa, 286

Bañez, Domingos, 206

Barker, Ernest, 439

Barker, Margaret, 320

Barreto, Tobias, 301

Barros, Nazaré, 273

CONVITE À FILOSOFIA

Bentham, Jeremy, 230

Bergson, Henri, 30, 33, 245-46, 276, 285, 312, 379, 382

Berkeley, George, 215-17, 250, 282, 288, 295, 302, 328, 355, 363-64, 370, 388

Berti, Enrico, 271

Béziau, Jean-Yves, 354-55

Biedermann, Alois Emanuel, 233

Biran, Maine de, 30, 123, 228-29, 285, 287-88

Bittle, Celestine N., 388

Bloch, 359-62

Blondel, Maurice, 246, 301, 331

Bodei, Remo, 308

Boehme, Jacob, 204

Bonnefoy, Yves, 305-06

Bonnet, Charles, 225

Boutroux, Émile, 293

Brabante, Siger de, 195

Brentano, Franz, 175, 248, 279

Brito, Raimundo de Farias, 287

Bruno, Giordano, 148, 204-05, 275-76, 297, 305-06, 354, 359, 362, 377

Burkert, Walter, 305

Burnet, John, 136

C

Cabanis, Pierre Jean Georges, 225-28, 274, 285-86, 296, 362

Camões , Luís de, 297

Campanella, Tommaso, 205

Cardano, Girolamo, 377

Carnéades, 102, 180

Cassirer, Ernst, 247

Castro Rocha, João Cezar de, 260, 280, 297, 325, 378

Champeaux, Guilherme de, 190

Charlton, William, 358

Chartier, Roger, 272, 280

Chaui, Marilena, 308, 320, 330

Cherniss, Harold, 363

Cícero, 147, 180, 355

Cirene, Aristipo de, 161, 163

Cítio, Zenão de, 178-79, 314

Claraval, São Bernardo de, 190

Clunet, Édouard, 32

Cohen, Hermann, 247, 322

Comte, Auguste, 98-100, 237-38, 303, 312, 344

Comte-Sponville, André, 352

Condillac, Étienne Bonnot de, 172, 218, 225-26, 284-85

Condorcet, Marquês de, 218, 284

Copérnico, Nicolau, 377, 391

Cordón, Juan Manuel Navarro, 276, 329, 391

Cornford, F. M., 330

Cos, Epicarmo de, 140

Cousin, Victor, 233, 286-88, 357, 394

Craig, Edward, 344

Crates, 176

Crátilo, 163

Crick, Francis, 295

Crotona, Alcmeon de, 140

Cusa, Nicolau de, 203-05, 323, 362, 377

ÍNDICE ONOMÁSTICO

D

d'Alembert, 280

d'Amiens, Frédéric Elionor Dubois, 227, 286

Danto, Arthur C., 302, 334

Darwin, Charles, 238-39, 294, 357, 391, 394

Demócrito, 102, 130, 146, 148-52, 177-78, 344, 391-92

Descartes, René, 101, 206, 208-09, 211-14, 219-20, 250, 312, 319, 334, 337, 364, 366-69, 376-77, 379, 391

Dewey, John, 241

d'Holbach, Barão, 98

Diderot, Denis, 218, 280, 282

Diels, Herman, 136

Dilthey, Wilhelm, 308, 380

Diógenes Laércio, 134, 141, 147, 149, 152, 162, 320

Dioquetas, 141

Dodds, E. R., 328, 374

Drummond de Andrade, Carlos, 297

Duclos, Charles Pinot, 279-80, 283, 288, 301, 324, 367, 393, 403-04

Durant, Will, 328

Dussel, Enrique, 313

E

Eckhart, Meister, 191

Éfeso, Heráclito de, 96, 135

Egger, Victor, 32, 355

Eleia, Parmênides de, 96, 141

Eleia, Zenão de, 143-45, 178-79, 304, 314

Empédocles, 96, 145-46, 149, 238, 328, 333, 391

Empírico, Sexto, 147, 180

Enesidemo, 180

Epicuro, 178, 344

Epíteto, 178

Erdmann, Johann Eduard, 233

Erígena, João Escoto, 189

Esmirna, Diógenes de, 152

Espeusipo, 176

Estobeu, 139, 147, 162

Etrúria, Amélio de, 182

Eucken, Rudolf, 32, 250

Euclides, 161, 306, 382

Eurípides, 146, 148

Eustóquio, 182

F

Fauriel, Claude, 227

Feser, Edward, 388

Feuerbach, Ludwig, 233, 240

Fichte, Johann Gottlieb, 230-31, 368-69

Figueiredo, Antônio Pedro de, 286

Figueiredo, Vinicius de, 273

Figulus, Nigidius, 182

Filolau, 138-40

Fílon de Alexandria, 180-81, 374

Fischer, Aloys, 126

Fischer, Kuno, 233

Focillon, Henri, 306, 382

CONVITE À FILOSOFIA

Fonseca, Pedro da, 206
Fourier, Charles, 240
Francisco de Toledo, 206
Franck, Adolphe, 227, 285-86, 362
Freud, Sigmund, 245, 292-94, 299, 378, 391, 394
Freyer, Hans, 278
Freyre, Gilberto, 286

G
Gabler, Johann Philipp, 233
Gades, Moderato de, 182
Galilei, Galileu, 205-06, 208-09, 282, 304, 391
Gaos, José, 301, 307, 316, 324
Garat, Dominique Joseph, 225
Gassendi, Pierre, 209
Gérando, Joseph-Marie de, 225
Gerasa, Nicômaco de, 182
Giannotti, José Arthur, 343
Ginguené, Pierre-Louis, 225
Goblot, Edmond, 119, 316, 355
Goethe, Johann Wolfgang von, 146, 233, 333
Góis, Damião de, 206
Górgias, 100-01, 155-57, 161
Grimm, Friedrich Melchior von, 218
Gumbrecht, Hans Ulrich, 282, 284
Gusdorf, Georges, 268, 299, 318-19, 326, 331, 338, 340, 351, 365, 385-86, 388, 396-99
Guthrie, W. K. C., 328-29, 374
Guyau, Jean-Marie, 243-44, 301

H
Haeckel, Ernst, 239, 314
Hamilton, William, 98
Hamlyn, David Walter, 328
Hartmann, Karl Robert Eduard von, 243, 301, 331
Hegel, Georg Wilhelm Friedrich, 55, 231-33, 238, 240-41, 243-44, 281, 315, 318, 343, 345, 350, 357-58, 368-69, 371, 375, 385, 391, 395
Heidegger, 250, 309, 322-26, 332, 343, 380
Heimsoeth, Heinz, 324
Helânico, 95, 128
Helmholtz, Hermann von, 293
Helvétius, Claude-Adrien, 218, 226
Henning, Leopold von, 233
Henriques, Mendo, 273
Heráclito, 96, 130, 135-37, 146, 149-50, 153, 163, 177-79, 275, 326, 344, 385
Heródoto, 129, 320
Hesíodo, 95, 127
Hessen, Johannes, 74, 316
Hobbes, Thomas, 209-10, 226, 294, 354, 356, 379
Holanda, Sérgio Buarque de, 288
Holbach, Barão de, 98, 218
Hölderlin, Friedrich, 231
Homero, 95, 127
Hume, David, 30, 217, 219-21, 282-83, 285, 288-89, 367-68, 388
Husserl, Edmund, 248-50, 298, 300-01, 312, 316, 343, 381

ÍNDICE ONOMÁSTICO

Huxley, Thomas, 239

I
Iavé, 52

J
Jacoby, Günther, 241
Jaeger, Werner, 330
Jâmblico, 185
James, William, 75, 230, 238, 241, 349, 363
Jandun, João de, 195
Jaspers, Karl, 272
Joel, Karl, 136, 281
Jung, Carl Gustav, 245, 292, 295, 299, 378
Justiniano, 175

K
Kant, Immanuel, 76, 103, 106, 118, 149, 207, 217-25, 230, 247, 284, 298, 312-15, 323, 334-35, 350, 353, 355, 368-69, 380-84, 388, 391-92
Kenny, Anthony, 391
Kepler, Johannes, 391
Kierkegaard, Søren, 234, 318
Knutzen, Martin, 219
Kripke, Saul, 354
Kropotkin, Piotr, 210, 301, 356, 379

L
Lachelier, Jules, 32
Lalande, André, 32, 316

Lamarck, Jean-Baptiste de, 238
La Mettrie, Julien Offray de, 218
Landauer, Gustav, 279, 281
Laplace, Pierre-Simon, 149, 391
Larissa, Fílon de, 180
Laromiguière, Pierre, 225
Lask, Emil, 247
Leibniz, Gottfried Wilhelm, 31, 91, 214, 216, 219-21, 282, 310, 334, 359, 370, 376
Leucipo, 102, 149-50
Lévi-Strauss, Claude, 299
Lichtenberg, Georg Christoph, 244
Littré, Émile, 98
Llull, Ramon, 199
Locke, John, 74, 172, 214-15, 217, 226, 388
Lonergan, Bernard, 314
Lotze, Hermann, 293, 316
Luciano, 137
Lucrécio, 145
Łukasiewicz, Jan, 363
Lupasco, Stéphane, 93, 378
Lutero, Martinho, 204
Lysis, 140

M
Magalhães, Gonçalves de, 286
Magalhães-Vilhena, Vasco de, 329
Magno, Alberto, 187, 190, 198
Maimon, Ben, 195
Malebranche, Nicolau, 212, 216, 361, 364, 370

Malthus, Thomas, 239

Marcondes, Danilo, 328, 383

Marías, Julián, 249, 300-04, 307-11, 317, 329

Martínez, Tomás Calvo, 276, 329, 391

Marx, Karl, 233, 240-41, 356, 395

Masaccio, 333

Mendel, Gregor, 294

Mendonça, Afonso Furtado de, 206, 259

Merquior, José Guilherme, 271, 305-06, 374, 382

Mileto, Hipodamo de, 129-31, 133-34, 140, 146

Mill, James, 230, 238

Mill, John Stuart, 230, 238, 303

Minhan, Júlio, 278

Mirandola, Pico della, 202-03, 274, 296

Modrak, Deborah K. W., 363

Moisés, 52

Montesquieu, 218, 282

Mora, José Ferrater, 301, 334-35, 374

Morente, Manuel García, 301, 311-17, 350

Moulinier, Louis, 328

N

Nagel, Thomas, 334

Napoleão Bonaparte, 225

Natorp, Paul, 175, 247, 322-24, 326, 358

Nausifane, 152

Nettesheim, Agrippa de, 377

Newton, Isaac, 219-21, 391

Nietzsche, Friedrich, 134, 223, 241, 244-45, 250, 278, 288, 291-92, 300-01, 343, 403

Novalis, 231

Nunes, Benedito, 278, 284, 343

O

Ockham, Guilherme de, 200

Olimpiodoro, 185

Orígenes, 187

Ortega y Gasset, José, 300-01, 308

Ostwald, Wilhelm, 91-92, 292-94

P

Pacioli, Luca Pacioli, 204

Panécio, 180

Pannenberg, Wolfhart, 366, 369, 379-80, 384

Papini, Giovanni, 241

Paracelso, 377

Parmênides, 13-14, 96-98, 137, 141-44, 152-53, 275, 304-05, 383, 385

vida política de, 141

Pascal, Blaise, 98-99, 208, 212-13, 244, 250, 318

Paulsen, Friedrich, 308

Paz, Octavio, 260, 318

Peirce, C. S., 241

Pereira, Benedito, 206

Péricles, 145-46

Pessoa, Fernando, 287, 297

ÍNDICE ONOMÁSTICO

Petronio, Rodrigo, 275, 356
Pirro, 101-02, 180
Pitágoras, 23, 64, 137-41, 145, 264-65, 285, 305, 320, 328, 330, 332-33
Platão, 14, 141, 145, 147, 158-73, 175-77, 181, 189, 209, 282, 297, 302, 306, 312, 319, 322, 328-30, 340, 343, 349, 353, 358, 365, 373, 382
Plotino, 142, 182-83, 185, 363, 374, 382
Pomponazzi, Pietro, 377
Porfírio, 182
Porta, Mário Ariel González, 309
Possidônio, 180
Prantl, Carl, 233
Proclo, 142, 183, 185, 382
Protágoras, 98, 102, 155-56, 161, 163
Proudhon, Pierre-Joseph, 234, 240, 286, 356, 385

Q

Quental, Antero de, 268, 281, 283, 285, 287, 290, 294, 297, 303-04, 321-22, 326, 331, 350, 356-57, 360, 362, 367-69, 371-73, 376-77, 391, 394-97
Quios, Metrodoro de, 152

R

Reale, Giovanni, 288, 319, 328, 380, 391
Reale, Miguel, 268, 301-03, 305, 313, 315-17, 332, 351-53, 383, 394

Reichenbach, Hans, 238
Rey, Abel, 136
Ricardo, David, 240
Rickert, Heinrich, 247
Rivaud, Albert, 136
Robin, Léon, 130, 136
Rodes, Jerônimo de, 95, 128
Rorty, Richard, 363
Roscelino, 190
Rosenkranz, Karl, 233
Rotterdam, Erasmo de, 204
Rousseau, Jean-Jacques, 218, 282
Royce, Josiah, 247
Russell, Bertrand, 327-31, 334, 355
Ruysbroeck, Jan van, 191

S

Sade, Marquês de, 282
Saint-Simon, Conde de, 240
Santa Teresa d'Ávila, 204
Santo Agostinho, 188, 250
Santo Alberto, 198, 200
Santo Ambrósio, 188
Santo Anselmo, 189-90
Santo Hipólito, 187
Santo Irineu, 187
Santo Tomás de Aquino, 123, 190, 195, 197-98, 206, 342
Sanzio, Rafael, 265, 306
São Basílio Magno, 187
São Boaventura, 123, 197
São Clemente de Alexandria, 187
São Gregório, 187

São João da Cruz, 204
São Justino, 187
São Thomas More, 282
Scantimburgo, João de, 301
Scheler, Max, 245, 250, 292, 316, 332, 352-53
Schelling, Friedrich Wilhelm Joseph, 231, 238, 271, 368, 391
Schiller, F. C. S., 241
Schlegel, Friedrich, 231
Schlick, Moritz, 238
Schmidt, Johann Kaspar, 234
Schopenhauer, Arthur, 233-34, 243-44
Schwarz, Roberto, 288
Scot, Duns, 123, 195, 199, 206
Sêneca, 178
Seraphicus, Doctor, 197
Serveto, Miguel, 377
Sieyès, Emmanuel-Joseph, 225
Simmel, Georg, 241
Siriano, 185
Siros, Ferécides de, 137
Sloterdijk, Peter, 277, 369
Smith, Adam, 240
Sócrates, 119, 126, 141, 146, 150, 157-61, 163-64, 168, 177, 268, 275, 297, 328-29
Solos, Crisipo de, 178
Soto, Domingos de, 206
Soustelle, Jacques, 385
Spaventa, Bertrando, 233
Spencer, Herbert, 239, 303, 317

Spengler, Oswald, 241, 245
Spinoza, Baruch, 213-14, 244, 314, 373, 378
Stirner, Max, 233-35, 318, 356-57
Strawson, P. F., 272, 309
Suárez, Francisco, 206
Suso, Henrique de, 191

T

Taciano, 187
Taine, Hippolyte, 303
Tales de Mileto, 96, 129-30, 132-34, 320, 324, 327
Tannery, Paul, 136, 305
Tarento, Arquitas de, 139-40
Tauler, Johannes, 191
Teano, 140
Tebas, Filolau de, 138
Telesio, Bernardino, 204, 377
Temístocles, 146
Teofrasto, 134, 137, 141
Thiebaut, Carlos, 335
Tiana, Apolônio de, 182
Tieck, Ludwig, 231
Tillich, Paul, 372
Tiziano, 263
Toledo, Francisco de, 206, 300
Tolentino, Bruno, 275-76, 297, 305-07, 318, 333-34, 341, 347-48, 374, 382, 387, 399
Tracy, Antoine Destutt de, 225-26
Tucídides, 12, 146
Tzara, Tristan, 259

ÍNDICE ONOMÁSTICO

V

Vaihinger, Hans, 98
Vásquez, Gabriel, 206
Vernant, Jean-Pierre, 330
Viana, Allyson Bruno, 354
Vinci, Leonardo da, 204
Vlastos, Gregory, 305
Voegelin, Eric, 365, 374
Volney, 225
Voltaire, 218, 282

W

Warburton, Nigel, 273-74, 324, 391
Watson, James, 295
Weber, Max, 247, 395, 398
Weiss, Johann Baptist, 278, 295
Windelband, Wilhelm, 247
Wittgenstein, Ludwig, 293, 328, 343
Wolff, Christian, 219
Wölfflin, Heinrich, 263
Xenócrates, 176

X

Xenofonte, 158-59

Y

Yablo, Stephen, 392

Z

Zaragüeta, Juan, 311
Zeller, Eduard, 136, 233, 357-58, 360
Zhitlowsky, Chaim, 219-20, 223, 356

Zoroastro, 138, 328
Zótico, 182
Zubiri, Xavier, 301, 311-12, 370-72

Você poderá interessar-se por:

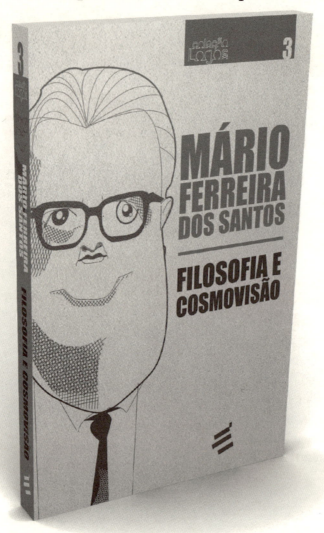

Filosofia e Cosmovisão, do filósofo brasileiro Mário Ferreira dos Santos, é, ao mesmo tempo, didático, erudito e profundo. Como lembra o autor, não se aprende filosofia sem filosofar. Este livro, portanto, "é um convite à filosofia, uma incitação ao filosofar". De uma só vez, ele pode ser lido como introdução à filosofia, como apresentação enciclopédica de ideias filosóficas e como obra de um filósofo original. Edição revista e ampliada com novos posfácios e fac-símiles de textos originais do autor, para o fascínio dos admiradores do filósofo.